現代社会と
メディア・家族・世代

NHK放送文化研究所　編

児島和人／河野　啓／落合恵美子／中瀬剛丸
牧田徹雄／香取淳子／遠藤　薫／佐藤俊樹
井上輝子／阿部　潔／佐藤卓己／見田宗介／飽戸　弘

新曜社

刊行にあたって

ＮＨＫ放送文化研究所は、一九四六（昭和二一）年に創設されました。以来六〇年余り、より豊かな放送文化を創造するため、時代と社会に向き合い、さまざまな調査研究に取り組んできました。この間、放送はラジオからテレビ、白黒からカラー、衛星放送、そしてデジタル化へと大きく変化してきました。

私たちの調査研究は、こうした時代状況を的確にとらえて、その時々の新しい課題の解釈と創造的活動に貢献し、将来への展望を示すことを目指してきました。それは単に最先端の動きを追うことではありません。新しい動きを理解するためには、その動きに連なる歴史を把握する必要があります。メディアを理解するためには、そのメディアがおかれている社会状況を把握する必要があります。

生活や社会についての日本人の意識変化を長期的に追跡するための「日本人の意識」調査は、高度経済成長の終焉の直前の一九七三年にスタートし、全国民を対象として五年おきに実施し、三〇年に渡る継続調査となりました。このような調査を継続してこられたのは、忙しい時間を割いて回答してくださった延べ二万七一五五人におよぶ調査相手の方々のご協力と、調査の企画に参加してくださった先生方のおかげです。改めてお礼を申し上げます。

日本人の基本的な価値観や社会観の変化を追ってきたこの調査は、まさに時代と社会に向き合うための基礎的調査であり、意識の構造を解明する上で世界的にみても貴重なデータを蓄積してきたと自負しています。その調査結果から時代と社会を実証的に浮かび上がらせ、それをひとつの基軸としておいて、放送を中心にしたメディアやそのオーディエンスの変動を理解するというのが本書のねらいです。

放送文化研究所の創設から六〇年、そして「日本人の意識」調査のスタートから三〇年という節目に本書は企画されました。幸い、各分野で活躍されている学識豊かな気鋭の研究者の方々に出版の趣旨をご理解いただいて、執筆していただくことができました。それにより、社会とメディアの軌跡と将来を多角的に考究した多彩な論考で、一書を構成することができました。放送を始めとするさまざまなメディアが、今後どのように展開していくのかを考察し、メディアの将来構想やメディア研究の発展につなげるために、本書がお役にたてれば幸いです。

ＮＨＫ放送文化研究所　所長　榊原　一

目次

＊

現代社会とメディア・家族・世代

装幀――虎尾　隆

序章　未完のプロジェクト

――世論調査の二一世紀への責務

児島和人

序章では次の四点を述べる。つまり、本書とそれ全体に関わる調査との誕生・「源泉」、次いで調査から見出された内容の「中核」とそれと不可分な本書の構成、さらに本書が依拠している諸「方法」、最後に近「未来」を考察の視野に入れた本書の位置づけと意義である。

1　源泉――歴史のなかの世論調査、世論調査のなかの歴史

本書の誕生、源泉には、いくつかの契機があった。ひとつには二一世紀初頭の今日という時期が、ちょうど区切りのいい数字とほぼ重なることであった。昭和・平成、それに放送八〇年、戦後六〇年、高度成長終焉三〇年、それにNHK放送文化研究所も設立は一九四六年で六〇余年の月日を歩んでいる。

だがそれにもまして根源的な原動力が、この源泉には働いていると思えてならない。それは、日本の社会、文化の一中心、〈日本人の意識〉の大きな変動と大きな持続である。本書誕生の直接的でしかも不可欠な契機は、とりわけその変動面を中心的対象とし、世論調査という測定用具を用いて組織的、系統的に解明を求める作業が、NHK内外の多くの人びとの努力によって継続的に営まれたことである。それがもたらした膨大なデータは広く深い解読と多様な意味生産の源である。

〈日本人の意識〉は、社会的諸条件との相互作用のもとで多様な形態をとる。イデオロギー、価値観、信念、常識、意見、さらには偏見や思いこみ等々である。これらの諸形態は見方によって把握する特質も名称も多様であり、ときに相互互換的であるほど確とはとらえがたい。しかもそのような意識は維持、変容を遂げると同時に、自分と社会を過去、現在、未来にわたって、一定の姿でとらえ、意味づける。たとえば、未来のありようを見据え将来を形にする。時には未来はないと失望、絶望する形で未来をとらえる。つまりこの意識は、自分と社会に対して、一定の働きかけをしたり、それを放棄するひとつの力でもある。過去と現在を意味づけ、未来につなげていく日々の生き方をつくるうえで、かけがえのない力であり、文化である。このような特質をもった意識の変動は、解明を必然的に呼びおこすほど大きく、その一端は自らが一書を産むひとつの契機、源泉となった。いいかえれば、この書の中軸をなすＮＨＫ放送文化研究所の世論調査である、意識変動追跡全国調査「日本人の意識」（以下略称は「日本人の意識」調査）は、大きな意識変動の歴史のなかで誕生した。これが、「日本人の意識」調査と本書との源泉の第一局面である。

しかもその誕生は一九七三年、高度成長終焉の直前であった。歴史家は、日本の「戦後」は、〈戦後〉が冷戦を意味するヨーロッパとは異なり、独自で複雑な変容と画期と持続を含むことを指摘しているが（たとえばＣ・グラック、二〇〇七、一〇章）、一九七〇年代が「戦後」のひとつの大きな画期であったことは、研究成果としても生活体験としてもほぼ共通の認識であるといえよう。その時点で「日本人の意識」調査はスタートした。以後二〇〇三年まで五年ごと計七回実施され、（歴史というにはやや短いかもしれないが）一世代三〇年間、記憶の場としてその一端を自らに取り込み、「日本人の意識」調査のなかに〈日本人の意識〉の歴史のいくつかの潮流を刻んだ。これが「日本人の意識」調査と本書との源泉の第二局面である。源泉のこれらふたつの局面は密接に絡み合って、便宜的にしか分かちえない単一の源泉となった。本書は、この源泉に刻まれた歴史を、直接、間接に本書全体に関わるひとつの軸とし、多様で、広汎な社会的文脈と、それと関わるメディアとそのオーディエンスを主要な対象・焦点として、多角的解読を試みた論集である。

同時にこの調査において不可欠の意義をもったのは、在来の統計調査データとならんで、日本の近現代の思想や意識を考察した豊かな知的遺産であった。これが第三の局面である。前近代から近代へ、そして戦前から戦後へ、さらに戦後の諸段階で〈日本人の意識〉は大きな持続と変動をたどってきた。その流れのなかで、現状把握の定点観測を何十年か後の近未来に向けて定期的に展開し、未来動向の先取りをめざすという大きな課題に挑戦するうえで、先達の大きな知的遺産はきわめて貴重であった。政治学・政治思想、法学・法社会学、社会学・社会心理学、文化人類学・社会人類学、哲学・宗教学、日本研究などの諸領域から、三〇名ほどの研究者の文献が収集された。この学問分野横断的な諸学の成果から、多様で基本的と思われる〈日本人の意識〉特性が収集された。この意識特性収集がひとつの大きな出発基盤となって、〈日本人の意識〉の「基本的特性」の仮説的な素描→「意識の指標」、調査項目作成→回答類型設定→質問文作成へと調査誕生の過程が進行した。その結果、この調査・研究目的に沿って独自の質問群が新規に作成され、定点観測の主要な内容となった（児島、二〇〇五、二九－三二頁）。このように、多くの先達の知的遺産は日本人の意識を構造的にまた長期的に把握する意義を担った世論調査誕生にとって、不可欠の源泉だった。しかも三〇年、一世代を経た二一世紀初頭においてこの調査の意義は、その役割を次第に果たし終えていく下降段階にあるというより、むしろ螺旋的に自己増殖する、いわば再帰的発展過程にあると思われる。

2 中核――世代、家族そしてメディア

二〇〇三年までの三〇年にわたる「日本人の意識」調査を簡潔に通覧した成果『現代日本人の意識構造（第六版）』（ＮＨＫ放送文化研究所［編］、二〇〇四）は、〈日本人の意識〉における変化が多様な核をはらみ、軸が貫き、領域を構成しながら、それぞれに異なる速度で展開していることを示している。その全貌は万華鏡のように多彩で容易に集約しがたい。しかしそのなかでも、調査した意識のほぼ全領域にまたがり、意識の変容軸としてデータからきわめて明確に浮かび上がっているのは「世代」である。またジェンダー、世代、労働そして制度などの諸力が凝集し、データ上最も大きな変動値を記録した集団、領域は「家族」である。同時に政治の領域も小さからぬ変動値を示している。次いで、

急激で巨大な変動の氷山の一角を露頭しているのは、「メディア」である。それは、メディアの世紀、二〇世紀が世紀末から二一世紀初頭にかけて新たな変動期を迎えている様相を、端的に示唆している。

これら三つの中核は、それぞれが独自の軌跡を描いている。この点を簡潔に概観したい。まず「世代」は、家父長制の下で、性別と組み合わさり年齢の上下とほぼ重複し、支配と服従の秩序として長らく存続していた。戦後、戦争体験を主たる契機にして「世代間断絶」(intergenerational gaps)、さらに高度成長期末期の「豊かさ」のなかで「世代闘争」(generational conflict) が先進諸国とほぼ同時に、わが国でも展開した。

二一世紀の今日、「団塊世代」に象徴されるように、世代は依然として社会的、政治的、経済的そして文化的差異の源泉であり同時に所産である。しかしその問題化の位相は大きく拡大し転換した。世代間の関係をどう築くかという問題の浮上である。とくにエコシステム、環境保全問題は、世代間倫理として年長世代が後の世代に対して担う責任となっている。また少子化のもと年金を中心とする社会保障問題は、世代内格差とならんで、富の配分の世代間平等の問題でもある。しかも文化とコミュニケーションの相違は依然世代を中軸に大きい。カール・マンハイムが「世代の問題」を社会学的に定礎したのは、一九二八年であった。今日「世代」は、たんに断絶と闘争ではなく、倫理と関係形成へと問題の位相を拡大、転換し、グローバルに展開している。同一の世代は、生成の時代を共有すると同時に、異なる世代とともに同一の歴史的課題に直面している。しかもここでは同一世代内と各世代間とで共有している課題解決の緊要度が、格段に増大すると同時に、今日はこの事態がまさに地球規模で急展開している時代でもある。

第二の中核である「家族」は、依然世代をその私的小宇宙に日常化し凝縮して含んでいる。近代日本の家族構造類型に関する豊かな研究成果のなかから、二一世紀の独自の研究成果をひとつだけ取り上げれば、野々山久也は近代日本の家族の類型変化の歴史と今後の展望を丹念に集約している(野々山、二〇〇七)。その成果をきわめて単純化してかりれば、明治の近代化のもと、家父長制の「家」制度として、「直系制家族」が定着してきた。この家族では、明治民法などを中心とする行動規範が、学校教育と家庭での「しつけ」を通じて浸透していた。その結果形成されたのは、「制度の側面」が重視された「規範志向的家族」であった。これに対して、戦後の民法の下で「直系制家族」は「夫婦制家族」へと切り替わった。また高度成長に伴う都市化とともに、性別役割分業を固定化し、制度よりも集団の側面を重視する「集団志向的家族」が形成された。さらに「二一世紀の今日、家族を形成する個人が各自の生活選好を重視し、（中略）家族のあり方を模索していく「ライフスタイル志向的家族」（合意制家族）が登場しつつあると予測される」という（iii頁）。この巨視的な三段階説は、日本の少なからぬ家族研究成果をふまえるとともに、二一世紀の「予測」も、ヨーロッパの「個人化」説と一部関連する側面をもつ「パラダイム革新」の追究であると、僭越ながら解してみたい。

いずれにせよ、二一世紀初頭の今日、グローバルな変動と一部共振しながら展開している日本における家族変動も、メディアオーディエンス研究にとっても注目すべき大きな文脈を構成している（なおここで「メディアオーディエンス」をごく単純化すると、それは狭義・ミクロのメディア関与の行為をする人びとのことである。詳細は本書4章の一五頁（5）を参照）。

さらに第三の中核である「メディア」も、メディアの世紀でもある二〇世紀の延長、増幅として、今日を迎えている。とくに二〇世紀末から二一世紀初頭にかけて急速に普及したパソコンとケータイは、諸メディウムの複合的メディア、メタメディアである。メディア変動が、次なるメディア変動を含み自らを再帰的に変容させながら、浸透している。メディア変動は次なるメディア変動を生む母体であり、いわばメディア変動の文脈ともなっている。しかも今日メディアの社会的価値の変動は、世代／年齢で亀裂が生じている。

これらの三極は、それぞれ独自の考察に値する大きな社会的、研究的意義をもつし、三者の密接な相互関係を焦点にする課題設定の視点も重要である。しかしここでの分析課題構成としては、一方で「メディア」とメディアオーディエンスを単独の極として焦点を絞ると同時に、世代と家族という他の二極とメディアそれ自体もメディアオーディエンスの社会的文脈として視野に含む複眼的な分析、考察戦略を選択した。それによってより広く、より未来に関わる展望を拓くメディア文化研究、放送文化研究に努めた。

「日本人の意識」調査との関連に絞っていえば、調査した大半の質問結果を用いて意識の構造分析、変動分析、それに未来展望分析を図るとともに、調査データの一部に露頭している文化や社会の地殻変動、現状、展望の解明に努めた。

その結果本書では、現代日本におけるメディアオーディエンスの多面的な「様相」を中心に据え（Ⅱ部）、それを挟んでメディアがおかれた社会・歴史的「文脈」を冒頭に（Ⅰ部）、最後にメディア文化の幾筋かの「軌跡」をふまえた後、日本人の意識の「未来」展望と（Ⅲ部）、調査三〇年記念（コメモラシオン）をとくに掲げた論文が位置するという構成をとった。

Ⅰ部の文脈とは、メディアオーディエンスの行為が具体的な意味をもたらす歴史、社会的条件である。例示すれば、放送が宣伝の作用を果たすのは、戦争や選挙や販売においてであり、一家団らんの助けとなるのは家族の集いの時であり、老人や若者の深夜における孤独をいやすのは、そのような人びとの生活においてである。つまりメディアオーディエンスにとってメディアの意味は、メディア単独ではなく文脈との相互作用のなかで生成される。この自明の理を研究に基礎的かつ体系的に取り込むことは、必ずしも容易ではない。このことはメディア研究の歴史が示しており、多様なメディア化の進展で事態はいっそう困難度を増している。

Ⅰ部は、この歴史、社会的条件としてメディアオーディエンスとなる各世代構成の析出と各世代ごとの特質の解明（1章）、「近代家族」は果たして終焉したかの再検討（2章）、若者における日常生活意識と政治意識の脈絡（3章）、そして「個人化」という社会・構造関係と「メディア化」というコミュニケーション・テクノロジーの領域横断的変動（4章）が分析、論究される。とくにメディアをとりまく社会的文脈の箇所でメディア自体が取り上げられているのは、今日メディア環境やメディア意識が、次の段階ではメディアにはね返ってメディア変容を再帰的に生むこと、つまりメディアがメディアの文脈となることに注目したからである。

続くⅡ部では、より具体的な文脈とメディアオーディエンスとの交点に考察課題が絞られる。団塊世代と高齢者とに焦点を絞った社会生活、家庭生活、そしてメディア生活〈5章、6章〉、メディア変動と世論とを〈コイズミ〉(小泉首相というパフォーマー)を交点にした考察・解明(7章)、メディア意識空間の布置からみたテレビ(8章)の諸章である。

Ⅲ部は、メディア文化史の三局面が追究されている。すなわち戦後日本のマスメディアにおけるジェンダー表象の形成、再編そして再構築(9章)、一九六四年の東京、八四年のロサンゼルス、二〇〇四年のアテネオリンピックというメディア・イベントの展開(10章)、放送教育を通じて放送文化史を解明(11章)の三つの章である。そしてⅢ部の最後には、「日本人の意識」調査にもとづく〈日本人の意識〉の歴史的な考察と近未来の洞察をした12章がおかれている。なおこの章の内容は、同じ著者により「脱高度成長期の精神変容」との副題の論文にも掲載されている(見田、二〇〇七)。そこには〈近代家父長制家族〉という形容矛盾のシステムと連動するメンタリティの崩壊の開始が告げられ、未来の社会と精神の理論仮説などが加えられている(八七−九〇頁)。さらに本書の最終論文として「日本人の意識」調査の構想と成立が感慨を込めて回顧されると同時に、三時点の数量化分析から政治意識構造の動向を分析、考察した章がおかれる。

概略以上のような本書の構成から『現代社会とメディア・家族・世代』というタイトルの主旨はおおよそ類推されよう。ここでそれを箇条書きにしてみよう。

(1)「日本人の意識」調査から見出された意識変容の三極、「メディア、家族、世代」をメディアへ再帰的な社会・歴史的文脈として掲げた。

(2)「現代社会」は、これら三極とその他の諸文脈をカバーするより上位の文脈とし先頭に位置づけ、しかもこの具体的な三極と対置した。

(3)その上でメディアオーディエンスとメディア文化を中心的研究対象としている。

(4)軌跡や展望という時間軸上の解明をいくつかの章の共通視角とし、メディアを中心とする現代日本の社会と文化の変容分析を図っている。

3　方法──歴史性、複眼性、そしてデータ性

この本を貫く方法的特質の第一は、近現代の、また今日的な歴史性である。それは、依拠する世論調査が歴史のなかにあり、同時に歴史をはらんでいることの必然的帰結である。ただしその場合の歴史性は、各章により異なる。近代の変容期、脱高度成長期、第三の近代など通時的歴史性もあれば、団塊世代、〈コイズミ〉など歴史を輪切りにし、凝縮した共時的形態の歴史性もある。史料にもとづく歴史家の歴史もあれば、意識調査データによる社会学、社会心理学やメディアなどの研究者の歴史性もある。その結果、方法的統一性がうすく、成果の系統性の妨げにもなりやすい欠点の反面、課題への複眼的考察を導く〈論集〉の利点もあわせもつ。現代日本は大きな変容期にあるとの歴史認識に立てば、そのメディアオーディエンスの考察に不可欠で優先すべき方法的特質は、歴史性であるといえる。

第二の方法的特質は、考察のこの複眼性にある。本書でメディアオーディエンスは、考究すべき主要な焦点であるが、もっぱらオーディエンスとメディアを直接的にセットにした因果関係追究よりは、両者関係を、歴史的、社会的コンテクスト、文脈というさらなる関係のなかで複眼的に考察し、理解することを重視している。時にメディアも、単数の〈メディウム〉でなくまさに複合的な〈メディア〉として検討されている。それだけメディウムを主因とする特定〈効果〉の分離・解明は、直接的課題性、明解性を減ずるが、より広い社会的〈意味〉は浮上するのではないか。この本に実験室実験を用いた研究の論文がみられないのも、この点と関わっている。

また、「日本人の意識」調査であらためて明確に浮上した三極は、いずれも調査と研究の「対象」であると同時に「方法」である。たとえば、世代を分析するとともに、世代を通じて諸事象が分析される。つまり世代〈を〉考えるとともに、世代〈で〉考え、家族集団を焦点にするとともに、家族を通じてよりマクロに社会を、またよりミクロに個人をみることを示唆し、メディアを対象の中心にすると同時に、諸メディア間でメディアを、またメディア以外の諸事象をみるのである。複眼性にはこの点も含意されている。

第三に、この本はデータに依拠した論文で構成されており、理論のみの理論書ではないことは、文字通り一目瞭然で

ある。その際注目したいのは、データの収集法とそれによって得られたデータの性質および解析、解釈の方法である。この本でのデータ収集法は、先にふれたとおり、世論調査という社会統計法が中心を占め、その結果得られたデータは数量という記号様式で存在し、その解析は、クロス集計と同時に数量化Ⅲ類を含む各種の多変量解析が多用されている。その結果にもとづく一定の認識様式をもった知見は、調査対象という統計的集団の代表性、測定の信頼性と妥当性など、独自の特質を前提として主張される。これに対して、質的資料、史料、データは本書全体でみればやや少ないが、このデータも、それ独自の構造、変動、世界の記述に妥当なデータとして用いられている。どんな方法を用いても、データ収集→データの性質→解析、解釈というデータ関連の研究実践は、それによって見出される知見全体に大きな傾向性の枠をはめる。この本にもその傾向性は、自覚する／しない、好む／好まないにかかわらず、大きく浸透している。それは、課題設定と一体となって選択された方法の特質に必然的に伴う結果である。

きわめて自明で当然なこの結果は、今回、とりわけ次のふたつの文脈で想いおこされる。ひとつは、二〇世紀前半以来今日に至る七〇余年にわたる世論調査の歴史であり、もうひとつはそれよりはるかに長い読者の研究、さらに二〇世紀に始まるマスオーディエンスの研究、それ以降のメディアオーディエンスの諸研究の動向である。その想いのなかには、変容期の現在を解き明かすために、独自の感受性を備え、異なる豊かさと鋭敏さをもった方法的多元性が要請されているのではないか、という懸念と期待が含まれている。

4　未来――未完のプロジェクト

この最後の節では、〈一九八四年〉を媒介項として、世論調査の社会的、歴史的役割という視点から、「日本人の意識」調査の意義を考察したい。

一九八四年という一時点を示す記号に、私たちはいくつかの意味を注ぎ込むことができる。そのひとつは、いうまでもなくジョージ・オーウェルによるスターリン主義的な全体主義批判のＳＦ『一九八四年』である。この書の初出は一九四九年であったから、その時『一九八四年』は仮想の未来であり、その未来からの現在批判であった。それは、たんにスターリン批判にとどまらず、監視の情報ネットワーク、歴史の改ざん、知の再編、そして権力というより広汎な問題に通底する言説が提示されている。

また工藤庸子（二〇〇五）の示唆豊かな書評は、ピエール・ノラ［編］の『記憶の場』の刊行開始が一九八四年であり、しかもその年の一月発売の「マッキントッシュ」のコマーシャルが、オーウェルのSFの題名を使って「一九八四年は『一九八四年』にはならなかったことが明らかになるでしょう」であったことに注目している（二二―二七頁）。そこでは、このCMが、サイバースペースへの若者参入を通じて「空間の広がりの感覚と時の流れの認識が、……劇的に変わる」ことの予兆として、読み取られている。つまり「一九八四年」は、その未来、二〇世紀末から始まるより明るい現在予告を意味する年ともなっている。

さらに『一九八四年』に描かれた逆ユートピアは、アメリカ世論調査学会会長でもあった数理社会学者、ポール・F・ラザーズフェルドからみれば、世論調査の役割を逆説的に啓示するものであった（Lazarsfeld 一九五〇、六一七―六三八頁）。彼はSF『一九八四年』の世界には、権力による歴史改ざんによって比較すべき過去をもたない事態が到来すること、それは歴史家が過去を明らかにする活動を妨げられ、さらにその結果として市民が現在を比較する手がかり（つまり過去）を失うことに注目した。その注目がなされたのは、一九五〇年のことだった。そして未来の象徴である一九八四年に向けて、世論調査専門家はより積極的に歴史家の関心と重なる諸領域、とくに時代に浸透している価値観や、一定の課題に対する態度、意見など、つまり社会の「自己認識」を調査し、それを歴史家に伝える責務があると主張した。

当時ラザーズフェルドらに対しては、世論調査に関して三つの批判がなされていると、彼自身は判断していた。つまり、①あまりにも多くの調査が私的顧客のためになされていること、②理論的知識への貢献度が不十分なこと、③世論調査専門家は現代史を書いているのだという事実を見落としていることである。ここで世論調査専門家と邦訳した原語は、pollsterである。一九九五年発行、第二版の英和辞典には、この単語に「(しばしば軽蔑的)世論調査屋」との訳が見出される(ランダムハウス英和大辞典、二〇九六頁、小学館)。ラザーズフェルドがこの意味を込めて使ったとは考えがたいが、少なくとも一定層から、少なからぬpollsterがそのような職業人とみられており、その原因と上記三点の批判とは、無関係とはいえないであろう。

ラザーズフェルドは、会長演説をもとに書き上げた論文の最後を、次のことばで締めくくっている。「私たちは、賢明な同僚である全ての市民の方々が、私どもの遂行しているこの種の活動に対して敬意を払ってくださることを望んでおります。この敬意を得るためにきわめてふさわしいひとつの途は、私たちは市民に共通している諸問題が何かを見分けており、しかもその諸問題の解明に貢献できることを、市民に対して私たちが示すことであります」(六三八頁)。

ここには、ラザーズフェルドによる〈世論調査の公共性〉の理念が明確に力説されている。この演説から半世紀あまりを経た二一世紀初頭の今日、世界も日本も大きく変化した。その変化のなかには、世論自体もその理論も、世論に対する調査の方法・実施・利用も、またその調査環境も当然位置している。それだけ「世論をめぐる各種調査」の、社会的、歴史的責務は大きくなっていると考える。問題を「世論調査」だけに絞っても、その公共性のより豊かな実現への社会的要請は、いっそう強まっている。

公共性はさらに、「メディア」と深く強く関わることは、いうまでもない。それだけでなく、公共性は中間集団である「家族」や「世代」との関連でも指摘されてきている(今田、二〇〇二)。こうして「日本人の意識」調査は、メディア、家族、世代の三極から、そして世論調査自体から公共性のリアリティが開花する核を多様に包み込んで、展開している。その主要な姿は、メディアとそのオーディエンスがおかれている社会・歴史的文脈、メディア文化とオーディエンスの今日的様相、そしてその文脈とオーディエンスの近未来動向に関する実証的、理論的考察結果となって本書の各章で提示されている。

その結果「日本人の意識」調査は、一世代の歩みのなかから世論調査の歴史的責務の具体像をより明確化した。それは、一九七〇年代に始まったひとつの世論調査も、未完のプロジェクトとしての新たな第一歩を、二一世紀初頭にあらためて歩み始めたことを示している。

文献一覧

グラック、キャロル（梅崎透訳）、二〇〇七『歴史で考える』岩波書店

今田高俊、二〇〇二「家族と世代から見た公共性」、佐々木毅・金泰昌［編］『公共哲学7　中間集団が開く公共性』東京大学出版会

児島和人、二〇〇五「意識変動追跡調査の誕生と展開——日本人の意識調査一九七三〜二〇〇三をめぐって」『新情報』（vol.93）、社団法人新情報センター

工藤庸子、二〇〇五「ピエール・ノラと「現在時」の歴史学」『UP』（Number 393, July 2005）、東京大学出版会

Lazarsfeld, Paul F., 1950, "The Obligations of the 1950 Pollster to the 1984 Historian," *Public Opinion Quarterly*, vol.14, no.4, Winter, pp.617－638.

見田宗介、二〇〇七「近代の矛盾の「解凍」——脱高度成長期の精神変容」『思想』（No.1002）、岩波書店

NHK放送文化研究所［編］、二〇〇四『現代日本人の意識構造（第六版）』NHKブックス

野々山久也、二〇〇七『現代家族のパラダイム革新』東京大学出版会

I

メディアがおかれた
社会・歴史的文脈

1章　現代日本の世代
――その析出と特質

河野　啓

一　世代の特質と分析

世代の特質――歴史的に形成される世代／歴史を形成する世代

ドイツの社会学者カール・マンハイムはライフヒストリーにおける「もろもろの初期の印象は、自然的な世界像として定着する傾向をもっており」（一九二八＝一九五八、一八六頁）、同時代に生まれた諸個人がその人間形成期である思春期に、その時代の特徴をなすような社会的・精神的な思潮に参加するかぎり、またその新しい状況を作っている相互作用に共通に参加する場合にかぎり、ひとつの世代連関として連結される（前掲書、一九四－一九五頁）として、世代論を展開し、現代の世代論の基礎を打ち立てた。さらに、社会運動の構造を理解するために、マルクスの階級論と対比させながら、年齢という生物学的基準と明確に区別し、世代の現象は歴史的動態の基礎をなすひとつの要因として論じられている（前掲書、二二四頁）。

また、イデオロギー批判のための社会思想史的分析を排除し、現象学的な知覚作業分析から知の概念形成過程をさまざまな視点から検証したのが、アメリカのピーター・バーガーとトーマス・ルックマンである。「それぞれの社会は特定のアイデンティティがその過程のなかで生み出されるそれぞれの歴史を持っている。しかしながら、これらの歴史は特定のアイデンティティをもった人間によって形成されるのである」（一九六六＝二〇〇三、二六四頁）と述べ、特定のアイデンティティと歴史との相互関係についての議論を展開している。個人レベルに傾斜したアイデンティティと、集合レベルに傾斜した世代概念とで、歴史とのかかわりは、どのような類似と差異とを示しているのかが、今後の検討課題として注目される。

世代形成にかかわる年齢については、マンハイムは一七歳から二五歳（一九五八、一八八頁）、そしてバーガーとルックマンはアイデンティティの形成に幼児期が深くかかわっていると述べている（二〇〇三、二一六頁）。田中愛治は、フレッド・グリーンスタインらによる政治的社会化の研究から、社会的態度や政治意識は八歳から二四歳くらいまでの間に形成され、その形成された政治意識は、長期にわたって維持される場合が多いことを指摘している（田中、二〇〇五、七九頁）。年齢の幅はあるものの、共通して語られているのは、青少年という人格形成上重要な時期の体験が世代の形成に重要な役割を果たしているという点である。

明治維新以来の近代化、戦争や高度成長などによって大きな変貌をたどった日本においても、世代の問題は必然であった。一九五九年の『思想』七月号は「日本の戦後世代」を特集している。そのなかで、松下圭一（一九五九、一二一－一三頁）は「現代の日本におけるほど〈世代〉の断層のきびしい時代はないであろう」と指摘し、歴史の結果としての世代により、闘争への参加の動機が異なり、さらに歴史を築く始点になると指摘している。

さらに、一九七一年の『社会学評論』は、〈序論〉で「現代の文化変動の機動力として、世代闘争を無視することができなくなっている」（塩原、一九七一、五頁）とし、小特集として「青年問題」をとりあげている。本稿の中心的データをもたらしている「日本人の意識」調査の一回目にあたる一九七三年の日本においては、大学紛争を契機として、若者の生活意識、さらにその基底を成している価値意識の急速な変貌が指摘され、青年世代が担う対抗文化をめぐる論議が活発であった。

こうした世代論が論じられた時期と今日では、すでに社会の現実的背景が大きく違っている。人口減少期の少子社会の今日は、新しく補充される若年世代の相対的エネルギーが小さく、経験豊かな高齢世代のエネルギーが大きいという説もある（坪井、二〇〇四、一五四頁）。

また、今日の少子高齢化の日本では、年金、雇用に関する世代間関係は、政策の最重要テーマでもある。少子高齢化の進展のなかで年齢の高い世代は数が多い上に、経済・社会的にも優位な位置を占めることも多く、新たな世代間の問題が発生している。

このように、世代の特質、世代間の関係、世代の当面する課題は異なっても、一九二〇年代に提起された世代の問題は今日も持続している。

世代の分析——本稿での分析方法

世代考察の方法は一様ではない。本稿では、統計調査データの解析、分析により、世代について考察する。その際利用するデータはＮＨＫ時系列全国調査「日本人の意識」である（調査の企画全般については「あとがき」で概略を説明し、質問文·単純集計結果については「付録」に掲載している）。

本稿での分析・考察は次のとおりである。

①まず三〇年間の調査において見いだされた意識構造とそれを支える基軸を確認する。
②次に、この基軸を用いて生年で五年きざみのグループごとに位置づけを行ない、この位置づけの類似性からグループをさらにまとめ、世代を析出する。
③そして、意識構造の基軸への世代の貢献度を測る。
④世代ごとに、生活意識、政治意識、価値観など世代の特徴を指摘していく。
⑤最後に、今後の世代形成の新たな方向を考察する。

二　世代の析出

コーホート分析からみた世代効果

意識変化をもたらす要因のうちで、時間に関係するものには、時勢要因、世代差要因、加齢要因の三つが考えられるが、それぞれの影響の大きさを継続調査データの分析（コーホート分析）によって捉えたのが時代効果、世代効果、年齢効果である。時代効果は、時代状況の変化が、その時代に存在しているすべての人びとに同じように影響を与えた部分であり、世代効果は、青少年期という人格形成上重要な時期の歴史体験を共有したことで意識が異なる部分であり、年齢効果は、加齢で考えが変化した部分である。

一九七三年より五年ごとに七回実施された「日本人の意識」調査で、三回以上調査した二二〇の選択肢についてのコーホート分析（中村、二〇〇五）を統計数理研究所・中村隆教授の協力を得て行なった（【図表1－1】）。時間に関連する三つの効果のうちのどれかひとつの単独の効果のみが見いだされたものは、合わせて一一に過ぎない。ふたつの効果が複合していたものは七六、三つすべての効果があったものは一二九である。世代効果がみられた選択肢は一八六で、意識変化の多くには世代効果が認められる。

次に、どのような選択肢で変化量が大きいかをみるために、変化量の最小値、最大値、平均値を算出した（図表1－1）。平均値は、選択肢ごとに七回の調査結果（単純集計結果）の最大値と最小値の差（変化量）を求め、三つの効果のパターン類型ごとに変化量を合計し、該当選択肢数で割ったものである。その結果、変化量の平均値が最も大きいのは、三要素すべての効果がある選択肢（一一％）である。次いで、時代と世代効果が複合した選択肢（七％）となる。単独効果の選択肢では小さく、一～二％に留まってい

図表1－1　年齢・時代・世代効果の有無と調査結果の変化量

効果のパターン類型		該当選択肢数	調査結果の変化量（%）最小値	最大値	平均値
単独効果	年齢効果	3	0	2	1
	時代効果	1	2	2	2
	世代効果	7	1	3	1
複合効果	年齢＋時代	26	1	13	5
	年齢＋世代	15	1	8	4
	時代＋世代	35	1	26	7
三重効果		129	2	37	11
選択肢全体		220	0	37	8

る。

調査した時期別変化量の〈最大値〉をみると、単独効果のものでは、最大の変化でも三％である。年齢と世代の両方の効果があるものは、最大の変化は八％である。年齢と時代の両方の効果があるものは一三％となる。それに対し、時代と世代の両方の効果があるものは二六％、三要素の効果があるものは三七％と、他の選択肢群よりもきわめて大きい変化量を示している。

以上のように、意識の時期別変化には時間に関係した三つの効果の複合効果あるいは、三重効果がほとんどの選択肢に見いだされ、その大半には世代効果がみられる。

日本人の意識構造の基軸

数量化Ⅲ類（林、一九九三）を用いて、七回分の調査データを総括的にまとめ、そのなかにあらわれた世代の特徴をみていく。数量化Ⅲ類により、多数の回答に共通して認められる根源的な要因（特性尺度）を統計学的に導き出すことができる。また、七回分の調査データを一括して扱うことで、世代の時系列変化の特徴をみることができる。「日本人の意識」調査では、これまでに、基本的な要因として、「伝統志向－伝統離脱」、「あそび志向－まじめ志向」のふたつが抽出分析されており、今回も後述するように、同様の結果が得られている。

各質問の回答は、それぞれ要因尺度上に数値を与えられる。これを平面に図示したものが、【図表１－２】である。たとえば、婚前交渉について〈不可〉という回答は、第一に有力な要因尺度＝Ⅰ軸（横軸）ではマイナス一・八三、第二の要因尺度＝Ⅱ軸（縦軸）ではマイナス〇・二二というような要因特性値が計算される。

一方、調査対象者も、回答の仕方から、各軸（要因特性値）の得点も計算され、それを男女別や年齢別などで平均得点を算出することもできる（後出の図表１－３、図表１－４、図表１－５）。

まず、図表１－２の横軸についてみると、横軸の左方には、政治的有効性感覚は〈強〉く、天皇に対して〈尊敬〉の

図表１－２　日本人の意識構造（数量化Ⅲ類）（1973〜2003年，７回分，合計18436人）

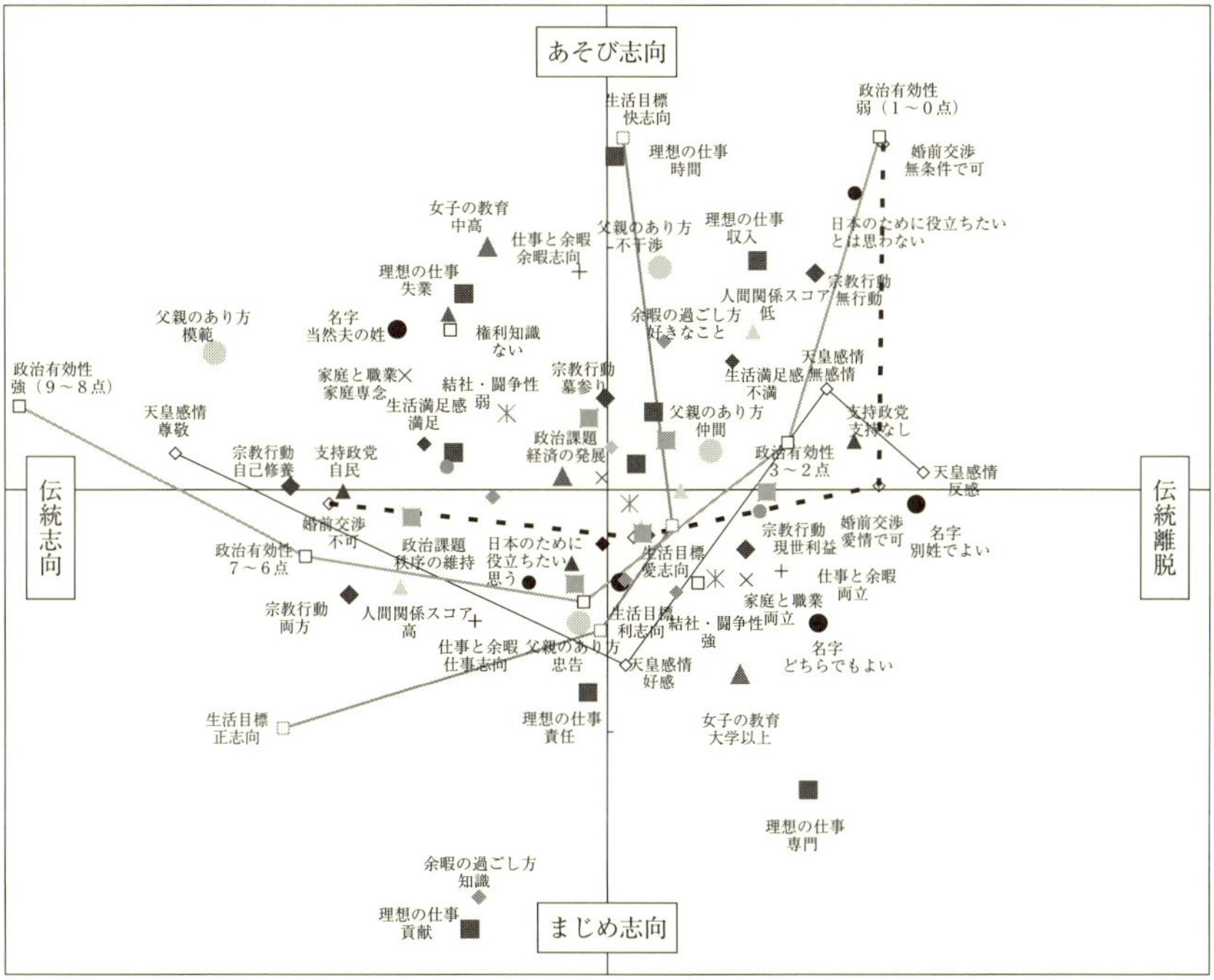

●使用した項目は，全７回に共通する質問選択肢で，全22問，81選択肢である。
政治的有効性感覚，結社闘争性など，数問でセットとしている質問については，スコア化してまとめている。

軸の４極方向に向かう位置上に明確な状況を占める特徴的な質問の選択肢を線で結んでいる。

- ◆ 生活満足感まとめ
- × 家庭と職業
- ▲ 人間関係スコアまとめ
- ＋ 仕事と余暇まとめ
- ‐◆‐ 婚前交渉について
- ● 日本のために役にたちたい
- □ 権利知識パタン
- ▲ 支持政党まとめ
- ‐□‐ 生活目標
- ● 父親のあり方
- ■ 理想の仕事（１番目）
- ▲ 女子の教育まとめ
- ✳ 結社・闘争性スコア
- ▲ 外国から見習うべきことが多い
- ‐□‐ 政治的有効性スコア
- ● 名字
- ◆ 能率・情緒スコアまとめ
- ◆ 余暇の過ごし方（現状１番目）
- ◆ 宗教行動パタン
- ● 日本は一流国だ
- ‐◇‐ 天皇に対する感情
- ■ 政治課題

●分析対象は全有効サンプル中、分析でとりあげた22の各質問いずれにも「その他」「無回答」と答えなかった人

内訳（18436人）						
第１回	第２回	第３回	第４回	第５回	第６回	第７回
2751人	2747	2875	2620	2647	2531	2265

●相関係数　　Ⅰ軸　0.375　　Ⅱ軸　0.289

念をいだき、婚前交渉は〈不可〉、〈お祈り・おつとめ〉の宗教行事を行ない、結婚後の名字は〈当然、夫の姓〉、支持政党は〈自民〉、父親として子どもに〈模範〉を示すべきであるなどの回答が集まった。

横軸の右方には、政治的有効性感覚は〈弱〉く、天皇には〈反感〉または〈無感情〉、婚前交渉は〈愛情で可〉あるいは〈無条件で可〉、宗教的には〈無行動〉、結婚後の名字は〈どちらが改めてもよい〉または〈別姓でよい〉、支持政党は〈なし〉、父親と子どもは親しい〈仲間〉のような関係が望ましいなどの回答が目に付く。

以上のように、横軸の左方は、ほぼ伝統的な権威・価値や規範への接近・支持を示すのに対し、右方はそれに対する対抗的な権威・価値・規範の提示ではなく、それらからの離脱を示している。これらの内容からみて、横軸すなわち、統計的に導き出されたⅠ軸の意味は、「伝統志向－伝統離脱」と考えることができる。

次に縦軸についてみてみよう。下方に位置している理想の仕事の特質は「世の中のためになる〈貢献〉」や「専門知識や特技が生かせる〈専門〉」、「責任者として、さいはいが振るえる〈責任〉」であり、余暇の過ごし方は「知識を身につけたり、心を豊かに〈知識〉」し、〈正志向〉を生活目標とし、これからは女子にも「大学」教育を受けさせたいと考える、などの回答がみられるのに対し、上方には、理想の仕事は「働く時間が短い〈時間〉」や「高い収入が得られる〈収入〉」であり、〈快志向〉が生活目標で、政治的有効性感覚は「弱」く、女子の教育程度は「高校」でよく、日本のために役にたちたいとは「思わない」などの回答がきている。

縦軸の下方が未来、他者に傾斜した目標志向性が強いのに対し、上方は現在、自己に傾斜した、遊びと快を求める快楽志向である。こうして、この縦軸を「社会的価値」、広い意味での〈まじめ〉志向と、「私的自由」、広い意味での〈あそび〉志向と解釈することができよう。これらからみて、縦軸すなわちⅡ軸の意味は、「あそび志向－まじめ志向」と考えることができる。

Ⅰ軸の「伝統志向－伝統離脱」とⅡ軸の「あそび志向－まじめ志向」は児島和人（一九七九、二二三頁）が一九七八年の第二回調査の分析で見いだした軸であり、この七回を通した結果でも軸の意味は変わっていない。日本人の意識構造を支えるふたつの軸は、基本的には変化していないといえよう。

意識構造による世代の析出

次に、各世代を統計データから経験的に析出するため、これらの軸における構造上の生年別平均得点を用いて、意識からみた同質性の高い生年群を見いだしてみる。まず【図表1－3】には、数量化Ⅲ類の分析に使用した第七回までのすべての調査結果の両軸の得点を、五年きざみの生年ごとの平均値で表示した。Ⅰ軸、Ⅱ軸のそれぞれの平均得点について、＋－の方向と生年グループ間のその差の絶対値を考慮して、類似している生年グループをまとめ六つに区分けした。その結果おおよそ一五年区切りで区分することになり、それらを「戦争世代」から「新人類ジュニア世代」までの六つの世代として析出した。この世代区分は、綿貫譲治（一九九四、五五－五六頁）が投票行動で分類した世代区分と一致した格好となったので、世代の名称はそれに合わせている。また、綿貫の区分には登場していない世代を新人類ジュニアと名づけることとした。

図表１－３　意識構造の軸上平均得点と世代区分

生年	平均得点		世代区分名称
	Ⅰ軸	Ⅱ軸	
-1898	-0.54	0.11	戦争
1899-1903	-0.51	0.05	
1904- 08	-0.50	0.10	
09- 13	-0.50	0.05	
14- 18	-0.43	0.02	
19- 23	-0.37	0.02	
24- 28	-0.33	0.01	
29- 33	-0.23	-0.03	第一戦後
34- 38	-0.13	-0.02	
39- 43	-0.05	-0.03	
44- 48	0.07	-0.01	団塊
49- 53	0.15	-0.01	
54- 58	0.23	-0.02	新人類
59- 63	0.26	0.00	
64- 68	0.29	0.02	
69- 73	0.34	0.06	団塊ジュニア
74- 78	0.35	0.08	
79- 83	0.41	0.09	
84- 87	0.36	0.04	新人類ジュニア

三〇年間、七回の調査で、各世代は意識構造の平面上でそれぞれ、どのように推移したのだろうか。各世代ごとに両軸の平均値を調査年ごとに示したのが【図表1－4】で、グラフ化したのが【図表1－5】である。図表1－4で団塊ジュニア、新人類ジュニアの列に空白の欄があるが、その調査年では彼らはまだ調査対象となっていないので、調査結果は存在しない。そのため、図表1－5では団塊ジュニアの白い四角のマークは一九八八年から二〇〇三年の四回分、新人類ジュニアの丸いマークは二〇〇三年だけとなっている。

図表１－４　意識構造の軸上平均得点（世代別×Ⅰ軸Ⅱ軸別×調査年別）

調査年	戦争		第一戦後		団塊		新人類		団塊ジュニア		新人類ジュニア	
	Ⅰ軸	Ⅱ軸	Ⅰ軸	Ⅱ軸	Ⅰ軸	Ⅱ軸	Ⅰ軸	Ⅱ軸	Ⅰ軸	Ⅱ軸	Ⅰ軸	Ⅱ軸
1973年	-0.38	0.00	-0.13	-0.04	0.14	0.04	0.17	-0.04				
1978年	-0.44	0.00	-0.15	-0.05	0.10	0.01	0.21	0.02				
1983年	-0.45	0.05	-0.17	-0.04	0.06	-0.01	0.22	0.07				
1988年	-0.37	0.05	-0.15	-0.02	0.10	-0.02	0.26	0.03	0.27	0.02		
1993年	-0.33	0.02	-0.11	-0.03	0.10	-0.07	0.23	-0.05	0.29	0.08		
1998年	-0.29	0.08	-0.07	0.01	0.17	-0.02	0.32	-0.01	0.41	0.11		
2003年	-0.34	0.07	-0.10	0.00	0.12	-0.02	0.30	-0.07	0.38	0.03	0.36	0.04

図表１－５　意識構造上の各世代の位置（各調査年別）（1973～2003年）

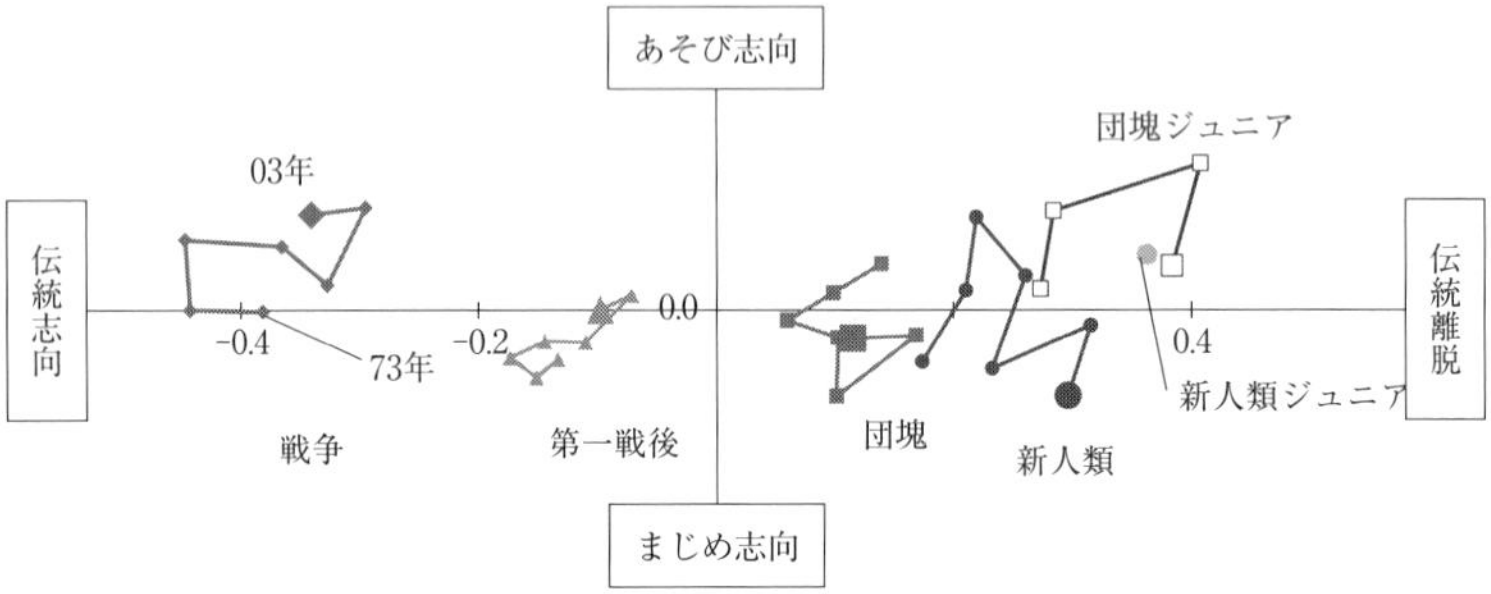

この図から注目すべきことがいくつかある。まず、各世代の位置は調査年ごとに移動しているが、その度合いは小さく、三〇年を経ても各〈世代内〉の意識の変化はそれほど大きくはないことが分かる。つまり、各世代の人びとは三〇年のあいだ同じ時代の空気を吸い、年を重ねて生きてきても、各世代の若い頃に形成された考え方が構造上そう変わるものではないといえよう。

また、〈世代間〉の位置関係に注目すると、戦争世代、第一戦後世代までと、団塊の世代以降では、Ⅰ軸での位置が左右に分かれ、世代間では意識差が大きいことが見て取れる。世代間での意識の隔たりはなくなるものではないといえよう。

次に、〈まじめ－あそび〉志向をあらわす上下の位置についてみると、戦争世代、団塊ジュニア世代は位置が高く〈あそび〉志向となっているが、第一戦後世代、団塊世代は、比較的低い位置にあり、〈まじめ〉志向となっている。新人類世代は、その中間に位置している。社会の第一線からは退きつつある第一戦後世代は、ほぼ一定して〈まじめ〉志向である。そして現在最も〈まじめ〉志向が強い世代が新人類である。この調査が始まった一九七〇年前半には、二〇歳未満であった彼らは、一〇年後の〈あそび〉志向を経て、〈まじめ〉志向へと大きく方向転換をしている。

意識構造の基軸への関連要因としての世代

日本人の意識の基本的構造としてあらわれた〈伝統志向－伝統離脱〉、〈まじめ志向－あそび志向〉の軸それぞれには、世代や教育、職業、調査年、ライフステージなどがどうかかわっているのかを見ておく。【図表1－6】には、それぞれの軸のスコアを外的基準にした数量化Ⅰ類（林、一九九三）による各要因の偏相関係数を示した。これにより、意識の変動に各属性がどうかかわっているか分かる。偏相関係数が大きいほどそれぞれの軸に対する効果が大きい。なお、年齢は世代と相関が高い（相関係数〇・九〇）ので、数量化の計算からは省いている。

図表1－6　Ⅰ軸とⅡ軸への要因の貢献度

要因	Ⅰ軸〈伝統志向－伝統離脱〉	Ⅱ軸〈まじめ志向－あそび志向〉
世代	0.38	0.12
学歴	0.16	0.25
調査時	0.15	0.06
職業	0.11	0.14
ライフステージ	0.10	0.08
都市規模	0.10	0.02
性別	0.01	0.05
重相関係数	0.69	0.34

外的基準を各軸のスコアとしたときの数量化Ⅰ類による偏相関係数。
総カテゴリー数＝51
有効ケース数＝18436

〈伝統志向－伝統離脱〉のⅠ軸については、偏相関係数が最も大きいのが「世代」で、他を大きく引き離している。

世代が日本人の意識構造の最も基本的な軸である〈伝統志向－伝統離脱〉に最も大きくかかわり、世代交代が意識変動の最も大きな要因となっている。学歴や職業も効いてはいるが、世代ほど強くはない。

次に、〈まじめ志向－あそび志向〉のⅡ軸については、最も貢献度が高い要因が「学歴」で、次いで職業や世代となっている。学歴が高いほど「まじめ志向」側に加算される。「世代」が新しいほど、「あそび志向」となっているが、高学歴化が「あそび志向」にブレーキをかけているといえよう。マンハイムは、歴史変動の要因として、世代が重要であるとしたが、「日本人の意識」調査のデータからも、とりわけ伝統志向から伝統離脱志向へという意識の変化にそのことがいえる。

三　各世代の特質

ここでは世代ごとにみて、数が多く、ある意味で支配的な意識（ある質問に対するそれぞれの選択肢のうち、最も回答が多い選択肢【図表1－7】）に注目し、世代ごとの意識の特徴を具体的に浮かび上がらせてみよう。

戦争世代——一九二八（昭和三）年以前の生まれ

一九四五（昭和二〇）年の敗戦時には最も若い人で一七歳になっていて、戦前の教育で育った世代である。一九七三年調査時には、調査結果に占める割合は全体の三五％であったが、三〇年後の二〇〇三年には、八％と減少している。

この世代では、天皇に対する感情は、「尊敬の念をもっている〈尊敬〉」が最も多く揺るぎない。「国民的意識の統一を確保していたものが天皇制であり、とくに義務教育や軍隊教育を通じて注入された「臣民」意識でした」（丸山、一九六一、一四五頁）とあるように、戦前教育が固い意識の基礎となっているようである。

「一般国民が投票することは、国の政治にどの程度の影響を及ぼしているか」という政治的有効性感覚（選挙）については、「非常に大きな影響を及ぼしている」という〈強い有効性感覚〉を持つ人が変わらず最も多い。婦人参政権は、新憲法のもとで実現した権利であり、国民すべてには与えられていない時代で育った戦争世代で特に男性で選挙への有効性感覚の高さを維持している（【図表1－8】）。

ふだん支持している政党について、この世代では、「自民党」が最も多く、三〇年間変わらない。NHKが実施した『転換期の政治意識調査』（二〇〇二年十一月、全国二〇歳以上の国民三六〇〇人、個人面接法）によると、政治に対する期待感については、「大きく変わってほしい」が全体では三六％だが、この世代では一八％と少なく、自己の政治的立場として「保守」と答える人が全体では二一％に対し、この世代では四四％と多い。日本の政治を担い続けてきた自民党と共に歩んできたという意識が強いのであろう。

図表１－７　「最も多い回答」の30年の変化（世代別）

質問	全体	1　戦争世代	2　第一戦後	3　団塊	4　新人類	5　団塊ジュニア	6　新人類ジュニア
能率･情緒（会合）	能率→情緒	情緒	能率→情緒	能率→情緒	能率→（情緒）	情緒・能率	情緒・能率
生活目標	利・愛→愛	愛→愛・快	利→愛	利→愛	愛	快・愛→愛	快
理想の人間像	教養型	教養型	教養型	教養型→規律型	教養型	教養型	教養型
宗教行動パタン	現世利益中心	両方・自己修養中心→自己修養中心	現世利益中心	現世利益中心	現世利益中心	現世利益中心	現世利益中心
人間関係（近隣）	部分的	全面的→部分的	部分的	部分的	部分的	部分的	部分的
貯蓄・消費態度	貯蓄→計画的	貯蓄	計画的→貯蓄→計画的	計画的→貯蓄→計画的	計画的	計画的	計画的
人間関係（親戚）	全面的→部分的	全面的→部分的	全面的→部分的	部分的	部分的	部分的	部分的
人間関係スコア	中	高→中	高→中	中	中	中	中
信仰・信心	仏	仏	仏	無信心→無信心・仏･神→仏	無信心・奇跡・神→無信心・神・仏	奇跡・神・無信心→無信心・奇跡	奇跡
理想の仕事（1番目）	健康→健康・仲間→仲間・専門	健康→失業の心配なし	健康→仲間	専門、健康	専門	仲間→専門	専門、仲間
人間関係（職場）	全面的→全面的・部分的	全面的	全面的	全面的→（部分的）	全面的→部分的	部分的	部分的
仕事と余暇	仕事→余暇・両立→両立	仕事→余暇	仕事→余暇	仕事→仕事・余暇・両立→両立	仕事→仕事・両立→両立	両立	両立
余暇の過ごし方（将来）	好きなこと	好きなこと	好きなこと	知識→好きなこと	知識→好きなこと	好きなこと	好きなこと
理想の家庭	分担→協力	分担→（婦随）→協力→婦随	分担→協力	分担→協力	協力・分担→協力	協力	協力
老後の生き方	子供や孫→趣味	子どもや孫	子どもや孫	自分の趣味	自分の趣味	自分の趣味	自分の趣味
父親のあり方	忠告	忠告	忠告	仲間→忠告	忠告	忠告	忠告
婚前交渉	不可→愛があれば	不可	不可	不可・婚約・愛	愛があれば	愛があれば	愛があれば
名字	当然、夫→どちらでも・当然、夫	当然、夫	当然、夫	当然、夫→（当然、夫）	（どちらでも）→当然、夫→どちらでも	どちらでも	どちらでも
女子の教育	高→短大→大学	高→短大→大学	高→短大→大学	高→短大→大学	短大→大学	短大→大学	大学
天皇に対する感情	無感情→好感→無感情→好感	尊敬	無感情→尊敬・無感情→好感	無感情→好感	無感情→好感・無感情	無感情	無感情
日本は一流国	NO→YES→NO	YES	NO→YES→NO	NO→（YES）→NO	NO	NO	NO
すぐれた素質	YES	YES	YES	YES	YES→（NO）	NO	NO
政治的有効性感覚（選挙）	強い→やや弱い	強い	（強い）	やや弱い	やや弱い	やや弱い	やや弱い
政治的有効性感覚スコア	4～5点→2～3点	6～7点→4～5点	4～5点	4～5点・2～3点→2～3点	4～5点→2～3点	2～3点	2～3点
支持政党	自民→支持なし	自民	非自民→自民→支持なし・自民	支持なし	支持なし	支持なし	支持なし
政治課題	福祉→経済	福祉→秩序→福祉→経済	福祉→福祉・経済→福祉→経済	福祉→経済	福祉→経済	福祉→経済	経済
権利知識（表現の自由）	不正解	不正解	不正解	正解→不正解	正解→不正解	正解→不正解	不正解
権利知識（団結権）	不正解	不正解	不正解	不正解	正解→不正解	不正解	不正解
権利知識スコア	0～－3点低い	低い	低い	低い	3点高い→1点→低い	2点→1点→低い	低い
結社･闘争性（職場）	静観	静観	静観	活動→静観	活動→静観	活動→静観	静観
結社･闘争性（地域）	依頼・活動→依頼	依頼→（静観）	依頼→静観→依頼	活動→依頼	活動→依頼	活動→依頼	依頼
結社・闘争性スコア	2～3点	1～0点弱	2～3点→1～0点弱	2～3点	4～6点強→2～3点	2～3点	2～3点

［表の見方］　能率・情緒（会合）の質問を例にとると，
全体〈能率→情緒〉＝全体で最も多い回答は73年では「能率」であったがその後「情緒」へと変化。
戦争世代〈情緒〉＝戦争世代では最も多い回答が「情緒」で，変わらない。
新人類〈能率→（情緒）〉＝新人類世代での最も多い回答は，73年では「能率」であったが，その後「情緒」が比較的多い回答となる。
団塊ジュニア〈情緒・能率〉＝団塊ジュニア世代の最も多い回答は，「情緒」と「能率」が並び変わらない。
※全世代の変化が同じ質問については，掲載していない。

図表１－８　政治的有効性感覚（選挙）〈強い〉
（戦争世代，男女別，時系列）

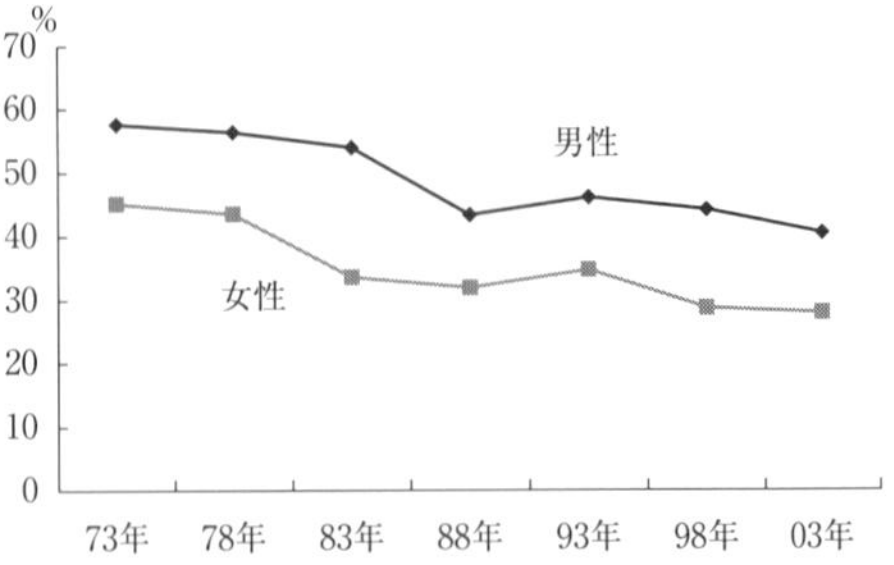

国家や民族に対して、いくつかの側面でたずねているが、世代間で違いがみられたのが、「日本は一流国だ〈日本は一流国〉」「日本人は、他の国民に比べて、きわめてすぐれた素質をもっている〈優越感〉」という日本に対する自信についてである。両方の質問とも、「そう思う〈ＹＥＳ〉」という回答が戦争世代では一貫して最も多い。

特に、〈日本は一流国〉について、「そう思う〈ＹＥＳ〉」という回答が一貫して多いのはこの世代固有の意識といえる。

「一か月分程度の臨時収入が手に入ったとしたら、どうするか〈貯蓄・消費態度〉」については、「将来必要となるかもしれないから、貯金しておく〈貯蓄〉」が一貫して最も多い。

男女や家族についての意識も他の世代とは違う面が多い。まず、結婚した男女の名字については、「当然、妻が名字を改めて、夫のほうの名字を名のるべきだ〈夫の姓〉」が変わらず最も多い。しかも女性の方が一貫して多いという特徴がある。

次に、理想の家庭については、「父親は仕事に力を注ぎ、母親は任された家庭をしっかりと守っている〈性別役割分担〉」という考えが一九七八年までは最も多い。九三年、九八年では「父親はなにかと家庭のことにも気をつかい、母親も暖かい家庭づくりに専念している〈家庭内協力〉」の意識が優勢となるが、二〇〇三年では、「父親は一家の主人としての威厳をもち、母親は父親をもりたてて、心から尽くしている〈夫唱婦随〉」という考えが三割と最も多くなる。〈夫唱婦随〉という考えは、他の世代では減少しているが、戦争世代では、常に二割を超している。

学校を卒業して社会に出た男の子の父親のあり方としては、「忠告や助言を与える〈忠告〉」が、他の世代と同じようにこの世代でも最も多い。しかし、「みずから模範を示し、見習わせる〈模範〉」という考えは一五%前後と少ないが、他の世代より常に多いことが特徴的である。さらに、最も望ましい老後の生き方については「子どもや孫といっしょに、なごやかに暮らす〈子どもや孫〉」が一貫して多い。戦争世代には、このように家を守り、夫を中心とした家庭という意識がさまざまな人生の場面においても変わらず生きている。

第一戦後世代——一九二九(昭和四)～一九四三(昭和一八)年生まれ

終戦前に生まれた世代である。一九四五年には最も年上の人で一六歳になっているが、東京オリンピックを経て、GNP世界第二位となった一九六八年には最も若い人で二五歳、年上の人で三九歳であり、高度経済成長過程で育ち、あるいはその過程を支えてきた世代である。ライフステージは七三年の時点では、八割の人が中学生以下の子どもを持っていたが、やがて子どもは独立、九八年以降は無職が最も多くなる。この三〇年で、ライフステージは大きく変化している。

「家」制度を廃止し、個人の尊厳と男女の平等とを基本理念とする現行家族法が登場したのは、第二次大戦後間もなくの一九四八年であった。かなりの人が戦後の民主主義教育で育っているはずであるが、戦争世代と意識を共有する部分が多い。たとえば、結婚した男女の名字については、〈当然、夫の姓〉が男女とも最も多いままである。

第一戦後世代のなかで理想の家庭の回答の時期別推移をみると、〈性別役割分担〉の回答が男女とも八八年まで最も多い。また、この〈分担〉の考え方の世代比較をして時期別推移をみると、各世代ともほぼ減少するものの、九三年まで男女とも第一戦後世代が最も多い(【図表1-9】)。高度経済成長は、この性別役割分担意識が支えたといわれている(利谷、一九九一、一一二頁)。

最も望ましい老後の生き方については〈子どもや孫〉、結婚していない若い人たちの男女関係については、「結婚式が

図表１－９　理想の家庭〈性別役割分担〉（男女・世代別，時系列）

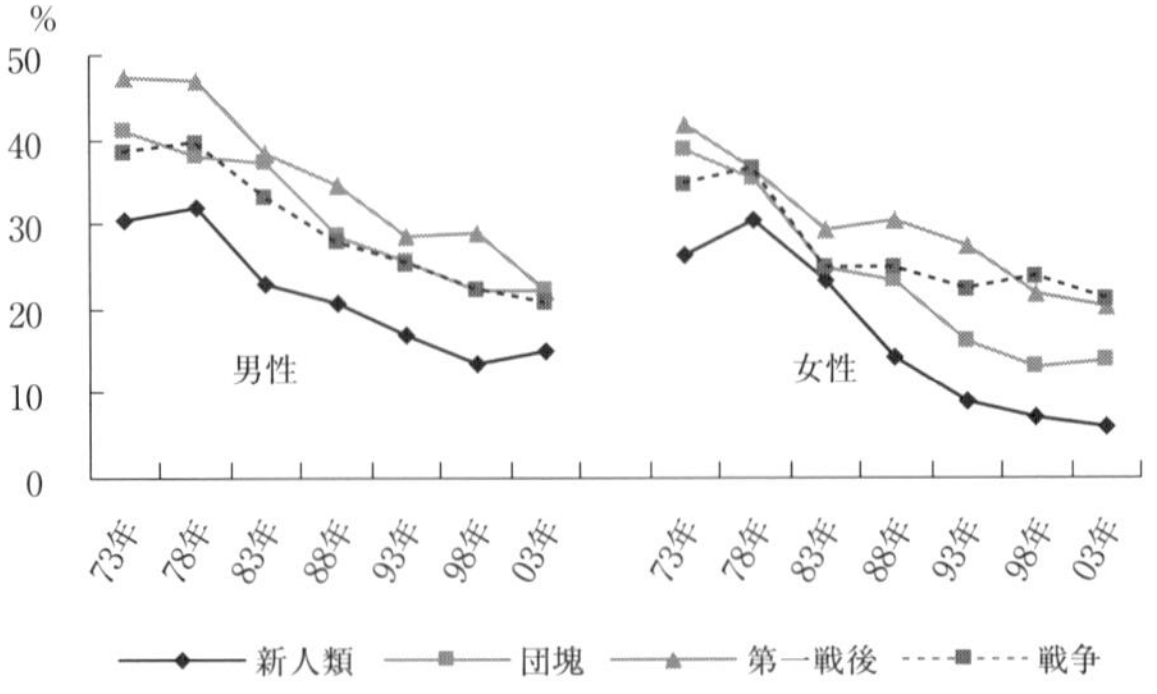

すむまでは、性的まじわりをすべきでない〈不可〉」が男女とも一貫して最も多く、しかも女性の方がさらに多い。

生活目標は七三年から八八年まで「しっかりと計画をたてて、豊かな生活を築く〈利〉」が最も多い。また、「地域に起きた問題を話し合う場合の会合の進め方〈能率・情緒（会合）〉」については、「無駄な話を抜きにして、てきぱきと手際よくみんなの意見をまとめる〈能率〉」が九八年まで、最も多い。

一方で、理想の仕事として、一番目に「健康をそこなう心配がない仕事〈健康〉」が九八年まで最も多い。全産業の労働災害による死亡者数は、六一年の六七一二人（厚生労働省ホームページ）がピークで、二〇〇六年の一四七二人（厚生労働白書）と比べ五倍近い数である。高度経済成長を背景とした厳しい労働環境が社会問題化した時代に青少年期を過ごした世代にとって、健康への心配が仕事にはつきものといえよう。

男女、家族の分野では、戦争世代と共通する意識であるが、生活目標、能率・情緒についての考え方は異なり効率、利を重視する意識となっている。

天皇に対する感情は、「尊敬」が最も多い回答ではなくなる。戦後世代にとって、天皇は「象徴」であり、戦前のように絶対的な存在でなくなったことが、意識にも反映されている。

ふだん支持している政党は、七三年「非自民」、オイルショック後の七八年から九三年まで「自民党」、九三年の自民党分裂以降は、「自民」と「支持なし」が拮抗している。支持政党の一位の座が変化しているのが、この世代の特色である。七三年当時から今日まで政党名も変わらず存在しているのは、自民党と共産党だけである。この世代の人が「非自民」に戻りたくても、七三年当時の非自民政党である社会党は存在せず、自民党と支持なしとの間で漂流しているようにみえる。

以上みてきたように、この世代の人はⅠ軸上では戦争世代と同じ伝統志向側に位置するが、戦争世代と共通するのは、男女、家族についての意識であり、政治、価値意識については、戦争世代とは異なり、脱保守的傾向がうかがえる。戦後民主主義、日本の政党状況をよく映し出していると考えられ、経済成長に生きた世代といえよう。

団塊世代——一九四四（昭和一九）〜一九五三（昭和二八）年生まれ

団塊世代の定義は、一般的には終戦後のベビーブーム一九四七年〜一九四九年に生まれた世代である。この狭義の「団塊」が一九四四〜一九五三年の間に生まれた中核的存在であることにちなみ、団塊世代とネーミングした。一九四五年には最も年上の人が一歳で、全員が戦後の民主主義教育で育ち、GNP世界第二位となった一九六八年には最も若い人で一五歳、年上の人で二四歳であり、経済成長過程で育ち、日本が経済大国となってから就職し、高度経済成長後期を担ってきた。

育った過程には、五九年の三池争議、六〇年安保改定阻止の闘争、六四年のベトナム反戦、六八年の東大紛争、日大紛争が起きている。六六年には「黒い霧」と呼ばれる一連の政治家による汚職・腐敗事件が続発した。また、五六年には水俣病、六五年には阿賀野川流域の有機水銀中毒患者の発生、六七年にはイタイイタイ病と工場排水が原因の病気が相つぎ、四日市喘息など公害病が社会問題となった。日本が豊かになっていく反面、負の側面も顕在化してきた。

老後の生き方については、これ以降の世代で「自分の趣味をもち、のんびりと余生を送る〈自分の趣味〉」となり、自立した選択をする人が多くなっている。

さらに、人間関係スコアの「中程度」がこの世代から多数となっている。「近隣での人間関係」について、「全面的」

図表１－10　人間関係（近隣）
（団塊世代，男女別，時系列）

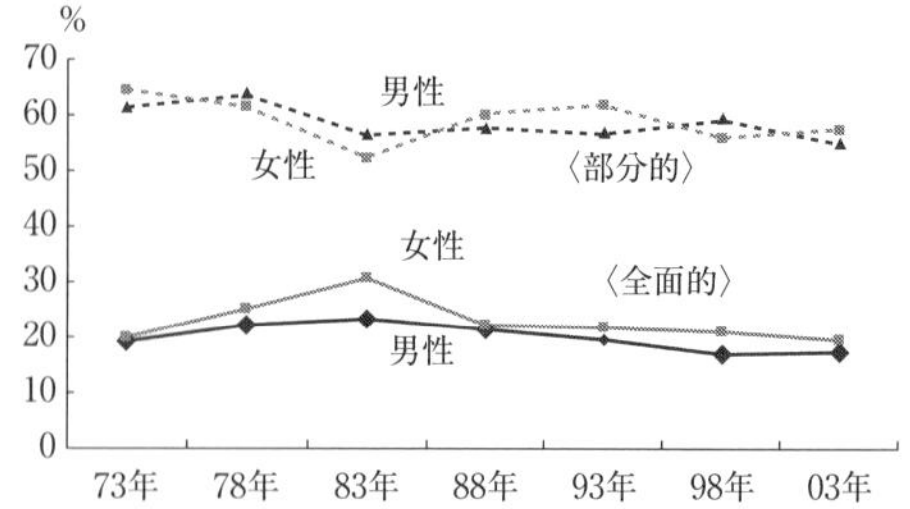

つきあいの割合が七三年の調査では男女とも第一戦後世代の半分となっている。八三年にかけて「全面的」つきあいの割合は増加しているが、その増加の仕方は女性で多く（【図表1－10】）、結婚後のベッドタウンへの定住、子育てと団塊世代のライフステージが変化したことと関連があるといえよう。

政治意識面で、この世代以降に共通した特徴があるのは、「結社・闘争性」、「政治的有効性感覚」、「支持政党」についてである。まず、「結社・闘争性」についてみると、職場、地域の問題とも、七三年では職場では、「みんなで労働組合をつくり、労働条件がよくなるように活動する」、地域の問題では、「みんなで住民運動を起こし、問題を解決するために活動する」という〈活動〉が最も多い。しかし、七八年には、職場については「できたばかりの会社で、労働条件はしだいによくなっていくと思う」という〈静観〉が最も多くなり、八三年には、地域の問題については「この地域の有力者、議員や役所に頼んで、解決をはかってもらう」という〈依頼〉が最も多くなる。このように、戦後教育で学んだ結社闘争性の意識が七三年にはある面で生きていたが、七八年のオイルショックを境に組織率の低下もあり、まず職場の場面で、次いで、地域、人間関係の希薄化や公害問題などの沈静化もあって、八三年には地域の場面で意識の変化が起こっている。

選挙に対する政治的有効性感覚が団塊世代で「やや弱い」人が最も多くなることや「支持政党なし」が最も多いこともこの世代の特徴である。安保闘争や大学紛争を通して体制への批判的精神も学んだであろうし、この世代が成長過程で目にしたことは、繁栄の一方で公害の発生や政治汚職が社会問題となるが、政権交代のない政治が続くことに選挙への政治的有効性感覚が低くなり、支持政党がない人が増えたのであろう。

理想の仕事として「専門」をあげる人が多いことは、生活レベルが向上したなかで育った世代であることと無縁ではないと考えられる。「物質主義者は「よい給料」と「安全な仕事」を選ぶ傾向があるのに対して、脱物質主義者は「気の合う人々とともに働く」と「成就感」を選ぶ傾向がある」と経済的な時代状況の違いが社会的価値観や政治意識の世代間格差をもたらすことを唱えたのは、イングルハート（一九七八、五四頁）であるが、それ以前の世代と比べ、より豊かな経済状況で育ったこの世代の脱物質主義的価値志向が「理想の仕事」にあらわれているのであろう。

新人類世代――一九五四（昭和二九）～一九六八（昭和四三）年生まれ

小学生の時から自宅にテレビがある世代で、日本が高度経済成長後期の経済大国となったなかで育つ。七六年から国連婦人の一〇年が始まり、八六年には男女雇用機会均等法が施行され、男女平等の社会的整備がある程度進むなかで育ちあるいは社会に出て行くことになる。また、世代を特徴づける共有体験として、受験勉強とテレビ番組や漫画・アニメ、ロック音楽といったサブカルチャー体験を持つのが特徴である。それまでの世代からみて、新人類世代の持つ価値観は、著しく異なってみえたことから、「新人類」と命名された。果たして、それまでの世代と著しく異なる意識を持っているのであろうか。

この世代は、いち早く仕事と余暇の両立志向が最も多くなった。団塊世代では九三年であるが、新人類では八三年と一〇年早い。八三年では、仕事志向の人は団塊世代では三七%、第一戦後世代では四六%であったが、新人類では三〇%と少なかった。仕事を優先したり、絶対視する世代からみれば、新人類の意識は奇異に映ったのであろう。

また、自分の生活を充実させるために必要と思われることの順位をつけてもらったところ、一位または二位として、「やりがいのある仕事や活動」をあげる人が七八年では四七%と五割近く、八三年でも四〇%で他の世代よりも多い。理想の仕事は「専門知識や特技が生かせる仕事」で、八三年までは他の世代よりも多い。余暇の過ごし方は八三年までは「好きなことをして楽しむ」が五割を超えており、他の世代よりも多い。このように、仕事にも余暇にも力を入れ、こだわりのある生活をしようとする姿勢が強い世代といえよう。

図表1－11　名字〈夫の姓にこだわらない〉考え方
（新人類世代，男女別，時系列）

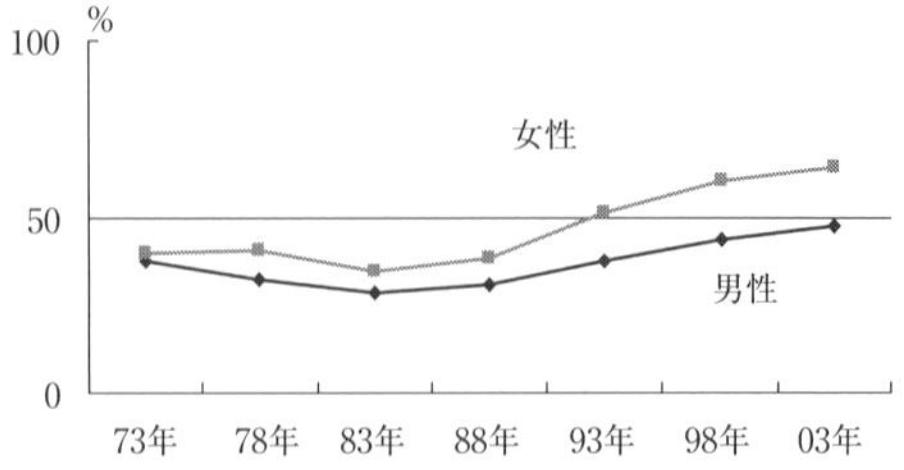

「生きがいをもち、心にハリや安らぎのある生活を送っている」という私生活において精神的満足感がある人は七三年時には五六％であった。社会の入り口にさしかかっている若者にとって、これまでのような生活の向上という目標がなくなってしまったことの象徴であろう。しかし、私生活において精神的満足感がある人は二〇〇三年には七一％へと増加している。仕事ばかりでなく、余暇にも力を入れることで乗り越えてきたのであろう。

支持政党については、「支持政党がない」人が七三年ですでに五五％と過半数で、二〇〇三年には六八％となり、一層、政党離れが進んでいる。

生活目標では、「身近な人たちと、なごやかな毎日を送る〈愛志向〉」が一貫して他の考え方よりも多く、他の世代と比べても九三年を除き最も多い。

理想の家庭については、七三年ですでに〈性別役割分担〉という考えは二八％で、団塊世代の四〇％より一二％低く、〈家庭内協力〉が三〇％で拮抗していた。その後八三年には〈家庭内協力〉が三九％に増え、最も多い考え方となる。さらに増加し続け、九八年には五九％と過半数となる。この間の増加の仕方はそれ以前の世代よりも多い。

また、結婚後の女性の姓については、「どちらが名字を改めてもよい」が七三年には三五％で最も高く、九三年以降増加し、〇三年には四割となる。さらに、「夫と妻は別々の名字のままでよい」が九三年以降増加し、「どちらが名字を改めてもよい」と合わせた〈夫の姓にこだわらない〉考え方が九八年以降は過半数となる。男女平等志向の原動力となっているのは女性で、〈夫の姓にこだわらない〉人は九三年ですでに半数となり、九八年以降では六割となっている（【図表1－11】）。男女差はあるものの、男女平等志向はそれ以前の世代よりも大きく進展している。

結婚していない若い人たちの男女関係については、「深く愛し合っている男女なら、性的まじわりがあってもよい〈愛情で可〉」が七三年時には団塊世代と同じであったが、それ以降増加し続け、八三年には半数に、さらに九三年から九八年にかけて大きく増加し、六割となった。新人類以降の新しい世代にとって、〈婚前交渉は不可〉という考えは、〇三年には一桁となり、性についての考え方は世代間で大きな差となっている。結婚年齢の高齢化と共に、独身期間が長くなり、結婚とセックスを結びつけて行動しなくなったともいわれている。半数以上が〈婚前交渉は不可〉と考える第一戦後や戦争世代との意識のギャップは大きい。

見田宗介は、「この世代もやがて年齢とともに、先行する諸世代の価値システムのうちに吸収されてゆくのか、あるいはみずからの価値を自前で創出するのか、あるいは方向を見出せぬまま、その渇望と彷徨を次第に社会の全域に浸透するのか」（見田、一九七五、一六三頁）と、一九七三年の調査時に一〇代で登場した層が新しい特徴を持つ世代となるのかどうか、三〇年前の調査結果の考察で注目していた。三〇年後の調査では、戦争世代や第一戦後世代は、「家」や「性別役割分担」という社会的な枠組みにとらわれる生き方を残してきたが、団塊の世代を経て、新人類以降の世代はそれらにとらわれることのない、自分の意思や個人の考え方をなんらかの形で重視する生き方がより大きなウエイトを占めてきている。

団塊ジュニア世代――一九六九（昭和四四）～一九八三（昭和五八）年生まれ

成長過程にバブル崩壊を経験したか、あるいはバブル崩壊後に育つ。ソ連邦が崩壊したのは一九八九年、自民党が分裂したのは一九九三年で政党の枠組みも大きく変化している。また、一九九五年には阪神淡路大震災、地下鉄サリン事件など、安全を強く意識しなくてはならなくなった。この調査では、八八年に登場してきた、生まれたときから自宅にテレビがある世代でもある。

結婚した男女の名字については、「夫婦は同じ名字を名のるべきだが、どちらが名字を改めてもよい〈どちらでも可〉」

図表1－12　生活目標〈快志向〉（世代別，時系列）

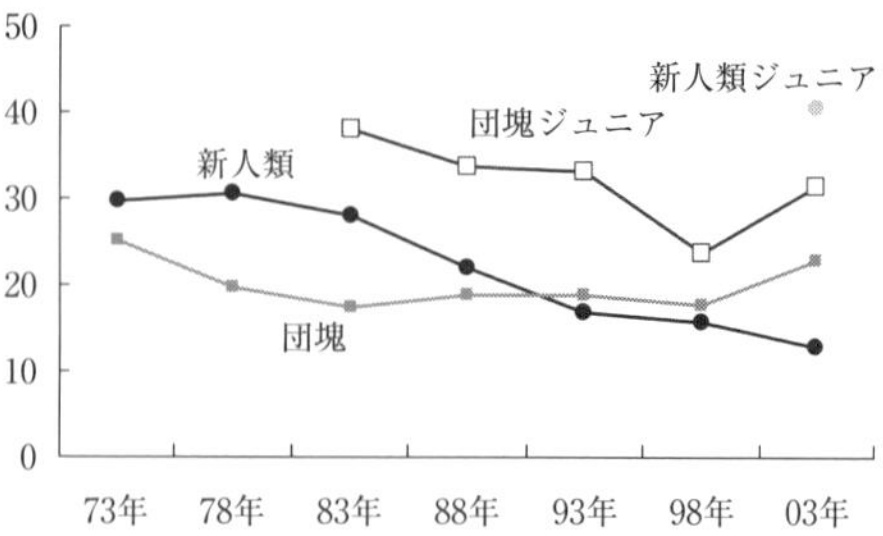

が最も多く、新人類世代より男女平等に対する意識はさらに進んでいる。

一方、「日本人は、他の国民に比べて、きわめてすぐれた素質をもっている〈すぐれた素質〉」という考えに「そうは思わない」と否定する人がこの世代で初めて最も多くなった。金融、物流、経済面でのグローバル化の時代に成長している彼らにとっては、国際的な相互依存関係を実生活で感じざるを得ず、日本に対する優越感を最初から持ち合わせていないのであろう。

また、「職場の同僚」との付き合いについて、最も多い回答は、戦争世代と第一戦後世代では、三〇年間変わらず「なにかにつけ相談したり、助け合えるようなつきあい〈全面的〉」だが、団塊、新人類世代では〈全面的〉から「仕事が終わってからも、話し合ったり遊んだりするつきあい〈部分的〉」に変化している。そして、団塊ジュニア以降の世代では、八八年にこの調査へ登場以来、一貫して〈部分的〉つきあいとなっている。

この人間関係の変化は、他の生活についての意識変化と連動している。「最も理想的な仕事」は八八年から九八年まで「仲間と楽しく働ける仕事〈仲間〉」である。

さらに、生活目標は八八年は「その日その日を、自由に楽しく過ごす〈快志向〉」が「身近な人たちと、なごやかな毎日を送る〈愛志向〉」と並んで最も多い。その後〈愛志向〉へと変化するが、〈快志向〉がそれ以前の世代に比べ多くなっている（【図表1－12】）。

宗教とか信仰とかに関係することがらで、信じているものをいくつでもあげてもらったところ、「無信心」と並び、八八年当初は、「奇跡」「神」が同じ程度であったが、その後「神」は減り、「無信心」と「奇跡」が最も多くなっている。それ以前の世代では、年を取ると、「仏」が増えるがこの世代にはまだその傾向はみられず、「奇跡」が多いままである。

このように、団塊ジュニア世代になると、男女平等意識の進展、適度な付き合いの重視、より生活を楽しむ姿勢など生活意識、人間関係意識のさらなる変化がみられる。

これまでの世代では、意識の領域によって世代差をつけながら変化してきた。それは〈伝統意識‐伝統離脱〉に主にかかわる意識であったが、団塊ジュニアでは、〈伝統意識‐伝統離脱〉にかかわる意識では支持者が多い支配的な意識にそれほど変化はないものの、〈まじめ志向‐あそび志向〉にかかわる軸での変化がみられ、〈あそび志向〉が強まっている点が注目される。

四　世代形成の新たな展開

本稿では、次の五点を明らかにした。
①三〇年間で世代内での意識はそれほど変化していないこと。
②しかし、世代間での意識の変化は〈伝統志向‐伝統離脱〉の軸上で「伝統離脱」の方向へほぼ連続して存在すること。
③しかもその意識変化の中心的要因として「世代」があること。
④これとは別に「まじめ志向」から「あそび志向」への軸上の変化も特に団塊ジュニア世代の台頭以降に見いだされること。
⑤さらに個別世代ごとに変化した意識に特質があること。
このように世代はそれぞれの時代の変化とともに、新しい意識をもった同時代者が生まれたことにより形成されていることが確認された。しかし、その世代は、前の世代と断絶しているというより、前の世代の考えを引き継ぎながら、

ある面での意識が変化し、また変化した意識を次の世代に引き継いでいくという経過をたどっている。

青春時代に出会った戦前の教育、敗戦、戦後民主主義、高度経済成長、低成長、グローバル化、政治腐敗、メディア環境の変化などがそれぞれ、世代固有の意識となって心のひだに刻まれ、意識形成に影響し、世代が形成されてきたのであろう。

今日、世代変動はさらなる局面を迎えている。それは、これまでみてきたように、意識構造での新たな個別世代の出現である。団塊ジュニア、新人類ジュニア世代は、伝統離脱志向もそれまでの世代より進展させながら、あそび志向へと漸次移行している。世代における新たな局面の胎動ととらえられよう。

同時に、新たな世代間関係が社会的現実から露呈してきている。年金などの福祉問題、社会的不平等、環境問題、雇用などの問題が世代間に横たわっている。たとえば、雇用面に注目してみると、グローバル化、IT化により産業構造は一九九〇年ごろを境として大きく転換した。もの作りにかける労働力のコストを下げる圧力が大きくなり、労働力の二極化現象が始まった。日本では「ニューエコノミー」における労働構成の変化の影響は、三〇代までの若者たちが直接受けている（山田、二〇〇四、一一六頁）。終身雇用制度も見直され、将来の生活が保障されているわけではない。

これら二点とは別に、高齢化社会においては、生涯学習・教育の普及などを通じ人間発達の長期化と生涯化が広がり、各世代単位の長期的な形成存続の可能性と条件が否定できない。この調査でも、新しい世代ほど、世代間の意識の差は小さい（図表１－５）。世代単位をおおよそ、一五年で分離することが困難になる可能性がある。世代単位の長期化という形態の変化、質的変容、世代関係の密接化という新たな局面を迎える予兆も否定できない。

このような世代変動のなかで、世代形成の二大システムがより注目されている。つまり、「教育」と「メディア」も全面的な高齢化と世代の変質に応えるべき、大きく新たな課題に直面してきている。調査研究も同様で、これに呼応すべき段階に入ってきている。そのなかで、「日本人の意識」調査もこれまでの蓄積を継承すると同時に、より長期的観点で世代の意識形成を追究する課題を担ってきている。

歴史が世代をつくり、世代が歴史をつくるという、人間と歴史の相互作用的両面性は、二〇世紀末から二一世紀初頭において変貌をとげながらも持続・展開してきたことを「日本人の意識」調査三〇年の成果は告げている。

後記　二節の「日本人の意識構造の基軸」、「意識構造による世代の析出」は、NHKブックス（河野、二〇〇四、二二五－二二八・二三〇・二三二頁）に手を加え、再掲している。

文献一覧

飽戸弘、一九七一「ジェネレーション・ギャップ」『年報社会心理学　第一二号』勁草書房
バーガー、ピーター&トーマス・ルックマン（山口節郎訳）、二〇〇三『現実の社会的構成』新曜社〔＝Berger, P. L. and Luckmann, T., 1966, *The Social Construction of Reality*, New York.〕
林知己夫、一九九三『数量化－理論と方法』朝倉書店
イングルハート、ロナルド（三宅一郎・金丸輝男・富沢克訳）、一九七八『静かなる革命』東洋経済新報社〔＝Inglehart, R., 1977, *The Silent Revolution*, Princeton University Press.〕
井上俊、一九七七『遊びの社会学』世界思想社
児島和人、一九七九「Ⅶ章　意識変化の方向と特質」、NHK世論調査所〔編〕『現代日本人の意識構造（第一版）』日本放送出版協会
――、一九九三『マス・コミュニケーションの受容理論の展開』東京大学出版会
河野啓、二〇〇四「終章　世代の変化」、NHK放送文化研究所〔編〕『現代日本人の意識構造（第六版）』NHKブックス
マンハイム、カール（鈴木広訳）、一九五八「世代の問題」『マンハイム全集』潮出版社〔＝Mannheim K., 1928, "Das Problem der Generationen", *Kölner Vierteljahrshefte für Soziologie*, 7. Jahrg. Heft2.～3.〕
丸山眞男、一九六一『日本の思想』岩波書店

松下圭一、一九五九「戦後世代の生活と思想（上）」『思想』（No.421）、岩波書店
三上俊治、一九九六「情報行動の世代間格差」『情報行動と地域情報システム』東京大学社会情報研究所、東京大学出版会
見田宗介、一九六五『現代日本の精神構造』弘文堂
――、一九七五「世代形成の二重構造」、NHK放送文化研究所［編］『日本人の意識』至誠堂
中村隆、二〇〇五「コウホート分析における交互作用効果モデル再考」『統計数理』53（1）、一〇三―一三二頁
中西新太郎、二〇〇五「情報化と社会」『日本史講座　第一〇巻』、歴史学研究会（編集）、日本史研究会（編集）、東京大学出版会
パットナム、ロバート（柴内康文訳）、二〇〇六『孤独なボウリング』〔= Putnam, R. D., 1995 *Bowling Alone*, Simon & Schuster.〕
佐藤俊樹、二〇〇〇『不平等社会日本』中央公論社
塩原勉、一九七一「青年問題の視角」『社会学評論』八六号、日本社会学会
田中愛治、二〇〇五「年金をめぐる国民意識と世代間格差」、北岡伸一・田中愛治［編］『年金改革の政治経済学』東洋経済新報社
富永健一、一九九六『近代化の理論』講談社学術文庫
利谷信義、一九九一「家族法の実験」、上野千鶴子ほか［編］『変貌する家族1　家族の社会史』岩波書店
坪井健、二〇〇四「世代論からみた少子社会」、清水浩昭［編］『日本人と少子化』人間の科学新社
綿貫譲治、一九九四「「出生コーホート」と日本有権者」『レヴァイアサン15』木鐸社
山田昌弘、二〇〇四『希望格差社会』筑摩書房

2章　近代家族は終焉したか
——調査結果が見せたものと隠したもの

落合恵美子

「日本人の意識」調査において、一九七三年から二〇〇三年の三〇年間で、変化がもっとも明確だったのは家族とジェンダーに関する領域であったことは、これまでも繰り返し指摘されてきた。しかし、その指摘に接するたび、わたしは腑に落ちない感じを抱えてきた。日本におけるジェンダーの変容に少し立ち入って注目してきた者なら、一九七〇年代以降の日本のジェンダーの特徴は、変化よりも変化の欠如にあることを知っているからだ。

また、変化の方向はほぼ一方向だというが、バブル景気とその崩壊などの出来事は、なんの効果も及ぼさなかったのだろうか。さらに、この時代の家族とジェンダーの変容は、日本だけでなく世界的な現象であった。では日本人の意識は、ただ世界の動向につれて変化しただけだったのだろうか。あるいは何か日本的な特色があったのだろうか。

本章では、「日本人の意識」調査の結果を読み込むことにより、また他の調査や社会現象と照らしあわせることにより、この三〇年間の日本の家族とジェンダーについて本調査は何を明らかにしたのかを再考してみたい。

一　一方向的意識変容——「近代家族の終焉」か

本調査の家族とジェンダーに関する項目についての調査結果の多くは、たしかに明らかな一方向的変化を示している。

図表２－１　理想の家庭
（『現代日本人の意識構造（第六版）』，p.28より）

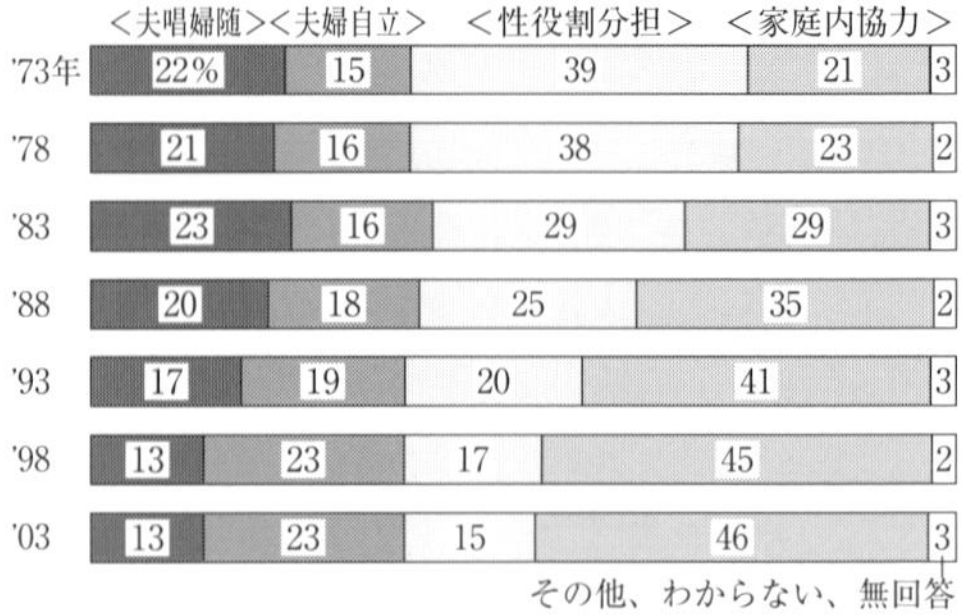

図表２－２　夫の家事・育児（前掲 p.32より）

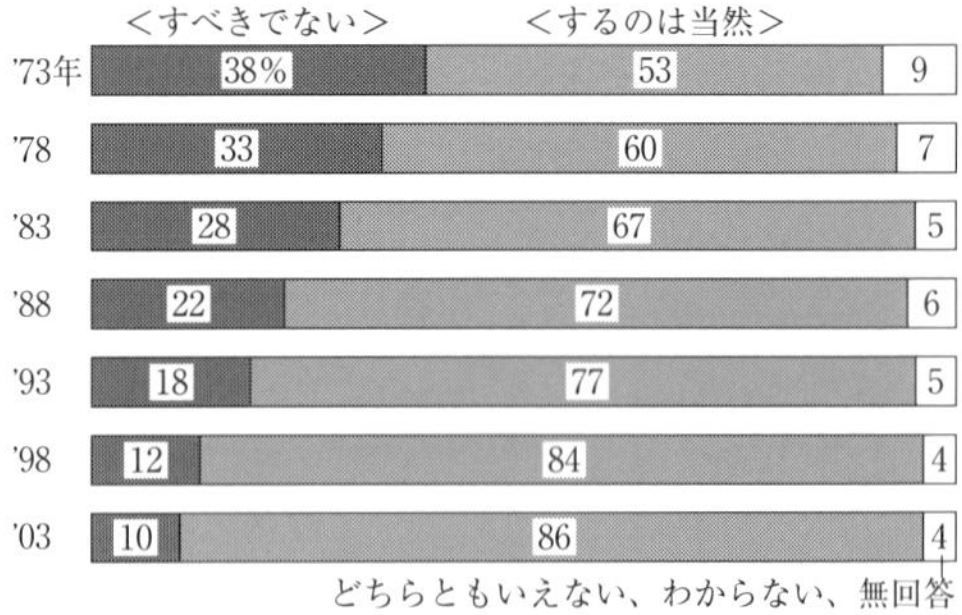

図表２－３　家庭と職業（前掲 p.36より）

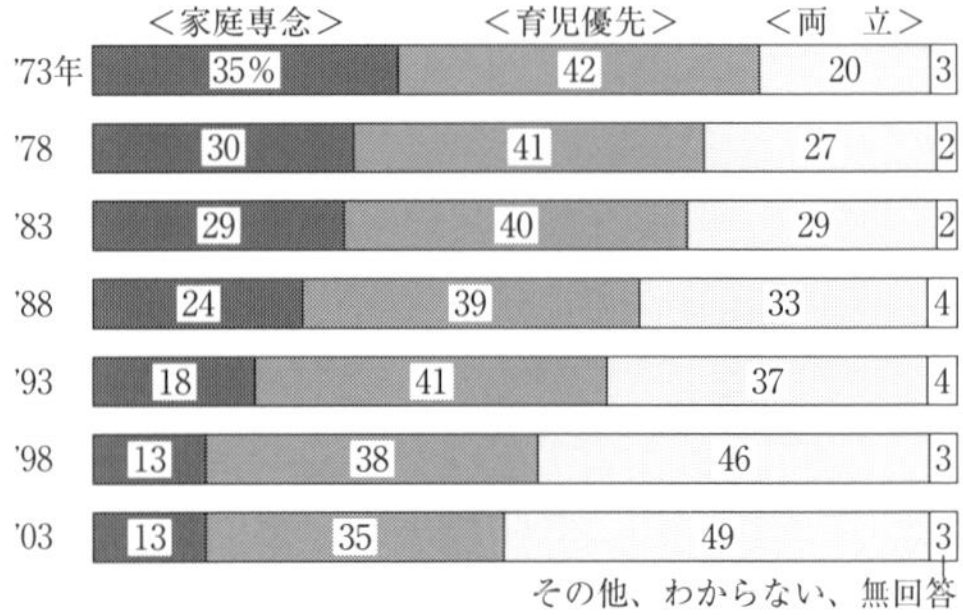

「理想の家庭」（第8問）についての回答は「父親はなにかと家庭のことにも気をつかい、母親も暖かい家庭づくりに専念している」という〈家庭内協力〉型が増加し（一九七三年、二一％→二〇〇三年、四六％、以下で特に断らないときは一九七三年から二〇〇三年までの変化を示す）、「父親は仕事に力を注ぎ、母親は任された家庭をしっかりと守っている」という〈性役割分担〉型の減少（三九％→一五％）と、ちょうど入れ替わっている。同時に「父親は一家の主人としての威厳をもち、母親は父親をもりたてて、心から尽くしている」という〈夫唱婦随〉型が減少し、「父親も母親も、自分の仕事や趣味をもっていて、それぞれ熱心に打ち込んでいる」という〈夫婦自立〉型が増加している（【図表２－１】）。

「夫の家事・育児」（第13問）では、「夫婦は互いにたすけあうべきものだから、夫が台所の手伝いや子どものおもりをするのは当然だ」が増加し（五三%→八六%）、「台所の手伝いや子どものおもりは、一家の主人である男子のすることではない」（三八%→一〇%）をはるかに引き離した（【図表2－2】）。

既婚女性にとっての「家庭と職業」（第12問）については、「結婚して子どもが生まれても、できるだけ職業をもち続けたほうがよい」という〈両立〉型がいまやほぼ半数を占めるまでになり（二〇%→四九%）、「結婚したら、家庭を守ることに専念したほうがよい」という〈家庭専念〉型は激減（三五%→一三%）、「結婚しても子どもができるまでは、職業をもっていたほうがよい」という〈育児優先〉型もやや減少ぎみである（四二%→三五%）（【図表2－3】）。

「結婚後の姓」（第11問）に関しては、「当然、妻が名字を改めて、夫のほうの名字を名のるべきだ」と「現状では、

図表2－4　結婚後の姓（前掲 p.40より）

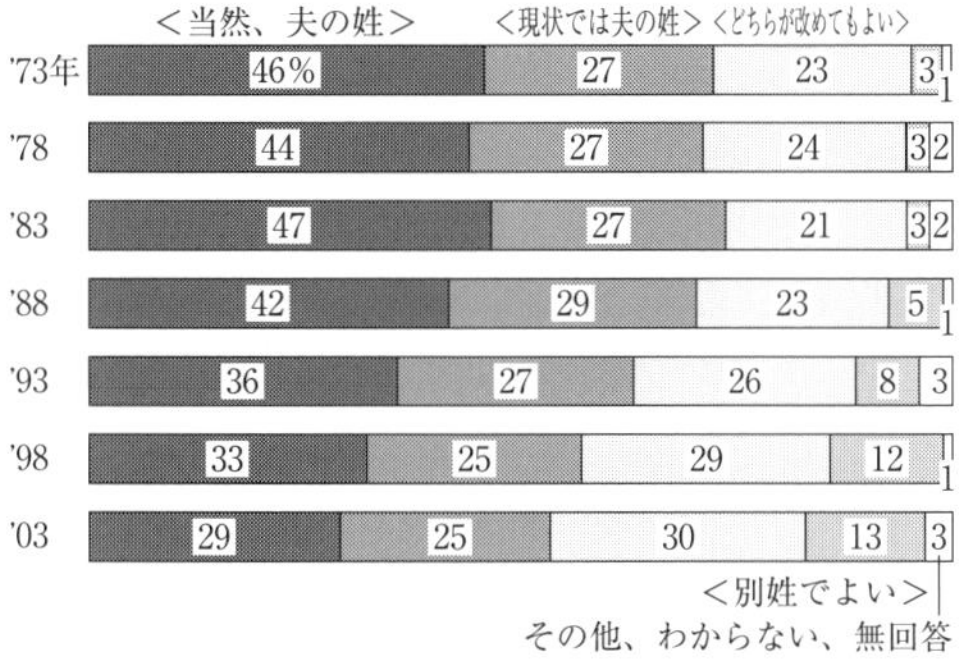

図表2－5　婚前交渉（前掲 p.47より）

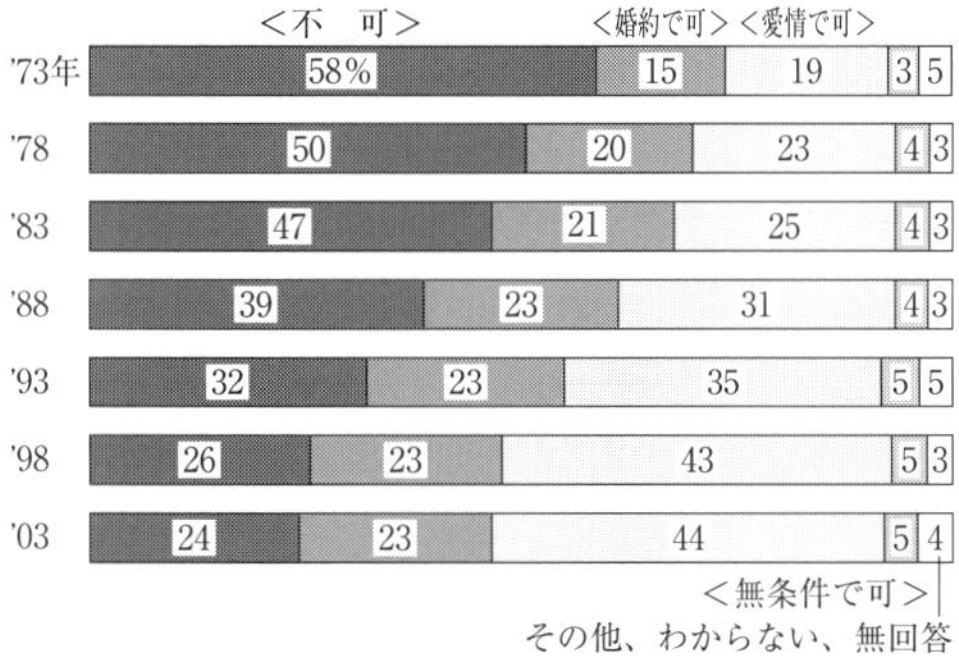

図表2－6　結婚観（前掲 p.51より）

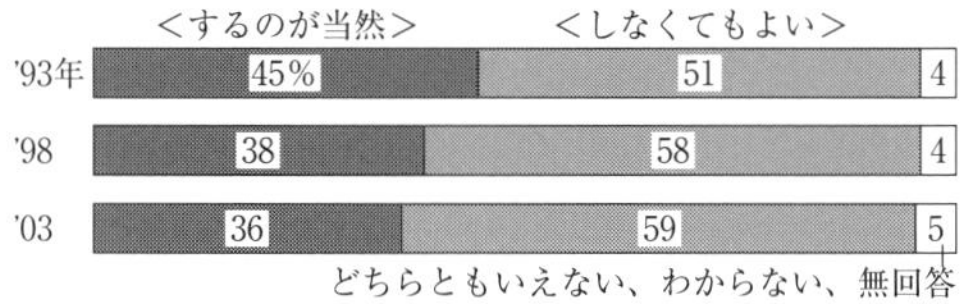

図表2－7　子どもをもつこと（前掲 p.54より）

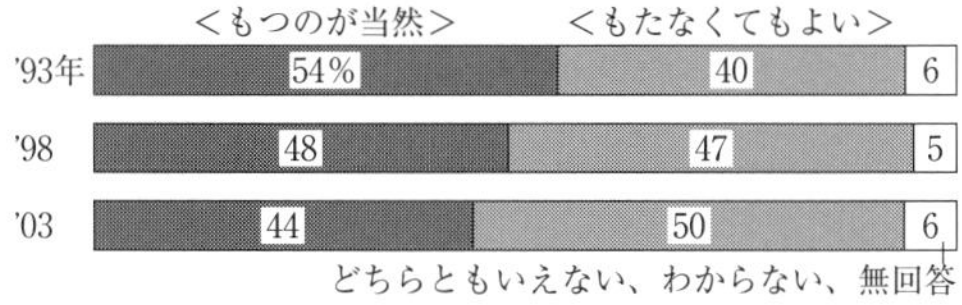

妻が名字を改めて、夫のほうの名字を名のったほうがよい」を併せた〈夫の姓〉派は、「夫婦は同じ名字を名のるべきだが、どちらが名字を改めてもよい」と「わざわざ一方に合わせる必要はなく、夫と妻は別々の名字のままでよい」を併せた〈脱・夫の姓〉に、次第に地歩を譲っている（【図表2－4】）。

「婚前交渉の是非」（第29問）では、「深く愛し合っている男女なら、性的まじわりがあってもよい」という〈愛情で可〉が多数派となり（一九％→四四％）、「結婚式がすむまでは、性的まじわりをすべきではない」（〈不可〉）というかつての常識は少数派となった（【図表2－5】）[1]。

一九九三年から追加された「結婚することについて」と「子どもをもつことについて」の質問では（第49問、第50問）、二〇〇三年までの一〇年間に「必ずしも結婚する必要はない」と「結婚しても、必ずしも子どもをもたなくてよい」が増加している（五一％→五九％、四〇％→五〇％）（【図表2－6】【図表2－7】）。

最初の四点はジェンダー規範の変容、とりわけ性別分業型のジェンダー観の衰退を示しており、後の三点は「性と結婚と生殖の一致」という近代的結婚のトリニティの失効を意味している。併せてみると、「誰もが結婚して子どもをもち、性別分業にもとづいて生計を立て子どもを育てる」という「近代家族」体制の終焉が宣言されていることになりそうだ。しかし、はたしてこれを額面どおりに受け取っていいのだろうか。

二　変わらない実態――固定された性別分業

ここで、意識から実態へ目を転じてみよう。ジェンダーの実態に関するかぎり、七〇年代以降の日本は、性別分業の執拗なまでの変わりにくさが特色の社会だった。このように言うと、七〇年代以降の日本では働く女性が増加して、一九八五年には既婚女性のうち共働きが専業主婦を数の上で越えたという反論がなされるかもしれない。しかしこの説には、量と質の両面からの再反論が可能である。

まず、量の面から見てみよう。ある社会の特色は、その社会だけを見ていては知ることができない。この三〇年間における働く女性の増加を、アメリカ、イギリス、デンマーク、スペインと比べてみよう。比較の対象としてこれらの社会を選んだのは、これらは自由主義、社会民主主義、家族主義など異なる体制に分類される社会であり、旧西側諸国の多様性を示すのにふさわしいと考えるからである。これらの諸社会と日本における一九五〇年ないし一九六〇年からの年齢別女子労働力率の変化を、各国の人口統計に基づいてグラフに示した（【図表２－８】）。日本と他の社会では、二点の大きな違いがある。第一点は一九五〇年・六〇年における日本の女子労働力率の際立った高さであり、第二点は一九六〇年代以降の他の社会における劇的な上昇と日本における変化の小ささである。日本は一九六〇年代まで欧米先進諸国よりも高い女子労働力率を保っていたが、一九七〇年代以降追い越され、かつては日本の方が女性がよく働く社会であったことさえ、今はほとんど忘れられている。女子労働力率の上昇には欧米圏でも時期とパターンの差があり、スペインなどの南欧諸国では開始が遅れ、イギリスでは一九八〇年代まで日本のようなＭ字型が残った。しかしこの三〇年間での上昇幅はいずれの社会でも大きく、形状も現在では南欧以外は男性同様の逆Ｕ字型になっている。

日本の女子労働力率の上昇は欧米諸国に比べれば大きいとは言えず、結婚・出産による中断再就職というライフコースを示すＭ字型が固定している。国内だけを見ていると、七〇年代以降の日本では働く女性の増加がめざましかったように思えるが、国際的な文脈におきなおしてみると、「日本はこの四半世紀の間、例外的に変化の乏しい社会であった」（岩井、二〇〇二）[2]という総括のほうがむしろふさわしい。

一方、働き方の質については、今日の言葉では非正規雇用、言い習わされた表現では「パートタイマー」の問題がある。一九六〇年代以降、Ｍ字型のふたつ目の山はそれなりに高くなり、既婚女性の半数以上が働く時代になったが、再就職した女性たちの多くはパートタイム就労であり（三五～五四歳の女性雇用者のうち正規の雇用者は四割強しかいない）[3]、賃金面でも昇進面でもフルタイム就労者とは比較にならない条件で働いているのは周知のとおりである。日本は「男女労働者の同一価値労働同一報酬」を定めたＩＬＯ100号条約を批准したが（一九六七年）、その実施方法についての指針ＩＬＯ090号勧告は批准していない。「平成六年年版国民生活白書」（経済企画庁）では、中断再就職というライフコースを選択することで、女性は生涯賃金の実に七八％を失うことになると試算されている。

図表２−８　女子労働力率の推移

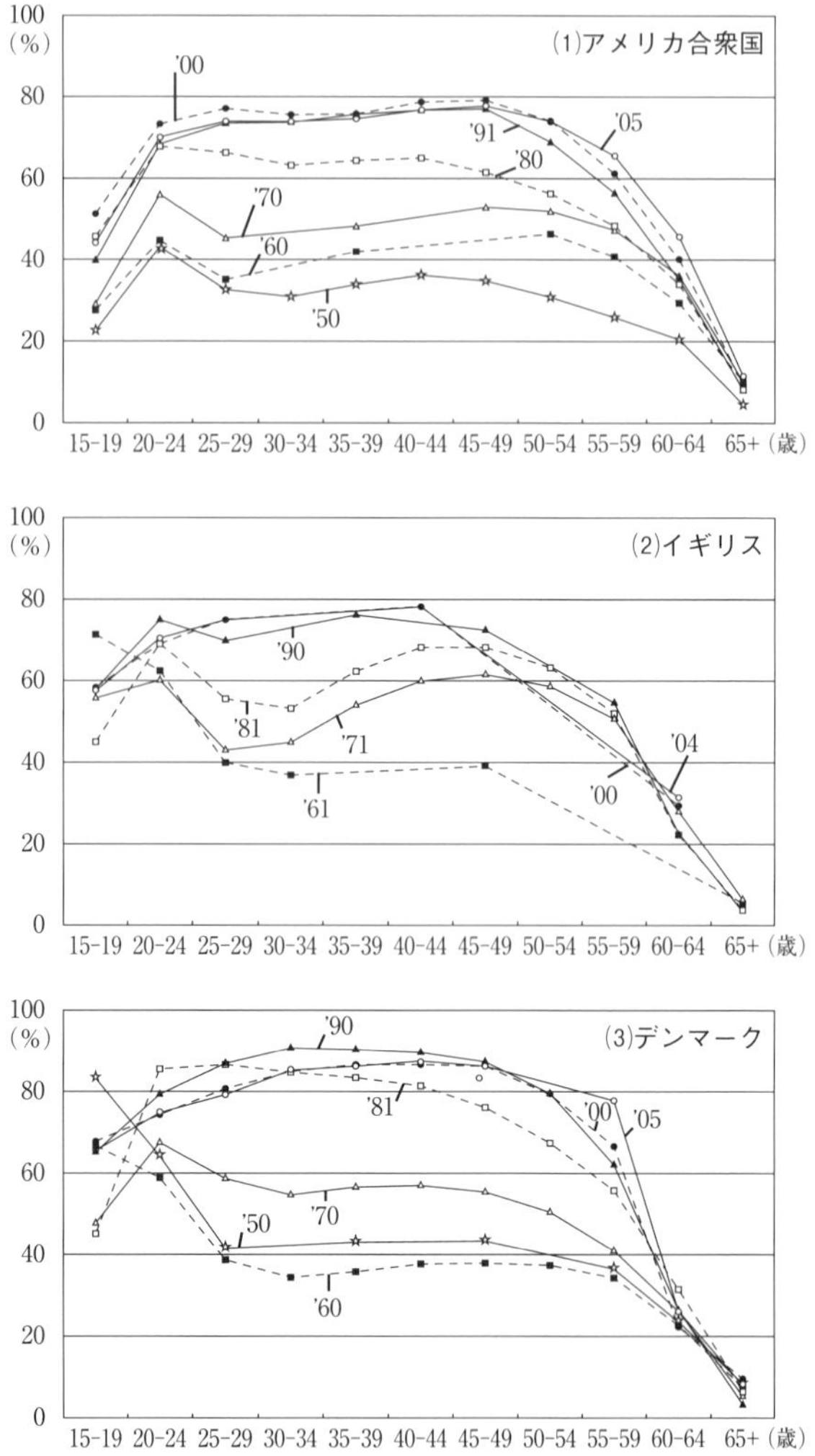

　フルタイム就労とパートタイム就労を区別すると、日本女性の働き方には一九七〇年代前半に転換点があったことが分かる。田中重人の推計によると（田中、一九九九）、一九五〇年代から六〇年代にかけて進行してきた非自営業世帯における女性のフルタイム雇用労働者化の動きが、一九七三年のオイルショックで止まって、七〇年代後半以降はパートタイム雇用だけが拡大している（【図表２−９】）[4]。

　オイルショック後の経済危機にあたって、日本企業は（バブル後とは違い）雇用を維持したままでの減量経営を実現したとしばしば言われる。しかし維持された雇用とは男性の雇用であり、それは女性の周辺労働力化と裏腹だった。同じ時期から非正規雇用は欧米諸国でも次第に広がりを見せるが、男性は終身雇用、女性は非正規雇用というジェンダーによる身分階層化をこれほど露骨に実現したのは、日本的特徴というべきだろう。

女性のパートタイム就労は、既婚女性の第一の役割は主婦役割だと前提したうえで、家庭責任に抵触しない範囲で家計補助として働く労働者として、女性を位置づけるものである。だから賃金も低くてよく、会社側が不要なら解雇もしやすい。一九七〇年代後半以降の時代は、表面的には脱主婦化が進んだように見えるが、実際に進行したのはあくまで主婦役割を第一に置いた「兼業主婦化」であり、「新性別分業」（男は仕事・女は家庭と仕事）であった。

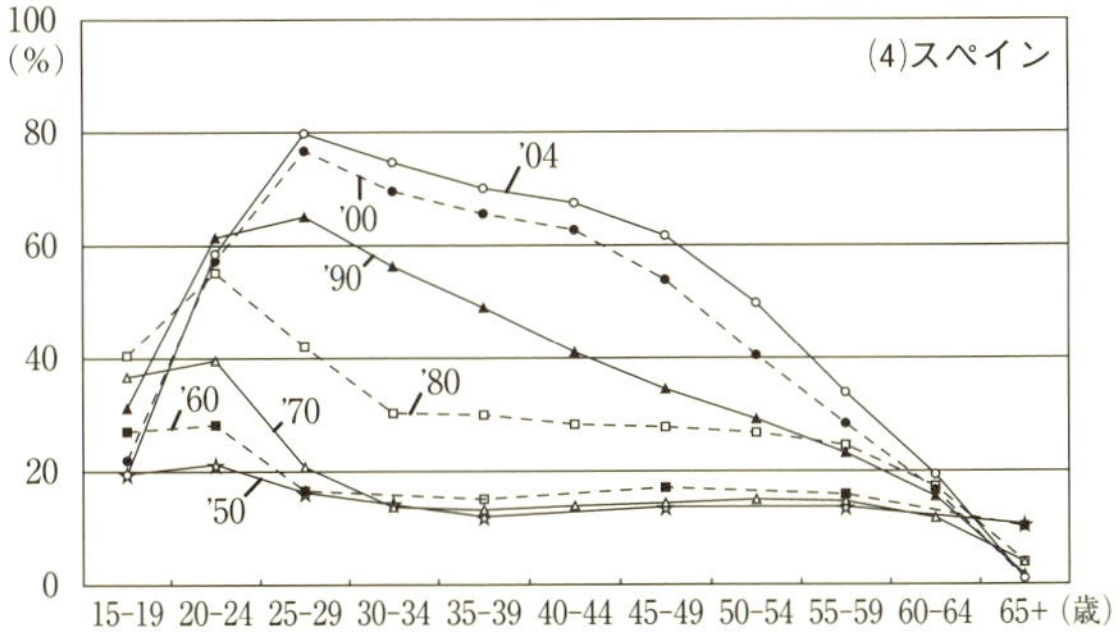

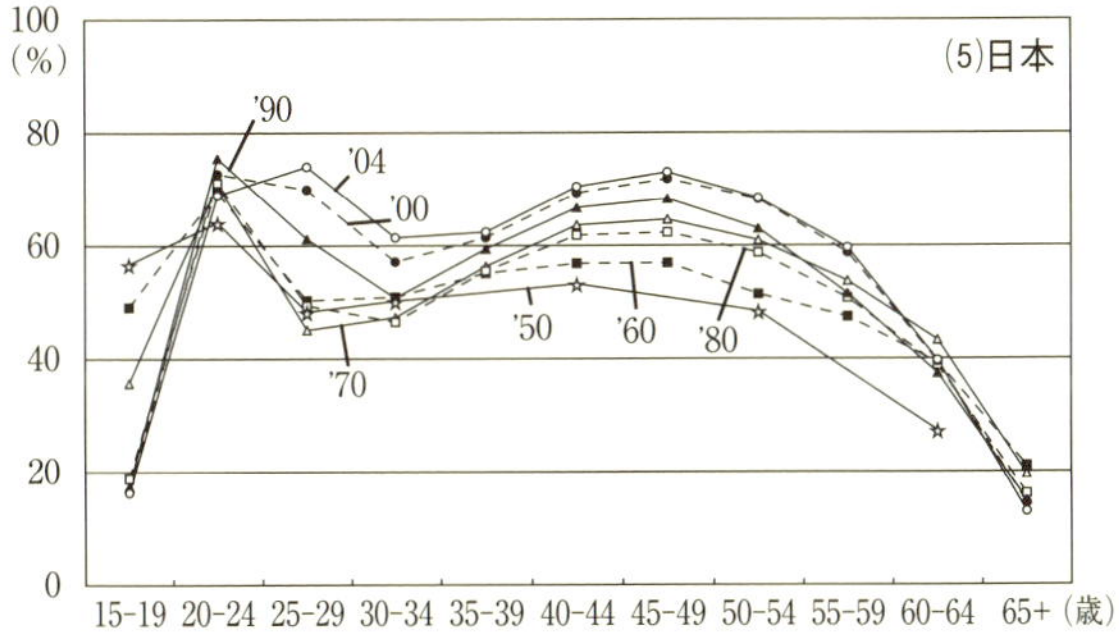

図表２－９　日本における女性の市場労働部門内就業率の変化（1951～95年）（田中, 1999）（総務庁統計局「労働力調査」より）

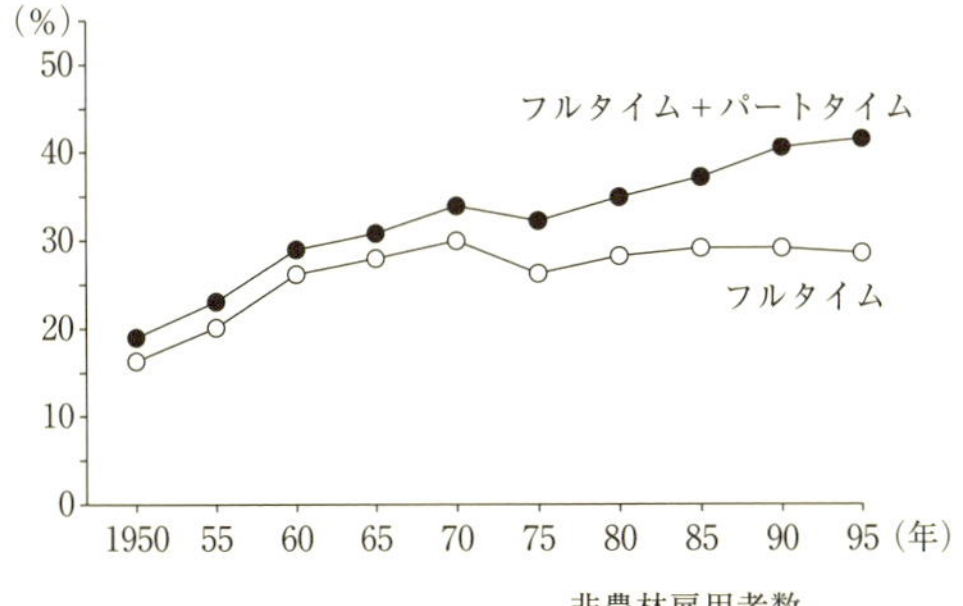

$$\text{市場労働部門内就業率} = \frac{\text{非農林雇用者数}}{\text{労働可能人口} - \text{自営数}}$$

$$= \frac{\text{非農林雇用者数}}{\text{無職者数} + \text{非農林雇用者数}}$$

「新性別分業」は国家によっても裏書された。「自助努力と家庭及び地域社会の連帯」を基礎とする「日本型福祉社会」構想を掲げた政府は、女性を福祉の担い手、すなわち家庭でのケアの担い手として政策的に位置づけた（木本、二〇〇四）。「パート主婦」というあり方は、経済と福祉の両方の必要でフレクシブルに女性を使うための便利な装置となった。八〇年代になると一連の「主婦の座」優遇策が打ち出された。年収が一定額未満の場合に限ってサラリーマン家庭の「主婦」の保険料を免除する年金改革（一九八五年）、配偶者特別控除の創設（一九八六年）などにより、「パート主婦」は「主婦」と再定義され、彼女たちを保護し囲い込む「壁」が築かれた。

一九七〇年代以降の日本において、女子労働力率のM字型が固定され、女性の非正規雇用が増大した背景には、経済危機後の経済界と政界による政策的選択があった。

三　調査結果の再読

「日本人の意識」調査が対象とした時代は、家族とジェンダーという観点から見れば、オイルショック後の対策として女性の非正規雇用が制度化され、M字型のライフコースが作り出され固定されていった時代だったということができる。同時代の欧米先進国と比べて、きわめて特異な道を日本が歩み始めた時期でもある。その時期に、家族とジェンダーをめぐる意識が一方向的に変化したとはどういうことだろうか。しかも近代家族の終焉を示すかと思われるような方向へ。あらためて考えると、疑問が湧いてくる。疑問を胸に、再び調査結果の解読へと向かってみよう。

女性回答者の職業分布

本調査は意識調査なので、実態を尋ねた質問はほとんどない。あるのは回答者の基本的属性を問うフェイスシートくらいだが、その中に「職業」を問う質問がある。その結果を用いて、本調査に対する女性回答者の職業分布をまず見ておこう。もっともこの質問にも「意識」が入り込む余地がある。「家庭婦人（パートをしていても家事が主の場合を含む）」という選択肢があるのである。これはまさに「新性別分業」により再定義された「主婦」の概念であり、一部の女性非正規雇用者を、本人の自己意識次第で、職業をもたない者としてしまう(5)。

そのような限界を承知のうえで、一九七三年と、八三年、九三年、二〇〇三年の女性回答者の年齢別の職業分布を図示してみると、【図表2－10】のようになる。斜線で示した「家庭婦人」の下までが就業者と自己申告した人びとである。三〇年間で、M字型は維持されつつ、わずかに高さがせりあがり、M字の谷が埋まっていく。その年代別の変化は、図表2－8の(5)に示した日本の女子労働力率についての調査結果とほとんど同じである。本調査のサンプリングの妥当性を感じさせる。

「家庭婦人」カテゴリーに影響する意識要因の効果を検証するため、図表2－8の(5)の一九x〇年の各世代の労働力率と図表2－10の一九x三年の各世代の就業者の割合との差を求めてみると、一〇％をこえる大きな差がほとんどすべての世代について出たのは一九七三年のみであった(6)。一九七〇年代には実際には働いていても働いていないという自己申告をする人びとが多かったのか、あるいは別の理由なのかは分からない。その他の年については、M字のふたつ目の山の年齢層で大きなずれはなく、非正規雇用の女性たちの多くも正規雇用と区別なく職業を答えているのではないかと思われる。

その程度の信憑性があることを前提に、あらためて図表2－10を見直してみると、就業者の中の農林漁業者の激減と高齢化、九〇年代まではある程度の割合を保っていた自営業者の二〇〇〇年代に入ってからの減少と高齢化、事務職・技術職の増加と年齢的拡大（一九七三年には若年層中心だったが二〇〇三年には四〇代前半を含むまでになった）、M字のふたつ目の山での職業の内訳が、自営業中心から技能職・熟練職、一般作業職、事務職・技術職、販売職・サービス職中心に移行し、九〇年代には特に販売職・サービス職の増加が著しいことなどが読み取れる。正規雇用と非正規雇用との

図表２−10　女性の年齢別職業分布

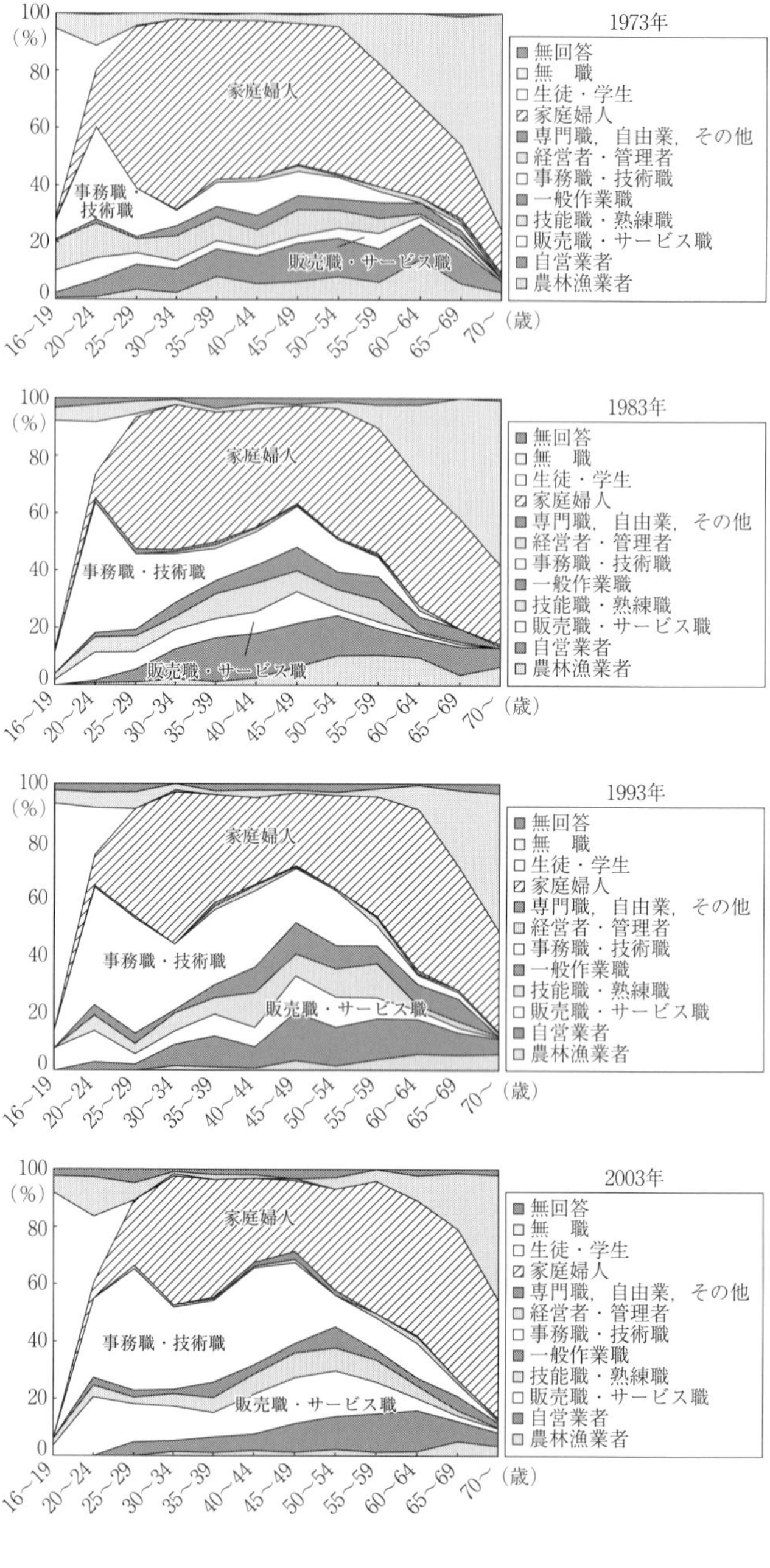

区別がないのが残念ではあるが、学歴別、都市規模別などでも再分析できる、実態に関する貴重なデータである。

家族中心性

では、家族とジェンダーに関する質問とそれへの回答を図表2−1から順に見直していこう。

まず「理想の家庭」に関する第8問であるが、「父親はなにかと家庭のことにも気をつかい、母親も暖かい家庭づくりに専念している」という〈家庭内協力〉型の増加が、変化を示すと解釈されていた。しかし母親は「家庭づくりに専念している」のであるから、主婦であると想定される。性別分業を否定しているわけではない。質問を見直してみると、四つの選択肢のうち三つまでが母親を専業主婦と想定していると考えられる（あるいはそう解釈しても支障がない）。残りの〈夫婦自立〉型も、「自分の仕事や趣味」と趣味を列挙しているので、共働きでなくとも選択できる。第8問は「近代家族」を乗り越えるようなジェンダーの変容を視野に入れた質問ではなく、家父長的な近代家族から友愛家族（companionship family）的な近代家族へという、近代家族の枠内での変化を尋ねる質問なのである。[7]

「夫の家事・育児」に関する第13問も同様で、家父長的な近代家族か友愛的な近代家族かという枠組みで理解でき、妻が働いていない場合でも十分に通用する。そもそも夫がするのは「台所の手伝い」である。第8問で「なにかと家庭のことにも気をつかい」と表現されている〈家庭内協力〉とは、せいぜいこのようなことをさすのだろう。

もちろん、家父長的な近代家族から友愛的な近代家族へという変化の意義を、過小評価してはいけない。七〇年代や八〇年代には「男子厨房に入らず」を信条とし、〈夫唱婦随〉を求めるような父親がたしかに存在した。そういう価値観が少数派となり、子どもを抱っこしたり、ゴミ出しをしたりする夫の姿を街中でも普通に見かけるようになったのは、大きな変化といえよう。こうした変化は、「仕事・余暇」の領域で見られる「仕事志向」の減少とも、おそらく内的に関連して、近代の局面変化を形作っているだろう。男性たちも家族や生活を大切にするようになってきた。

しかし、強調しておきたいのは、こうした変化は、あくまで「近代」の予定していた範囲内の変化であり、近代家族を完成させるものではあっても、乗り越えるものではないということだ。

天木志保美の紹介しているグラハム・アランの「家族中心性（home-centeredness）」という概念は、まさにここに示したようなことを意味している。[8]「アランによれば、今世紀、家庭とその内部で生ずる多様な諸活動が、人びとの関心の主要な焦点となってきた。今日の諸価値は、家庭にかかわること、一般的に家庭生活から得られる満足と報酬を重要視している。今日、人びとは彼らの家庭や家族的関係、諸活動を自己定義の中心とみなしているし、家族が、彼らの経験を解釈し活動を正当化する焦点となることがひろく容認され、実際そのように期待されてもいる」（天木、二〇〇七、一一五頁）。ここで書いている「今世紀」とは二〇世紀のことであるから、欧米社会ではすでに一〇〇年も前から見られる傾向が、日本ではようやくこの三〇年ほどで実態をもってきたということにすぎない。

天木とアランはさらにその先に議論を進める。「しかしここには、明らかなジェンダー差があることを看過するわけにはいかない。男性の意識において、家族や家庭に関する諸活動の意義が増大することは、彼らの生活に別の次元を付け加えてきたが、一方、女性にとっては、それは論理的に逆のことになるのであり、彼女らをいっそう排他的に家庭生活のなかへと捉えこんだ」（天木、前掲書、一一五頁）。「歴史的な形態は異なれ、彼女たちが常に家庭的な事柄に主要な責任を負ってきたと仮定すれば、ここでいう家庭中心化の志向性の強調は、彼女たちのサービスするという役割の意義を無視することを強化したにすぎなかった。……多くの既婚女性にとって、家庭中心化の志向性の帰結は、彼女たちの生活の著しい制限である」（Allan 一九八五、五六頁、天木、二〇〇七、一一五－一一六頁）。

しばしば「家庭」は「仕事」の反対概念とされ、近代の生産至上主義の対極にある愛とくつろぎの場であると見なされる。しかしそのくつろぎが女性の労働によって作られているということは、忘れられがちである。家庭は近代の対立物ではない。家庭は近代によって作られた女性の職場であった(9)。

バブルとその崩壊の効果

既婚女性にとっての「家庭と職業」についての第12問は、「家族中心性」とは別の軸に関わる問題である。「結婚して子どもが生まれても、できるだけ職業をもち続けたほうがよい」という〈両立〉型が調査開始以降順調に増え続け、いまやほぼ半数を占めるまでになったという変化だが、M字型が固定した時代になぜこのような回答が得られたのか。

他の選択肢は、「結婚したら、家庭を守ることに専念したほうがよい」という〈家庭専念〉型と、「結婚しても子どもができるまでは、職業をもっていたほうがよい」という〈育児優先〉型である。結婚あるいは出産をきっかけにいったん家庭に入り、しばらくして再就職するというM字型を示す選択肢がない。M字型を望ましいと思う人びとはいったいどの選択肢を選んだのだろうか。

【図表2－11】の上図は〈両立〉型を支持した女性たちの割合を、年齢別かつ年代別に図示したものである。年代とともに上昇する傾向は明らかだが、それぞれの年代では三〇代後半から四〇代前半を中心とした高まりを見せる。すなわちM字のふたつ目の山の世代、すなわち一時退職の後に再就職を果たした世代が支持している。ただしこれらの女性たちが自分のたどってきたライフコースを肯定しているとは限らない。中断することなく両立を続けていればよかったと考えているかもしれない。これに対し、若い年齢層は年代に関係なく一貫して「両立」を支持する割合が低い。未婚者はこの質問を既婚者とは異なる意味に解釈するのだろうか。また年代別の変化を見ると、一九九三年と一九九八年との間隔がそれ以前より開いているようだが、一九九〇年代に特別な変化があったのだろうか。

図表2－11〈両立〉型を支持した割合

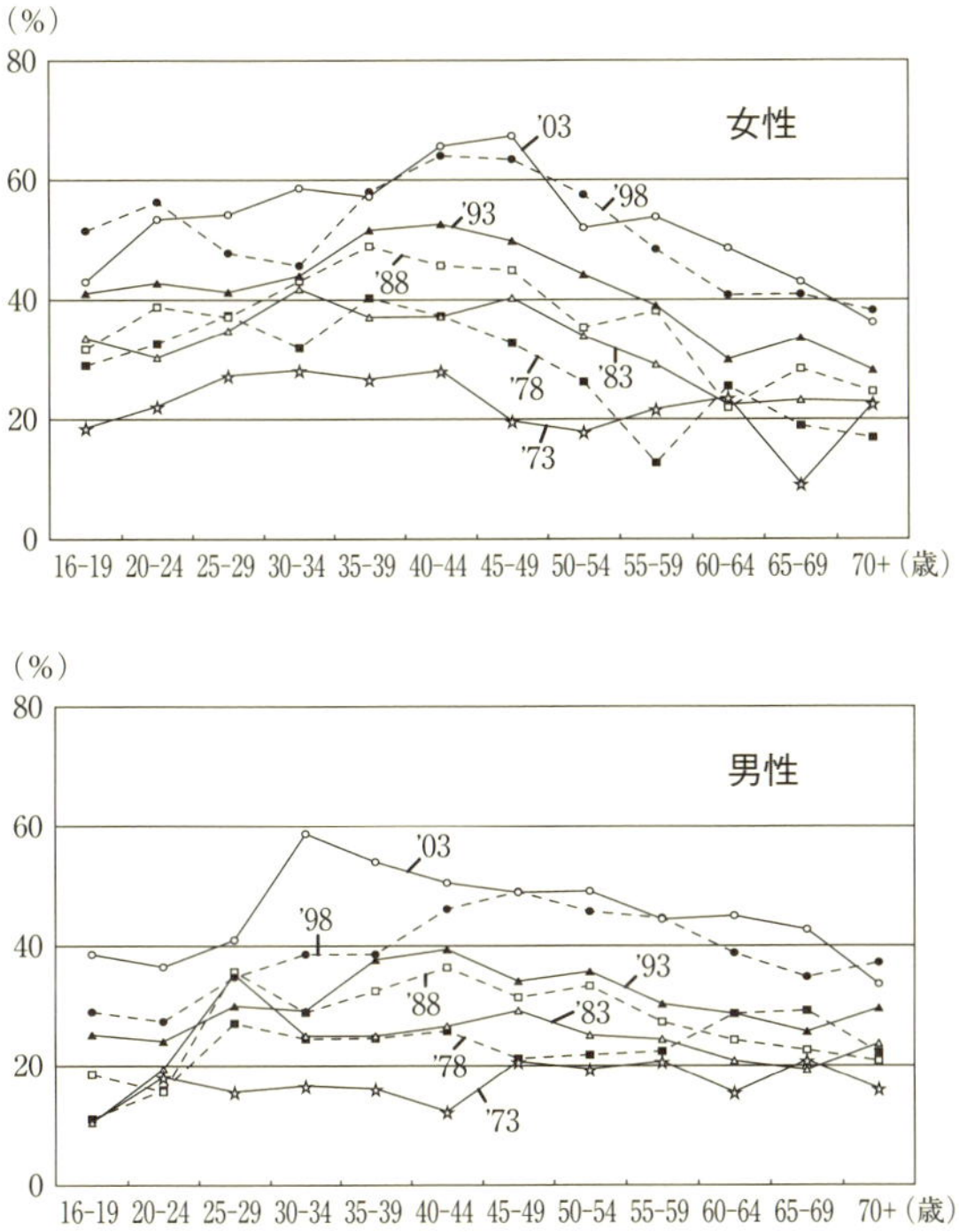

図表2－11の下図では〈両立〉型を支持した男性の割合を、年齢別かつ年代別に示してある。一九九三年以降間隔が広がっており、特に二〇〇三年では三〇代前半という結婚適齢期の男性

の〈両立〉型支持の割合が突出して高まっている。いったいこれは何を意味しているのだろうか。

このような点を掘り下げてみるため、内閣府が実施している「男女共同参画社会に関する世論調査」（二〇〇〇、二〇〇二、二〇〇四、二〇〇七年）およびその前身である「男女平等に関する世論調査」（一九九二、一九九五年）、「女性に関する世論調査」（一九八七年）、「婦人に関する世論調査」（一九七二、一九七九、一九八四年）の「女性が職業をもつことについての考え」を参照してみよう。この質問では、「女性は職業をもたない方がよい」「結婚するまでは職業をもつ方がよい」「子どもができるまでは、職業をもつ方がよい」「子どもができても、ずっと職業を続ける方がよい」「子どもができたら職業をやめ、大きくなったら再び職業をもつ方がよい」という（あるいはそれと同等の意味になる）五つの選択肢をあげて回答させているので、「中断再就職」（M字型）志向と「中断せず両立」志向とを区別することができる。

この質問に対する回答の分布を男女に分けて時系列で示したのが【図表2－12】である。男女いずれについても、時期による明らかなトレンドの変化が見出せる。一九八七年までは「中断再就職」志向が多数派だったが、一九九二年以降は次第に減少し、代わりに「中断せず両立」志向が増加して、男性では二〇〇二年、女性では二〇〇四年から逆転して、二〇〇七年には女性で一二％、男性でも九％の差がついている。結婚や出産以後も女性が働くことを支持するということではどちらも「両立」志向ではあるが、その中身は九〇年代に入ってから入れ替わっていた。七〇年代以降の変化は一方向的だったというより、途中でさらに転換があったというべきだろう。

では転換をもたらしたのは何であったのか。一九八六年には男女雇用機会均等法が施行され、それ以降一九九一年まではバブル景気が続いた。この時代に意識の変化が始まった。興味深いのは、バブル崩壊後この変化は沈静化するどころかむしろ加速して、一九九〇年代末の経済危機以降はいよいよ決定的となったということである。

家族社会学者の山田昌弘は、「一九九〇年を境として、家族をめぐる社会状況がめまぐるしく変化していくのを実感した」（山田、二〇〇四、八頁）と述べている。高度成長期以来の安定した生活基盤が崩れて「リスク化」と「二極化」が生活を不安定化させ、それが不安意識を高めたとする。さらに「これらの不安意識が一気に表面化したのが、一九九八年だとみている。この年は、中年男性の自殺率が一気に増えた年でもあるが、青少年犯罪やひきこもり、不登校が増え、家でまったく勉強しない中高生が急増した年でもある」（山田、前掲書、一六頁）という。

ヨーロッパでは、一九七三年のオイルショックの後、長期の不況が続き、片働きの性別分業型家族では生活が成り立たなくなり、婚姻率や出生率の低下とともに女性の就労率が上昇して、家族とジェンダーの劇的な変容が起こった。日本では反対に新性別分業の固定によってオイルショックを乗り越え、安定成長を享受したのはすでに見たとおりだが、バブル崩壊後の日本は、オイルショック後のヨーロッパが経験したような不安定化と不安意識をまさに経験している。

雇用が不安定化した時代に夫ひとりの収入に頼る生活は、女性にも不安だが、男性にとっては不安以上に負担であろう。オイルショック後のヨーロッパと同様に、バブル崩壊後の日本でもジェンダー観の急速な転換が起きた理由は理解できる。

図表２－12　女性が職業をもつことについての考え

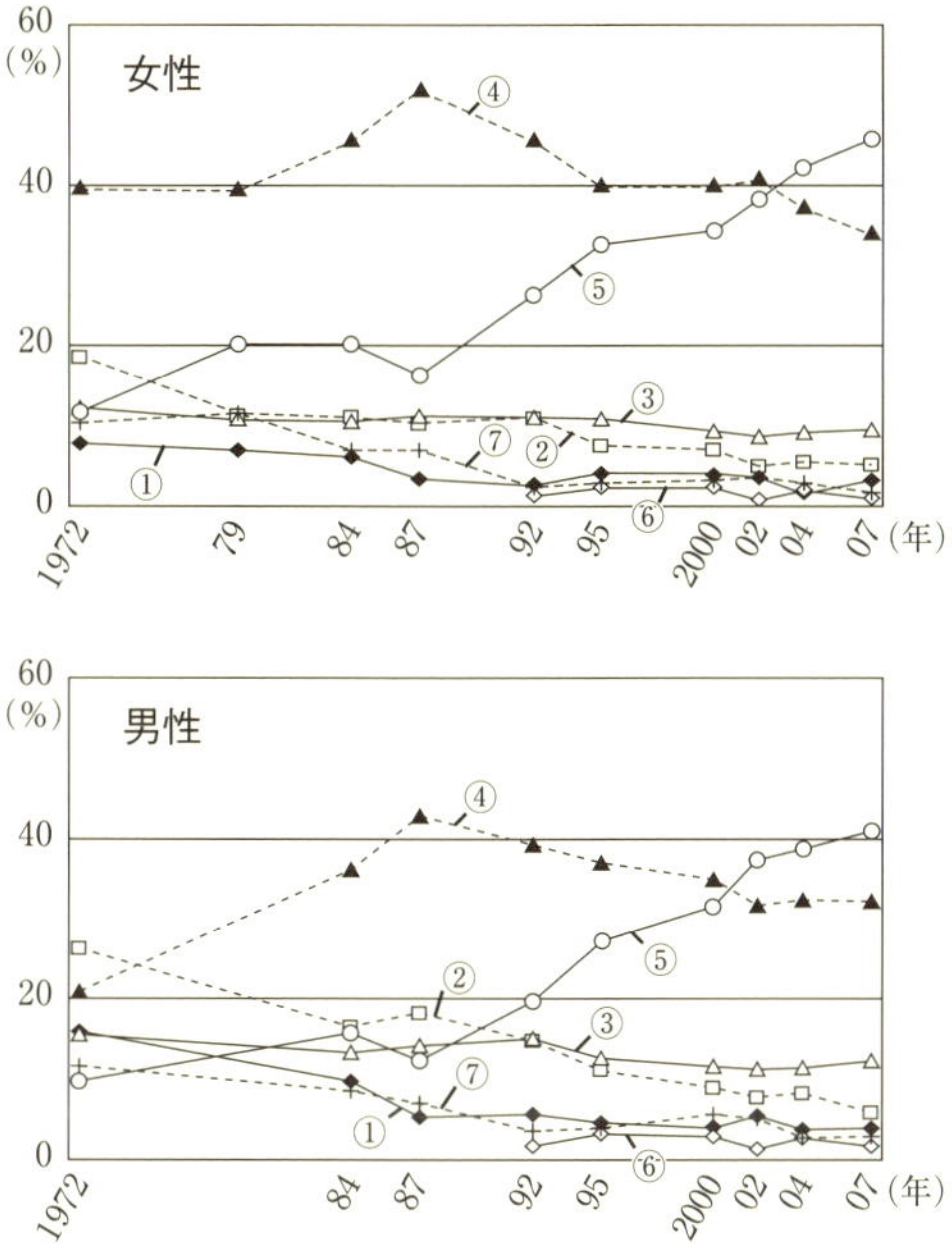

①女性は職業をもたない方がよい
②結婚するまでは職業をもつ方がよい
③子どもができるまでは、職業をもつ方がよい
④子どもができたら職業をやめ、大きくなったら再び職業をもつ方がよい
⑤子どもができても、ずっと職業を続ける方がよい
⑥その他
⑦わからない

しかし日本では、実態としての性別分業の変化は滞っている。その違いは、図表２－８のヨーロッパ諸国とアメリカの一九七〇年以降の変化と日本の一九九〇年以降の変化を比較すれば一目瞭然だ。その時期の日本でＭ字の底が上昇したのは、出産後も働き続ける女性が増えたからではなく、結婚や出産を先延ばしにして働き続けている女性が増えたからである。結婚すれば夫ひとりの収入

に頼る不安な生活がまっているかと思えば、おいそれと結婚できないのは当然だろう。男性の側にしても、非正規の職に就かざるをえないケースも増えており、妻子を養うという条件では結婚を言い出しにくい。

意識調査の結果は、女性ばかりではなく男性も、女性に働き続けてほしいと思うようになったのに、なかなかそれが実現できないというギャップに悩む日本の現在を映し出している。

「親密性の変容」の日本的形態

これまで見てきた「理想の家族」（第8問）、「夫の家事・育児」（第13問）、既婚女性にとっての「家庭と職業」（第12問）は、「日本人の意識」調査の第一回から用いられている質問であり、高度成長期からそれ以降への変化というよりも、戦前から戦後への変化を延長するような変化を測定するように設計されていると思われる。中瀬剛丸も「戦前の『家』制度を土台にした家族や男女のあり方が崩れて、戦後の新しい憲法……の精神に沿う方向へ変化してきたといえるのではないだろうか」という解釈を示している（NHK放送文化研究所［編］、二〇〇四、五七頁）。正確に言うと、伝統的な「家」では（農家や商家を考えれば分かるように）女性は結婚しても子どもが生まれても働き続けるのが普通であり、男性も大正期くらいまでは育児に携わっていた（沢山、一九九〇）。だからこれらの質問は「家から近代家族へ」の実際の変化ではなく、戦後の人びとが「家から近代家族へ」という変化としてイメージしていたような変化を測定するものだったのだが、いずれにせよ近代家族の終焉を測定するものではなかった。もっともこうした言い方は後知恵にすぎない。くしくもオイルショックの年に実施された第一回調査が、そのような設計になるのはやむをえなかったろう。

これに対し、バブル崩壊後の一九九三年より追加された「結婚観」（第49問）と「子どもをもつこと」（第50問）では、よりはっきりと近代家族の本質に関わるような問題が問われている。これらは「婚前交渉」（第29問）と併せて、近代的結婚のトリニティ、すなわち「性と結婚と生殖の一致」を問うている。

その結果は、「愛情があれば性交渉をしてよい」「結婚しなくてもよい」「子どもをもたなくてよい」という答えの一方向的な増加であった。ここで描き出されている社会は、アンソニー・ギデンズが「親密性の変容」と呼んだような変化が実現された社会のように見える（Giddens 一九九二）。今日のヨーロッパやアメリカ（典型的にはヨーロッパ）のような社会、すなわち近代家族の終焉した社会といってよいだろう。

しかしここでまた疑問が生じる。日本はヨーロッパやアメリカと同じような社会になったのだろうか。日本においても近代家族はやはり終焉したのだろうか。年齢別未婚率のパターンを見るかぎり、日本の晩婚化と非婚化の実態はイギリス、フランス、オランダのようなヨーロッパの国々に、男女とも近くなった[10]（【図表2－13】）。もっとも欧米圏も多様であり、スウェーデンはどの年齢層でも未婚率がイギリス、フランスなどの倍くらい高く、アメリカ、ノルウェーなどは生涯未婚率はイギリス、フランスなどと変わらないが比較的早婚である。生涯未婚の人びとがほとんどいない韓国と比べると、日本は欧米型に近いように見える。

図表2－13　国別年齢別未婚率

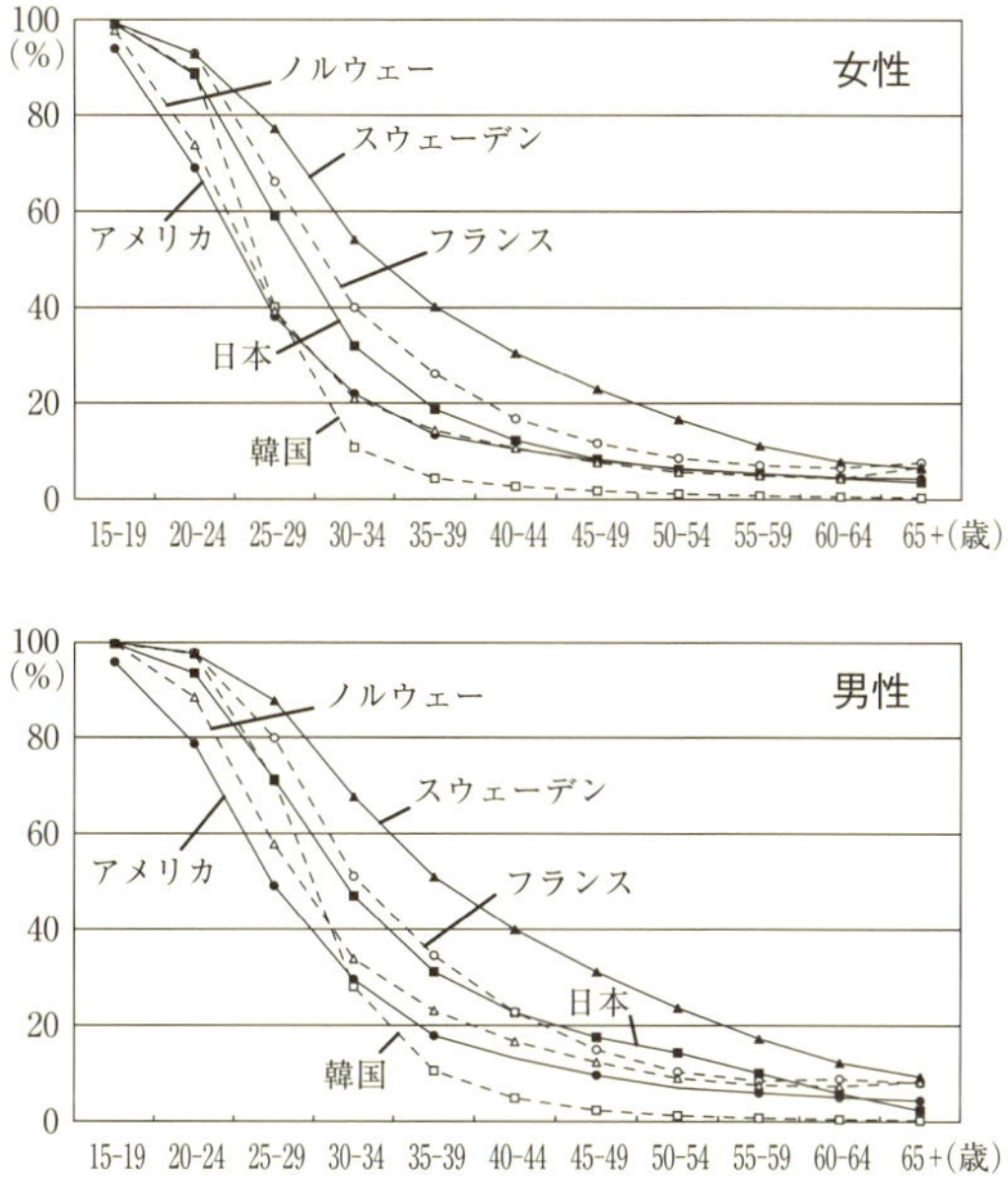

しかし、よく指摘されるように日本の未婚者は異性との交際が欧米と比べて低調であり、名実ともに「未婚」であり、同棲もあまりしていない。国立社会保障・人口問題研究所の「出生動向基本調査」の「独身者調査」（二〇〇五年）によれば、一八～五〇歳の未婚者のうち「交際している異性はいない」と回答したものは、男性では五二・二％、女性では四四・七％にのぼり、一九九〇年代以降わずかながら増加傾向にすらある。同棲経験のある未婚者は、男性で七・九％、女性で七・三％にすぎない。「愛情があれば性交渉をしてよい」という意見

は四割を超えたものの（「無条件で可」を加えると二〇〇三年には四九％）、その考えは必ずしも実行されていない。結婚という制度が揺らいで、結婚しないで性関係をもったり同棲したりするようになることを「親密圏の変容」と呼ぶとすれば、日本は違う。日本では結婚制度はほとんど揺るがぬまま、ただ人びとがなかなか結婚しなくなっている。

結婚しない理由も複雑である。一般論として「人は必ずしも結婚する必要はない」とする者は六割近くなったが、自分自身については男性未婚者の八七・〇％、女性未婚者の九〇・〇％が「いずれ結婚するつもり」と答えている。しかし「理想的な相手が見つかるまでは結婚しなくてもかまわない」という者が、男性では四六・七％、女性では四九・〇％である。結婚はしたいが、したいような結婚の条件がなかなか整わない、ということだろう。女性のライフコースとの関係でいうと、未婚女性が「理想」と考え、未婚男性が「期待」する女性のライフコースとして「両立」型が九〇年代以降増えているが、未婚女性が「予定」するライフコースは「再就職」型がいまだ多く、理想としてはほとんど挙がらない「非婚就業」型も増えている（以上、「独身者調査」二〇〇五年より）。「理想的な相手」の条件には他の要素も当然ふくまれるであろうが、前項で見たようになかなか変わらない性別分業も結婚離れのひとつの理由であろう。

四　むすびにかえて

以上のように「日本人の意識」調査の結果を他の調査結果や社会状況と照らし合わせて再読してみると、家族とジェンダーに関する意識が一方向的に変容し、近代家族が終焉したと考えるのは、早計にすぎるように思われる。一九七三年という、まさに戦後体制の最後の時点で企画された本調査は、戦前から戦後への変容の延長として、戦後体制以降の変化も測ろうとする設計になっていた。しかしそのふたつのベクトルを峻別する工夫をして、現実との対比や国際比較も視野に入れると、むしろ「変わっている」という意識と変わらない現実とのギャップや、そのギャップに対する苛立ち、一方向に流れているかに見える時代の中にある屈曲などが浮かび上がってくる。

戦後日本の社会意識は「変化」への強迫観念に突き動かされてきた。高度成長という時代が終息した後も、「われわれは変化の中にいる」という意識が、過去を投影した蜃気楼のように残り続けた。そうした意識がどのようにして構築されてきたのかというからくりを、本調査はさまざまな角度から見せてくれたように思う。

注

（1）「結婚の約束をした間柄なら、性的まじわりがあってもよい」という〈婚約で可〉は微増、「性的まじわりをもつのに、結婚とか愛とかは関係ない」という〈無条件で可〉は少数派に留まっている。

（2）岩井八郎はスウェーデン、ドイツ、アメリカ、日本の四ヵ国について、一九七〇年以降の女性と高齢者の就業パターンの変化を比較して、このような結論に達した。

（3）「労働経済の分析（平成一九年版）」（厚生労働省）第一章第一節より。

（4）「男女共同参画白書（平成一九年度版）」（内閣府男女共同参画局）によると、非農林業雇用者中の「正規の職員・従業員」「パート・アルバイト」「その他（派遣・契約・嘱託など）」の割合は、一九八五年には女性六八・一％、二八・四％、三・五％、男性九二・八％、三・二％、四・〇％であったが、二〇〇六年には女性四七・三％、三九・九％、一二・八％、男性八二・二％、八・五％、九・三％となっている。現在でこそ男性の非正規雇用者が増加して二割近くになり社会問題として注目されているが、女性はすでに二〇年前から三割近くが非正規であり、近年では全雇用者の半数を超えてしまった。

（5）「家庭婦人」というカテゴリーには、女性にしかあてはまらない、既婚でないと選べないという印象を与える、無職との定義上の区別が難しいなど、種々の問題がある。

（6）その他、一九八三年の六〇－六四歳、一九九三年の二〇－二四歳、および二〇〇三年の一六－一九歳、二〇－二四歳、五〇－五四歳で、一〇％を越える差が出た。

（7）友愛家族（companionship family）とは家族員の行動が相互の愛情と合意にもとづいている家族のことであり、家族員の行動を律するのが慣習、世論および法律である制度的家族（institutional family）と対比される。バージェスとロックは制度的家族から友愛家族への歴史的移行を家族変化の基本命題と考えた（Burgess and Locke 一九四五）。

（8）愛情で結ばれた近代家族というフィリップ・アリエスの概念も、クリストファー・ラッシュの私生活主義概念もこの系列に属す。

（9）「仕事・余暇」に関する前出の質問（第22問）にも、この点に関する混同がある。「仕事はさっさとかたづけて、できるだけ余暇を楽しむ」「余暇も時には楽しむが、仕事のほうに力を注ぐ」などと五つの選択肢を並べてどれが望ましいかを尋ねるものだが、家事は仕事なのだろうか、余暇なのだろうか。主婦にとって。また職業をもつ女性にとって。「仕事・家事・余暇」の三分類が必要だ。

（10）図表2－13では省略したが、イギリス、オランダのグラフは日本とほぼ重なる。

文献一覧

Allan, Graham, 1985, *Family Life*, Basil Blackwell.

天木志保美、二〇〇七『ケアと社交』ハーベスト社

Burgess, Ernest Watson and Harvey J. Locke, 1945, *The Family from Institution to Companionship*, American Book.

Giddens, Anthony, 1992, *The Transformation of Intimacy*, Polity Press.

岩井八郎、二〇〇二「ライフコース論からのアプローチ」、石原邦雄［編］『家族と職業』ミネルヴァ書房

木本喜美子、二〇〇四「現代日本の女性」、後藤道夫［編］『岐路に立つ日本』吉川弘文館

ＮＨＫ放送文化研究所［編］、二〇〇四『現代日本人の意識構造（第六版）』ＮＨＫブックス

田中重人、一九九九『性別分業の分析』（博士論文）、大阪大学大学院人間科学研究科

沢山美果子、一九九〇「子育てにおける男と女」、女性史総合研究会［編］『日本女性生活史4　近代』東京大学出版会

山田昌弘、二〇〇四『希望格差社会』筑摩書房

3章　日常生活と政治との新たな接点
——若者の意識にみる政治参加の変容

中瀬剛丸

一　はじめに

ＮＨＫ放送文化研究所の「日本人の意識」調査は一九七三年の第一回調査以来、三〇年にわたって、日本人の意識の特質を継続的に追跡してきた。本稿で取り上げる政治意識の分野では、▽特定の支持政党をもたない支持なし層の増加、▽自分たちが政治に働きかければ、それだけの効果があるという政治的有効性感覚の低下、▽「表現の自由」や「団結権」などの権利知識の低下、▽何か問題が起きた時に個人の権利を守るために行動する「結社・闘争性」の停滞などが、三〇年の特徴的な変化として浮かび上がっている（ＮＨＫ放送文化研究所［編］、二〇〇四、七二－一一四頁）。

こうした政治意識の変化は、目に見える現象として、各種選挙の投票率の低下と呼応するものである。衆参の国政選挙の投票率は、その時々の政治状況や政局によって変動しながらも、長期的なトレンドとしては低下傾向にある。(1) 〇五年の衆議院選挙と〇七年の参議院選挙ではそれぞれ前回選挙よりも投票率が上昇したものの、自分が住んでいる地域の政治や行政を委ねる知事や市町村長の選挙では、投票率が二〇％台という事も散見される。なかでも、若者の投票率が低いことが問題視され、各地の選挙管理委員会が投票を呼びかける広報活動も若者に重点を置いたものが展開されている。

投票率の低下は、日本の民主主義にとって大きな問題として語られている。たとえば、日本選挙学会の二五周年の記念シンポジウムで、小林良彰は、選挙研究の現状が、どの党に投票するのか、なぜその候補者に投票するのかという「投票方向」の研究に比重が偏りすぎていると指摘した上で、「選挙にどれくらい民意が付託され得るか。民意が吸収されるかを見ることは、民主主義のクオリティを考える上で非常に重要だ」として、なぜ投票しないのかを含め「投票参加」の研究をもっと進めるべきだという提言をしている。(2)

国民主権を基本原理として掲げた現在の日本の政治体制の下で、「民主主義のクオリティ」を考えるならば、選挙が民意を反映しているかどうかは重要な要素であり、投票率の低下の要因や背景の分析は選挙研究の重要な課題である。また、選挙研究の課題にとどまらず、日本人の意識の特質を長期的、継続的に追跡するという「日本人の意識」調査の視点から見れば、国民の政治参加が進んでいるのか、それとも後退しているのか、後退しているとすればその要因は何かという問いに置き換えることができる。

「日本人の意識」調査にはさまざまな政治活動の経験を尋ねる質問がある。その質問で、この一年ぐらいの間に政治活動は「特に何もしなかった」と答えた割合が一九七三年の六〇%から二〇〇三年には六五%になっている。増加はしているものの、投票率の低下ほど大きな幅の変化ではない。しかしながら、二〇代前半に限ると、六三%から八二%へと顕著に増加しており、このデータから見る限り、若者の政治参加は後退しているといえよう。

本稿では、「民主主義のクオリティ」を考える上で政治参加は重要な要素であるという認識に立って、政治活動の経験の有無を軸に関連する政治意識や生活意識を分析することで、政治参加のありようがどう変化してきたのかを分析する。「日本人の意識」調査は三〇年のデータの蓄積によって、意識変化における世代（出生コーホート）や加齢の影響を実証しているが、ここでは、一六歳から二九歳の若年層に焦点を当てる。その時々の日本社会の新しいメンバーである若年層の意識を時系列で追うことは、時代の変化の把握につながると考えるからである。

二　政治参加の意義と多様性

参加を求める市民像

政治参加を問題として設定するにあたり、まず「政治参加とは何か」「政治参加がなぜ重要なのか」について整理しておきたい。参加という言葉の一般的な意味は、「あるものに加わること」であるが、われわれが政治参加という言葉を使う時に、政党や政府にメンバーとして加わることを思い浮かべることはないだろう。政治参加の端的な定義として、蒲島郁夫は「政治参加とは政府の政策決定に影響を与えるべく意図された一般市民の活動である」と述べている（蒲島、一九八八、三頁）。この定義は、政治参加を、職業的な政治家や官僚が行なう活動ではなく、一般市民の活動であること、そして、政府（自治体を含め）の意思決定に直接加わる立場ではない一般市民が、政府の意思決定に影響を及ぼす意図を持って活動することであると、短い言葉で示している。

蒲島は、政治参加をこのように定義した上で、政治参加の役割や意義を説明している。一般市民の政治参加を通じて政府が市民の望んでいることを把握して、それに順応するならば、一般市民は政府との一体感を持つことができて、政治システムは安定する。一般市民が望むことは一様ではないが、政府はそのさまざまな一般市民の望みを効果的に調整するという経験を積むことで統治能力を高めることができる。

しかし、現実の政治は必ずしもこのように理想的には行なわれていない。蒲島は「政府はそのような手続きを踏むよりも、政治参加の抑制、情報の非公開、政治的制裁に頼って効率的に国家を運営するという近道を選びたがる。政治の歴史は政治参加を抑制しようとする政府と、参加の権利を求める市民の葛藤の歴史といっても過言ではない」と指摘している（蒲島、前掲書、六頁）。

一方、民主主義の政治にとってより多くの参加が望ましいと単純にはいえず、政治が安定的、かつ効率的に運用されるためには、職業的な政治家や官僚などエリートに政治を委任する代議制が望ましいという立場もある。しかし、その場合も代表者の選択、つまり選挙を通じた政治参加は重要な要素であることに違いはない。

政治参加は、政府や政治システムの安定に寄与するという側面で重要であるだけでなく、参加する当事者にとっての意義も大きい。政治参加を「一般市民の活動」と定義する時、「市民」という言葉は、物理的にその地域に住んでいるという意味での住民、あるいは国民という広い意味で受け止めることもできる。しかし、政治参加の重要性を語る文脈のなかで、しばしば使われる「市民運動」「市民自治」といった言葉のなかの「市民」は、たんなる住民ではなく、いわば規範的な概念として語られる。ジョン・ロックやルソーらの政治思想に源を発している近代的な「市民」の概念は、日本では、敗戦後に新憲法で国民主権が謳われた以降に広がり、一九七〇年代の革新自治体の隆盛期には、「市民参加」という用語が定着していった（坪郷［編］、二〇〇六、三三–三七頁）。その時代に政治学の基礎概念として「市民」を解説した西尾孝司は、「市民とは、自律的に思考しうる人間であり、自ら主体的に発言して行動しうる人間であり、その限りで市民相互の自由・平等・独立を認め合っている人間である。それは、まさしく、近代のデモクラシーがその担い手として予定していた理性的人間像の原型にほかならないのである」と述べている（西尾、一九七九、一一頁）。

政治参加の権利を求める「市民」は、「主体的に行動しうるデモクラシーの担い手」として想定されている存在であり、物理的にその地域に住んでいるという意味での市民とは異なる概念である。統治の対象としての住民が「デモクラシーの担い手」である「市民」になるためには政治参加が必要であり、もし参加を求めないならば、それは「市民」となる機会を失うことになる。それゆえに、投票率の低下は、「民主主義のクオリティ」に関わる重大な問題であり、政治参加の後退は国民主権の形骸化を招きかねない事態といえるだろう。

政治参加の多様な形態

ここで留意しておかなければならないのは、政治参加は投票だけではなく、さまざまな手段がありうるということである。レスター・ミルブレイスは政治参加の形態を、投票や政治的討論の主導などの傍観者的活動、政治集会や大会への出席など移行的活動、そして政治運動への直接参加や政党の役職をもつことなど競技的活動という累積的なヒエラルヒーとして捉えている（ミルブレイス、一九七六、二一―三〇頁）。政治参加をこうした一次元的な構造と捉えるならば、ヒエラルヒーの低い投票にも行かないのは、政治参加をしていないということになる。

これに対して、ロナルド・イングルハートは政党機構や労働組合などの外部からの動員による政治参加＝エリート指導型の参加形態は低下する傾向にあるが、先例にこだわらない政治参加形態の増大や新しい社会運動の台頭などエリート対抗型の政治参加の形態が拡大しているとして、投票率が低下しているなかでも国民全体が政治に関与する度合いは徐々に強くなっていると主張している（イングルハート、一九九三、二九三―三三〇頁）。

日本の現状に関しても、住民が直接請求によって住民投票条例の制定を求める運動の増加やボランティア活動への参加、それにＮＰＯ活動などを通じて政策の実現を図ろうとする動きに注目して、新しい政治参加の広がりや市民意識の成熟が論じられている（たとえば、中谷、二〇〇五、坪郷［編］、二〇〇三）。また、未成年による模擬投票運動や地方議会での若い議員の増加、それに既成政党と距離を置いた候補者の選挙運動への若者の参加などの事例をもとに、「若者の政治離れ」は思い込みだとする主張もある（たとえば、丸楠ほか、二〇〇四）。

本稿で取り上げる「日本人の意識」調査の「政治活動」の経験を尋ねる質問の選択肢は、「デモに参加した」「署名運動に協力した」「マスコミに投書した」「陳情や抗議、請願した」「献金・カンパした」「集会や会合に出席した」「政党や団体の新聞や雑誌を買って読んだ」「政党・団体の一員として活動した」、それに「特に何もしなかった」の九項目である。ミルブレイスの政治参加のヒエラルヒーに当てはめると中間に位置する移行的活動が中心である。また、新しい政治参加の視点で考えると、ＮＰＯ活動の一環として署名をしたり、カンパをしたりすることはあり得る。しかしながら、この質問の結果をもとにボランティアやＮＰＯ活動への参加を通じた政治参加が増えているかどうかを説明することは難しい。

本稿では、「日本人の意識」調査の質問で捉えられた政治活動の経験のデータをもとにして、若年層の政治参加にどのような変化があったかを分析していく。その際、政治参加にはこの質問では想定していない形態があり得ることに留意し、政治活動経験の減少を単純に政治離れと規定せず、その他の意識の変化との関連をみることで、政治参加の変容を考察したいと考えている。

三　政治活動経験の減少と政治意識の変化

若年層で顕著な政治活動経験の減少

「はじめに」で紹介したように、政治活動の経験のない若者が増加している。中高年と比べると、若者に特徴的な動きであることがわかる（【図表3－1】）。「特に何もしなかった」と答えた割合は、中年層（三〇～五九歳）と高年層（六〇歳以上）は、一九八八年を谷にして減少した後、増加に転じている。中年層と高年層は八〇年代までは政治参加が増加していたのである。これは出生コーホート別にみると、安保闘争や全学連などの学生運動が活発だった頃に青年期を過ごしたいわゆる団塊の世代を中心にした世代が年齢を重ねるにしたがって起きる変化＝世代効果が読み取れる。そして中高年で「何もしなかった」が増加に転じる時期は、九〇年代に衆参の国政選挙の投票率が大きく低下した時期と重なる。

これに対して、若年層（一六～二九歳）は七三年の第一回からその割合が増加し続けている。この間、日本社会に新しく参入してくる人びとは政治活動に対して、より消極的になっていったといえる。七三年と〇三年との比較をすると、中高年ではほぼ同じ割合であるが、若年層は六二％から八一％へと大幅に増加しており、若年層は一定方向に変化している上に、その変化が顕著である。

どのような政治活動をしたのか、「経験あり」の割合の変化のほうをみてみよう。「署名運動に協力した」は七回の調査を通じて、「経験あり」の割合が最も高い選択肢である。年齢層別の変化は、若年層では八八年まではほぼ横ばいで、その後、減少傾向を読み取れる。これに対して、中高年層は「特に何もしなかった」とは逆に八八年に山がある（【図表３－２】）。また、二番目に多い「献金・カンパをした」に関しては、中高年層ではいったん上昇した後減少しているのに対して、若年層は七三年から〇三年まで減少傾向が続いている。

若い頃に政治活動を多く経験した世代はその後年をとっても折にふれて政治活動をする傾向が続く世代効果があり、国民全体でみたときには、政治活動経験は単調に減少しているわけではない。九〇年代に入って署名運動や献金・カンパに協力する人が減少し、国民の政治活動経験が減少した要因としては、政治スキャンダルが続いて国民の政治不信を招いたことや、政党が目まぐるしく変遷する政界再編が行なわれたものの、国民が期待した政治の変化がなかったことなどを上げることができる(3)。

若年層に関しても、当然、こうした政治の動きの影響は受けており、九八年から〇三年の間の「特に何もしなかった」の割合など、近年の動きは若年層と中高年層との違いが少なくなっている。しかし、中高年層に山や谷があるのに対して、若年層は比較的単調な変化である。このことは、若年層の政治活動経験の減少は、中高年層とは別の要因を検討する必要があることを示唆している。

政治活動の経験の減少は主として若年層で進んだことであり、また、中高年層とは別の要因もあると考えられることがわかった。次に、その要因を探る手がかりを得るために、若年層のなかでも、どういう層の減少幅が大きいのかを押さえておきたい（【図表３－３】）。

まず、男女別にみると特徴的な変化がみられる。政治

図表３－１　政治活動経験なし（%）

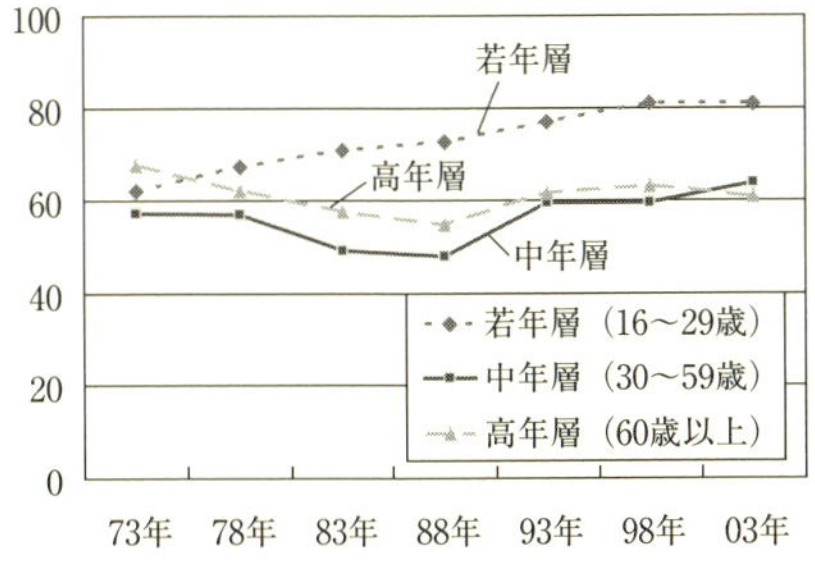

図表３－２　署名運動に協力（%）

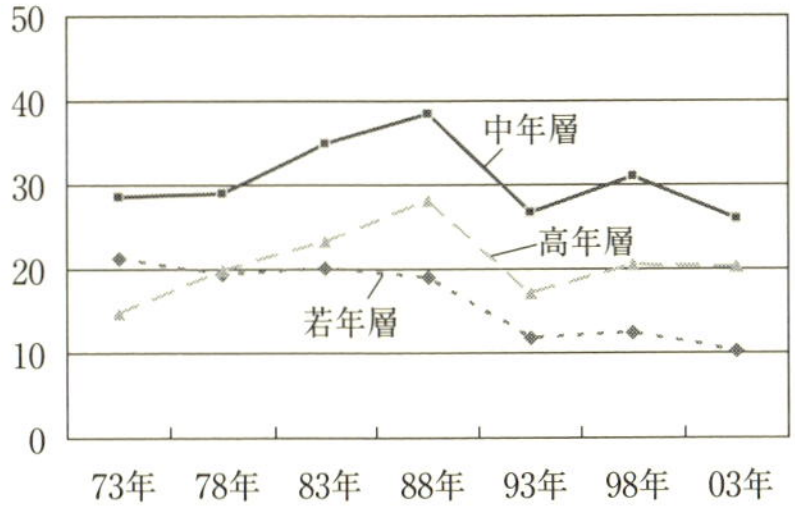

図表３－３　若年層の政治活動経験なしの割合（属性別の変化）

		1973年	2003年		差
性別	男	56%	84%	275人	28
	女	67	77	242	10
都市規模	政令市	54	85	91	31
	30万以上	74	79	103	5
	10万以上	64	81	99	17
	10万未満	60	79	85	19
	町村	64	79	139	15
学歴	中卒	65	81	32	16
	高卒	62	81	109	19
	短大卒	53	78	85	25
	大卒	50	71	76	21
	高校在学	69	88	149	19
	大学在学	54	87	52	33
職業	有職	58	79	246	21
	家庭婦人	70	61	23	-9
	生徒・学生	65	86	212	21
	無職	67	77	22	10
ライフステージ	未婚	62	83	425	21
	既婚子なし	57	76	21	19
	既婚子あり	64	69	55	5

活動の経験なしの割合は、男性は七三年の五六%から〇三年は八四%へと大幅に増加、女性は六七%から七七%への増加で、増加幅は男性より少ない。その結果、七三年には女性のほうが政治活動の経験なしの割合が高かったのが逆転して、〇三年には男性のほうが高くなっている。

職業別では、有職者は五八%から七九%に増加し、生徒・学生も六五%から八六%に増加した（有職者のうち、いわゆるサラリーマンが多くを占めると考えられる事務職・技術職は五二%から六八%に増加しているなど、有職者はおしなべて増加している）。男女別の特徴的な動きを考えると、家庭婦人を確認しておきたいが、若年層のサンプル数が減少した上、晩婚化が進んだため〇三年には一六～二九歳の若年層の家庭婦人は二三人しかいない。このため二〇～三五歳の年齢層の家庭婦人を別途取り出して比較すると、政治活動の経験なしの割合は六五%から七〇%への増加にとどまっている。

学歴別にみると中学卒業から大学在学中までいずれも政治活動の経験なしの割合が増加している。大学在学中は人数が少ないため参考値ではあるが、五四%から八七%へと大幅に増加している。さらに都市規模別にみると、政令指定都市での政治活動経験なしの割合が五四%から八五%へと大幅な増加となっている。

政治意識の変化

次に政治活動の経験と関連する政治意識の変化をみていきたい。政党支持は投票行動を左右する基本的な要素であり、支持政党がある人のほうがない人よりも政治活動経験の割合が高い。たとえば七三年に自民党支持者では三六％が、また社会党支持者では五一％がなんらかの政治活動経験があるのに対して、支持なし層では二七％にとどまっている。若年層についても支持なし層の政治活動経験が少ないという傾向がある。

「日本人の意識」調査の全七回のデータのなかで、支持なし層の増加は顕著な変化である。若年層では七三年の時点で四六％と半数近くが支持なしであり、その後さらに増え続けて〇三年には七七％と四人に三人までが支持なし層となった。若者のなかでは、支持なしが圧倒的な多数派という状態になっている（【図表3－4】）。中高年層で支持なしが顕著に増加するのは九〇年代以降であり、若年層よりも変化があらわれるのが遅い。

支持なし層の増加とともに政治意識の顕著な変化として、政治的有効性感覚の低下がある。「日本人の意識」調査では、「世論」「デモ、陳情、請願」「選挙」の三つの項目について、それぞれ国の政治にどの程度影響を及ぼしていると思うかを尋ねていて、政治的有効性感覚が強い人ほど政治参加経験が多いという傾向がある。三項目をスコア化して、有効性感覚が強い人の割合をみると、若年層は七三年の時点で中高年と比べ大きな差がある。しかし中年層で大きく低下した結果、〇三年には若年層と中年層の差がほとんどなくなっている（【図表3－5】）。新しく社会に参入してくる若年層で有効性感覚が低く、その若年層が中年層に、さらには高年層に移行して、国民全体で有効性感覚が低下するという側面があることがうかがえる。

また九三年から九八年にかけては若年層と高年層で低下の幅が大きく、九八年から〇三年にかけては若年層でやや持ち直している。これは支持率が高かった細川内閣の崩壊とその後の政党の離合集散や、同じように高い支持率を誇った小泉内閣の登場など、その時々の政界の動きを反映したものと考えられる。

「日本人の意識」調査の政治意識の分野のなかに、日本人の政治文化を探ろうとした結社・闘争性の質問がある。「政治」「職場」「地域」の三つの場面を設定して、何か問題が起きた時にどのような態度をとるのかを尋ねるもので、それぞれ、とりあえず様子をみる「静観」、有力者や上司などに要望する「依頼」、問題解決のために組織的に活動をする

「活動」の三つの選択肢を用意している。回答をスコア化して、結社・闘争性を強、中、弱に分けると、強の割合が全体としては低下している。年齢層別にみると、結社・闘争性は、若年層で強の割合が高く、七三年には若年層が三八％に対して、中年層で二五％、高年層で一四％であった。その後、若年層の結社・闘争性は低下を続け、中高年層との差が縮小した（【図表3－6】）。

ただし、三つの場面ごとにみると三〇年間の変化は一様ではない。まず「政治」の場面での「活動」はゆるい右下がりのカーブである。減少傾向が顕著なのが「職場」であり、スコアの強の割合と同じように若年層と中高年層の差が縮小する形となっている（【図表3－7】）。これに対して「地域」はいったん減少した後、八八年から九八年にわずかながら増加している（【図表3－8】）。若年層と中高年層との差が縮小している傾向は、「地域」についても同様である。

「地域」の場面での「活動」の割合が九〇年代後半に上昇したことは、エリート対抗型の政治参加との関連で注目すべき点である。九〇年代には、原子力発電所の立地をめぐる住民投票や食品の安全性の確保を求める運動など生活に関わる問題に関して、それまでとは違った手法での運動が盛んになった。また多くの若者たちが阪神・淡路大震災や日本海の重油流出事故の際にボランティア活動に参加したことが話題になった。日本の政治文化の特質を論じた京極純一は、政治的行動様式の特徴のひとつとして「『結社』を合目的的に作り、自立的に維持してゆくことが、積極的な評価をうけず、正統でないとして消極的に忌避されること」を上げている（京極、一九八六、六七頁）。自発的にグループを組織して問題解決のために運動する結社・闘争性は全体としては弱くなっているものの、さまざまな住民運動を通じて活動性が高まる傾向が顕著になれば、政治的行動様式の変化として捉えられる可能性もあろう。

政治意識の最後として権利についての知識を取り上げる。質問は、憲法によって義務ではなく国民の権利として定められたものを六項目のなかからいくつでも上げるというもので、正答は「生存権（人間らしい暮らしをする）」「表現の自由（思っていることを世間に発表する）」「団結権（労働組合をつくる）」の三つ、誤答は「納税の義務」「右側通行」「目上の人に従う」の三つである。

図表3－4　支持政党なし（%）

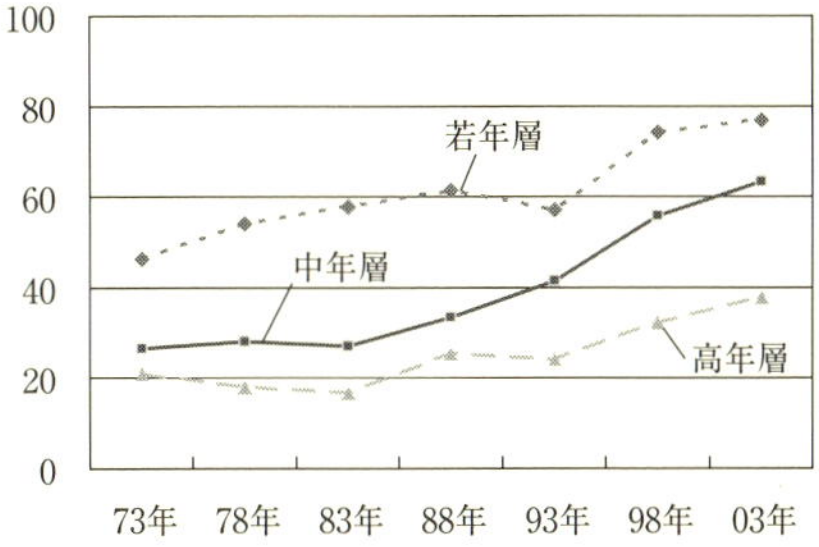

図表3－5　有効性感覚スコア強（%）

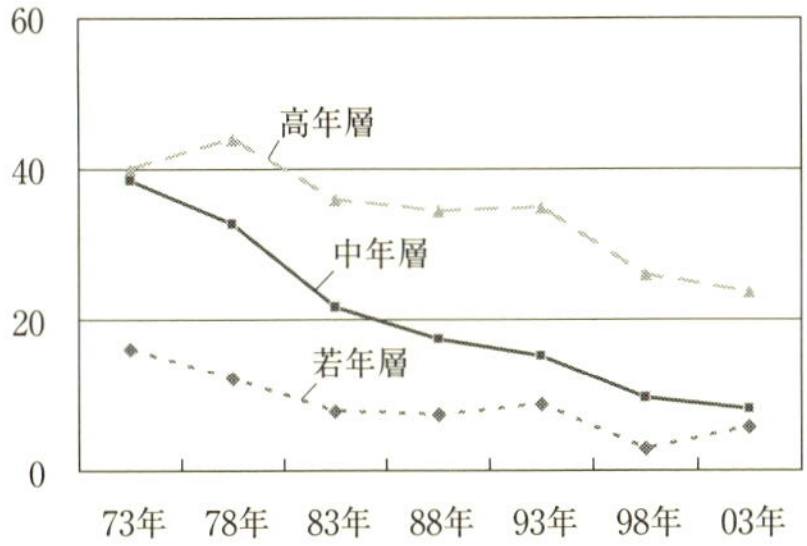

図表3－6　結社・闘争性スコア強（%）

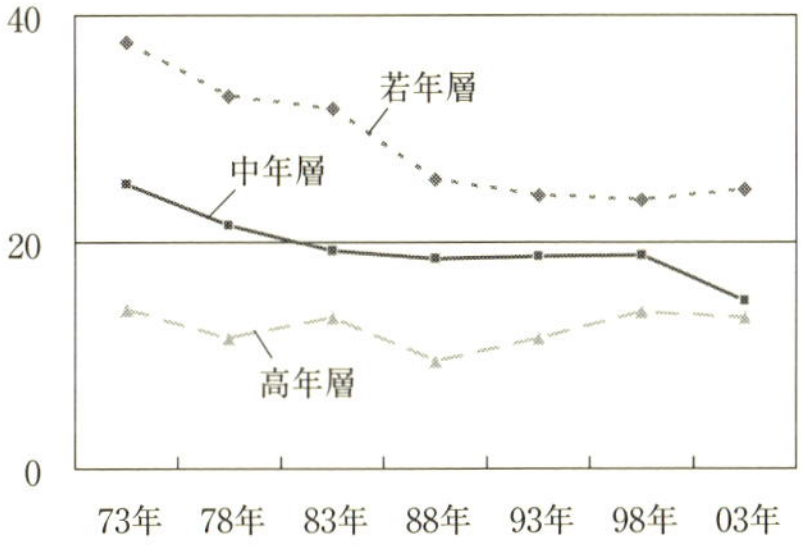

図表3－7　職場での結社・闘争性「活動」（%）

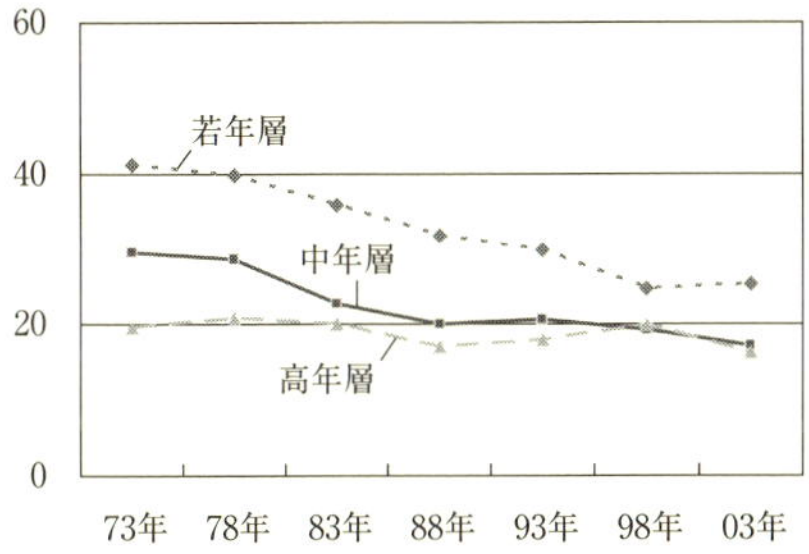

図表3－8　地域での結社・闘争性「活動」（%）

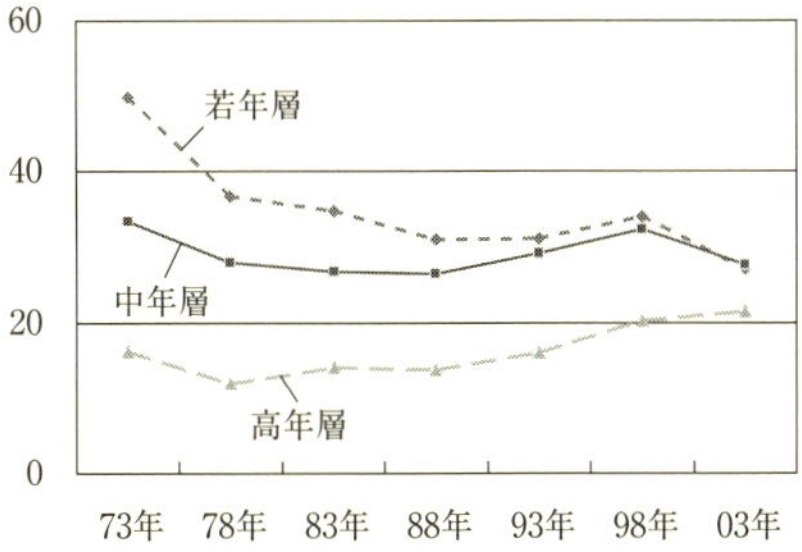

図表3－9　権利知識スコア高（%）

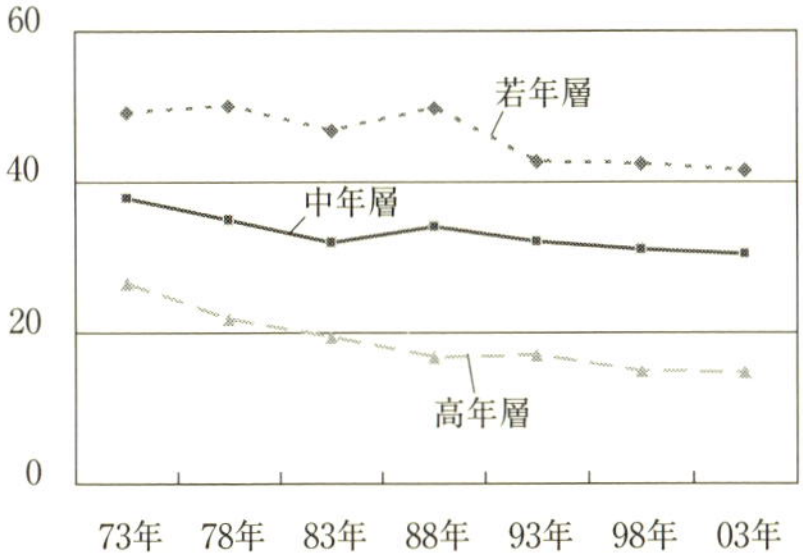

この内二〜三項目を正答した知識高の割合は若年層で高い（【図表3－9】）。高校や大学に在学中、あるいは卒業後あまり年月がたっていないので、学習したことをまだ忘れていないからであろう。

その若年層でも権利知識は低下している。職業が「生徒・学生」つまり高校や大学などに在学中の人たちの知識高の割合も、七三年の六二％から〇三年には四三％へと大きく減少している。学校の授業などで権利知識を十分には身につけなくなっている上に、卒業後、知識が薄れていくのである。

憲法については小中高校と繰り返し学習する。回答者の年齢構成をみると、七三年の時点では戦前の教育を受けた人が五九％を占めていたが、〇三年の時点では二四％にまで減っている。新しい憲法のもとでの教育を受けた人びとが増えるにつれて憲法に定められた権利の知識は高まってもよいはずである。しかもこの間に高学歴化も進んでいる。しかし知識は低下している。出生コーホートでみると、年をとるにつれて権利知識、特に団結権についての知識が低下する傾向がはっきりと出ている。

政治参加を促されない若者

これまでのデータの分析で得た知見を整理して、若干の考察を加えたい。

国民の政治活動経験の減少の主たる要因は若年層の変化である。若年層の政治活動経験は三〇年間で漸減している。減少の幅は女性より男性で大きい。また有職者でおしなべて減少し、家庭婦人の減少幅は少ない。さらに大学生で大幅に減少している。

支持なし層の増加は若年層で顕著であり、政治的有効性感覚の低下も若年層で顕著である。結社・闘争性は若年層で高い傾向があるが、低下の幅は若年層で大きい。職場での結社・闘争性の低下が大きく、団結権に関する知識が低下している。権利知識は学校で十分に身につけなくなっている上に、社会に出てから知識が薄れていく。

こうした変化の背景として、この間の政治、経済の動きをごく簡単に整理すると、第一回調査が行なわれた七三年は高度経済成長の最後の年で、この年の秋にいわゆるオイルショックがあり、その後日本は低成長時代に入っていった。六〇年安保前後の大学紛争はすでに終息していて、七〇年には「三無主義」が流行語となった。一九七二年には、浅間山荘事件があり、「過激派」と呼ばれた活動家が反社会的な勢力として糾弾された。七三年の時点の若年層は過激になった若者の政治活動を沈静化しようとする風潮のなかで青年期を過ごした。その後、キャンパスは若者が政治的な活動を経験する場ではなくなっていった。

そうした学生が社会に出て働き出した時に、政治活動経験を促す機会となる労働組合運動も活力を失ってきている。最盛期には五〇％前後だった労働組合の推定組織率は低下し続け、七三年は三四・二％、さらに〇三年には一九・六％へと大きく低下した。(4) 経営者団体や各種業界団体は、いわゆるロビー活動として政治への働きかけをするものの その活動はあくまで団体の利益確保が目的であり、「主体的に行動しうるデモクラシーの担い手」としての個人の活動ではない。大企業の経営者も個人として特定の党派に強く肩入れする姿勢は避ける場合が多い。いまの日本社会では新しく参入してくる若者が政治参加の経験を積む機会が少なく、政治参加を促されることがない状態といえる。

政治に対して距離を置いたほうがよいと考える風潮は、一般の家庭や学校にもあてはまるだろう。学校教育の場で、特定の党派に肩入れするような言動は慎むべきではあるが、触らぬ神に祟りなしという側面はないだろうか。さらに政治とカネをめぐるスキャンダルが続いたことや政党の離合集散が激しかったことは、政治を遠巻きにして眺める態度を助長したと考えられる。そうした態度を親から教えられて育った子どもが政治に距離を置くようになったとしても、それは子どもの責任ではない。

四　生活意識と政治参加

生活満足感と政治活動経験

「日本人の意識」調査は、社会・文化や家族・男女関係など質問項目が多岐にわたっており、異なる領域間の比較分析が可能であることが大きな特徴である。政治参加についても、政治の分野だけではなく、基本的価値や生活意識との関連をみることで、より多角的に捉えることができる。

たとえば、生活目標の変化は政治活動経験がない人の増加と関連している。生活目標の質問は、現在中心で自己本位の「快志向（その日その日を自由に楽しく過ごす）」、未来中心で自己本位の「利志向（しっかりと計画をたてて、豊かな生活を築く）」、現在中心で社会本位の「愛志向（身近な人たちと、なごやかな毎日を送る）」、未来中心で社会本位の「正志向（みんなと力をあわせて、世の中をよくする）」の四つの類型で尋ねている。三〇年間の変化は、現在中心の「愛志向」「快志向」が増加し、未来中心の「利志向」「正志向」が減少している（NHK放送文化研究所［編］、二〇〇四、二〇六－二一四頁）。

政治参加経験は、現在－未来の軸で分けると未来中心の人のほうが高いという傾向にあり、「正志向」の人で顕著に高い。政治参加につながる「正志向」は年齢層別にみると高年層よりも若年層で少なく、三〇年間で国民全体として減少している。また「正志向」で政治活動経験が高いという傾向はどの年齢層にも共通であり、「正志向」の減少という変化の方向も共通している。しかし生活意識と政治活動経験との関連は必ずしも単純ではない。

若年層の政治活動経験の有無と生活全般の満足度の高低との関連をみると、七三年には生活に不満だという人のほうが政治活動経験の割合が有意に高い状態であった（【図表3－10】）。この特徴は七八年にも出ているが、その後は有意な差はなくなっている。さらに生活満足の各側面をみると興味深い結果が得られる。生活満足の質問は「私生活物質（着るものや食べもの、住まいなど、物質的に豊かな生活を送っている）」、「私生活精神（生きがいをもち、心にハリや安らぎのある生活を送っている）」、「社会物質（環境がととのい、安全で快適に過ごせる地域に住んでいる）」、「社会精神（この地域や自分の職場・学校には、打ちとけて話し合ったり、気持ちよくつきあえる人が多い）」の四つの側面で尋ねている。若年層は、七三年には、私生活、社会ともに物質的な面で不満をもつ人で政治活動経験の割合が高く、私生活、社会ともに精神面での満足か不満かで政治活動経験に有意な差はない。これに対して〇三年には、私生活の精神面で満足している人で政治活動経験の割合が不満な人より高く、物

図表３－10　生活満足×政治活動経験（若年層）

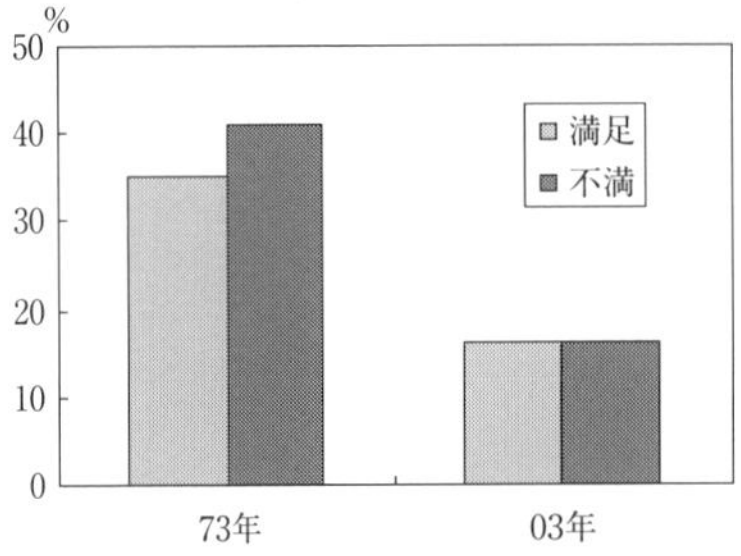

図表３－11　私生活物質満足×政治活動経験（若年層）

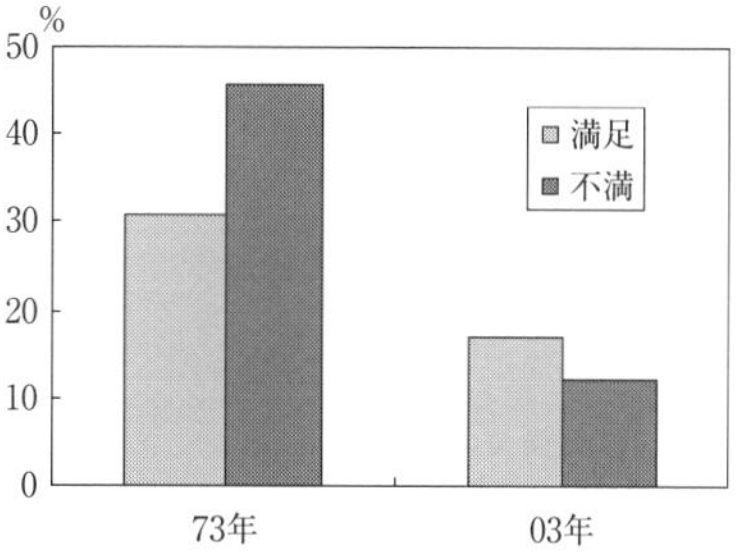

図表３－12　私生活精神満足×政治活動経験（若年層）

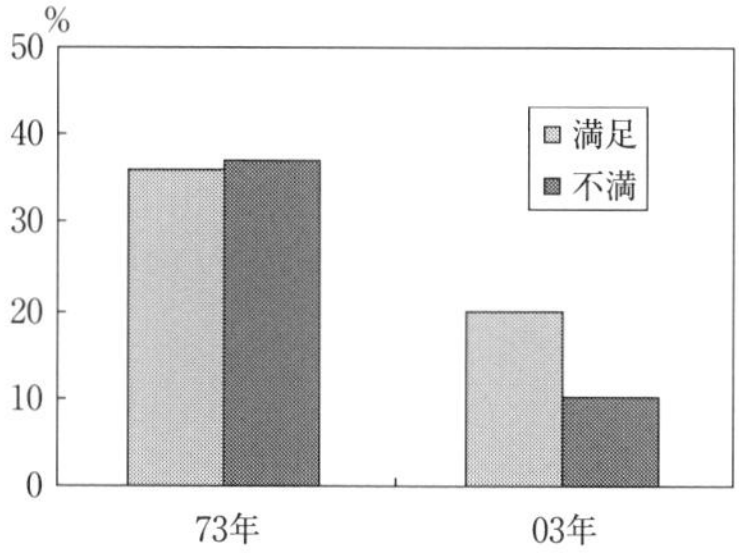

図表３－13　社会物質満足×政治活動経験（若年層）

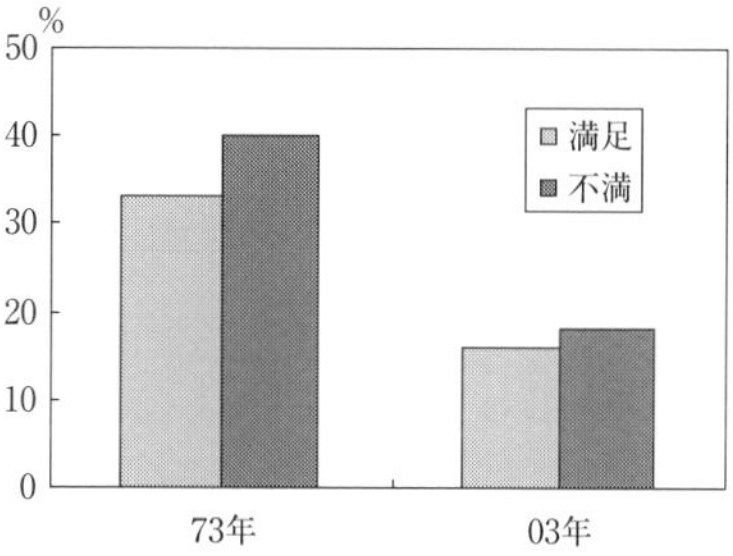

図表３－14　社会精神満足×政治活動経験（若年層）

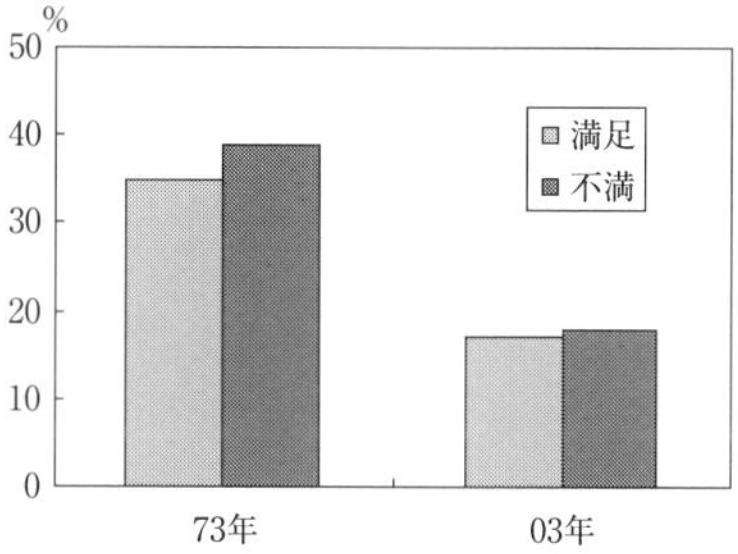

質的な面の満足か不満かでの有意差はなくなっている（【図表3－11】～【図表3－14】）。

国民全体でみても、この三〇年間、その時々の経済状態の影響を受けながらも、物質的な満足感と政治活動経験との関連（不満を持っている人のほうが政治活動に積極的）が薄れて、精神的な満足感との関連（満足している人のほうが政治活動に積極的）が生じてきている。

政治参加の動機として、自分の生活の現状に不満があり、その改善を政治に求めるということが考えられる。動機がそれだけならば満足感の上昇によって政治参加は後退することになる。実際に生活満足度は三〇年間で上昇しており、政治参加経験の減少の要因のひとつとして、経済の発展によって豊かになったと感じられるようになったため、政治に働きかける必要性をあまり感じなくなったことが上げられるだろう。しかし、「デモクラシーの担い手」として政治に参加することは「民主主義のクオリティ」に関わることであり、自分の生活に不満がないからといって政治参加の必要がなくなるわけではない。

生活満足感と政党支持

生活満足感と政治参加経験との関連の変化についてはどのような要因が考えられるだろうか。七三年の若年層について、私生活物質の満足－不満と男女、都市規模、学歴、職業の属性との関連をみると、まず女性（六九％）のほうが男性（五九％）より満足の割合が高い。都市規模による傾向の違いはない。学歴では、大学や高校に在学中（七五％）で全体（六四％）より高く、高卒（六〇％）で低い。職業別では技能職・熟練職（五六％）や事務・技術職（五七％）で全体より低い。また政治意識との関連をみると、権利知識の高低、有効性感覚の強弱、結社・闘争性の強弱と有意な関連は見いだせなかったものの、自民党支持者（七〇％）で高く、社会党支持者（五四％）で低いという特徴があらわれた。

こうした属性や政治意識との関連は、たとえば高校を卒業したあと工場労働者や事務員などとして働いている若者は「着るものや食べもの、住まいなど、物質的に豊かな生活を送っている」とは感じにくい生活をしていて、そうした若者が当時のいわゆる革新政党を支持する傾向があったことを示している。保守－革新の対立は経営者側の政党と労働者側の政党という図式を持ち、労働者側の社会党、共産党を支持していたことが若者の政治参加につながった側面があることが読み取れる。

〇三年の若年層ではどうだろうか。私生活物質の満足感と属性との関連は、女性（八八％）のほうが男性（八一％）より満足の割合が高いこと、学歴では高卒（七八％）で低く大学や高校などに在学中（九〇％）で高いことは、七三年と共通している。職業別では、それぞれ人数が少ないものの技能職・熟練職（六七％）や一般作業職（六八％）で低いという傾向は見られる。一方、事務・技術職（九一％）は満足が全体より低いという特徴はなくなっている。

支持政党に関しては、若年層の回答者が少なくなっている上に若年層の七七％が支持なしとなっているため、傾向の違いを読み取ることが難しくなっている。共産党支持者は八人、社民党の支持者は一人にすぎないものの、その九人全員が私生活物質面は満足としている。傾向として読み取るのは危険ではあるが、物質的な不満を持つ若者を特定の政党が引きつける状況にはなっていないことを示唆している可能性がある。

次に〇三年の若年層について、私生活精神の満足－不満と政治活動経験との関連の要因を探りたい。男女、都市規模、学歴、職業の属性に関しては、満足か不満かで有意な特徴は見いだせなかった。政治意識との関連では、私生活精神が満足の人では結社・闘争性の弱い人の割合が二七％と全体の三一％よりも低いという特徴が見られたが、権利知識の高低、有効性感覚の強弱、それに支持政党との関連では有意な特徴は出なかった。

私生活精神の満足－不満はほかの多くの質問と有意な関連がある。たとえば満足している人は、生活を充実させるために必要なこととして「健康な体」を上げる割合が全体より高く、「経済力」を上げる割合が低い。仕事と余暇のあり方は「両立」が高く、理想の人間像では「教養型」を上げる割合が高い。欠かせないコミュニケーション活動では「テレビ」を一位に上げる割合が低く、「家族との会話」が高い。余暇の過ごし方では「好きなことをする」が低く、「友人や家族と過ごす」が高い。さらに親戚や職場での人間関係については、「形式的なつきあい」を望ましいとする割合が低い。こうした傾向からは、私生活の精神面で満足している人は、堅実な生活ぶりで家族など人間関係を重視するまじめな人物像が浮かび上がる。そのまじめさゆえに政治活動経験が高いことがうかがわれる。

男女・家庭のあり方と政治活動経験

いまの生活や社会の仕組みに問題を感じている場合、その問題の解決を求めて政治に働きかけるということがあり得る。たとえば、男女平等の問題。男女関係や家庭のあり方に関する意識は男女差が大きい分野であり、若年層の政治活動経験の減少幅が男性より女性のほうが小さいことになんらかの関連がある可能性がある。

まず結婚した女性が職業を持ち続けることについて尋ねた質問と政治活動経験との関連をみる。【図表3－15】は、七三年の若年層の女性のデータである。「家庭専念（結婚したら、家庭を守ることに専念したほうがよい）」と考える人で政治活動経験の割合が低く、「両立（結婚して子どもが生まれてもできるだけ職業をもち続けたほうがよい）」と考える人で政治活動経験の割合が高い。七三年の時点では、女性若年層にだけ見られる特徴であったが、七八年には男性若年層や

図表３－15　女性の家庭と職業×政治活動経験
（女性若年層・73年）

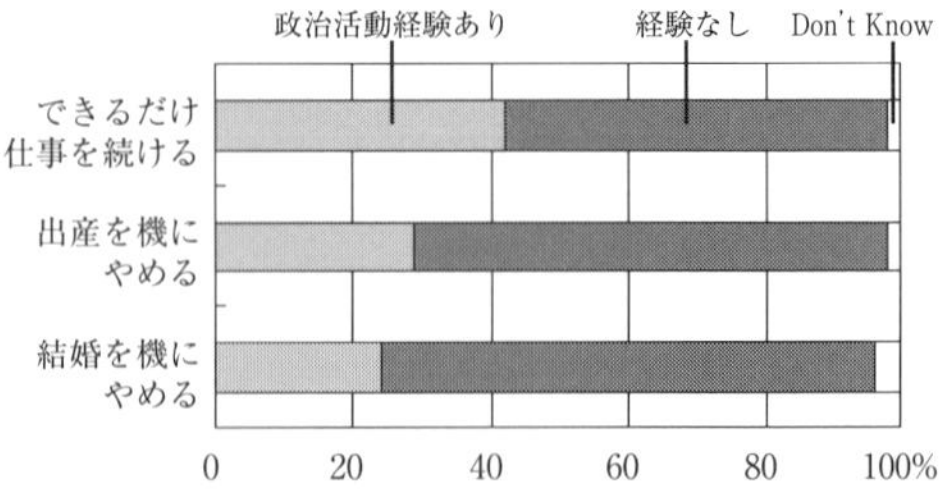

女性中年層でも「両立」と考える人で政治活動経験の割合が高い傾向があらわれ、国民全体としても有意な関連となった。その後、「両立」と政治活動経験との関連は弱まり、〇三年には有意な差はなくなった。女性の家庭と職業に関して「両立」の考え方が少数派であった七〇年代には女性若年層を中心に政治活動経験と関連があったが、「両立」が多数派になるにつれてその関連がなくなっていく形となっている。

この女性の家庭と職業のあり方に典型的にあらわれているように、男女関係や家庭に関する意識と政治活動経験との関連は、国民全体の意見の分布において少数派から回を重ねるごとに増加しているもの、つまり先進的な考え方の人で政治活動経験の割合が高いという傾向が読み取れる。理想の家庭との関連をみると、七〇年代には「夫婦自立」が好ましいと考える人で政治活動経験の割合が有意に高い傾向があった[5]。この他、結婚した男女の名字については、必ずしも夫の姓にあわせる必要はないと考える人、夫の家事・育児については、手伝うのは当然と考える人、さらに婚前交渉の是非については、解放的な考え方の人がそれぞれ政治活動経験の割合が高い傾向がある。

男女や家庭のあり方に関する論議は政治イデオロギーとしての保守－革新の対立軸と重なる側面があり、夫婦別姓を選択できる制度の導入のように、政治の場での論議が長く続く問題もある。また、男女平等や女性の社会進出を支援する施策は、男女雇用機会均等法や育児休業法などの法律の整備によって進んできたのであり、男女や家庭のあり方は個人の意識だけの問題ではなく、政治の問題であり続けている。雇用の際の男女差別や結婚後に女性が職業を持ち続けることの困難さなど、女性にとって不平等な社会の仕組みを変えていきたいという思いがあったことが、女性の政治活動経験が男性ほどは低下しなかった要因のひとつとして考えられる。

それは直接的には、男女雇用機会均等法や育児休業法などの法制度の整備を求める運動に関わる機会が多いという物理的な要因である。ただし、そうした運動に直接関わる人はさほど多くはないだろう。それよりもむしろ男女や家庭のあり方に関して女性として不平等感を強く感じていることが、さまざまな場面で政治参加につながるエネルギーになったのではないだろうか。自分たちが置かれている状況を改善したいという思いがあるがゆえに、自ずと政治に参加するようになる。それは「主体的に行動するデモクラシーの担い手」としての「市民」の政治参加といえるだろう。

五　おわりに

選挙の投票率の低下に象徴される政治参加の後退がさらに進んで、国民主権が形骸化した時に、私たちの生活はどのようになるのだろうか。「輿論《よろん》の政治」を論じたなかで、京極は「政治家、為政者が輿論によって支持されていれば、被治者が自発的に服従しますから、警察や軍隊などの実力行使はあまり使わないですみます。国民の側からみた議会政治の長所は、政権争奪が非軍事的になり、また、警察・軍隊の使用も最小限になり、安全で平穏な生活を営めることでありますす」と述べている（京極、一九七六、一三五頁）。また篠原一は「市民社会」を論じるなかで、市民生活が国家権力や市場原理によって支配される事態が生まれると「市民としての生活と自由が犠牲にされ……家庭生活、教育の世界にも計りしれない不安とゆがみをもたらす」と指摘している（篠原、二〇〇四、九八頁）。「デモクラシーの担い手」としての「市民」であることを放棄することは、自分たちの生活を危うくすることになる。

本稿では、「日本人の意識」調査の政治活動経験を尋ねる質問を核にして、若年層の政治参加の経年変化や政治参加を左右する要因について分析してきた。ここで取り上げた傾向や特徴は、多くのデータのなかから掘り起こしたいくつかのトピックスをたんに並べた形であり、それらの構造的な分析にまで踏み込めておらず、十分な分析はできていない。しかしながら、調査データの豊かさに助けられて、若年層の政治参加の変容の一端を浮かび上がらせることはできたのではないかと考えている。

若者の視点でみれば、「そもそも私たちは学校で政治参加の意義なんてことを教えてもらっていない。会社に雇われて働いていくなら政治的な活動をして目立つと損をすると思うし、労働組合は縁遠くて、団結権と言われてもよくわからない。とりあえず衣食住には困らない状態なのであえて政治に文句を言おうとは思わない。ただし、女だから我慢しろという態度は許せない。女性もちゃんと世の中のことを考えている。食品の安全の問題とか環境問題とか、私たちの生活に関わる問題だから。それに困っている人がいたら、何か力になれないかなと考える。自分の生活はまあまあだからそれでいいという事にはならないと思う」ということになろうか。

イングルハートが分類したふたつの政治参加形態のうち、政党機構や労働組合などの外部からの動員によるエリート指導型の政治参加が若者の間で後退していることは間違いないだろう。一方の新しい社会運動などのエリート対抗型の政治参加が拡大しているかどうかは今回のデータの分析で判断するのは難しい。ただし、精神面での満足感や男女のあり方など日常生活についての意識が関連する性質をもつ政治参加、つまり日常生活との新たな接点をもつ政治参加が従来のエリート指導型の政治参加の低下を補っている可能性はある。

この三〇年間の若者の政治参加の変容は、日常生活と政治との関わりの変化と捉えることができる。そしてそれは、たんに若者の問題ではなく、政治自体を問いなおす問題だと言えよう。

注

（1）衆議院選挙の投票率は一九五〇年代には七〇%台の半ばで推移し、その後七〇年代から八〇年代にかけては七〇%台を割り込むことがあっても概ね七〇%前後を維持していた。しかし九三年の第四十回衆院選では六七・二六%とそれまでの最低を記録し、さらに九六年の第四十一回衆院選では過去最低の五九・六五%（小選区）にまで落ち込んだ。小泉首相が「郵政改革」を掲げて解散に踏み切った二〇〇五年の第四十四回衆院選では六六・〇九%にまで回復したものの、それでも戦後を通してみると三番目に低い投票率である。参議院選挙の投票率は一九八〇年代までは六〇%前後を維持していたが、九五年に四四・五二%と五〇%を割り込み、戦後最低を記録した。

（2）日本選挙学会二五周年記念シンポジウム（二〇〇六年五月二十日）「二〇〇五年総選挙」の司会を担当した小林良彰の発言。『日本選挙学会年報　選挙研究（No.22）』（二〇〇七、木鐸社）に採録。

（3）九〇年代の政治意識の変化に関しては、河野啓・中瀬剛丸・加藤元宣、二〇〇一「無党派層の増加と変化への期待」『NHK放送文化調査研究年報四六』、NHK放送文化研究所、を参照。

（4）労働組合基礎調査。労働組合員数を雇用者数で割った数値。厚生労働省ホームページより。

（5）理想の家庭の質問の選択肢は、「夫唱婦随（父親は一家の主人としての威厳をもち、母親は父親をもりたてて、心から尽くしている）」、「夫婦自立（父親も母親も、自分の仕事や趣味をもっていて、それぞれ熱心に打ち込んでいる）」、「性役割分担（父親は仕事に力を注ぎ、母親は任された家庭をしっかりと守っている）」、「家庭内協力（父親はなにかと家庭のことにも気をつかい、母親も暖かい家庭づくりに専念している）」であり、「夫婦自立」は七三年の一五％から、〇三年には二三％に増加している。

文献一覧

イングルハート、ロナルド（村山皓・富沢克・武重雅文訳）、一九九三『カルチャーシフトと政治変動』東洋経済新報社

蒲島郁夫、一九八八『政治参加』東京大学出版会

京極純一、一九七六「輿論の政治」、日本人研究会［編］『日本人研究　世論とは何か』至誠堂

――――、一九八六『政治意識の分析』東京大学出版会

丸楠恭一・坂田顕一・山下利恵子、二〇〇四『若者たちの《政治改革》』中公新書ラクレ

ミルブレイス、レスター・W（内山秀夫訳）、一九七六『政治参加の心理と行動』早稲田大学出版部

中谷美穂、二〇〇五『日本における新しい市民意識』慶應義塾大学出版会

NHK放送文化研究所［編］、二〇〇四『現代日本人の意識構造（第六版）』NHKブックス

西尾孝司、一九七九「市民」、日本政治学会〔編〕『政治学の基礎概念』（年報政治学）、岩波書店
篠原一、二〇〇四『市民の政治学』岩波新書
坪郷實〔編〕、二〇〇三『新しい公共空間をつくる』日本評論社
――――〔編〕、二〇〇六『参加ガバナンス』日本評論社

4章　個人化とメディア化
——メディア・コミュニケーション変動の社会・歴史的文脈

児島和人

一　多元的個人化

「個人」(individual)が、たんにこれ以上「分割できない」(individual)存在なのではなく、より大きな集団、社会、国家に回収されえない尊厳性と自律性をもった〈個人〉(individual)として社会的に定位されるまでには、熾烈な歴史と壮大な叙事詩が展開され続けてきており、しかも今日新たな「個人化」(individualization)が展開している。本節ではこの一断面を近代日本を中心に圧縮して素描する。

個人(主義)の主張、批判そして無言

戦没画学生慰霊美術館「無言館」(長野県上田市)には、「家族」と題する一枚の絵がある(【図表4-1】)。一九四三年太平洋戦争においてニューギニアで戦死した伊澤洋氏(享年二六歳)が、戦地に赴く前に描いたものである(窪島、二〇〇六、二六-三〇頁)。この絵には、彼が心に思い描いた平和で衣食住が満ち足りて文化的にも豊かな親密圏としての家族団らんが、諸メディア(新聞、書籍、蓄音機、そして画布と絵筆)とともに描かれている。とりわけ「Home, Sweet Home(埴生の宿)」が称揚された一九世紀後半の「ビクトリア的価値観をもつ家族の誕生と共に登場した」蓄音

図表４－１　『家族』（伊澤洋）
（戦没画学生慰霊美術館「無言館」蔵）

機（フリッシー、一九九一＝二〇〇五、一一五頁）が、画像に含まれていることに注目したい。しかしその背景には、家族主義・軍国主義国家の権力秩序、小農の貧しい生活（伊澤氏の家は栃木県の小農であった）、迫りくる戦地、つまり死地への出発などが内在している。この背景は、この〈絵とは隔絶した現実〉である。またこの絵に託された夢は、まぎれもなく夢であるが、同時に〈夢としての存在は現実〉である。このふたつの現実の大きな隔たりの前に私たちは、ことばを失う。つまり無言にならざるをえない。その結果、ふたつの現実のはざまに生きた生身の戦没画学生の無言と、絵の前にたたずむ私たちの無言とが、何十年もの時間を超えて響きあう。絵画というメディアへの関与からその響きあいの意味空間が立ち上がる。無言館の絵画はその「記憶の場」である。

　また牟田和恵の鋭い指摘のとおり（牟田、一九九六、七九－八一頁）、国家と相互依存関係のもと個人析出を阻む家族のなかで、家族の「心性、情愛のレベルで凝縮度」がいかに濃密に緊迫感をもって「階層を超え」てほとばしり出ているかが、一枚の絵から私たちに迫ってくる。そこには、臣民、「家」型家族の一員としてのオーディエンスがいる。しかしその家族たちの視線を絵の中でたどっても、それらは相互に交差せず、独特の静けさが感じられる。戦前の食卓を支配していたあの沈黙を追体験させるような静けさである（児島、二〇〇五A、二〇－二三頁）。ここで前面に立ち現われているのは、絵の題名の通り「家族」という集団であり、個人はそれと分かちがたく一体化している（だが個人とは、語源から「これ以上分割しえない」尊厳性と自律性をもった一人の存在であるとすれば、家族と一体化した存在を個人というのは、自己矛盾となる）。「個人」という用語が、individual の訳語として定着したのは、斉藤毅の研究によれば、一八八四（明治一七）年頃であった（阿部、一九九五、七七頁からの再引用）。また夏目漱石が自らの存在の中核《アイデンティティ》を個人主義と同定し、公言したのは、死の前々年一九一四（大正三）年であった（夏目、一九七九、一二九－一五七）。帝国政府が個人主義を「病弊」と厳しく批判したのは、文部省の外局である教学局が一九四一（昭和一六）年に発行の『臣民の道』においてであった（二二頁）。これらは、戦前の近代日本における権力、言論、思想の葛藤の磁場における個人（主義）の片鱗を示している。

戦後日本における個人の制度化と「近代家族」

やがて戦後、日本国憲法は「国民」（people）と並んで「個人」を正当な存在と位置づけた。とりわけ半数を占める女性には、参政権、「家」型家族からの解放、教育などの面で新たな近代が制度的に訪れた。明治が第一の近代の開始とすれば、それ以後にいくつもの画期があったとされてきたなかでも、またアメリカの占領下で「さまざまな民主主義」（ダワー、一九九九＝二〇〇四・下、第四部）があったなかでも、さらに性別分業に密着した世帯単位の諸制度が持続したなかでも、一九四五年は第二の近代の始まりといえよう。だが個人をめぐる制度と社会的現実との大きな齟齬は、ここでも明確に現われ続けた。『日本社会の家族的構成』（川島、一九四六）は近代日本の社会的結合原理として戦後も社会の各領域に長らく生き続けてきたし、資本主義的競争と共同体的関係の「精妙な結合」としての「会社主義」（馬場、一九九一、七一頁）は、戦後日本の成長体制と企業の強い従業員凝集力とを衝く中心的概念であった。同時にその成長体制を日常性のなかに組み込み・支え込んで、家族まで囲み込んだ従業員の強い凝集力を支える社会－心理的装置が、「近代家族」（上野、一九九四、一－六五頁）、「日本的現代家族」（利谷、一九九一、一一二－一一七頁）、「家族の戦後体制」（落合、二〇〇四、九八－一一四頁）、「戦後家族モデル」（山田、二〇〇五、一一八－一二四頁）などと呼ばれる類縁性の高い歴史的家族形態であった。山田昌弘はそれを「夫は仕事、妻は家事・子育てを行って、豊かな家族生活をめざすというモデル」と簡潔に規定し、経済の成長性を組み込んでいること、家族が生きがいであることの二点に、その特質を求めた（前掲書）。この二点は、馬場の会社主義の二点と密接に対応している。根本的差異は見る視点が家族からか会社からかの違いである。山田によって「暫定的」（前掲書）とされているが、両者の時期区分も当然一致する。「戦後家族モデル」は、一九五五―一九七五年の経済の高度成長期に安定の時期を、そして家族モデル修正期を挟んで一九九八年から二一世紀初頭にいたる構造改革期に解体の時期をそれぞれ迎えたとされる。

だが「近代家族」は衰退して「家族はたしかに変貌しつつあるが、必ずしも解体の危機を迎えているわけではない」（上野、一九九四、三頁）。その変貌の社会心理史的一端を、時系列全国調査「日本人の国民性」で、「あなたにとって一番大切と思うもの」は何かという自由回答方式の質問結果からみよう（統計数理研究所、二〇〇四、二九頁）。「家族」と回答した成人の率は一九五八年以降の四五年間に減少したことはまったくなく、一〇年間隔で記すと、一九五八年に一二％→一三→二三→三三→四〇％（九八年）と増え続け、二〇〇三年は四五％である。近代以降続いてきた、そして「近代家族」の変容、解体期において急激に進展した、家族の各種機能の外部化、ある種のアウトソーシングが顕著になってきているなかにあって、家族価値は急増している。このデータの中村隆によるコーホート分析結果をふまえると、「家族価値」浸透の原因には時代、年齢、世代のいずれの要因も寄与しているが、とりわけ時代効果が大きく、「家族の伸びはどの時代にも認められるというのではなく、一九七〇年代以降」といえる（坂元、二〇〇五、七―九頁）。坂元論文に掲載のデータを子細にみれば、男性を中心に一九九三―二〇〇三年では時代の寄与も停滞している。二〇世紀後半での家族価値の浸透には「近代家族」の安定期から修正期（一九七〇年代―九〇年代）にかけての時代性が色濃く投影してきたことが確認される。二〇世紀を「家族の世紀」（上野、一九九六、一―二二頁）と呼ぶのも故なしとはいえない。

なお付言すれば、二〇世紀の数十年間に「私生活の個人化を認めてきた」ヨーロッパ全体で（コマイユ、二〇〇二、二六頁）、一九九三年発表データによれば九六％の人びとが家族を最も重要な価値としているという（同二三頁からの再引用）。日本とヨーロッパのこれらの結果は、家族の質的変容と家族価値肯定の連続的量的増大とは相容れないものではなく、両立可能であることを示唆している。特定形態の家族だけを「自然」な存在とする誤認は、この両立可能性認識を鈍らせる危険をもつ。その誤認は、家族だけでなく、国家、個人をめぐっても、また過去だけでなく今日においても反復されている危険を否定できないであろう。

現代日本の家族・男女意識にみる個人化

一九七三年から二〇〇三年までの三〇年間に最も意識変化が大きかった領域は、「家族・男女関係」である（河野、二〇〇四、二二五−二二一頁）。一六歳以上の全国民対象時系列調査「日本人の意識」によれば、変化量は、「政治」八％（一％未満は四捨五入、以下同じ）、「経済・社会・文化」六％、「基本的価値」四％に対して、「家族・男女関係」は一一％なのである。とくに家族意識では、夫が家事・育児の手伝いをするのを当然視する考えは、一九七三年の五三％から二〇〇三年の八六％へ三三％増と男女とも大幅な変化を示した。その他、結婚・出産した女性の家庭と職業の両立、夫婦の家庭内協力、結婚後の姓はどちらが改めてもよい、別姓でよいという諸側面での増加も、程度の差はあってもすべて男女とも肯定方向へ変化している（ＮＨＫ放送文化研究所［編］、二〇〇四、二六−五六頁）。

これらの意識変化の基調にあるのは、脱「性別分業」と夫婦間での「共助」というふたつの新たな志向である。時代をやや遡って明治初頭に作成された試行的戸籍を検討した論文によれば、分析を始める前に史料に立ち現われるのは、「家族関係にある一群の人びとを単位とした記載方法」のもとでの「家的なもの」であった（落合、二〇〇三、九九−一二九頁）。それは「個人」の洗礼、婚姻、埋葬の記録であるヨーロッパの代表的家族史料とは対照的である。ここからさらに時代をくだれば「「家」制度を廃止し、個人の尊厳と男女の平等とを基本理念とする現行家族法が登場したのは、第二次大戦後間もなくの一九四八年であった。それが要求したのは、今では想像もできないほど大きな価値転換」であった（利谷、一九九一、九九頁）。しかもこの「大きな価値転換」を含んだ家族変動も、強固な性別役割分業やそれを必要とする高度経済成長と、少なくとも一時期の間は、対立するものではなく、むしろ相互に支えあった。このような画期の特質を簡単に確認しただけで、現代の日本社会でみられる夫婦の共助志向は、変貌してきた近代日本の家族、夫婦のあり方と利益追求などの点で一見類似性があっても、自立・自律に傾斜した「個人」志向の社会的浸透の点

図表4－2　「結婚」「婚前交渉」「子どもをもつ」について下記三意見すべてに同意の人（男女・年層別）

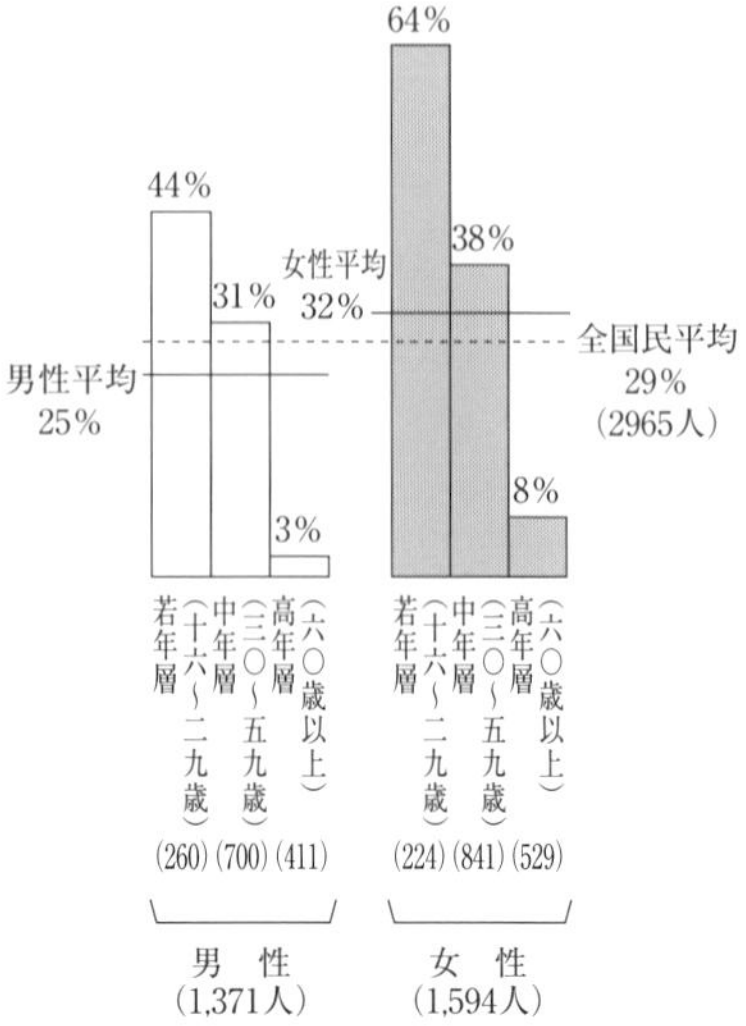

・「必ずしも結婚する必要はない」
・「深く愛している男女なら性的まじわりがあってもよい」
・「結婚しても子どもをもたなくてよい」
2003年ＮＨＫ「日本人の意識」全国調査のクロス集計結果にもとづいて作図。（　）内分母の実数。

で両者はきわめて異質である。一九九七年時点で一六歳以上の国民では「夫婦であっても自分は自分でありたい」は六五％で、「夫婦は一体でありたい」三二％の倍を占める（ＮＨＫ放送文化研究所［編］、一九九八、二九頁）。一九七三年の高度経済成長終焉直前に開始された「日本人の意識」調査が統計データで示した脱「性別分業」と夫婦間の「共助」志向の直線的増大の根底にあるのは、この国家における「臣民」消滅、「家」の衰退と、社会と国家における「個人」の顕在化である。したがって、実際の行動面ではともかく、少なくとも意識面での家族の「個人化」が台頭・増大してきたといえる。これが第一の個人化である。

　さらに「日本人の意識」調査データは、これとは異質な第二の「個人化」の台頭と増大も示している。二〇〇三年時点で、人は「必ずしも結婚する必要はない」が五九％で「結婚するのが当たり前」の三六％を上回り、「結婚しても必ずしも子どもをもたなくてよい」が五〇％で「結婚したら子どもをもつのが当たり前」の四四％を上回る。また「深く愛し合っている男女なら、性的まじわりがあってもよい」と結婚を必ずしも前提としない性交渉容認が、一九七三年は一九％→二〇〇三年は四四％で男女とも大きく増大している。しかも「必ずしも結婚する必要はない」、「結婚しても必ずしも子どもをもたなくてもよい」、それに婚前性交渉容認という三つの意見すべてに同意する人は、大きな年層差と共に若年層に広がっている（【図表4－2】）。結婚－性交渉－出産という順序の結合が崩れ、この結合を当然の前提とするある種の近代の家族は大きく後退した。その分、制度的婚姻の枠外の多様な男女関係台頭が示唆されている。

このふたつの「個人化」は、山田による「家族の枠内での個人化」と「家族の本質的個人化」という区分にほぼ対応する（山田、二〇〇四、三四四－三四八頁）。その区分において、前者は家族の枠は維持したままで家族周辺の社会（国家、地域、親族など）からの拘束低下と家族内部の自由の増大であり、後者は「家族であることを選択する自由」、「家族であることを解消する自由」とされている。現代日本社会で、この二種の「個人化」増大がみられるのである。「個人化する家族」概念を最初に提起した目黒依子は、「個人化」をより限定し、性役割分業のもとでの女性の経済的依存脱却により、男女関係がより個人間関係へと変化することに注目している。その上で、社会的単位が「親族」→「近代家族」→「個人」へと変貌する「家族タイプ変革のメカニズム」を提起している（目黒、一九九一、八－一五頁）。

多元的個人化

他方ヨーロッパでは、個人化への取り組みは、社会理論を中心に二〇世紀末から新たな形で受け継がれている。ウルリッヒ・ベックの主張する現代の新たな「個人化」は、本論文の課題からみて少なくとも三つの特質をもっている。

（1）第一の特質は個人化が社会構造として組み入れられたことである。「地位」とセットになっている「役割」を基本単位とする社会構造が第一の近代であるとすれば、少なくとも北側の豊かな諸国での「第二の近代では、個人が歴史上初めて社会の再生産の基本単位となっている」。その意味で「個人化は社会制度の構造的変容を示す概念である」（Beck and Willms 二〇〇〇＝二〇〇四、六二－六三頁）。第一の近代でも個人は封建的構造のなかへの埋め込みから離脱し個人化したが、近代の集合体へ再び埋め込まれた。しかし第二の近代での個人は、近代の諸集合体から離脱したのち再度集合体へ埋め込まれることはないままである。それは第二の近代の個人化自体が社会構造となっているからである。

（2）この系として次の二点が帰結し、その帰結が第二の特質である。個人化それ自体が社会構造化しているから、個人化は、「一人ひとりの自由な意思決定にもとづいてなされるのではない。……個人化することを運命づけられている」のであり（ベック、一九九四＝一九九七、三二頁）、「自己が基本的に不完全であることへの洞察」を導いている（Beck and Beck-Gernsheim 二〇〇一、xxi頁)。また個人化が社会構造となっているが故に、「人間の相互関係とコミュニティとは、もはや強固に確立した伝統に基礎をおくのではなく、相互的な個人化(reciprocal individualization)という逆説的な集合体に支えられる」(前掲書)。この個人化が、第二の近代、再帰的近代化において、グローバル化と並ぶもうひとつの側面を構成している。いいかえれば、一方で「個人化とは、確信できるものを欠いた状態のなかで、自己と他者に対する新たな確実性を見いだし、創造することを人びとが強いられる」と同時にその反面で、工業社会の確実性の崩壊が「新たな、全地球規模に及ぶ場合さえある相互依存を意味している。個人化とグローバル化は、事実、再帰的近代化という同じ過程の二つの側面なのである」(ベック、一九九四＝一九九七、三二頁)。

(3)そして、これらの特質は、教育、労働市場、キャリアパターン、そして家族構造などの社会の副次的制度においてとくに顕著になった。これが第三の特質である。たとえば第一の近代においてもフォーマルには男女平等が規定されていたが、性役割分業は確固とした伝統として社会的「役割」の布置と安定した個人の生活歴形成を、社会的にも個人的にも可能にしてきた。第二の近代ではこの確固とした枠組みが消滅した。民主主義と公正は親密圏のようなミクロな社会的領域に浸透困難であったが、第二の近代ではその浸透が実現し拡張された(Beck and Willms 二〇〇〇＝二〇〇四、六四-六五頁)。なぜなら、「親密な関係性とは、相手に夢中になるのではなく、相手の特質を知り、それを自分自身の特質に活かしていくことである。相手に心を開くためには、逆説的ではあるが、個人的境界が必要である」からである(ギデンズ、一九九二＝一九九五、一四二頁)。そこで西欧において、既成の家族形態を脱した家族(post-familial family)が出現してきている。その結果、価値観、規則と並んで日常茶飯事、つまり「テーブルマナーやテレビ視聴も就寝時刻も、話しあって取り決めねばならない」多文化性の家族が誕生している(Beck-Gernsheim 二〇〇一、九六頁)。

これら三つの特質のうち、ここで最も注目すべきは、既存の社会構造から離脱した〈個人〉が、社会の再生産の単位となる点である。この点が従来の個人化と決定的に異なる今日的特質である。これまでも近代化の過程で、個人はなんらかの実態でなんらかの程度「共同体の紐帯から解放され」てきた。丸山眞男はこれを「個人析出」(individuation)とよび、自立化（individualization）、民主化（democratization）、私化（privatization）、そして原子化（atomization）の四パターンがあるとした（丸山、一九六五＝一九六八、三七二－三七五頁）（【図表４－３】）。ただこの場合析出した個人は、近代の集合体へと再度埋め込まれるものと解される。また、ロナルド・ドーアが二一世紀の日本社会での台頭を注意深く検討した「個人」（主義）もおそらく同様である。

個人化は大別すれば、近代の集合体へ埋め込まれるものと、個人自体が社会の再生産単位になるものからなり、山田の「家族の枠内での個人化」と「家族の本質的個人化」もほぼこれに対応するといえよう。しかも、個人析出も、丸山の指摘のように、さらにいくつかの類型からなるとすれば、個人化の多元性が自明となる。「個人化」のこのような多元性確認は、現実理解の上で有用である。なぜなら、社会的現実の漸次的変容にともない、一定時期での「個人（化）」実態も構成が多元的であるからである。

図表４－３　近代化における個人析出（individuation）の四パターン

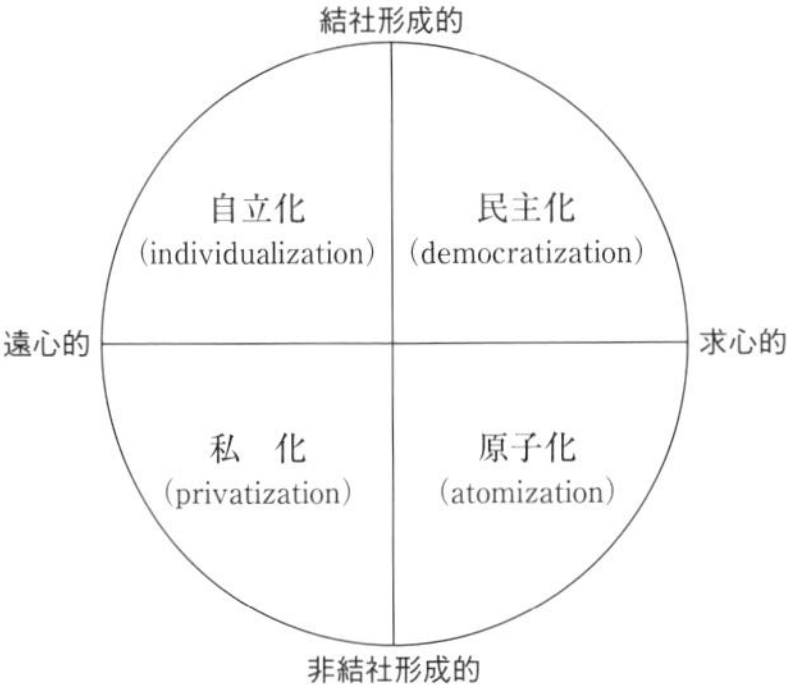

（丸山，1965＝1968，p.372の図に原語を付記して転載）

その多元的個人化実態を前提とした上で、一文化人類学者が著書『「日本人論」再考』の「あとがき」に記した次の述懐に注目しておきたい。「個人の重層的な世界とアイデンティティの変容は、……いま日本のあらゆるところで、微細に、絶え間なく起きている。「日本人」は国家に積分されるのではなく、個人に微分されつつある」（船曳、二〇〇三、三一三頁）。これと関連して、一九九六年、アトランタオリンピックの女子マラソンメダリストたちが「誰のために走ったか」という質問に対して、優勝したエチオピアのロバは、「祖国のために」、ソ連崩壊後に国からの支援をたたれた二位のエゴロワは「家族のために」であったのに対して、三位の有森裕子が言い切ったことばは、「自分のために」だったということも忘れられない（ＮＨＫスペシャル

「女子マラソンメダリストの証言」一九九六年九月六日放送、『読売新聞』同年九月十一日付の記事「モニター」で確認)。国家、家族、個人という三つの歴史的な自己準拠点、停泊点が、オリンピックというグローバルな祝祭空間上に同時に掲げられた。そのなかで有森は、自己自身へと再帰的な準拠をしたのである。彼女は二〇〇六年十二月現在、国連人口基金の親善大使として活躍している(『朝日新聞』二〇〇六年十二月八日付の記事「ニッポン人脈記」による)。

「個人化とは、まず、工業社会的行き方の脱埋め込みを、次に、新たな行き方による工業社会的な行き方の再埋め込みを意味し、この新たな行き方においては、一人ひとりがみずからの生活歴を自分で創作し、上演し、補修していかなければならない」(ベック、一九九七、三〇頁)。ここに台頭している一女性の「個人化」は、ヨーロッパの歴史に沿えば「第二の近代」との類縁性が見いだされるのであろうが、日本の現代史では敗戦を画期とした「第二の近代」と連続し、二〇世紀末から移行開始の兆しが感じられる「第三の近代」の「個人化」なのではないか? そしてその二〇世紀末は、同時に新たなメディアの歴史的展開期でもある。近代初頭のコミュニケーションやメディアの変動は何回かの変動期を経て、二〇世紀末期からのさらなる変動へと受け継がれている。

二　重層的メディア化

現代におけるメディアの社会的生成とその作用の浸透は、たんなる加算的な積層ではなく、変動が次なる変動を組み込む再帰的な過程として展開している特質が著しい。本節は、その展開のなかにメディアの社会化、メディア関与とともに、メディア化を位置づける試論である。

メディア・テクノロジー発達軸の変容

二〇世紀半ば以降、日本の国民生活におけるメディア変容には、三つの大きな変動期があった。ひとつは一九五〇

図表４－４　メディア普及とラジオ・テレビ聴視時間量変動（全国調査）

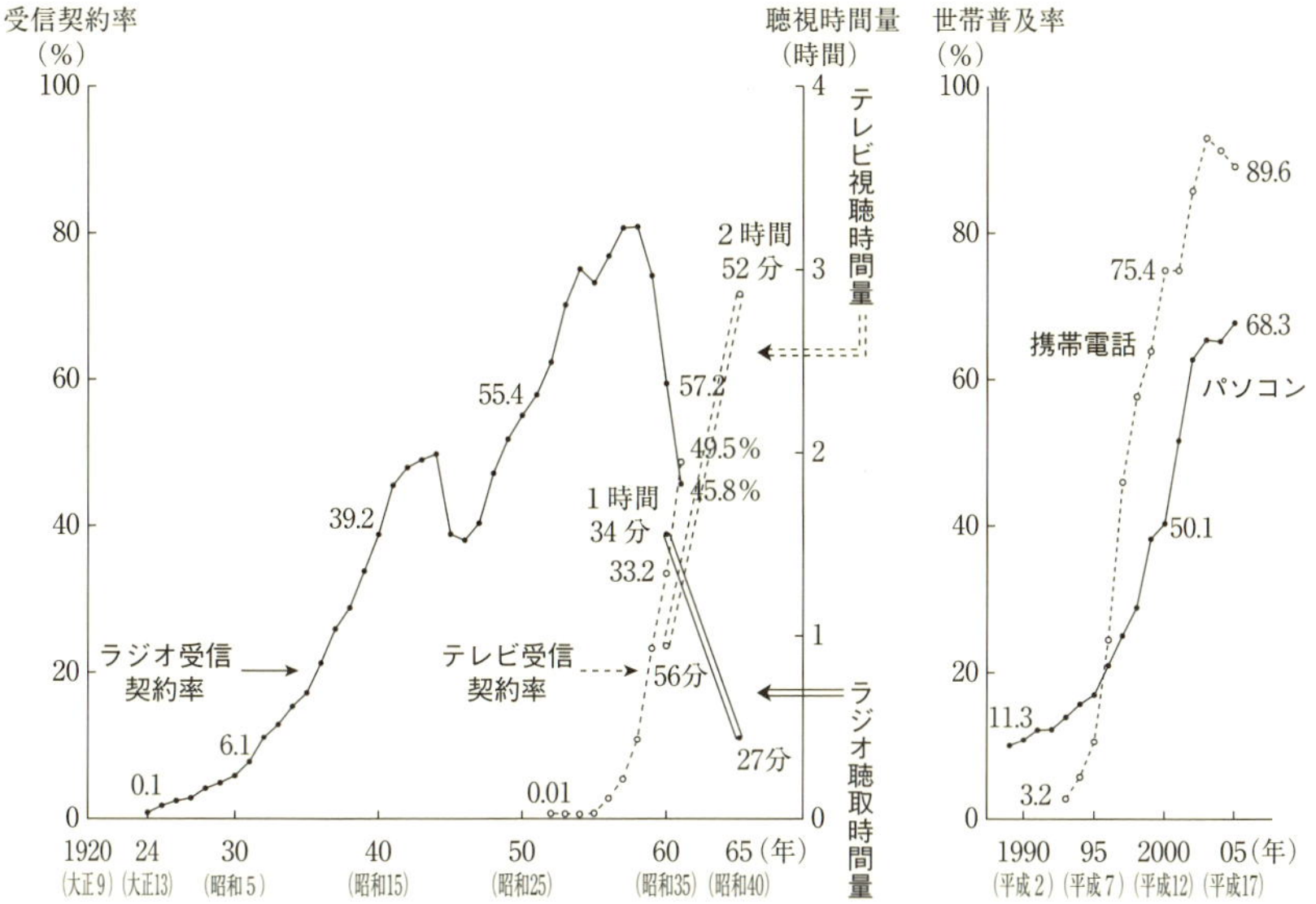

左図：・ＮＨＫラジオとテレビ受信契約率（日本放送協会，2001，p.532より作図）
　　　・ラジオ聴取時間量とテレビ視聴時間量（平日）（ＮＨＫ放送文化研究所編，2002，p.76，p.100より作図）
右図：・携帯電話世帯普及率（単身世帯を含む）（総務省情報通信政策局調査データ「社会実情データ図録Ｖ」より作図），http://www2.ttcn.ne.jp/~honkawa/6350.html
　　　・パソコン（内閣府経済社会総合研究所「消費動向調査」にもとづくＮＨＫ放送文化研究所まとめデータより作図）

年代のラジオ受容の最盛期であり、続く六〇年代には世界に例をみないほど急激なテレビの浸透があり、第三には一九九〇年代後半から二一世紀初頭にかけてのパソコンとケータイの急速な普及である（【図表４－４】）。二〇〇三年の「日本人の意識」調査の「欠かせないコミュニケーション行動」の結果によれば、とくに一〇歳代後半から二〇歳代前半の若者では、ケータイを欠かせないという人が、家族とのコミュニケーションが欠かせないという人を上回る（一〇歳代後半が六九％ 対 五五％、二〇歳代前半が七八％ 対 六三％）（ＮＨＫ放送文化研究所［編］、二〇〇四、一九一－一九二）。今日メディアの社会的価値は、年齢で亀裂が生じている変動期にある。

　より長期的視点で、口承、声の文化に遡ってメディア・テクノロジー変容を見れば、さまざまな諸メディウムが人類史に登場してきただけでなく、その発達類型の基軸が変容し、メディア類型構造そのものが転換してきたことが分かる。基軸はまず情報発信と受信という軸と道具・機械の使用・未使用との二軸で構成できた。この二軸の交差から、メディアは受信でも発信でも道具・機械を用いない現示的（presentational）、発信でのみ用いる再現的（representational）、そして受信と発信の双方で用いる機械的（mechanical）の三分類が可能であった。つまりメディアの発達は、一面で機械化の歴史であり、労働主体である人間と労働対象との間に介在する労働用具としてのメディアが誕生し、人間から相対的に自立してきた歴史である（稲葉、一九八九、一六－一九頁）。とりわけ機械メディアのなかでも、二〇世紀に電子的諸メディアは急速に進展した。その点を考慮に入れた吉見俊哉（一九九四）は、文字性－身体性、複製性－非複製性の二軸からメディアの進展を把握した。だが図表４－４が示しているように、二〇世紀末から二一世紀初頭にかけてケータイとパソコンの急速な普及はさらに新たなメディア特性を現実化している。それはメディアがモバイル化し場所性の束縛を弱めたこととパーソナル化したことである。この両特性はすでに携帯ラジオやヘッドホンステレオで日常化していたが、ケータイとパソコンほどには社会的諸領域と諸階層への圧倒的な浸透はなかったし、しかも諸メディウムの複合ではなく単一メディウムにとどまった。今日ケータイもパソコンも諸メディウムの複合的メディア、メタメディアである。ここから電子メディア内部での新たな三特性軸が分化している。つまり、メディア複合－単体、パーソナル－中間集団／ネットワーク－マス、そして空間移動－固定の三軸である。現代の諸メディアは、これらA、B、Cの諸軸（【図表４－５】）の合成した重層からなって展開している。

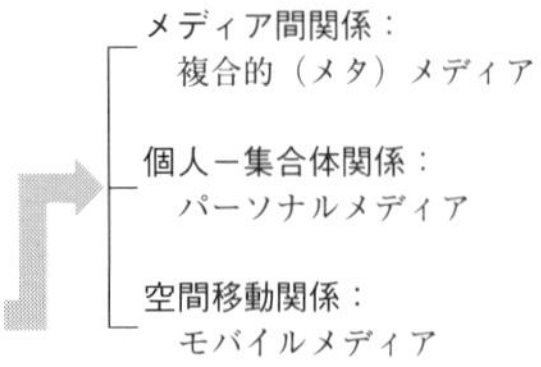

C：３軸構成（C：筆者追加）

メディア、メディア化とは何か

図表４－５のA、Bにおけるメディア類型とCとでは、決定的な相違がある。それはAで現示的メディア、Bで口承メディアとして身体・肉声が含まれているのに対して、Cではそれがないことである。この点は、研究の戦略、課題設定、方法、結果そしてその結果のもつ学術的、社会実践的意義など研究全体の

図表４－５　メディア発達軸の変容

メディア類型	道具・機械の必要性		メディウム例
	情報発信	情報受信	
現示的	－	－	話し言葉
再現的	○	－	筆記，活版印刷など
機械的	○	○	レコード，ラジオ，テレビなど

－ 不要，○ 必要

A：２軸構成（その１）
（A：Hart, 1991, p.5 にもとづくまとめ）

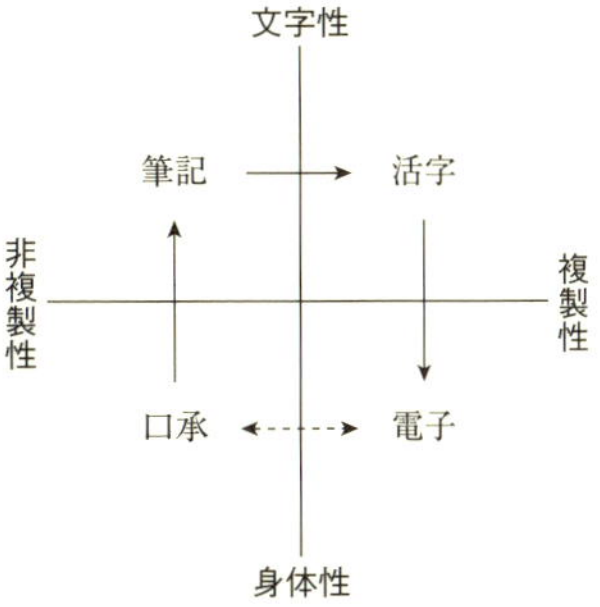

B：２軸構成（その２）
（B：吉見，1994，p.76 より転載）

根本にかかわる。そこで私は、広義のメディアは身体を含むが、狭義のメディアはそれを含まないとして区別し、研究上主要には後者を「メディア」（とくに単一種を強調するときは単数形のメディウム）としている。さらに技術決定論を避けメディアの社会・歴史性を不可欠の特質として重視する意味をこめて、メディアを次のように定義している。すなわち、メディアとは「記号性と結びついた道具・機械性、さらに歴史、社会、文化による被拘束性、そして逆のそれらへの規定性という三特性の結合を準備する状態・場」である（児島、二〇〇五B、一二一－一四頁）。

この概念規定は次の特質によって、研究の途を拓く戦略的装置である。

（1）スチュアート・ホールはエンコーディング・ディコーディング論のなかで、音声を伴った「映像の犬はオーディエンスに吠えることはできるが、咬むことはできない」と簡潔に映像記号の特質を比喩で表現した（Hall 一九八〇、一三一頁）。この特質は、身体で可能でメディアでは不可能な例であるが、その逆ももちろん多々存在するし、両者の相互浸透も、不透明な様相のなかにではあるが、当然予想しなければならない。メディア・コミュニケーションの特質、さらには対面を含む現代の社会的コミュニケーションの特質解明には、この両面の対比と相互関係の解明が不可欠である。前記のようにメディアを規定することによってのみ、この解明は可能となる。以下この解明を進めるために、密接不可分で、相互浸透しあっている過程を、試論的に分離し考察する。

（2）歴史、社会、文化に対してメディアは被拘束性と規定性という背反的関係に置かれている。簡略化していえば、社会と文化によるメディアの取り込み（メディアの被拘束性）とメディアによる社会と人間への浸透（メディアの規定性）との両面設定である。前者の過程を、本論文で「メディアの社会化」（socialization of media）と規定し、後者の過程を「メディア化」（mediatization）と規定する。そしてこのふたつの過程を媒介する社会的行為、活動が、広義の「メディア関与」（media engagement）である。

（3）メディアの社会化は、一定の社会と歴史的段階においてテクノロジーとしてのメディアが特定の社会、文化的特質をおびるにいたる過程である。新たなメディアが一定社会に定着するには、制度化されて定着が正統なものとされ、当該文化をなんらかの程度変容しつつそれとの融合が必要である。新聞、ラジオ、電話などがそのテクノロジーの発明以降、政治的、経済的、社会的そして文化的にみていかに多様な変貌を遂げてきたか、またその変貌自体が社会・文化圏により、また時代によって必ずしも同一ではないことが、メディアの社会化を如実に示している。メディアの社会化が最も明白に現われるのは、この新規メディアの社会的導入や在来メディアの革新段階であり、この段階においてメディア化はその先端部分において著しく、またメディア関与は制度や組織などを通じたマクロレベルで顕著である。

（4）メディア化は、メディア作用の総体である。社会の統合、維持、変容、解体の歴史に関わり、人間の認知、感情、行動、発達、記憶、関係形成などの諸側面に及ぶ諸作用である。しかもそのメディア作用は、たんに新聞の記事、ラジオやテレビの番組、ケータイのなかのひとつの話など各メディウムの個別メッセージによってだけではなく、各社会的メディウムが全体としてもつ固有の記号様式や、さらに諸メディウム相互間から編み出される間メディウム性によって、独自性をおびる。このメディア化の過程は、一定のメディアの社会化を経た段階で、なんらかのメディア関与を前提としている。

（5）そのメディア関与とは、狭義・ミクロには諸個人、家族などの中間集団やネットワークなどの結合が生活にメディアを導入、受容・利用・消費ときに形成・変容する諸行為であり、広義・マクロにはさらに大きな諸集団、諸機関や社会運動を通じて社会的にメディア制度、組織、内容などを生産、導入、維持・利用、改革・変革する諸活動である。

とくに狭義・ミクロのメディア関与のなかには、オーディエンス研究／メディア利用研究が、効果研究（effects study）、利用と満足研究（uses and gratifications research）、普及研究（diffusion study）、リセプション研究（reception study）などの諸アプローチを通じて扱ってきた、さまざまな諸行為が含まれる。たとえば、機器を購入／導入し、コミュニケーション内容をめぐって選択、接触、解釈、利用、記憶、折衝、対抗、（疑似）社会的相互作用、伝達、書き込み、パブリックアクセス、抗議などをする諸行為である。今日メディア関与は、この狭義・ミクロな内容をさすことが多い（ロスほか、二〇〇三＝二〇〇七、参照）。

先に述べたとおり「メディアオーディエンス」とは、狭義・ミクロのメディア関与の行為をする人びとのことである（「序章」五頁）。解明されるオーディエンスの形態、特質は、研究視点により多様性が著しい。とくにメディア側に研究対象を焦点化すれば、オーディエンス像は、読者、視聴者、聴衆、パソコンやケータイの利用者など、メディア中心の人間、集団、集合体として表象されやすい。逆にメディアのおかれた文脈に沿って焦点化すれば、市民、ファン、消費者など、社会関係、日常生活中心の人間、集団、集合体が表象されやすい。その結果、メディア化、メディアの社会化へのアプローチも異なり、その研究内容が一様ではなくなる。メディア研究の将来は、この多様性増大がひとつの要である。

メディア化、メディアの社会化そしてメディア関与の具体相

メディア化、メディアの社会化、そしてその両者を媒介するメディア関与は、現実には一体となって進展する。その具体相は、グローバルな、ナショナルな、あるいはローカルな日常・家庭・親密圏でのそれであり、近代初期／中葉／現代、あるいは通近代のそれであり、単一メディウム関連、多メディア関連のそれである。これら諸次元交錯のなかで中心的差異の次元は、（A）世界史的・グローバル、（B）ナショナル、そして（C）ローカルな地域の三次元である。今回は紙幅の関係から（C）を割愛せざるを得なかったが、いずれの位相検討もたんにその内容紹介が目的なのではな

く、今後のメディア研究の課題領域と分析視座の拡張と多様化とを図っていく、研究発展の準備作業をめざしているのである。

（A）出版資本主義と「国民」の構築。周知のとおり、ベネディクト・アンダーソンは「国民（nation）とはイメージとして心に描かれた想像の政治共同体（imagined political community）である」ことを明らかにした（一九九一＝一九九七、二四頁）。国民を構成するということは、一種の文化的被造物を歴史的に構成することであり、その過程では出版資本主義が中心的役割を果たした。この歴史的構成過程は、言語とメディアと資本主義の絡みあったメディア化とメディアの社会化との壮大な結合と解釈できる。

一五一七年、マルティン・ルターによる宗教改革ののろしとなったカソリック教会の贖罪状頒布に対する九五箇条の反対は、聖なるラテン語のうすい読者層よりはるかに広汎な市場をもつ地域の俗語、つまりこの場合はドイツ語印刷物となって普及し、大きな社会的衝撃を与えた。メディア社会史上でも特筆されているこの過程には、地域の俗語で表現され急速に流布した九五箇条の印刷物が、宗教的マテーリアルとして〈社会化〉していること、宗教改革の教義が俗語で印刷物へと〈メディア化〉していること、そしてこの両者の媒介の中心には、信者でもある印刷物の読者たちの閲読行為、つまり〈メディア関与〉があったこととの三点が結びついている。そしてこれに続いたメディア関与は、一五二二年から四六年に四三〇版を数えたルターのドイツ語訳聖書（同七八－七九頁）を読んだキリスト教徒の〈メディア関与〉であり、「大規模な新しい読者公衆を急速に創出し」たことであった（同八〇頁）。さらに付言すれば、具体的歴史研究成果は寡聞にして知らないが、このメディア関与の延長上にはおそらくその読者の何倍もの数にのぼるリテラシー不足の層が存在し、たんに説教だけでなく、〈会話〉によって――情報化の現代で忘却の彼方に消えようとしている効果研究仮説の用語を用いると――「コミュニケーションの二段の流れ」を展開していたのではないだろうか。

「国民」という集合体の存在は、私たちの心のなかにしっかりと根を下ろして、全世界的規模で自明、自然な存在と化している。その自明性成立の根拠を問うたアンダーソンによれば、「国民」という新しい共同体の想像を可能にした相互作用要因は、資本主義、人間の言語の多様性と並んで、印刷・出版というコミュニケーション技術を含みこんだメディアであった。この意味でメディアの社会化、メディア化そしてメディア関与が世界史的規模で結節した具体相として、「国民」形成は特筆されるべき歴史である。

（B）「記憶の場」と天皇。国民形成を世界史的レベルから日本という個別ナショナルレベルの具体相へと移行させてみる。近代日本のナショナリズムを主要研究課題としたタカシ・フジタニは、「徳川時代、一般の民衆が……国家の中心的象徴としての「天皇」についてはっきりしたイメージをもっていなかった」ことは、歴史家が認める事実であり（一九九四、九頁）、この事実こそが、明治政府の指導者たちによって「明治新政府設立当時の脆弱さの大きな理由」とされていたと記している（同一三頁）。そして、政治エリートが考案したと思われる「一般民衆の積極的参加を動員していく、強力で多様なメカニズム」（同ⅳ頁）に注目した。そのメカニズムのなかには言語コミュニケーションはいうまでもないが、その他に、神社での儀式、国家的祝日、「巡幸」と呼ばれた天皇の地方巡回や結婚式・葬儀、明治憲法発布の記念祝典などの公式儀礼、つまりページェントがあった。

フジタニはこれらを「記憶の場」としても捉える。つまりそれらは、「あまり知られていなかった天皇を中心とする国家の過去を想起させる記憶、あるいは時の国家的偉業を記念し、その将来の可能性を象徴的にあらわす記憶を構築するうえで役立つような、物質的な意味の担い手」である（同一六頁）。そのうえでフジタニは、「「象徴天皇」と電子メディア時代のページェント」と題するひとつの章を設け、昭和天皇の葬儀において、テレビはその「外部に厳然と存在する現実を表象」したのではなく、いかに現実を「その物語を通じて構築し」たかを論じている（同第五章）。このメディアによる現実構築論は、オーディエンス研究の歴史で「テレビ独自の現実再現」としてよく知られている（K・ラング&G・ラング、一九五三＝一九六八）。この歴史に残る研究では、連合国軍最高司令官として日本占領に当たったダグラス・マッカーサー元帥の帰国パレードというページェントが調査されたのだった。フジタニの指摘は、「テレビ独自の現実再現」以降、メディア化とメディアの社会化とがより深化し、メディア関与もより多相化してきた諸段階の軌跡を示す疑似イベント論、メディアイベント論、さらにはオーディエンス自体を括弧に入れる議論への展開や諸命題の系譜とも接合・交差する論議である（ロスほか、二〇〇三＝二〇〇七）。

それだけでなくフジタニのこの研究は、さらに「新しい天皇のページェントを後期日本資本主義と「文化のテレビ化」とでも呼ぶべきものの広い脈絡に位置づける」（フジタニ、一九九四、vi頁）研究視座とその分析結果を提示したものであり、文化が――より特定していえば政治文化も――メディア化したことを広い文脈のなかで課題化し、現代を歴史民族誌的方法で解明した端的な研究の提示である。

メディアの観点からフジタニの著作を圧縮していえば、多様な〈道具としてのメディア〉と〈機械としてのメディア〉とが「記憶の場」の概念に内包され、そのメディア化と、メディアの社会化とが、万華鏡のように天皇をめぐって展開されている。だがその展開で、メディア化とメディアの社会化の接点、メディア関与についての明示は、エンコーディング・ディコーディングモデルによる簡単な説明の他は散在しており、系統性がややうすいことは否めない。だが「記憶の場を大量生産していった」（二一五頁）過程解明のなかにメディアを位置づける視座のもつ力と成果の質的豊かさは、注目に値する。ここでフジタニは、当然ながらフランスの歴史家ピエール・ノラの「記憶の場」概念を想起している。ノラ編著の膨大な『記憶の場』の日本版第一巻監訳者のひとり、谷川稔は、ノラの研究方法を「伝統史学でも科学主義でもない、もう一つの集合心性史」という「野心的な試み」であると評価し特徴づけている（谷川、二〇〇二、六頁）。私たちも、「もう一つの」メディアオーディエンス分析を手にすることができることを、この著作は示している。

同時に「日本人の意識」調査もそのような読み取りの対象となる心性の軌跡とメディア化とを露頭していると解釈できる。つまり「新しい天皇のページェント」前後における天皇に対する感情変化の軌跡は、この調査に明確に記録されている。昭和から平成へと変わった一九八九年を境にして、「好感」が大きく増大し（一九八八年、二二%→一九九三年、四三%）、「無感情」が大幅に減少している（四七%→三四%）。なおこの間「尊敬」は減少している（二八%→二一%）（NHK放送文化研究所［編］、二〇〇四、一三一頁）。

図表４－６　テレビ家族視聴と個人視聴の推移（渡辺，2005，p.15による）

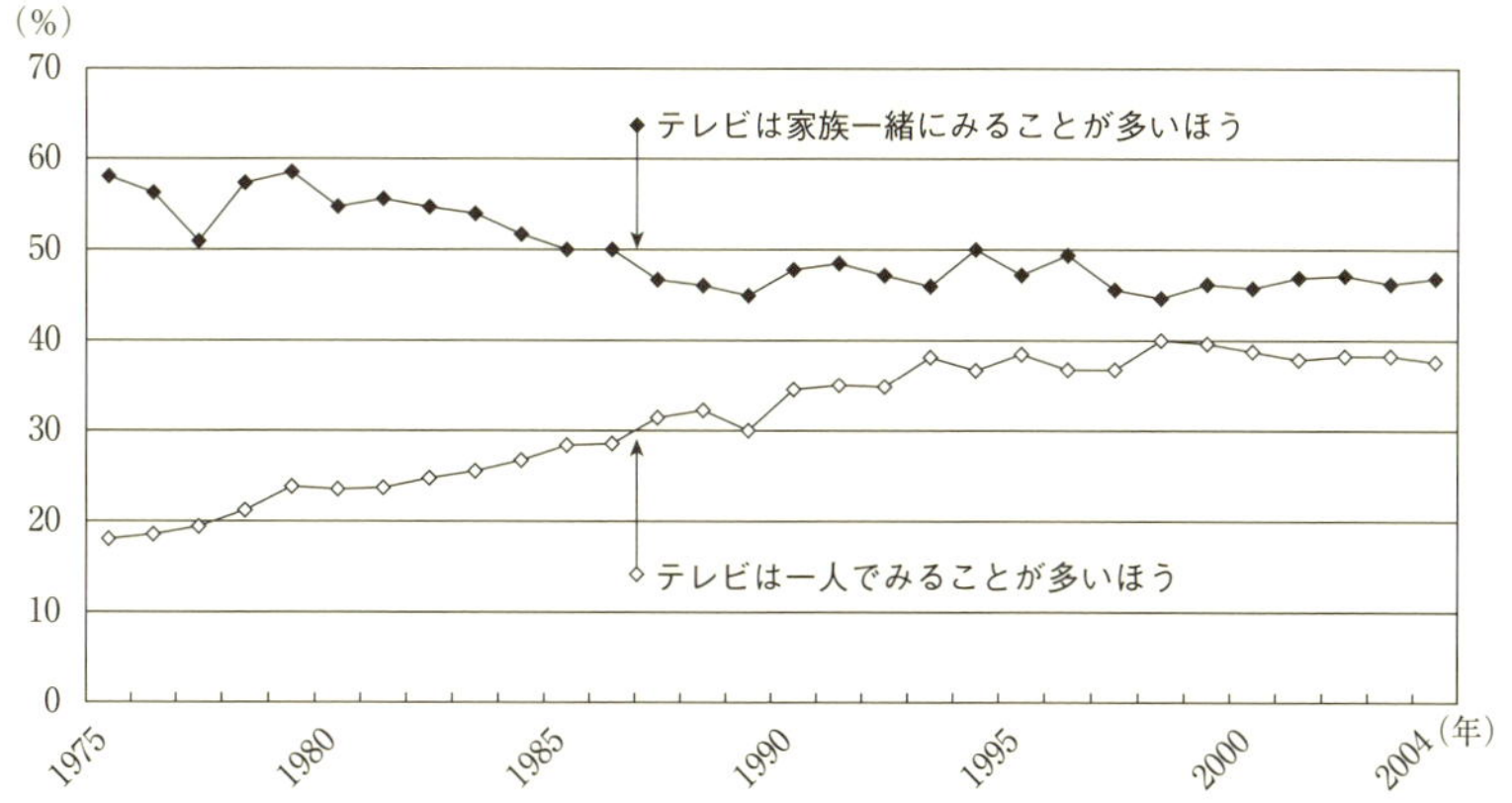

（ＪＮＮデータバンク全国，13～59歳個人平均，各年10～11月実施，n ≒3.100）

三　個人化からみたメディア化

一九七五年からほぼ三〇年間にわたるテレビ視聴態様の全国時系列データは、家族集団視聴の漸減と個人視聴の漸増の軌跡を明確に描いている（【図表４－６】）。この軌跡は、先にみてきた家族などの集団と社会関係との個人化、価値観・規範・選好などの文化の個人化、それらの変化を敏感に察知したメディア側における制作と編成での個人志向などの複合的力学の所産である。個人専有のテレビ受像器や個室の普及は、その力学とシンクロナイズしたマテーリアルの具象化である。なお平成一三年度（二〇〇一）『国民生活白書』によれば、今後も「夫婦と子ども世帯」は減少し（一九七〇年、四一・二％→二〇〇〇年、三一・九％→二〇二〇年、二六・七％）、「単独世帯」は増加が見込まれている（二〇・三％→二七・六％→二九・七％）（内閣府［編］、二〇〇二、四六頁）。世帯構成における個人化の進展がなんらかの程度予想され、その限りでもテレビ個人視聴のさらなる増大が否定できない。

このテレビ視聴というメディア関与形態の変容は、個人化－メディア化相互関連のほんの一端にすぎない。なぜなら両者の関係を個人化の側からみれば、今日、〈メディアの社会化〉も、〈メディア化〉もそして〈メディア関与〉も個人化を不可欠の過程として進展しているからである。まずメディアの社会化について例示すれば、たんにパソコン、ケータイにとどまらず、少なからぬメディア分野でより特定セグメント化・個人化した社会的ターゲットに向けて、書籍、雑誌、放送番組などのマテーリアルが生産され、編制される方向に傾斜を深めている。またメディア化については、先にみたとおり、対面コミュニケーションが行なわれてきたパーソナルな関係自体がパソコンやケータイをつうじて急速にメディア化し個人化している。そしてこれらと不可分にメディアを利用し働きかけるとともに逆に働きかけられるメディア関与も必然的に個人化の度を深めている。

このように個人化と全面的に関わるようになってきたメディア化社会では、同時にそのメディア化が二一世紀の今日、歴史性を媒介しているとまで指摘されてきている。かつて一九二〇年代にウォルター・リップマンは、身体性に直接依存する現実環境に対して、メディア性に依存する疑似環境を対置した。周知の「頭の中で描く世界（pictures in our heads）」という環境である。その時リップマンによって焦点化されたメディアは、新聞を中心にしたマスメディウムで、疑似環境は現実環境に対して、ステレオタイプ化の危険をともなった「虚構の媒体」とされ、〈世論の社会・心理過程論〉が構築された（リップマン、一九二二＝一九八七）。

これに対して〈メディアの歴史・社会理論〉を構築したジョン・B・トンプソンは、コミュニケーションによる相互作用を三形態設定している。対面による相互作用、マスメディアによる擬似的相互作用の他に、手紙や電話などによって媒介された相互作用である（Thompson 一九九五、八二－八七頁）。そのうえで、「メディアに媒介されたシンボル形態が絶えず拡大し、それによって過去に関する意識（sense）、過去が今日にかかわる関わり方についての意識が左右されている」こと、つまり「メディアに媒介された歴史性（mediated historicity）」を指摘している（同三四頁）。それと同時に、世界性（mediated worldliness）も社会性（mediated sociality）もメディア化しているとする。この観点からのメディア化論では、当然のことながら一九二〇年代に比べてメディアに対する視座と内実が大きく拡大、深化している。つまりよりパーソナルな対人関係のメディア化への注目と、歴史性、世界性、社会性の構築つまり近代性とメディア化の明確な歴史的、理論的指摘とが産出されている。

しかも今日、メディア化は先にみたとおり、より重層化している。それは諸メディウムのたんなる積層ではない。パーソナル化、モバイル化に加えてメタメディア化している。個人化という社会変動に加えてメディア化それ自体がメディア化の歴史的、社会的文脈を再帰的に構成している。メディア変動がさらなるメディア変動を組み込むダイナミズム、母体となっている。このメタメディア化がメディア化の新たな今日的特性として無視できない。こうして今日のメディア・コミュニケーション変動の社会・歴史的文脈は、「多元的個人化」という社会関係・構造の変容と、「重層的メディア化」という再帰的メタメディア変容とが織りなす厚く入り組んだ構成をなしていると考えることができる。

ここで大きな課題が新たに多産される。そのなかで日常性にそった社会的コミュニケーションの現実と研究状況とに関する私見に基づきひとつ選択すれば、それは対面性とメディア性の関係・接合界面の問題である。人間の形成、存続と社会の維持、発展とにとって、対面性もメディア性もともに不可欠であることは多言を要しない。しかしこれまで自明とされてきた両者の境界は、相互浸透のもと不透明性を著しく増大している。しかも両者のすみ分けと界面のありようは、社会と文化と歴史によって大きく異なるし、個人化とメディア化の急激な進展はその変動を激化している。現代の人間と社会のより豊かな存立は、この界面の解明を強く求めていると考える。またこの界面への接近は、対面性とメディア性とをめぐって私たちを惑わす多彩な神話を相対化し、さらには払拭するうえでも有効な研究戦略であろう。その解明から、社会的コミュニケーションの今日的歴史変動の様相が、あらためて立ち現われるに違いない。

追記　無言館の設立者、窪島誠一郎は著書『「無言館」ものがたり』（一九九八、講談社）で、「無言」の意味をいくつも指摘している（二四−三〇頁）。これを含めて考えれば、無言館は無言の多重的交響の場といえよう。同書にも、伊澤洋氏とその絵をめぐる貴重な記述が多い（一一−一三、六〇−七〇頁）。

文献一覧（引用）

阿部謹也、一九九五『「世間」とは何か』講談社現代新書

アンダーソン、ベネディクト（白石さや・白石隆訳）、一九九七『増補　想像の共同体』ＮＴＴ出版〔＝Anderson, Benedict, 1991, *Imagined Community*, Verso Editions.〕

馬場宏二、一九九一「現代世界と日本会社主義」東京大学社会科学研究所［編］『現代日本社会1　課題と視角』東京大学出版会

ベック、ウルリッヒほか（小幡正敏訳）、一九九七「政治の再創造」『再帰的近代化』而立書房〔＝Beck, Ulrich et al., 1994, *Reflexive Modernization*, Polity Press.〕

Beck, Ulrich and Elisabeth Beck-Gernsheim, 2001, *Individualization*, Sage（Translated by P.Camiller).

Beck, Ulrich and Johannes Willms, 2004, *Conversation with Ulrich Beck*, Polity（Traslated by M.Pollak).

Beck-Gernsheim, Elisabeth, 2001, "On the way to a post-familial family," in Beck, U. and E. Beck-GernSheim, *Individualization*, pp.85–100.

コマイユ、ジャック、二〇〇二（丸山茂・高村学人訳）『家族の政治社会学』御茶の水書房

ドーア、ロナルド（加藤幹雄訳）、一九九一『21世紀は個人主義の時代か』サイマル出版会

ダワー、ジョン（三浦陽一・高杉忠明・田代泰子訳）、二〇〇四『増補版　敗北を抱きしめて』岩波書店〔＝Dower, John, 1999, *Embracing Defeat*, W.W.Norton and Co.〕

フリッシー、パトリス（江下雅之・山本淑子訳）、二〇〇五『メディアの近代史』水声社〔＝Flichy, Patrice, 1999, *Une histoire de la communication moderne*, Editions La Decouverte & Syros.〕

フジタニ、タカシ（米山リサ訳）、一九九四『天皇のページェント』ＮＨＫブックス

船曳健夫、二〇〇三『「日本人論」再考』日本放送出版協会

ギデンズ、アンソニー（松尾精文・松川昭子訳）、一九九五『親密性の変容』而立書房〔＝Giddens, Anthony, 1992, *Transformation*

of *Intimacy*, Polity Press.〕
Hall, Stuart, 1980, "Encoding / decoding," in S. Hall et al. (eds.), *Culture, Media, Language*, Hutchinson.
Hart, Andrew, 1991, *Understanding the Media*, Routledge.
稲葉三千男、一九八九『コミュニケーション発達史』創風社
川島武宜、一九四六「日本社会の家族的構成」『中央公論』六一(六)、(岩波現代文庫、二〇〇〇年所収)
児島和人、二〇〇五A「食卓の風景の変貌からみたメディア・コミュニケーションの諸類型」『専修社会学』第一七号
――――、二〇〇五B「メディア・コミュニケーション論の生成」、竹内郁郎・児島和人・橋元良明〔編〕『新版メディア・コミュニケーション論Ｉ』北樹出版
河野啓、二〇〇四「終章　世代の変化」、ＮＨＫ放送文化研究所〔編〕、二〇〇四、所収、二一五－二三五頁
窪島誠一郎、二〇〇六『「無言館」にいらっしゃい』ちくまプリマー新書
教学局〔編纂〕、一九四一『臣民の道』
ラング、カート&グラディス・ラング(藤竹暁訳)、一九六八(=論文初出一九五三)「テレビ独自の現実再現とその効果・予備的研究」、ウィルバー・シュラム〔編〕『新版マス・コミュニケーション』東京創元社
リップマン、ウォルター(掛川トミ子訳)、一九八七『世論』岩波文庫〔= Lippmann, Walter, 1922, *Public Opinion*, Macmillan Co.〕
丸山眞男、一九六八「個人析出のさまざまなパターン」、Ｍ・Ｂ・ジャンセン〔編〕(細谷千博〔編訳〕)『日本における近代化の問題』岩波書店〔= Jansen, Marius B. ed. 1965, *Changing Japanese Attitudes Toward Modernization*, Princeton Univ. Press.〕
目黒依子、一九九一「家族の個人化」『家族社会学研究』(No.13)、八－一五頁
牟田和恵、一九九六『戦略としての家族』新曜社
内閣府〔編〕、二〇〇二『平成一三年度　国民生活白書』ぎょうせい
夏目漱石、一九七九「私の個人主義」『漱石全集第二一巻　評論・雑篇』岩波書店

NHK放送文化研究所［編］、一九九八『放送研究と調査』五月号、日本放送出版協会
——、二〇〇二『日本人の生活時間・２０００』日本放送出版協会
——、二〇〇四『現代日本人の意識構造（第六版）』ＮＨＫブックス
日本放送協会、二〇〇一『20世紀放送史』日本放送出版協会
落合恵美子、二〇〇三「個人の視点からの家族史」、河合隼雄［編著］『「個人」の探究』日本放送出版協会
——、二〇〇四［初版一九九四］『21世紀家族へ』第三版、有斐閣選書
ロス、カレン&バージニア・ナイチンゲール（児島和人・阿部潔・高橋利枝訳）、二〇〇七『メディアオーディエンスとは何か』新曜社〔= Ross, Karen and Virginia Nightingale, 2003, *Media and Audiences*, Open University Press.〕
坂元慶行、二〇〇五「日本人の国民性五〇年の軌跡」『統計数理』第五三巻第一号
谷川稔、二〇〇二「『記憶の場』の彼方に」、ピエール・ノラ［編］（谷川稔監訳）『記憶の場』第一巻、岩波書店
Thompson, John B., 1995, *The Media and Modernity*, Polity Press.
利谷信義、一九九一「家族法の実験」、上野千鶴子ほか［編］『シリーズ　変貌する家族１　家族の社会史』岩波書店
統計数理研究所、二〇〇四「国民性の研究第11次全国調査２００３年」『研究レポート92』
上野千鶴子、一九九四［初版一九九一］『近代家族の成立と終焉』岩波書店
——、一九九六「「家族」の世紀」『現代社会学19〈家族〉の社会学』岩波書店
渡辺久哲、二〇〇五「テレビ視聴態様の変化（一）」『市場調査』（No.262）、輿論科学協会
山田昌弘、二〇〇四「家族の個人化」『社会学評論』五四（四）、日本社会学会
——、二〇〇五『迷走する家族』有斐閣
吉見俊哉、一九九四『メディア時代の文化社会学』新曜社

II

メディアオーディエンスの様相

5章　「団塊世代」の航跡
——メディア／社会／家庭生活

牧田徹雄

一　ALWAYS　六〇年前の夕日——出自

一九四七（昭和二二）年、敗戦直後の混沌のさなか、ひとつだけ明快だった現象は、日本人の出生数が、昭和に入って最大の二六八万人におよび、「アプレゲール（＝戦後派）」、「タケノコ生活（＝竹の子の皮をはぐように、衣類などを売って生活費にあてるその日暮らしの生活）」などとともに「ベビーブーム」が、この年の様子をあらわす「はやりことば」となったことである。そして、この空前の出生数は一九四九年まで維持された。

【図表5－1】は、一九五〇年に実施された戦後一回目の国勢調査で、この「ベビーブーム」の落とし子を含む一九四六－一九五〇年生まれ（調査実施当時〇－四歳）の人数（全国で一一二二万人）を地方別に示したものである。絶対値は、さすがに東京都を含む関東地方がいちばん多く、九州地方、中部地方がこれに続き、大阪府を含む近畿地方は四番目となっている。そして、これを直前の世代（一九四一－一九四五年生まれ・当時五－九歳）と比べた増加率でみると、北海道地方、九州地方、四国地方で高いことがわかる（参考までに、増加率の高かった地域をさらに細かく県別にみると、長崎県、福岡県、北海道、青森県、宮崎県などがあげられる）。すなわち、「ベビーブーム」の震源地は、都市部より農村部（とくに日本の中央から遠く離れた北端と南端の地域）にあったといえるのである。

話は後戻りするが、この戦争で亡くなった戦闘員・非戦闘員は合わせて二七〇万人、アジアと太平洋各地に取り残された日本人は、兵隊三五〇万人・民間人三〇〇万人、合わせて六五〇万人であった。一九四五年から一九四七年にかけて、六一〇万人が復員船・引揚船に乗って祖国の土を踏み、帰国者数が戦死者数を三四〇万人上回ったのである（すべて概数）。

図表５－１　地方別にみた1946～1950年生まれの人数（1950年国勢調査，それ以前の1941～1945年生まれと対比した）

	1941～1945年生まれ（5～9歳）	**1946～1950年生まれ（0～4歳）**	増加率
北海道	52（万人）	**66（万人）**	27（%）
東北	108	**127**	18
関東	208	**240**	16
甲信越	63	**68**	9
中部	134	**154**	16
近畿	125	**145**	16
中国	77	**89**	15
四国	48	**58**	20
九州	138	**172**	25
全国	952	**1121**	18

一九四六年、政府は食糧不安の都市に人びとが戻ることを抑えるため、住居・職業を確保している者以外の都市への転入を規制した。このため、大都市の人口は減少し、農漁村の人口がそれにみあう形で増加した。この実態が、農村部を中心とした「ベビーブーム」の物理的基盤であり、それは、戦前からあった農家二三男問題を新たな形で増幅させる原因を内包させていたのである（加瀬、一九九七）。

また、「ベビーブーム」を生起させた心理的基盤として、当時の日本人一人ひとりのなかに複合して存在していた三層の社会心理があげられる。表層はアメリカからの「天降る贈物」である「自由と解放感」、中層部が十五年戦争の敗北による崩壊がもたらした「絶対的飢餓と虚脱感」であった。さらに、基層を形成したのが、征服者を歓迎して抱きしめる「パンパン文化」／手におえないほどのエネルギーとほれぼれするような一匹狼的行動規範が発揮された「闇市文化」／放蕩を賛美する読み物や商品化された性を世に送り出した「カストリ文化」の三つのサブカルチャーが重なり合った生命力と本能と色情とが織り成す欲望世界であった（ダワー、二〇〇四）。たとえば、山口瞳の自伝的小説『江分利満氏の優雅な生活』の主人公・江分利満（大正一五年生まれ、数え年が昭和年号と一致する）は典型的な戦中派であり、復員後、夏子と結婚し、昭和二五（一九五〇）年に一子庄助をもうけている（山口、一九六三)。

戦後一年の記憶は甚だアイマイである。……昭和二一年からは毎日賭博にふけった。麻雀なら負けたことがなかった。……賭博で勝つと江分利は、金のつかい方を知らないから、日劇のボックスシートで映画を見たり、近所の者を十人も連れて喫茶店にいったり、闇の天ぷら料理を食べたりした。ヤクザ者が街で江分利に挨拶するようになった。ある日、江分利はこういう生活と縁を切ろうと思った。……江分利は昭和二四年に結婚した。これが結婚といえるかどうか、江分利の家も、夏子の家も完全にへたばっていた。夏子が銀座の洋裁店で縫子として働く給料が四千円、江分利の給料が八千円、夏子も江分利も独立することはできず、二人あわせれば二千百円の間代を払ってかつがつに暮らしがたった。これでは、結婚するより仕方がないではないか。……昭和二四年は、松川事件、人民電車、平事件、下山事件の年であり、すぐ裏側にも二階屋があって共産党員の兄妹が住んでおり、夕方になると『シベリヤ物語』の主題歌が細々と聞かれた。……「サム・サンデー・モーニング」という歌がヒット・ソングの上位を占めたことがある。夏子は、いまでもこの歌やこのメロディーを聞くと吐き気を催すという。夏子の悪阻のときに流行したからである。庄助が生まれたのは二五年一〇月だから、この歌がはやったのは、この年のはじめの頃だろう。江分利も「バイア・コン・ディオス」のメロディーによわい。「チェンジング・パートナー」にもよわい。「バイア・コン・ディオス」の女声コーラスを聞くと陰鬱な気分になってくる。だから多分この歌がヒットしたのは二九年のはじめではないかと思う。三〇年は「旅情」とチャチャチャと「暴力教室」とアーサー・キットの「ショジョジ」であり三一年からの三年間はすべて、「エデンの東」がトップであった。

歴史的にみれば、明治以降の日本近代国家が惹起し加速化していった帝国主義的奔流からの解放こそ、この巨大な人口の「ノジュール」が造成された誘因である。「ノジュール」とは鉱業用語で、堆積岩中に周囲と成分の異なる物質が丸みをもった塊となっている状態をさし、これを日本語に訳すと「団塊」となる。大阪で開催された万国博覧会が終わる頃、通産省の鉱山石炭局に配置転換になっていた堺屋太一が、敗戦直後の「ベビーブーム」による人口集団を「団塊の世代」と命名したのが一九七五年であり（堺屋、一九七六）、以降、この世代は、その突出した出生数ゆえに戦後日本社会の展開に深いインパクトを与え続けている存在として意識されてきたのである。

以上のことがら、また、本書1章の分析で意識調査をもとに操作的に抽出した成果をふまえ、本稿での「団塊世代」の定義を、《一九四七－一九四九年の「ベビーブーム」の落とし子を中核とした、一九四〇年代半ば－一九五〇年代半ば生まれの人びと》というものにする。

ところで、二〇〇五年に公開された映画『ＡＬＷＡＹＳ　三丁目の夕日』は、一九五八（昭和三三）年、建設途上の東京タワー界隈の庶民の暮らしを描いたものであり、登場する、自動車修理会社社長の息子一平、そこに東北地方から集団就職してきた六子、向かいの駄菓子屋にひきとられたみなし子の淳之介、等々さまざまな境遇の少年・少女期の人物群が、いま定義した「団塊世代」に含まれることになる。この映画が興行収入五〇億円に迫ろうという大ヒットとなったのも、この内容にノスタルジーを喚起された巨大な「団塊」が動いたためである。「五〇年後の夕日もきっときれいだよ」というこの映画のエンディングにならっていえば、本稿の目的は、現在までのほぼ六〇年間の節目節目で、この世代がみてきた夕日を描いてみようというものである。

二　うちのママは世界一――アメリカへの愛憎

親米社会のなかの異分子

一九七三年から五年ごとにＮＨＫが実施している「日本人の意識」調査では、五回目の調査（一九九三年）から新たに「いちばん好きな外国の名前を一つだけ答えてもらう（選択肢リストによる具体国名の提示なし）」という質問を追加

図表5－2　アメリカが好きな人の率（生まれ年別・全国16歳以上の国民）（「日本人の意識」調査第5～7回）

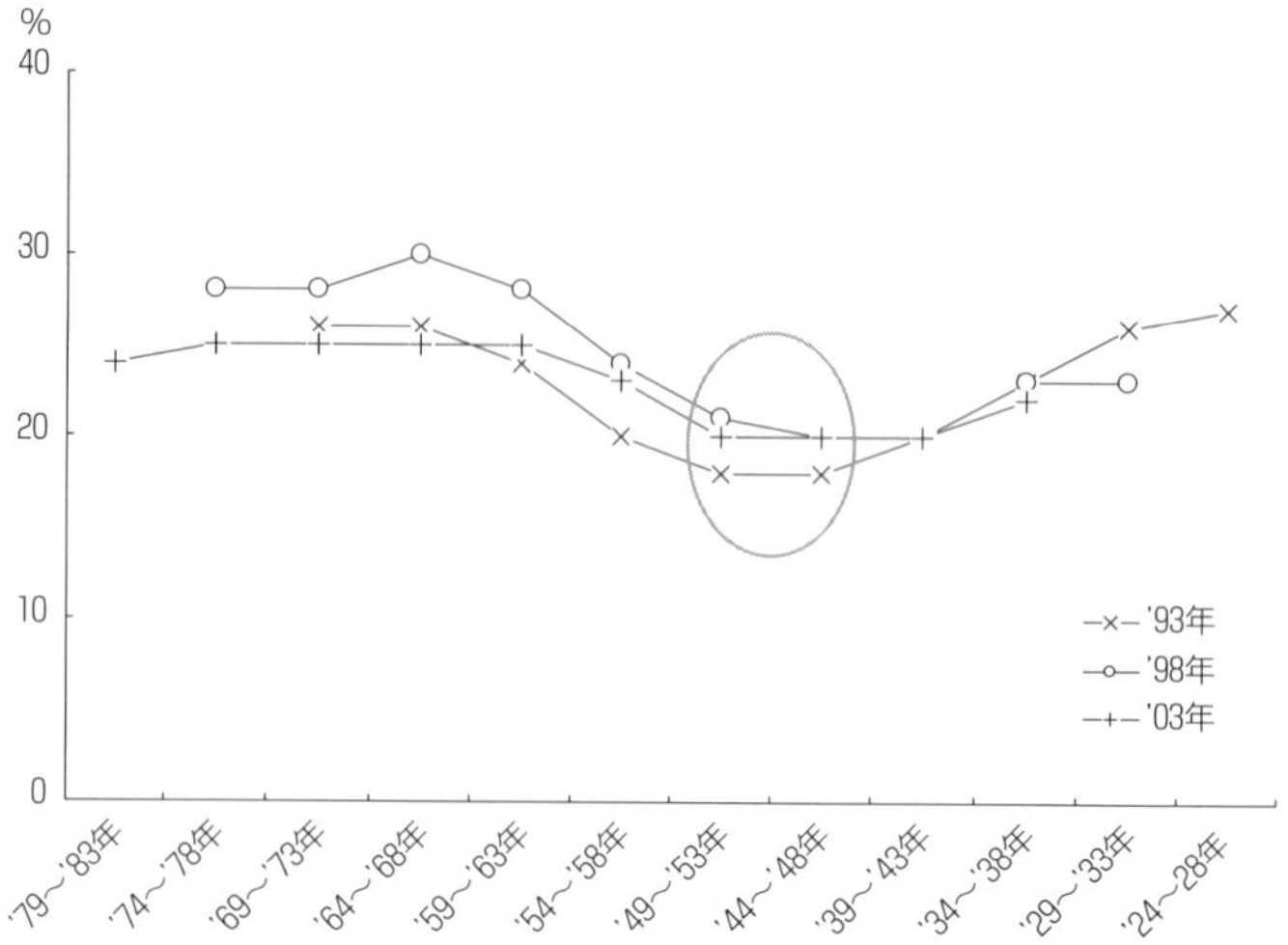

注）このグラフは世代間の変化を滑らかにするため，各世代の値に移動平均を施してある。

している。その結果、三回の調査すべてで、アメリカが他をかなり引き離してトップを占めた（最新の二〇〇三年調査で、一位アメリカ二三％に対して、二位オーストラリアが一〇％）。そこで、このアメリカがいちばん好きという人の数値を生まれ年（世代）別に示してみたのが【図表5－2】である。

このグラフをみて興味深いのは、三回の調査どれをとってみても「団塊世代」に属する一九四四－一九五三年生まれの人びとで、「アメリカ好き」の比率が前後の世代に比べて相対的に低いことである（なお、「団塊世代」においても、アメリカを挙げた人が最も多いことは他の世代と同じである。また、この世代で他の世代に比べ回答が目立って多かった国は、永世中立国のスイスであった）。

とにかく、日本をアメリカ好きの「親米社会」と規定すると、そのなかにあって「団塊世代」は、「相対的な親米率の低さ」という点で異分子となっている。そして、その根底には、この世代が青少年期にメディアを通して得ていた豊富なアメリカ経験があり、その痕跡は現在においてもなお消えていないのである。

「団塊世代」が青少年期を過ごしていた一九六〇年代、日本のテレビは、アメリカテレビ映画で占拠されていた。この間の事情を述べると次のようになる。

一九五六年、テレビの進出に危機感を抱いた邦画五社は、各社所属のスターをテレビに出演させないこと、各社が所有する劇場用映画をテレビ局に売らないこと、を協定し、このことは番組の供給にマイナスの影響を与えた。一九五九年、既存のNHK、日本テレビ、TBSに加え、フジテレビ、テレビ朝日が加わり放送局が五局に増加した。そうしたなか、全日制放送達成を目指し、のしかかってくる絶対的なソフト不足に頭を悩ましていた各局が目をつけたのがテレビ先輩国アメリカが豊富に所有していたテレビ用連続映画であった。一九五六年に放送されていたアメリカテレビ映画が各局合計で一二本であったのに対し、一九五九年にはそれが五六本へと急増した。したがって、一九五九年はアメリカテレビ映画の日本侵入に弾みがついた年として記憶すべきであろう。これを後押ししたのが、安い購入費（六〇分物一回放送分が音声吹き替え料込みで約六〇万円）で高い視聴率をあげられる（たとえば、一九六一年十月の電通調査によれば、日本テレビの巨人・中日戦の二八％に対し、テレビ朝日の『ララミー牧場』は四一％の視聴率をあげている）という効率のよさであった。そして、一九六四年、我が国で放映されたアメリカテレビ映画の本数がついに八六本と史上最高を記録したのである（瀬戸川、二〇〇五）。しかし、一九七〇年代に入ると、アメリカテレビ映画の本数は潮が引くように少なくなっていき、このブームは一〇年前後で消失したのである。

ここで、いくつかの具体的ドラマ名をジャンル別に示しておく。（　）内の年号は、日本での放送開始年である。

・ホームドラマ

『パパは何でも知っている』（一九五八）、『ビーバーちゃん』（一九五九）、『うちのママは世界一』（一九五九）、『パパ大好き』（一九六一）、『奥様は魔女』（一九六六）。

ここに描かれた家庭生活・消費生活などの生活様式が、当時の日本人にとって憧れの的となっていたというのが通説である。実際、二〇〇二年、NHKがテレビ放送開始五〇周年を機に行なった世論調査で、これまで見てきた番組で「自分もあんな暮らしができたらいいな」と憧れたものを自由に回答してもらったところ、「団塊世代」である五〇・六〇代があげた番組にこれらの五番組がすべて入っていた。

ところで、ホームドラマの本国アメリカにおける位置づけは次のようになるであろう（瀬戸川、二〇〇五、および、三浦、一九九九）。アメリカでは第二次大戦後の一九五〇年代、戦地から帰ってきた若い人びとのため、郊外にレヴィットタウンのような新興住宅街が次々と造られた。こうして新しく郊外で暮らすようになった中産家庭のイデオロギーを描いたドラマが『パパは何でも知っている』や『うちのママは世界一』なのである。そして、一九六三年には、『うちのママは世界一』の主人公のように、夫を助け、子どもたちの悩みをテキパキ処理し、一見何の不足もないようにみえる郊外中流家庭の主役である専業主婦が、実は、心の底に名づけようもない混乱と不満と渇望の感情を抱えていることを指摘したベティ・フリーダンの『女らしさの神話』（邦題『新しい女性の創造』）のような研究もあらわれた。

・西部劇

『バット・マスターソン』（一九五九）、『ガンスモーク』（一九五九）、『ローハイド』（一九五九）、『拳銃無宿』（一九五九）、『シャイアン』（一九六〇）、『ララミー牧場』（一九六〇）、『ボナンザ』（一九六〇）、『ライフルマン』（一九六〇）、『幌馬車隊』（一九六〇）、『ブロンコ』（一九六一）、『マーベリック』（一九六一）、『アウトロー』（一九六一）、『バージニアン』（一九六四）、『バークレイ牧場』（一九六四）。

一八〇〇年代後半のフロンティア時代を背景に、カウボーイ、保安官、ガンマン、騎兵隊、に代表される正義が、悪徳権力者、アウトロー、インディアン、などを銃によって排除していくというアメリカ精神を象徴するような内容がこの西部劇であるが、近年、映画からもテレビからもすっかり姿を消してしまった。その理由として、ベトナム戦争をさかいに正義を守る強いアメリカという神話が崩れ始めたこと、インディアンや黒人の描き方が人権上問題があること、ガンプレイやアクションを描くものとして、西部劇よりももっと趣向を凝らしたものが出現し始めたこと、などの諸説がある。

・アクションドラマ

『アンタッチャブル』(一九六一)、『ローリング20』(一九六一)、『コンバット』(一九六二)、『ギャラント・メン』(一九六三)、『モーガン警部』(一九五八)、『裸の町』(一九五九)、『87分署』(一九六一)、『逃亡者』(一九六四)、『サンセット77』(一九六〇)、『ピーター・ガン』(一九六一)、『マイク・ハマー』(一九六一)、『サーフサイド6』(一九六一)、『ナポレオン・ソロ』(一九六五)、『スパイ大作戦』(一九六七)。

禁酒法時代のシカゴギャング 対 特別捜査班の抗争、ノルマンディー上陸後のドイツ軍 対 アメリカ軍の戦闘、大都会を背景とした犯罪者 対 刑事・探偵が繰り広げるカーチェイス・銃撃戦、などの激しい暴力が描かれる。そして、スパイもので描かれる仮想敵は、当時の東西冷戦を反映して共産主義国を暗示していた。

・社会派ドラマ

『弁護士プレストン』(一九六二)、『ルート66』(一九六二)、『ベン・ケーシー』(一九六二)、『ドクター・キルディア』(一九六二)、『ミスター・ノバック』(一九六三)。

一九六一年、FCCニュートン・N・ミノー委員長が、テレビは「ありそうもない家族のステレオタイプ、血と銃声、傷害、暴力、サディズム、殺人、などに満ち溢れた広漠たる荒野」だと警告した。これを受けて、法廷、地域社会、病院、学校、などを舞台とした良心的ドラマが誕生した。そこで描かれたのは、アメリカ社会が生んださまざまな病理現象と闘う人びとの姿であった。

・バラエティショー

『ペリー・コモ・ショー』(一九五九)、『ミッチと歌おう』(一九六三)、『ダニー・ケイ・ショー』(一九六四)、『エド・サリヴァン・ショー』(一九六五)、『アンディ・ウィリアムス・ショー』(一九六六)。

一九六〇年代には、テレビ映画ではないが、音楽を中心としたアメリカ製のバラエティショーも数多く放映されていた。のみならず、番組構成、スタジオ・セット、ダンス・シーンなど、これらの番組内容は、日本製ショー番組の手本になっている。また、一九六〇年代のアメリカン・ポップスはそのまま日本の歌手が歌ってヒット・チャートを賑わせていた。なお、エド・サリヴァンは、自分の番組に共産主義同調者を出演させたとの赤狩りデマゴーグに詫び状を出して屈するなど、当時のアメリカの闇の部分は華やかなショー番組にも影を落としていたのである（有馬、一九九七）。

アメリカのダーク・サイド

第二次大戦終戦後の一九五〇年代から、ベルリンの壁撤去やゴルバチョフの登場する一九八〇年代末までの四〇年間、アメリカは共産主義との戦いに全精力を傾け、日本もその渦に巻き込まれていった。一九五〇年代の朝鮮戦争、マッカーシーによる赤狩り旋風、ビキニ水爆実験、などを皮切りとして、「団塊世代」が青少年期に到達した一九六〇年代に、それは最高潮に達したのである。

すなわち、新日米安保条約強行採決（一九六〇）、キューバ危機（一九六二）、ケネディ暗殺（一九六三）、ベトナム北爆開始（一九六五）、羽田闘争（一九六七）、ベトナム反戦運動（一九六九）、などアメリカ社会／日本社会の現実が、各種メディアを通じて、物心のついた「団塊世代」にもたらされたのである。

こうした状況下で「団塊世代」の身体に強く刻印されたテレビ映像をあげると次のようになろう。

・一九六〇年六月十六－十九日、日米安全保障条約改定に反対する全学連学生の国会構内での警官隊との乱闘、そして、深夜の国会を包囲する三〇万人を超えるデモ隊。
・一九六〇年十月十二日、小刀を抱いた一七歳の少年に激突刺殺される日比谷公園で演説中の浅沼稲次郎社会党委員長の外れかかった眼鏡。
・一九六三年十一月二十三日、ソ連と宇宙開発競争中のアメリカが打ち上げたリレー一号衛星による実験放送で飛び込んできた「ケネディ大統領暗殺」のたどたどしい日本語文字。

・一九六五年五月九日、牛山純一プロ制作ドキュメンタリー『南ベトナム海兵大隊戦記』で、アメリカ兵が切り落とし放り投げた、ベトナム解放戦線兵士の生首。

反権力的心情

日本人のアメリカに対するアンビバレントな感情について、岸田秀は次のように述べている。

一八五三年の黒船来航以降現在まで、日本は実質的にアメリカの属国であり続けている。この間、日本 対 アメリカの関係性が産出したさまざまな歴史的局面において、アメリカと対峙するとき、日本人の意識は、程度の差はあれ、「外国を崇拝し憧憬する卑屈な外的自己と、外国を嫌い憎み蔑む誇大妄想的な内的自己に分裂」してきた（岸田、二〇〇四）。

日本人の一人ひとりが抱くアメリカに対する好悪の情は、たんに好き嫌いの感情それのみにとどまらず、支配権力を崇拝迎合するか、それに反発するかという、その人にとっての社会的座標軸のひとつに結びついているのである。

太平洋戦争におけるアメリカに対する敗北、そしてその占領政策を身をもって体験した戦前／戦中世代の多くは、図表5－2にみたように親米（権力迎合）意識を抱くようになる。これに対し、その直後に生まれた「団塊世代」は、戦後社会の局地的衝突を含む資本主義 対 共産主義の東西冷戦という大状況下において、青少年期に、マスメディアを通して過剰なまでの「アメリカ経験」を身に浴びたのである。その憧憬部分は、テレビ映画やポピュラー・ミュージックをはじめとするアメリカ大衆文化が受け持ち、憎悪部分は、共産主義を敵とするアメリカの帝国主義的暗闘に向けられたものである。

こうして「団塊世代」はアメリカに対し、他の世代に比してより強くアンビバレントな感情を抱くようになる。「団塊世代」の反米的／反権力的心情の根源は一九六〇年代のこうした経緯によって醸成された。その突出した部分は、打

図表５－３　地方別にみた1946〜1950年生まれの人数の推移（1950／1965／1975年国勢調査）

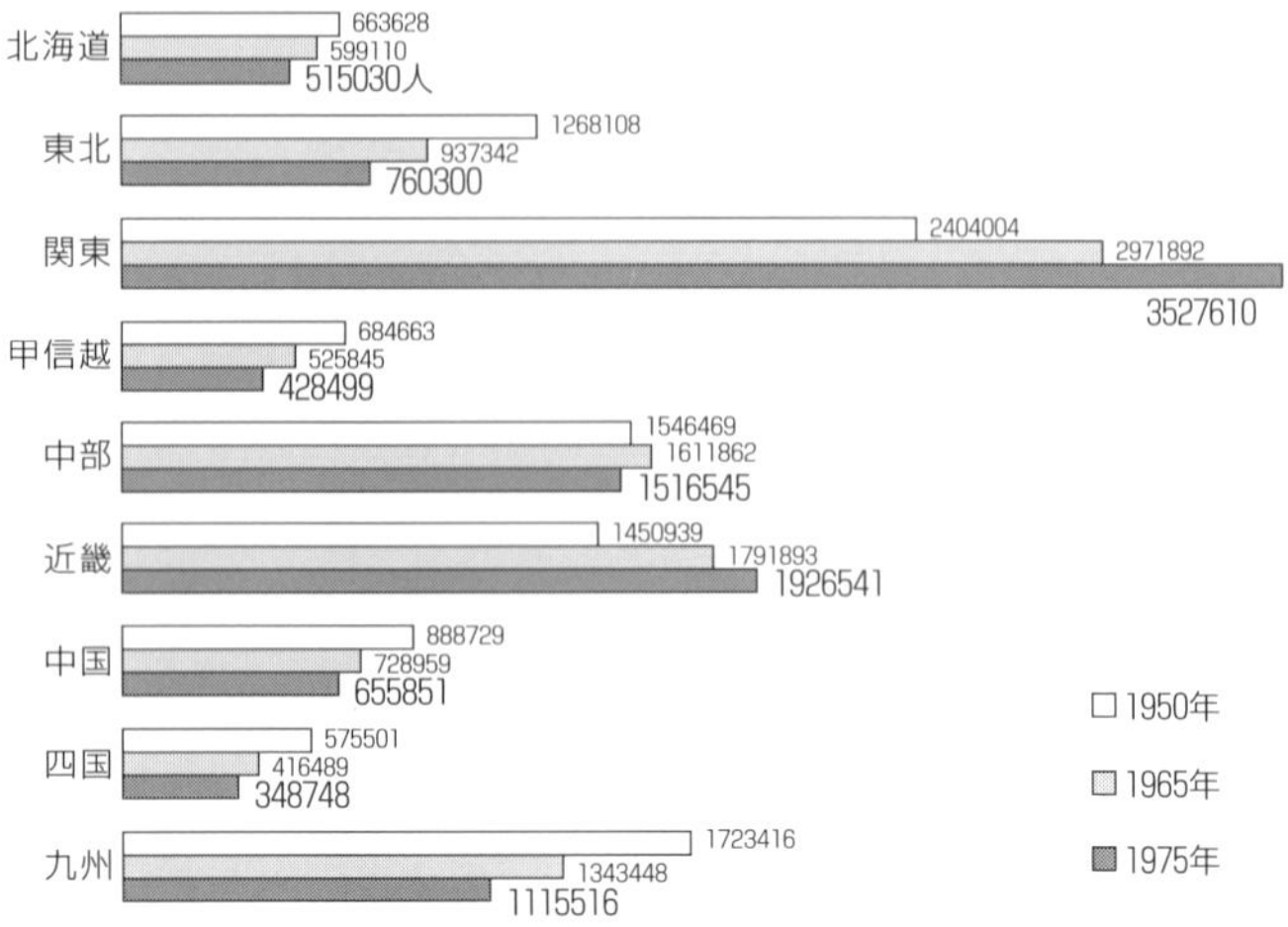

倒アメリカ帝国主義を掲げ、一九七〇年の日米安保条約更新阻止を射程とする新左翼運動（大学の根源的改革を標榜した全学共闘会議もこの影響下にあった）に参画するが、相次ぐ挫折、四分五裂のうちに、一九七〇年代半ばに終焉を迎える。

三　プロジェクトX――二層の銀河

都市へ

【図表５－３】は、「団塊世代」の中心を形成している一九四六－一九五〇年生まれの人びとの地方別にみた人口移動を、一九五〇年／一九六五年／一九七五年の国勢調査で追跡したものである。

敗戦直後、海外からの大量の帰還者が、都市部に入るのを規制され、農村部において「ベビーブーム」の因をなしたことは前述したが、そこで生まれた子どもたちが青年になると、今度は、異常な勢いで都市部に逆流し始めたことをこのデータは示している。すなわち、この四半世紀、「団塊世代」人口の増加は、大都市圏である関東地方と近畿地方で著しく、その他の地方は、中京圏を含む中部地方で不動だった以外は軒並み減少しているのである。日本全国の「団塊世代」人口のなかで、関東地方＋近畿地方の「団塊世代」人口の占める割合は、一九五〇年＝三四％↓一九六五年＝四四％↓一九七五年＝五一％と推移し、ついに半数を超えるのである。

新安全保障条約自然成立をみて退陣した岸内閣の後を襲った池田内閣が一九六〇年代前半に起動した高度経済成長政

策は、従来の農業保護を縮小し、それを工業開発の公共投資に振り向けることによって、日本社会に農村中心の農業社会から大都市中心の工業社会への大転換をもたらした。この時代の転換期と、「団塊世代」が潤沢な労働力として社会への進出を開始する時期とが、ちょうど重なったのである。

そして、「団塊世代」が都市を目指した航跡には、以下に述べるふたつの道筋があった。

金の卵

「団塊世代」が都市を目指す第一の波の典型が、大量な余剰労働力である農村部中卒者(「ベビーブーム」が生んだ新たな農家二三男問題の当事者たち)を対象とした集団就職である。一九四〇年代半ば生まれが中学卒業期に達するのが一九五〇年代半ばであり、ちょうどその時期一九五四年にスタートした集団就職はその後二〇年に渡って継続するが、その最盛期が一九六〇年代半ばだったのである。

この時期、工業大量生産システムを導入した製造業界は大量の単純労働力を切望した。また、従来家族経営形態を採っていた都市部小売業/飲食業も急激な経済成長の影響により、家族にプラスした補助的労働力を求めた。この結果、中卒者の求人倍率は三・三倍に上昇し、ここに「金の卵」という呼称が誕生したのである。図表5-3にみる一九六五年の数値は、こうした経緯が弾き出したものにほかならない。そして、この数値をさらに細分化して県別にみると、一九五〇年から一九六五年にかけての「団塊世代」人口増加率が最も高い上位三県が、東京都(六六%増)、大阪府(六〇%増)、神奈川県(五〇%増)であり、逆に減少率が最も高い上位三県が、島根県(三七%減)、鹿児島県(三四%減)、長崎県(三四%減)だったのである。

自身が「団塊世代」である山口文憲(一九四七年生まれ)は、一九六三年、有名進学高校に合格した褒美として親からプレゼントされた「ひとり九州一周旅行」の途上、鹿児島方向に下る汽車が停車した小さな駅で、出征兵士の見送りを連想させる中卒集団就職の出発風景に遭遇している(山口、二〇〇六)。

(私とその集団就職に赴く同世代中卒者の間には、) 地域格差というものが厳然として存在した。私が育った静岡県の浜松は、地方都市とはいえ太平洋岸の先進工業地域で、当時すでに日の出の勢いだったホンダ、ヤマハ、スズキのお膝元。若年労働力不足に悩みこそすれ、集団就職を駅で見送る風景とは無縁の土地柄である。あのとき、私が目撃したホームの少年少女たちは、おそらく、九州のさらに南から上ってくる「集団就職列車」の到着を待っていたのだろう。この集団就職列車(これも出征兵士→軍用列車の連想をさそう)なるものが、鳴り物入りで登場するのが同じ六三年、ときの労働省は、日本交通公社とタイアップして特別列車を走らせ、以後毎年地方から大都市に「金の卵」たちを大量輸送するようになる。ちなみに、輸送実績は、この年と翌年、翌々年の三年間で、じつに二十三万人、中卒者に限っていえばそのすべてが団塊の世代だったことになるが、二十三万人というのは、旧陸軍でいうと、いったい何個師団に相当するのだろうか。

もっとも、それを単純に悲劇とみるのは間違っている。就職を田舎からの脱出の好機とみて胸躍らせた少年も、きっといたはずだからである。事実、こうして動員されていった団塊集団就職組のなかには、その後、才能とチャンスを生かして別の世界に飛び込み、社会的成功をおさめた者も少なくない。歌手の森進一(一九四七年生まれ)もその一人である。ということは、(私と同い年の)彼が中学卒業とともに故郷を離れ、就職先の大阪に向かったのは一九六三年の春、また、出身地はたしか鹿児島のはずだから、あの日、少年少女たちが到着を待っていた集団就職列車には、先客としてのちの大歌手(本名・森内一寛)が乗り込んでいた可能性も、ないとはいえない。

森進一が南から大都市に向かったひとりだとすれば、北(青森県＝さきの減少率をみると、二四%で一六位)からは永山則夫(一九四九年生まれ)が、一九六五年に集団就職の一員として大都市に向かっている。見田宗介はこの永山則夫の「尽きなく存在し」ようとする生の投企において、彼の情況が照らし出してしまった一九六〇年代日本都市の実存構造を追求している（見田、一九七三）。

N・Nのかくも憎悪した家郷とは、共同体としての家郷の原像ではなく、じつは、それ自体、近代資本制の原理によって風化され解体させられた家郷、……いわば〈都会〉の遠隔作用によって破壊された共同体としての家郷であった。……家郷をあとにする青少年は、ひとつの解放への希望を抱いて、「尽きなく存在する」意思として都会に足をふみ入れる。一方現代日本の都市は、このような青少年を要求し、歓迎するという。けれどもこれはうそである。少なくとも正確ではない。都市が要求するのは、ほんとうは青少年でなく、「新鮮な労働力」にすぎない。しかして「尽きなく存在し」ようとする自由な人間たちをではない。……彼らを、まさしく「金の卵」という、〈価値ある〉物質存在として要求し歓迎する都市の論理にとって、この物質に付着する自由＝存在は、ひとつの余剰であり「当惑させるもの」であり招かざる客なのである。……ところがN・Nにとって（そして多くの「流入青少年」にとって）上京とは自己解放への企図であった。少なくとも上京に託した夢とは自己解放の夢である。……彼らはいまや家郷から、そして都市から、二重に締め出された人間として、境界人というよりはむしろ二つの社会の裂け目に生きることを強いられる。

……かつて幼い日のN・Nが、毎夜覗き見た〈別世界〉とは、ベニヤ板一枚によってきびしく隔てられていた。やがて成長するN・Nの中で、この〈別世界〉への憧憬は、〈上京〉への抑えがたい衝動となって具体化していった。そしてN・Nが上京のとき、三兄Tに連れられて東京タワーにのぼり、そこから見おろした東京の街、とりわけ眼下の「東京プリンス」の豪華なプールのある庭園が、ついに到達した都として、N・Nの眼下にやきつけられる。しかしN・Nとこの豪華な庭園との間には、もう一つののりこえがたい障壁のあるということを、やがてN・Nは思い知らされる。ベニヤ板でもなく地理的な距離でもなくて、それは階級の不可視の障壁に他ならなかった。

森進一と永山則夫の狭間には、それぞれの夢を胸に大都市に向かった膨大な数の「団塊世代」少年少女が存在した。

そして、加瀬和俊の分析によれば（加瀬、一九九七）、これらの少年少女を迎えた都市の労働市場には厳然たる二重構造が横たわっていた。すなわち、都市出身者と地方出身者の労働市場がかなり明確に区分され、企業にとっては合理的な従業員採用方針が、結果として、地方出身者に対する格差付けにつながっていた。その結果、地方出身の中卒者の都市での就職先は、都市出身者に比べて零細企業・家族企業の比率がはるかに高かった。地方出身者は大企業主導で発展しつつあった機械工業には入り込むことができず、都会出身者が就業しようとしない商店員や軽工業・雑業的分野に入っていかざるをえなかったのである。雑業的分野では、世帯を形成して安定的な生活を送る条件は乏しく、その多くが自営業主として独立する意思を強く持たざるを得なかった。結果的に東京都内の商店関係の経営者の多くが東北出身者で占められるという事態が生じはじめた。

これこそ、日本の高度経済成長を大都市最深部から支えて苦闘した「団塊世代」労働力が手に入れた自分自身への果実のひとつだったのである。

就社

一九四〇年代半ば生まれの人びとが大学を卒業するのが一九六〇年代末であるから、「団塊世代」が都市を目指す第二の波頭はその前後に発生したとみてよいであろう。図表５－３の一九七五年の関東地方／近畿地方における「団塊世代」人口の一段の増加は、その結果として読み取ることができる。

激しい受験戦争を勝ち抜いた四年後の「団塊世代」大学新卒者が、先にみた、第一の波の上層を占める位置に、ホワイト・カラーとして参入したこの時期、その受け皿である日本企業は、終身雇用／年功賃金の家族的経営全盛時代であった。職業に就くというより入社するという性格が強い「就社」は、その結果として、「団塊世代」ホワイト・カラーを「会社人間」へと改造する。

ＮＨＫが二〇〇〇－〇五年に放送した『プロジェクトＸ』は、戦後社会の発展に貢献した無数の人びとの業績を掘り起こした番組であるが、そのなかに、現在家電業界の花形商品のひとつ〈ＩＨクッキングヒーター〉の開発者である荻野芳生（一九四八年生まれの「団塊世代」）がいた（ＮＨＫプロジェクトＸ制作班［編］、二〇〇五）。

一九七一年四月。荻野は、大阪・門真に本社を構える『松下電器産業』に入社した。このころ、会社は、爆発的に普及し出したカラーテレビに、新開発の電子レンジで絶好調。しかも、全国に一四か所もの製品・技術開発研究所を持つ大企業となっていた。……配属先への初出社の日のことだった。突然、荻野は上司から一枚の回路図を渡された。聞けば、一年前、アメリカのシンクタンクから持ち込まれた「ＩＨ・電磁誘導加熱」の原理図。いまだ、どこの国のメーカーも実用化には至っていない新しい技術だという。……一九七三年、ＩＨコンロ開発の派生物として最先端の回路技術・インバーターを開発。……一九七八年、家庭用卓上ＩＨコンロを世に送るが、様々の機能不備で生産中止……荻野の、会社でもがきつづける長い日々が続く。そのころの様子を、妻の恵子はこう証言する。「本当に過労死するのではないかしら、と思うほどハードでした。いつも夜遅く帰ってきて朝も早いし、土曜日も出ることのほうが多かったですし。もともと、夫は、不平不満だとか自分がしんどいことへの愚痴はこぼさない人でしたので、じっと耐えてがんばっている、そんな感じでしたね。」……二〇〇一年弘田の発想によってＩＨ実用化の最大の難関であった「アルミ鍋加熱」に成功する。……二〇〇二年（荻野にとって実に就社三一年目）、ついに、荻野をリーダーとしたチームが開発した「オールメタル対応ＩＨクッキングヒータ」が発売され瞬く間にヒット商品となった。……二〇〇三年のある日、事業部の小さな講堂は、和気あいあいの空気に満ちた。集まっていたのは、総勢一〇〇人にまで増えたＩＨチーム全員。「一〇〇万台記念式典」が開かれたのだった。荻野は、定年まであと五年、あの初出勤の日、一枚の回路図を渡されて以来、ＩＨ一筋の技術者人生であった。

図表５－４　生活充実手段が「やりがいのある仕事や活動」の人の率（生まれ年別・全国16歳以上の男性）（「日本人の意識」調査第２・４・６回）

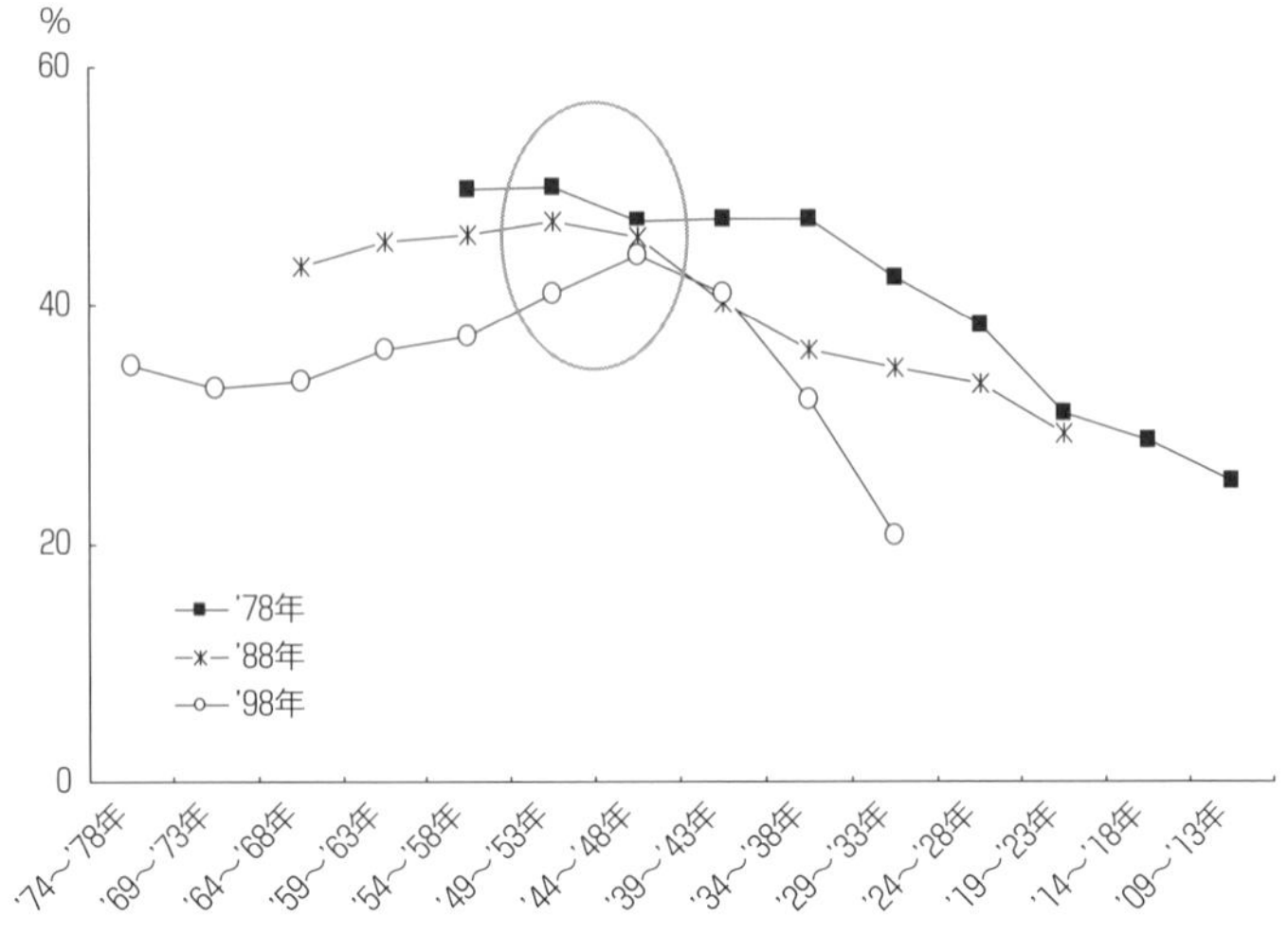

注）このグラフは世代間の変化を滑らかにするため，各世代の値に移動平均を施してある。

熊沢誠は、「会社人間」の特徴として、①その職業能力の展開が特定の企業に限られていること、②その労働条件は企業別に、企業内で、主として経営者の裁量で決まり、会社人間はそれに適応しようとする存在であること、③その生活時間内に占める仕事時間の割合が高いこと、④会社での仕事／人間関係／昇進／収入を圧倒的な関心事とし、企業からの要請を何よりも優先させる存在であること、の四つをあげている（熊沢、一九九四）。こうして、「団塊世代」ホワイト・カラーは、その半生をひとつの会社に捧げ、それぞれの持分で仕事に邁進してきたのである。

競争と仕事

「日本人の意識」調査には、「豊かな趣味」「やりがいのある仕事や活動」「経済力」「なごやかなつきあい」「健康な体」の五つの項目を、生活を充実させるために必要な順に並べてもらう質問がある。【図表５－４】は、そのうち、「やりがいのある仕事や活動」の一位と二位の数値を足しあげたものを、男性について生まれ年別に示したものである。

このグラフは、一九四四－一九五三年生まれの「団塊世代」男性で、「やりがいのある仕事や活動」の比率が前後の世代に比べて相対的に高いことを示している。

巨大な同一年齢集団内部では、相対的に稀少になる良好な存在条件をめぐって、その成員同士の競争が激化する。それは、教育の場、そして特に仕事の場において顕著になる。「団塊世代」を特徴づけるキーワードが内部競争である。一九六〇年代以降、戦後の復興期から上昇期に移行しつつあった日本社会は、内部競争がもたらすこの「団塊世代」の旺盛な意欲を巧みに採り込み、自身を拡大させてきたのである。そして、輻輳した内部競争（競争はまた、地域差別／貧富差別／学歴差別／男女差別を生み出す）を身体化してしまったことの自己表明である「仕事が生きがい」、これが「団塊世代」男性の特質といえるのである。

図表5－5　1950年に比べて，1975年に「団塊世代」人口が増加した都道府県（1975年国勢調査）

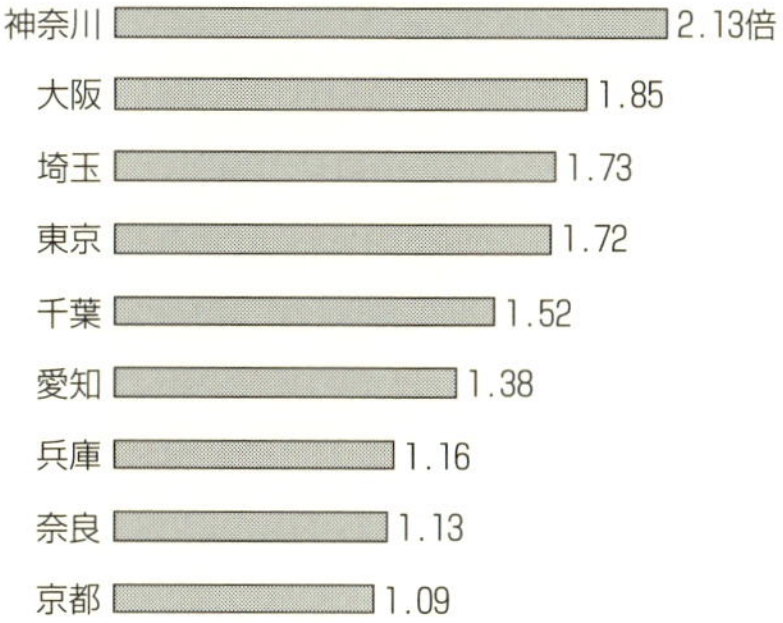

四　冬のソナタ——六〇年目の現実

郊外化／性別役割分業

一九七五年の国勢調査結果で一九五〇年と比べて「団塊世代」人口が増加している県を探すと、【図表5－5】に示した九県のみであった。東京都、大阪府、愛知県という大都市を抱える三県を除くと、実に二倍を超える増加率を示す神奈川県以下の六県は、東京と大阪のいわゆるベッドタウン県とみてよいであろう。

前述したように大都市に流れ込んできた二層の「団塊世代」労働者が世帯を形成し定住の地を求めようとするちょうどその時期に、「生活条件整備への配慮を欠き、資本蓄積を支える産業投資に施策を集中し、公害規制をかたくなに拒否して生活環境の悪化を放任してきた保守的な都市首長たちが一斉に敗北し、革新首長がかつぎ出された」（加瀬、一九九七）地域を中心に、「郊外化」がアメリカよ

図表５－６　性別役割分業を理想とする人の率（生まれ年別・全国16歳以上の女性）（「日本人の意識」調査第１・３・５・７回）

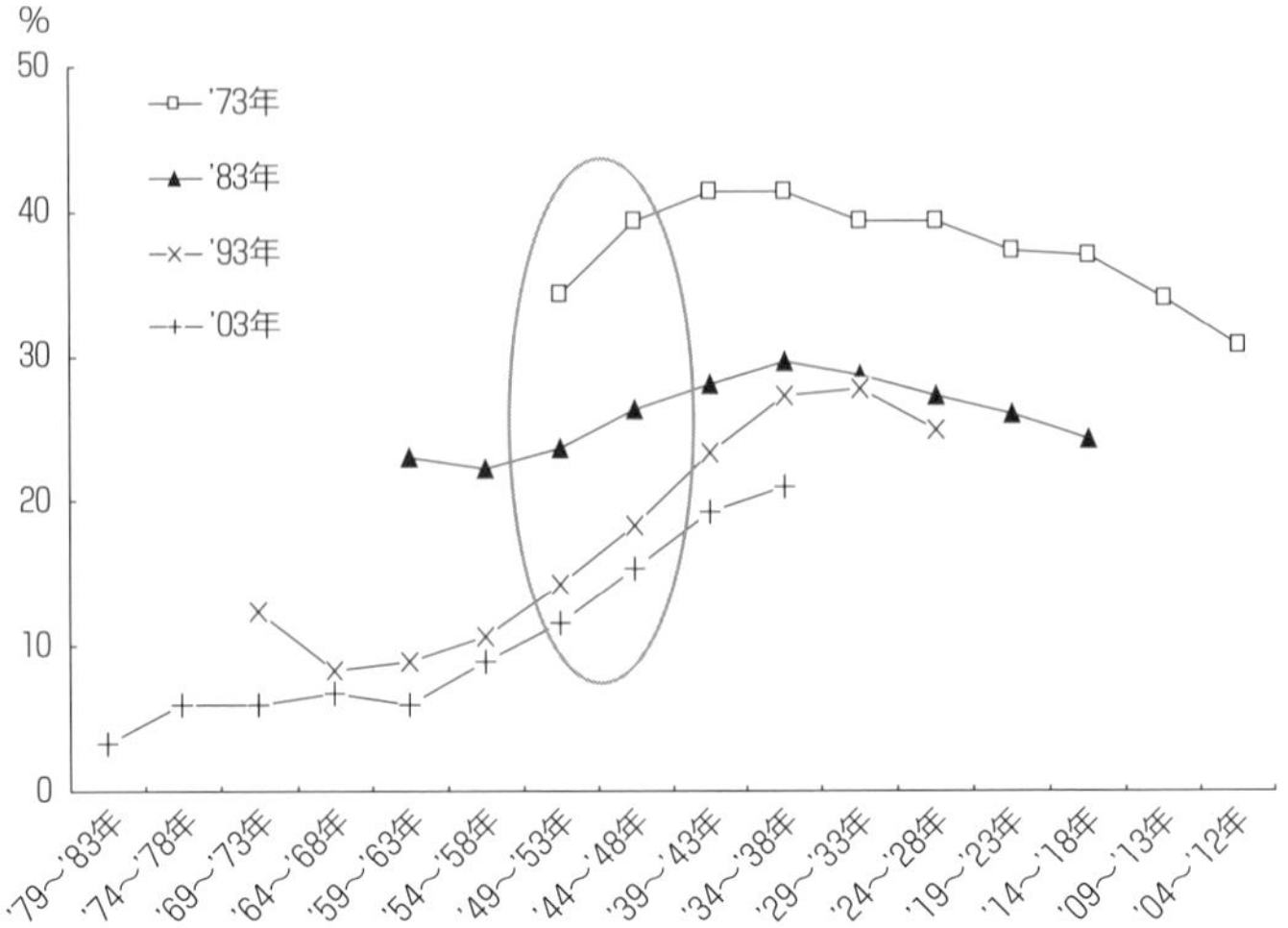

注）このグラフは世代間の変化を滑らかにするため，各世代の値に移動平均を施してある。

りほぼ一世代遅れ（アメリカでは戦地帰りの人びと対象／日本では戦地帰りの人びとが生んだ「ベビーブーマー」対象）で生じたのである。

「会社人間」は「性別役割分業」を担保にして成立した（高度経済成長と「性別役割分業」との深い関係性）。そしてその容器が、首都圏でいえば、私鉄沿線に造成される新興住宅地によって、神奈川へ、埼玉へ、千葉へ、と延び続ける「郊外化」だったのである。

男性は仕事に専念し、給料を稼ぎ、郊外に家を買い、自動車を買う。女性は家事・育児専門の専業主婦となり、便利な家電や家庭用品にかこまれて平和で幸福な温かい家庭を築き、夫の出世を支え、子どもがより上級の教育を受けられるように世話をするという、まるで、昔見た『うちのママは世界一』をモデルにしたようなライフ・スタイルが、一九七〇年代以降、「団塊世代」夫婦によって完成されていった。

しかし、成し遂げてみれば「郊外化」は、それほどの理想郷ではなかった。「故郷喪失者の集列体である共同性欠如の場／働く人びとの姿が疎らなベッドタウン／均質で無個性でただ機能的なだけの生活空間／よそ者を排除する私有財産の街」（三浦、一九九九）。なによりも、そのなかで多くの時間を過ごす「団塊世代」女性は「性別役割分業」に必ずしも満足しているわけではなく、しかも、それを理想とする人は年々減少している。すなわち、「日本人の意識」調査によれば、最も好ましい家庭として「父親は仕事に力を注ぎ、母親は任された家庭をしっかりと守っている」をあげる女性の率は【図表5－6】に示すとおりである。

空洞を癒す夢

山田昌弘によれば、日本の飛躍的な経済発展を支えた「戦後家族モデル（＝夫は仕事、妻は家事・子育てを行って、豊かな家族生活をめざす）」は、経済の低成長期、バブル経済期を経て、一九九〇年代後半のデフレ期を迎えるとともに機能不全に陥り、社会の前面に家族問題を浮上させている。そして、その閉塞情況は、「戦後家族モデル」のモデルである「団塊世代」夫婦の愛情の内実を次のように焙り出す（山田、二〇〇五）。

夫－仕事、妻－家事・育児という性役割分業は、そのまま「愛情の役割分業」にスライドする。……つまり、性役割分業で支持された「責任」をお互いに果たしあうことが、夫婦の愛情と意識されるのである。そこに、現実のコミュニケーションや相互理解がなくても問題はない。仕事と家事という役割を遂行することが、そのまま自動的に「愛情深い家族」と信じられる基盤となったのである。休日に家族そろって遊園地やレストランに行く、休みには家族旅行に行くなどのレジャー行動も、それが、一般的に親が行う「役割」の一環であると考えられたからこそ、普及したのではないかと思われる。「セックス」でさえも、コミュニケーションというよりも、夫婦の役割の一種と考えられていたと言いたい誘惑に駆られる。……そして、或る程度生活が豊かになり、大きく生活水準の上昇が見込めなくなると、愛情関係の曖昧さや、愛情が役割に依存している側面が問題になってくる。……夫婦は、パートナーとして、自分の役割を果たす以上のことを求められる。それが「コミュニケーション」なのである。男女間のコミュニケーションを考える場合、ジェンダーが重要な要素となる。女性は、会話を中心とした言語的交流、理解に重きを置き、男性は、セックスを中心とした身体的交流、理解に重きを置くという傾向が見られる。

図表５－７　『冬のソナタ』の男女年層別視聴率（2004年４月 NHK 全国個人視聴率）

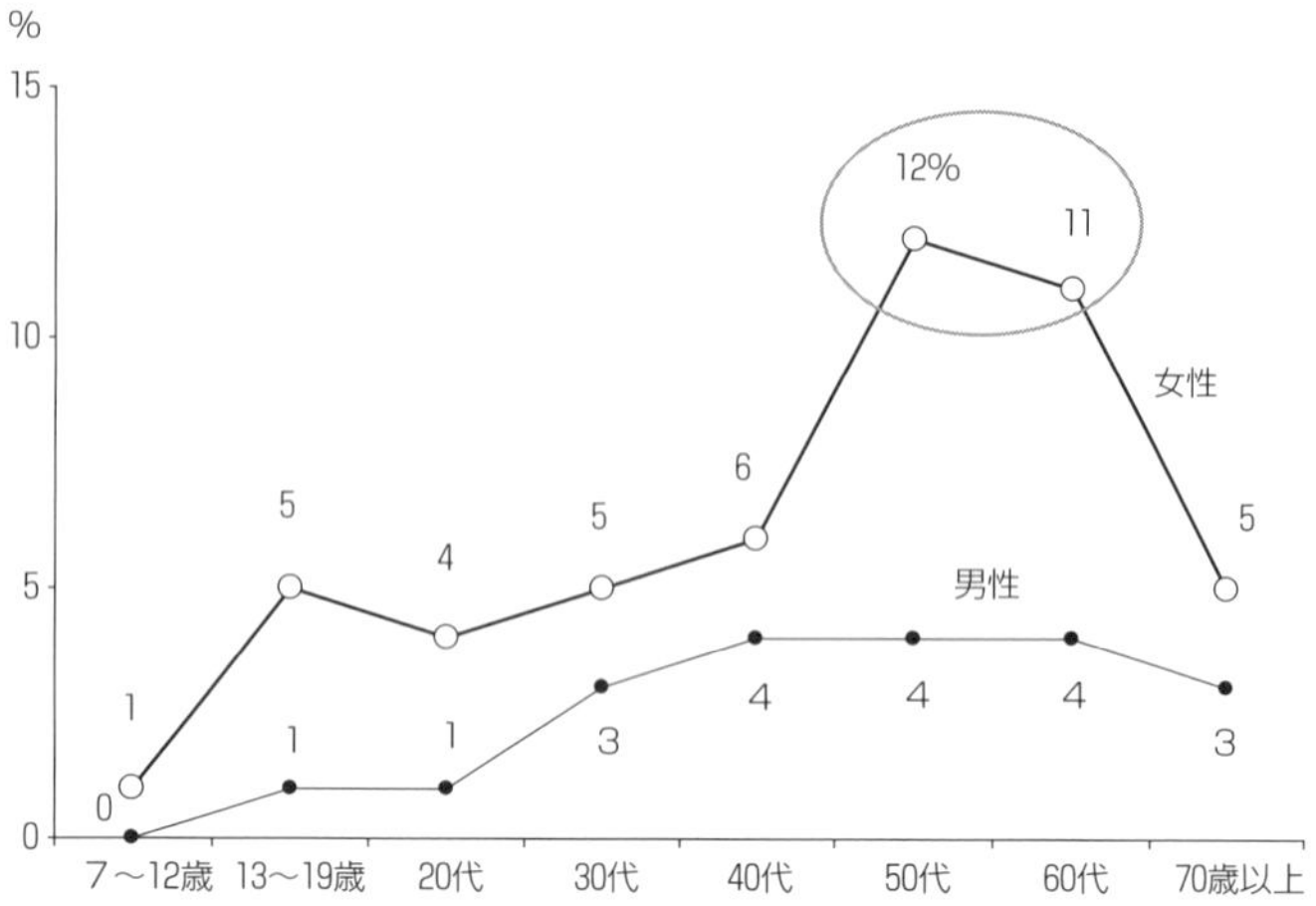

二〇〇四年、「団塊世代」女性を中心に、突如として、韓国テレビドラマ『冬のソナタ』に対する熱狂が巻き起った（ＮＨＫ総合テレビ放送『冬のソナタ』の男女年層別視聴率は【図表５－７】のとおり）。

かつて、アメリカ（日本を差別した国）の映像に「理想」をみた「団塊世代」女性は、その「理想」が色褪せたとき、今度は、韓国（日本が差別した国）の映像に「夢」をみたのである。

韓国という歴史性・文化性を消去し、肉欲を語らず、社会的役割の遂行から解放された、ただひたすらの愛と涙と星と雪の物語である『冬のソナタ』の「団塊世代」女性にとっての大きな魅力は、主人公を演じたペ・ヨンジュンの存在であり、林香里は彼の魅力を次のように分析する（林、二〇〇五）。

『冬のソナタ』では、男性であるペ・ヨンジュンが「耐え忍ぶ」役回りを演じているため、彼の感情の方に女性の共感と支持が集まっていると考えられる。つまり、彼は女性を包み込むような父性愛の持ち主であると同時に、慈愛に満ちた母性愛を合わせ持ち、しかも不幸な「耐える女」的キャラクターでもあるのだ。……『冬のソナタ』の魅力は、おそらく主人公の男性が「女性」的なるものを排除しない人であり、女性の立場を理解してくれるだけでなく、実際に女性の経験を包摂する立場の人である、というところにあるだろう。このように女性性も内在させた主人公の男性性は、女性視聴者からは「やさしさ」と受け止められている。……彼はまた、日本のファンのことを「家族」と呼ぶ。「家族」―それは性の欲望の対象ではなく、だんらんや慈しみ、癒しを得るための伝統的な集団である。……『冬のソナタ』の人気現象は、よく言われるように日本人女性が夫たちに満足していないために起きた、という描写は一方的であり一面的である。『冬のソナタ』のなかのペ・ヨンジュンのような男性にあこがれる妻とそれを馬鹿にして相手にしない夫。これは男女双方が性別役割分業の考えにとらわれ、分け隔てられていて、それぞれの思い込みのなかで「ディスコミュニケーション」状態に陥っていることと大いに関係があるのではないか。

こうして、大都市郊外の片隅で、多数の「団塊世代」男女が営々と築き上げてきた構築物に生じたひび割れに『冬のソナタ』は優しく忍び込んできたのである。

＊

「団塊世代」が出生してから六〇年、「会社人間」「仕事人間」がその存在理由を喪失する時期が徐々に到来する。こうして、強制的に性別役割分業の呪縛から解放されるとき、「団塊世代」の航跡に新たな展開が生じるであろう。

文献一覧

有馬哲夫、一九九七『テレビの夢から覚めるまで』国文社
ダワー、ジョン、二〇〇四『敗北を抱きしめて』岩波書店
林香里、二〇〇五『「冬ソナ」にハマった私たち』文春新書
加瀬和俊、一九九七『集団就職の時代』青木書店
岸田秀、二〇〇四『日本がアメリカを赦す日』文春文庫
熊沢誠、一九九四「会社人間の形成」、内橋克人・奥村宏・佐高信［編］『日本会社原論3　会社人間の終焉』岩波書店

見田宗介、一九七三「まなざしの地獄」『展望』筑摩書房
三浦展、一九九九『「家族」と「幸福」の戦後史』講談社現代新書
NHKプロジェクトX制作班［編］、二〇〇五『プロジェクトX　挑戦者たち29』日本放送出版協会
堺屋太一、一九七六『団塊の世代』講談社
瀬戸川宗太、二〇〇五『懐かしのアメリカTV映画史』集英社新書
山田昌弘、二〇〇五『迷走する家族』有斐閣
山口文憲、二〇〇六『団塊ひとりぼっち』文春新書
山口瞳、一九六三『江分利満氏の優雅な生活』文藝春秋新社

6章　高齢者のメディア生活における光と影

香取淳子

はじめに

デジタル化、ネットワーク化によってメディアが激変しているいま、ともすれば置き去りにされかねないのが高齢者である。WHOでは六五歳以上を高齢者と定義しているが、その高齢者人口は増加の一途をたどり、高齢者が接触するメディアは依然としてテレビが圧倒的に多い。はたしてテレビは高齢者の生活にどのように寄与しているのだろうか。まずはその光と影の部分を把握しておく必要があろう。

そこで本稿では三〇年間に及ぶ意識調査と高視聴率番組によって高齢者のメディア生活を把握し、テレビがこれまで高齢者の生活のなかでどのように機能してきたのかを考えてみることにしたい。具体的には、高齢者はどのように時代の変化に適応してきたのかを意識調査の結果から探り、テレビはどのような側面で高齢者の時代変化への適応過程に寄与してきたのかを個人視聴率調査の結果から探る。いずれも数量データを踏まえて検証し、テレビの機能的側面を照射するとともに、海外の研究成果を踏まえ、その逆機能の側面も考えてみることにしたい。使用する数量データは、NHK放送文化研究所が実施した「日本人の意識」調査（一九七三－二〇〇三年）と個人視聴率調査（一九七七－二〇〇六年、関東地区、六月時点）である。

一　変化に戸惑う高齢者

「日本人の意識」調査の結果から高齢者の生活意識を時系列で見ていくと、九八－〇三年の期間に六〇代後半男性の生活満足感が大幅に低下していることが明らかになった。九八年といえば米英で地上デジタルテレビが始まり、日本でも「地上デジタル懇談会」が地上テレビのデジタル化への全面移行を決定した年である。この時期、変化に戸惑う高齢者の姿が浮き彫りにされたことはいったい何を意味するのか。

高齢者の意識変化

㈠　九八－〇三年で低下した六〇代後半男性の生活満足感

三〇年間に及ぶ「日本人の意識」調査の結果から生活満足感についての回答を時系列で見ていくと、高齢者は全般に生活満足感が高い。とくに七〇代以上はこの三〇年間、男女とも一貫して他の年齢層に比べ有意に高い数値を示しているのが興味深い。老いれば不如意なことも増えていくと思われるのに、高齢になるほど「満足している」と答える人が多いのである。現状を肯定的に受け入れることによって気持ちの安らぎを得ようとするからなのか。それとも、現実はどうであれ肯定的に生活を捉えざるをえないという諦観によるものなのか。いずれにせよ、調査結果からは高齢者は全般に現状に満足していることが示されている。女性の五〇代後半以降も同様の傾向を見せる。

ところが、六〇代後半の男性は七八年以降、「満足している」と答える割合が減少しており、〇三年には他の年齢層に比べ有意に低い数値となる。いったいなぜなのか。ちなみに、〇三年の六〇代前半および七〇代以上の回答を見ると、男女とも六〇代前半および七〇代以上は、「満足している」と答える割合は九八年よりも増加している。したがって、高齢者全般がこの時期になんらかのネガティブな体験をした結果、生活満足感が低くなったということにはならない。あくまでもこの時期、六〇代後半の男性に固有の生活意識だということになる。

さて、〇三年に六〇代後半の人びとの生活意識は九八年から〇三年までの生活意識が集約されたものといえる。したがって、この期間に六〇代前半だった人びとの生活経験が〇三年の意識調査に反映されたと見ることができる。とすれば、この期間の社会的事象がとくにこの年齢層の男性にネガティブな生活意識を植え付ける要因になった可能性が考えられる。

そこで、この世代の生活満足感を時系列で見てみると、三〇代前半から一貫して「満足している」が増加しているのに、六〇代後半（〇三年）になると激減する。ひとつ前の世代が〇三年に一％減少している以外、他の世代は皆、増加していることを考え合わせれば、六〇代後半という年齢状況（ライフステージ、心身状況など）あるいは九八年から〇三年にかけての社会状況のどちらかによって引き起こされたというよりは、両者が複合的に作用しあった結果、とくにこの世代の生活満足感をこの時期に低下させたのだと推察される。

(二) 九八–〇三年で不安定になった六〇代後半の人びとの生活意識

生活満足感は生活行動と密接に関連している。そこで、生活を充実させる手段についての調査結果を見てみると、六〇代後半の男性は「やりがいのある仕事や活動」を第一位にあげる割合が九八年から〇三にかけて有意に低くなっている。生活満足感に対する反応と同様、六〇代前半は増加し七〇代以上は有意に増加しているのに、六〇代後半男性だけが有意に低くなっているのである。これまで「やりがいのある仕事や活動」は老後生活を精神的に支える重要な活動だとされており、周辺の年齢層もそのような認識を示しているのに、六〇代後半男性はそうではなく、女性もまた同様の反応を示す。このデータからは、この期間に六〇代後半の人びとの達成意欲（やりがいのある仕事）をそぐなんらかの出来事があったことが示唆されている。

たとえば、高齢女性の場合、これまで「なごやかなつきあい」が老後生活を支える精神的な基盤になるとされてきた。ところが、九八年から〇三年にかけてこれを第一位にあげる者、第二位にあげる者が六〇代後半女性で有意に低下している。興味深いことに男性もまた六〇代後半で同様の傾向を示す。これまで生活満足感に寄与する要因になってきた「やりがいのある仕事や活動」や「なごやかなつきあい」がこの年齢層で減少しているのである。こうしてみると、九八年から〇三年にかけて六〇代後半の男女にとって老後生活を精神的に支える基盤が大きく揺らいでいたことがわかる。

(三) 九八－〇三年における社会の構造変化

九八－〇三年にかけての五年間はメディアのデジタル化、ネットワーク化が進行した時期と一致している。九六年にCSデジタル放送、〇〇年にBSデジタル放送、〇三年に地上デジタル放送といった具合に、放送のデジタル化が段階的に推進されていった時期であった。また、インターネットが普及し、携帯電話でも接続できるようになった（iモード、〇〇年）時期でもあった。〇〇年にIT基本法が制定され、〇一年には「e-Japan 戦略」の下、国策としてIT化が進められた。人びともまたそれに対応しなければならなくなりつつあった。情報社会への移行が誰の目にも明らかになり、政府もまた積極的にインフラ整備を推進しはじめていた。社会の構造変化が各所で顕在化していたのである。したがって六〇代後半男性が生活満足感を低下させ、不安定な生活意識を抱くようになったのは、本格的な情報社会に向かう端境期に遭遇したからではなかったかと思われる。メディア激変期ならではの不安感はまず、社会に居場所を失ったばかりの六〇代後半男性に集中して現われたのである。それに随伴するように、この年代の女性もまたこの時期、生活指針としての「なごやかなつきあい」の比重を低下させていることが明らかになった。

高齢者のメディア接触

「日本人の意識」調査のなかに「欠かせないコミュニケーション行動は何か」という質問項目が追加されたのは八三年調査からである。この回答結果からは高齢者のメディアに対する意識や潜在ニーズを汲み取ることができる。はたして何が示唆されているのかデータを見てみることにしよう。

図表６－１　性別・年代別　欠かせないコミュニケーション行動（複数回答）

%

	年	性	16－19	20－24	25－29	30－34	35－39	40－44	45－49	50－54	55－59	60－64	65－69	70+
新聞	83	男	46－	72－	86	89+	92+	96+	93+	93+	90+	95+	94+	83
		女	53－	57－	81	87+	90+	91+	86	87+	76	69－	62－	50－
	88	男	42－	60－	83	90+	93+	98+	97+	91+	94+	90+	89+	86
		女	36－	50－	69－	83	90+	87+	90+	86	84	79	70－	58－
	93	男	35－	51－	67－	88+	89+	88+	93+	95+	90+	93+	87+	87+
		女	22－	41－	76	71	80	81	91+	89+	84+	78	76	67－
	98	男	36－	44－	63－	69	86+	91+	93+	93+	89+	94+	92+	90+
		女	23－	30－	49－	68－	75	78	77	86+	86+	84+	81	74
	03	男	22－	31－	53－	62－	73	85+	84+	90+	94+	92+	92+	89+
		女	21－	19－	37－	55－	71	75	79	80+	80+	86+	82+	78
TV	83	男	74－	76－	82	82	84	84	88	92+	94+	93+	93+	87
		女	69－	71－	82	79－	80－	81	90+	87	87	91+	95+	90
	88	男	74－	73－	82	79	83	86	91+	89+	91+	90+	88	91+
		女	78	70－	80	78	75－	77－	82	82	87	88	87	87
	93	男	83	77－	78－	84	81	81	88	90	94+	89	91	94+
		女	83	78－	85	81－	85	83	86	88	88	93+	94+	89
	98	男	79－	81	81	84	83	84	85	86	90	93+	90	92+
		女	77－	85	86	80－	82	81	82	89	90	92+	93+	92+
	03	男	72－	76－	80	77－	86	85	87	90	84	95+	88	92+
		女	77－	67－	65－	84	77－	82	86	87	91	91+	94+	91+
携帯	03	男	64+	73+	57+	56+	58+	60+	49	48+	43	35	2－	7－
		女	74+	82+	61+	55+	43	44	36	37	29－	22－	11－	9－
ネット	03	男	21	32+	47+	36+	37+	47+	38+	24	24	21	15	4－
		女	19	26	35+	29+	23	20	24	8－	13－	7－	4－	2－

資料：ＮＨＫ放送文化研究所「日本人の意識」調査（2003）より関連箇所のみ抜粋。
注）全体と比較して結果を検定し，（＋）は全体比率よりも有意に高い，（－）は有意に低いことを示す。

(一)　九八－〇三年に進んだ年齢層間格差

八三年から〇三年に至る二〇年間のメディアに対する意識の変遷過程を時系列で見ると、九八年から〇三年にかけての時期に大きな変化が見られる。高齢層で新聞やテレビなどのマスメディア接触が増加しているのに対し、若年層と壮年最後の層で減少し、五〇代を境目に年齢層による差異が際立つようになるのである。

【図表6－1】を見ると、国民全体でみれば新聞への接触は五年ごとに減少しているが、五〇代以上になるとほとんど変化がなく接触率は依然として高い。ところが、三〇代、四〇代は九八年から〇三年の間に大幅に接触率が低下しており、新聞離れが急速に進んでいることがわかる。だが、本についてはそれほどの変化はなく、一〇代、二〇代ではこの時期むしろ接触率が高まっている。したがって、三〇代、四〇代男性の新聞接触がこの時期、大幅に低下したのは、活字メディアそのものへの接触率が下がったことを意味するものではない。新聞に代わる情報メディアへの移行がこの年齢層を中心にこの時期、大幅に進んだと考えられる。

一方、テレビ接触については九八年から〇三年にかけて一〇代、二〇代、三〇代前半、五〇代後半で激減しているのに、三〇代後半以降の年齢層の多くでこの時期、増加している。ラジオについてはそれほど顕著な動きが見られないことから、やはりテレビに代わるメディアへの移行がこれらの年齢層でこの時期に進んだのではないかと考えられる。とはいえ、それは新聞接触で見られた傾向とパラレルだというわけではない。三〇代後半以降の多くがテレビ接触を増大させているのは、従来の傾向を強化させたものと考えられるが、五〇代後半でテレビ接触が減少していることについてはどのように解釈すればいいのか。

奇妙なことにこの年齢層はこの時期、テレビ接触で減少した分を新聞接触で増加させている。テレビよりも新聞接触の方が有意義だとこの年齢層の人びとが判断したからであろうと思われる。テレビの位置づけは年齢層によって異なり、メディア選択の動向もそれに随伴していることがわかる。九八年から〇三年の期間に新聞やテレビへの接触時間の減少がとくに若年層で顕著に見られるようになったが、それはこの年齢層を中心にニュース媒体としてインターネットが日常的に機能しはじめたからであろうと考えられる。速報性、検索性の側面でテレビや新聞よりも優れているインターネットの普及を契機に、この時期、年齢層によるメディア接触の差異が顕著に見られるようになっていたのである。

(二) 新しいメディアへの接触における高齢層の性差

〇三年に調査項目に追加されたのが携帯電話とインターネットである。急速に普及が進み、調査項目に組み込まざるを得なかったのだろうが、高齢者は新しいメディアになじみにくく、必要としていない場合が多いように見受けられる。実際、男性の携帯電話の利用状況を見ると、六〇代後半から七〇代以上で他の年齢層に比べて有意に低い。だが、六〇代後半の男性は携帯電話よりもインターネットへの接触が高い。コミュニケーションよりも情報検索のための道具への接触が高いことから、この年齢層にはまだ第一線の仕事をしている人が少なくないことが示唆されている。男性のインターネット利用は七〇代以上で有意に低くなる。

一方、女性の場合、携帯電話は五〇代後半から他の年齢層に比べて有意に低く、高齢になるにつれ利用者が少なくなる。インターネットも同様、五〇代前半から他の年齢層に比べて有意に低く、高齢になるにつれさらに減少傾向を見せる。したがって、高齢女性は全般に新しいメディアの導入に消極的だといえる。わずかとはいえインターネットよりも携帯電話への接触率が高いことから、女性は男性に比べ、コミュニケーションを重視していることが示唆されている。

このように調査結果からは女性は男性に比べ、携帯電話やインターネットなど新しいメディアへの接触率が低いことが明らかになった。とくにインターネットで男性と女性との差異が顕著であったことから、高齢者の新しいメディアへの接触には社会との関わり、経済力などが色濃く反映されていることが考えられる。家庭あるいは地域社会のなかで暮らすことが多い女性に比べ、職場や公的な場での活動が多い男性の方がインターネット利用率が高かったのである。まさに生活状況、活動内容の違いが、メディア接触の差異となって現われていることがわかる。

以上のことから、九八年から〇三年の間に、六〇代男性で新しいメディアへの接触に関して同年齢層内での格差が進み、インターネットに関しては依然として性差が顕著であることが確認された。

(三) 情報インフラとしてのテレビ

高齢者はこれまで活字メディア接触で性差が際立っていた。ところが、新聞を「欠かせないコミュニケーション行動」にあげる女性の数値を見ると、八三年は六〇代以上で有意に低かったのに〇三年には有意に高くなっている。とくに新聞については近年、高齢女性が顕著な増加傾向を見せている。本についても同様、六〇代以上で大幅に増加している。二〇年前には顕著であった性差が薄れ、女性もまた高齢になるにつれ活字メディアへの接触が激増する傾向が見られた。活字メディアで六〇代の男女間での差異が縮小していることが明らかになったが、これは、高齢化による嗜好メディアの変化ではなく、文字リテラシーの高い世代の高齢化による現象と考えられる。

一方、テレビを「欠かせないコミュニケーション行動」にあげる女性は最初の調査時点から一貫して高く、六〇代以上では他の年齢層に比べ有意に高くなっている。男性もまた五〇代以上、六〇代以上で他の年齢層に比べ有意に高い。高齢者の場合、テレビは八三年以降一貫して高く、しかも性差がみられない。実際、国民生活時間調査を見ても高齢者の視聴時間は増加し、「テレビはなくてはならない」者の比率も増大している。インターネット時代といわれながら、高齢人口の増加とともに、質量ともにテレビに依存している高齢者が増えているのである。情報インフラとして生活に根付いているテレビは、高齢者の生活をどのように支えているのだろうか。

二　変化に対する適応装置としてのテレビ

三〇年間に渡る高齢者の高視聴率番組を概観すると、テレビは高齢者にとって急激な社会変化に対するショックアブソーバーとして機能してきたように見える。時代が要求する価値観、社会認識を伝えるだけではなく、失われた過去を求める高齢者の切なる気持ちにもテレビはきめ細かく応えてきた。まさに時代変化に対する適応装置として、テレビは高齢者の生活に大きく寄与してきたのである。

視聴番組が浮き彫りにする高齢者の日常生活

高齢者の番組嗜好の変遷過程を見れば、時代の流れを読み取ることができるし、テレビが高齢者の生活にどのように寄与してきたのかも推察できる。そこで、三〇年間に渡る六〇歳以上の高視聴率番組（視聴率二〇％以上、関東地区、六月調査）からテレビが高齢者に果たしてきた役割がどのようなものかを考えてみることにしたい。素材としたのは一九七七年から二〇〇六年にかけてのNHK、民放を含めた番組、一七〇七本である。

㈠　生活のペースメーカーとしてのテレビ番組

六〇歳以上の高視聴率番組について各年度の視聴率上位五位までに絞り込み、ジャンル別にまとめてみると、三〇年間の一五〇番組のうち、朝のTV小説が九三本（六二%）と圧倒的に多く、次いで多かったのがニュースの三五本（二三・三%）であった。いずれもNHKニュースで、朝、昼、夕方の時間帯の番組がほぼ均等によく見られている。月曜日夜二〇時五四分から始まる『フラッシュニュース』（TBS系）が二本、上位に入っているが、これはたまたま『水戸黄門』の放送直後の番組だからである。このように高視聴率番組のほとんどが放送時間帯の早い番組であり、NHKの番組であったことが興味深い。

『水戸黄門』、大河ドラマ、『歌謡コンサート』、『ためしてガッテン』など夜の番組も高齢者はよく視聴しているが、放送時間帯はいずれも八時台である。こうしてみると、六〇歳以上の高視聴率番組から浮き彫りにされるのが、高齢者の朝型の生活スタイルであり、番組編成に合わせた規則正しい生活時間である。

たとえば、『朝七時のニュース』、『みんなの体操』、朝のテレビ小説、昼のニュース、昼のバラエティ、夕方のニュースなどは毎日一定の時刻に始まる番組である。そのような番組を高齢者は毎日、好んでみており、テレビが生活のスケジュール管理の役割を果たしていることが示唆されている。

㈡　減少した時代劇、ローカル系番組にみる時代の変化

三〇年間で高齢者の高視聴率番組はどのように変化したのか。試みに、一九七七年と二〇〇六年の六〇歳以上の人びとの視聴率が二〇%以上の番組をジャンル別に構成し比較を試みると、以下のようになった（【図表6－2】）。

これを見ると、二〇〇六年に二〇%以上の視聴率を取った番組は二九本で、一九七七年の四分の一でしかない。高

図表6－2　1977－2006年・60歳以上の高視聴率（20%以上）番組のジャンル構成比較

年度／本数	ニュース	ＴＶ小説	ドラマ	バラエティ	歌番組	ＴＶ体操	ローカル／自然	スポーツ	その他
1977年 （114本）	ニュース47 天気予報22	7	大河ドラマ1 時代劇5 刑事ドラマ1	お笑い2 クイズ・ゲーム2 昼バラエティ5 朝バラエティ1	のど自慢1	2	明るい農村6 漁村1 お国自慢西東1 関東所々1 趣味の園芸1 自然のアルバム1	ナイター1	番組ガイド6
2006年 （29本）	ニュース15 天気予報1	6	大河ドラマ1 時代劇0 刑事ドラマ0	お笑い1	のど自慢1 歌謡コンサート1	0	鶴瓶の家族に乾杯1 地域放送番組1	0	クローズアップ現代1

資料：NHK 関東地区（6月調査）高視聴率番組（1977－2006年）
対象番組：NHK の番組　1977年（109本，95.6%）　2006年（28本，96.6%），民放の番組　1977年（5本，4.3%）　2006年（1本，3.4%）

齢者の関心が分散するようになったからか、それとも、多メディア接触の結果なのか。この結果を見ると、高齢者とテレビとの密接な関係も変化しつつあるのかもしれないと思わせられる。だが、両年度を通して民放の番組はわずか四%程度で、圧倒的にＮＨＫの番組が多いことに変わりはない。それもニュース、朝のテレビ小説が多く、高齢者がこの三〇年間、一貫してＮＨＫの番組を生活のペースメーカーとして活用していることがわかる。番組内容別に見ると、『大河ドラマ』、『のど自慢』は変わらず高視聴率を取っているが、時代劇は大幅に減少した。

一方、ローカル系番組は大幅に減少しただけではなく、その内容を一変させている。高齢層の高視聴率番組一七〇七本を対象にその変遷過程を年毎に見ていくと、高齢者を取り巻く環境が如実に変化していることがわかる。たとえば、一九七七年には多数あったローカル系番組は一九八〇年半ばにはほとんど消えた。その典型が『明るい農村』である。この三〇年間で大きく変化したのが時代劇に象徴される世界であり、ローカル系番組に反映される世界であることが示唆されている。

『明るい農村』の終了と『おしん』の大ヒット

一九八〇年代半ばは日本経済が構造的な大転換を遂げた時期である。多くの高齢者が生きてきた第一次産業の時代は終焉し、高度産業化とともに第三次産業の時代を迎えていた。高齢者が好んで見ていたテレビ番組にもそれが如実に反映されていた。『明るい農村』の終了と『おしん』の大ヒットは、大きく構造変化していった当時の社会の象徴である。

(一)『明るい農村』の終了

『明るい農村』は一九六三年に放送開始された生活情報番組である。データを入手することのできた一九七七年から一九八三年に至るまで常時、視聴率上位に数本あがってくるほど高齢者には人気の番組であった。だが、一九八三年には一本も二〇%以上の視聴率を取れなくなり、一九八四年には一本だけ二〇%を取ったが、一九八五年三月には終了した。もはや農村情報が必要とされる時代ではなくなりつつあった。

当時、日本は「ジャパン　アズ　ナンバーワン」と持ち上げられるだけの経済力を世界に示していた。優れた工業製品を輸出することで圧倒的なパワーを欧米に見せつけた結果、一九八五年にはプラザ合意が決定され、固定相場制から変動相場制へと通貨制度の移行が取り決められた。以後、日本経済は大きな構造転換を強いられて一気に円高が進み、バブル経済へと突入することになった。もはや農業や漁業といった第一次産業の時代ではなく、番組はその使命を終えざるをえなかったのである。

出番がなくなったという点では高齢者も同様であった。高度消費社会に突入していた日本では消費に敏感な若年層がもてはやされる一方、消費行動が活発ではない高齢者をないがしろにする風潮が蔓延しはじめていた。経済優先の社会風潮のなかで、高齢者はそれまで以上に社会の周縁に位置づけられるようになっていたが、この番組の終了はその象徴でもあった。

(二)『おしん』の大ヒット

八三年四月四日に放送開始された朝のテレビ小説が、『おしん』である。二ヵ月後の一九八三年六月、視聴率上位五位はすべて『おしん』で占められるほど高齢者の人気を博した。高齢者は全般に朝のテレビ小説をよく視聴しているが、とくに『おしん』の視聴率は高く、この六月時点ですでに四五％を記録していた。

脚本家の橋田壽賀子は「明治生まれの母たちを書くことのできる最後の世代の人間なのだ」と思い、このドラマを構想したという。もはや現実にはなく高齢者の心のなかにしか存在しない世界を、橋田はテレビドラマのなかに創出したのである。番組のタイトルにもなった主人公のおしんは「辛抱に耐え、真心をもって人を信じ、常に新しいことに向かって前進する芯のつよい女」というイメージを盛り込んで、キャラクター設定された（香取、一九九三）。第一次産業社会、第三次産業社会の双方に要求される価値観を合わせ持った人物が主人公として造形されたのである。

『明るい農村』が終了に追い込まれようとしているとき、『おしん』が大ヒットした。『おしん』は初回こそ三九％であったが、平均視聴率は五二・六％、最高視聴率は六二・九％にも達するほどであった。その前半のストーリーは農村を舞台に貧農の娘おしんをめぐって繰り広げられた。農村生活の辛さがドラマティックに描かれ、高齢者は涙しながら画面を見つめていたといわれるが、それは同時に第一次産業への挽歌でもあったのだ。

『おしん』が大ヒットする一方で、『明るい農村』が終了したことの社会的意義はきわめて大きい。社会変化に疎い高齢者にも第一次産業がもはや過去のものだと悟らせる効果があったからである。おしんの人生を画面で追体験すれば、おのずと明治、大正、昭和にいたる日本の近代化のプロセスが見えてくる。時代の変化に戸惑う人びとに『おしん』は一種の羅針盤として時代が進む方向を悟らせたのである。ともすれば置き去りにされがちな高齢者に時代の変化を伝え、高度産業化社会に要求される価値観を伝えたという点で、この番組は大きな社会的機能を果たしていたといえる。

『ウルトラアイ』から『ためしてガッテン』へ

現実社会を認識する方法についてもテレビは高齢者に大きな教育機能を果たしていたと考えられる。すでに一九七〇年代後半から生活情報番組に実証性が持ち込まれるようになっていたが、それは高齢者からも一定の支持を得ていた。たとえば『ウルトラアイ』は説得技法としての科学的実証性を重視して制作されていた。やがて番組としての使命を終えることになったが、そのコンセプトだけは別の番組に活かされ継承されていった。産業の高度化に伴い、科学的思考法が不可欠になりつつあったが、テレビは生活情報の伝え方のなかに科学的実証性を取り入れることによってその潜在ニーズに応え、教育装置としての役割を果たしていた。

㈠『**ウルトラアイ**』

一九七八年五月八日に放送開始されたのが『ウルトラアイ』である。これは人間の目では見えない仕組みを科学の目で検証していくというスタンスで制作された生活科学番組であった。元来、児童向け科学教育番組の要素が強い番組であったが、放送開始から五年目の一九八二年には視聴率二二%を取るようになり、高齢者にもよく視聴されていた。たとえば、一九八三年に『食べものの大研究』というタイトルで放送された番組では、人の手と機械とで餅をついて比較し、食感の違いを検証して好評を博した。科学的実証性を日常の生活シーンのなかで示したからであった。

だが、一九八六年には『トライ&トライ』（八六年四月十四日から九一年三月十九日）に衣替えをした。この番組は放送開始二ヶ月後の六月には二五%の視聴率を取り、一九八七年には二六%、一九八八年には二八%を取っている。このことから、高齢者でも身近な生活を舞台にした科学番組には関心が高かったことがうかがい知れる。この番組はその後、『なぜばなるほど』（九四年四月から九五年三月）を経て、『ためしてガッテン』（九五年四月五日放送開始）に受け継がれていくが、生活の諸事象を取り上げ、科学的にそのメカニズムを解明していくという制作姿勢は継承された。

㈡『**ためしてガッテン**』

一九九五年四月に放送開始されたが、翌年の九六年には視聴率二〇%を取っている。このとき全体の視聴率が七・五%でしかなかったことを考えれば、いかにこの番組が高齢者のニーズに応えたものであったかがわかる。健康をめぐる題材が高齢者の関心に沿うものであっただけではなく、番組様式もまた高齢者の視聴意欲を喚起するものであったからであろう。高齢者はイメージだけでは動かされない。実験に基づきそのメカニズムを解明しようとする実証的な制作手法そのものが高齢者に対する説得効果を高めたからだと思われる。

一方、この年、日本テレビ系の『おもいっきりテレビ』も視聴率二〇％に達している。現在の司会者（みのもんた）が起用された一九八九年以来、視聴率が上昇していたが、六年目にして六〇歳以上の高視聴率番組にランク入りしたのである。司会者の巧みな話術、専門家の起用、ゲスト、ギャラリーの配置、クイズ形式による知識の提示、笑いを誘いながら展開する構成など、スタジオの特性を活かした番組様式によって高齢者から根強い支持を得るようになった。だが、この番組もまた『ためしてガッテン』のように、健康をテーマに、実証性を重視した情報バラエティ番組であったことが高齢者に対する説得効果を高めていたのである（香取、二〇〇四）。

さて、九五年にウィンドウズ95が発売されると急速にパソコンが普及し、一気にインターネット時代に突入していった。その後、デジタルネットワーク技術によってあらゆるものが変革の波に曝されるようになるが、科学的実証性はそのような時代に要求される説得技法のひとつであった。

一方、九〇年代後半は人口の高齢化に伴い、健康に対する関心が高まるようになっていた時期でもあった。高齢化とデジタル化で時代が方向づけられようとしていたとき、テレビはいち早く健康栄養情報の提供に取り組みはじめた。番組様式の面からもテーマ設定や素材の面からも高齢者に支持してもらえるような番組が次々と開発された。そして、運動の側面から高齢者の生活に寄与できるよう手直しされたのがテレビ体操である。

(三)『テレビ体操』

テレビ体操は高齢者の健康な生活習慣に大きく寄与している。毎日、一定の時刻に「体操」がテレビで放送されるからこそ、高齢者は運動プログラムの実行を習慣づけることができ、健康を維持できるからである。そもそもラジオ体操として親しまれていたものが、テレビでも放送されるようになり、一九九九年の国際高齢者年に高齢者向けに軽度の運動プログラムに改良され、『テレビ体操』は『みんなの体操』として再スタートした。在宅で運動不足になりがちな高齢者に無理なく行なえる運動プログラムを提供することによって、高齢期の体力低下に備えるという番組である。生活時間に配慮して放送されているので、高齢者は毎日、日課として体操を取り入れることができる。

一九七七年のデータで『テレビ体操』の視聴率を見ると、二〇%以上の番組が六月だけでも二本あるし、その後も一貫して高齢者から支持を集めている。気軽に家庭で実践できる体操は身体機能の低下予防に効果があるばかりか、高齢者にとっては適度の気分転換にもなる。しかも毎日、定時に始まるので生活に規則正しいリズムをつけることができ、高齢者の生活管理にも役立つ実践的な番組である。

こうしてみると、テレビは構造変化を遂げる社会への適応を促し、番組を通して高齢者の心身機能を向上させてきたといえる。だが、時代が大きく揺れ動いているとき、高齢者の気持ちはともすれば乱れ、焦燥感ばかりが蓄積されていく。ときには、急速に変化する時代に適応しようとしてもしきれない「今浦島」の気分にさいなまれることもあろう。そこで必要になってくるのが、失われた過去を求める高齢者の気持ちに応える番組である。高齢人口の増大を背景に九〇年代に入ると、失われた場所、失われた時間に対するノスタルジーに応える番組が開発されるようになった。

失われた過去を求めて——故郷のリアリティ

九〇年代になってバブル経済が崩壊すると、人びとは改めて失ったものの大きさを知るようになる。失ったものはたんに伝統産業や生活スタイル、風景だけではなかった。気がつけば、地域社会の絆や家族や近隣の人間関係の絆も失いかけていた。失われた過去はもはや現実社会のどこにもなく、テレビ番組のなかに見出すしかなかった。

地方を巡回して放送するようになって以来、『のど自慢』は一貫して高齢者の心の故郷として機能してきたが、九〇年代に入ってその機能を持つ新たな番組が企画された。知識経済主導の社会に移行しつつあったこの時期に、高齢者の喪失感、寂寥感に応える番組が構想され、制作された。『歌謡コンサート』と『鶴瓶の家族に乾杯』である。これらの番組は、もはや時代についていけなくなりつつあった高齢者の心のふるさととして、圧倒的な支持を得ていった。

(一)『のど自慢』——場所の蘇生

一九五三年三月に放送開始された長寿番組だが、しばらく視聴率が低迷していた時期があった。だが、一九七〇年四月『NHKのど自慢』というタイトルで再スタートして以来、いまにいたるまでこの番組は高齢者には不動の人気を誇る。一九八二年には視聴率三八%、一九九四年には三一%、一九九六年には三七%、二〇〇四年には三四%、二〇〇五年には二九%といった具合だ。それ以外の年でも視聴率二〇%以上は取っており、人気のほどがうかがえる。日曜日の一二時一五分に始まる放送時間帯や地方巡回の視聴者参加番組だということが高齢者に圧倒的な支持を得ている要因だと思われる。

全国各地を巡回して、公開の生放送で行なわれるこの番組には毎回二〇組の出場者が登場し、決して上手とはいえない歌やパフォーマンスが披露される。そこにはローカルならではの暖かさや親密さが醸し出されており、それが高齢者には受ける。町内会の余興を思わせる素朴さが魅力の番組である。

(二)『NHK歌謡コンサート』——時代の蘇生

一九九三年に放送開始されたが、二年後の九五年には視聴率二七%を取るほど高齢者に支持されるようになった。このとき全体の視聴率はわずか九%で高齢者の三分の一でしかなく、この番組もまた、視聴者が高齢層に偏った番組である。演歌や懐メロを中心に構成されており、常時二〇%の視聴率を維持している。往時の時代精神を踏まえた歌詞やメロディを往年の歌手が情緒たっぷりに歌い上げる。聞いているだけで、もはや再現できない過去が高齢者の胸にじーんと甦るのである。失われた時代を偲ぶには歌謡曲がもっともふさわしいのかもしれない。

高齢者層が主な視聴者層だからということに配慮したのだろう、ＮＨＫは〇六年四月四日から歌詞テロップのサイズをこれまでよりも大きくした。粋なはからいである。高齢者仕様にサービス内容を適宜、変更できるようになったのは技術革新の成果のひとつである。

(三)『鶴瓶の家族に乾杯』――ローカルのなかにみる時間と場所の記憶の蘇生

この番組は一九九五年以来、何度か特番を組み、視聴者の反応を見ながら構想されたといわれる。現在の番組様式になったのは〇五年四月放送分（金曜日）からである。〇六年四月から月曜日午後八時に放送されるようになって視聴率が上がり、一五％前後を推移するようになった。〇六年六月には高齢者視聴率が二二％となったが、このとき全体の視聴率は七・五％である。高齢者から圧倒的な支持を得ているが、それは、番組を通して地方の生き生きとした高齢者を見ることができるからだ。落語家の笑福亭鶴瓶とゲストが旅をし、地元の人びととの触れ合いのなかから家族の絆を発見していくというのが番組コンセプトである。失われつつある家族や近隣の人びととの絆が地方にはまだしっかりと残っていて、それを鶴瓶がうまく掬い上げて見せるところがこの番組の妙味となっている。

グローバル化が進行すると、むしろローカルなものに新鮮さが感じられるようになる。都市には産業主導の消費文化しかないが、地方にはまだ生活基盤に基づく固有の文化が残っているところがあるからである。鶴瓶とゲストは毎回、各地を訪れ、いまに生きる「過去」を発掘してはカメラの前でその片鱗を紹介する。各地の風景やたたずまいに郷愁に誘われるだけではなく、鶴瓶と地元の人びととのやり取りのなかにふと家族を考え、人生を考えさせられてしまうところが高齢者からの熱い支持を集める所以だ。この番組もまた、「失われた過去」はテレビのなかでしか甦らせることができないことを思い知らせてくれる。

三　テレビ視聴に潜む陥穽

テレビドラマもまた現実には存在しない世界を提供して高齢者の心を癒す。高齢者のなかには登場人物に思いを馳せ、対人関係の代替作用を求めてテレビを見続ける者がいる。そこには家族からも社会からも孤立した姿が透けて見えるが、テレビに依存せざるをえない高齢者の生活の背後に何が潜んでいるのだろうか。

高齢者にとってのカタルシス効果

一九七七年から二〇〇六年までの視聴率データから六〇歳以上の人びとの高視聴率番組（視聴率二〇％以上、関東地区六月時点）を見ると、ドラマに分類されるのは九八本であった。そのうち八六本が時代劇であり、ここから大河ドラマを除くと、いわゆる勧善懲悪ものの時代劇が六三本で、ドラマ全体に占める割合が六四％にも及ぶ。時代劇をさらに番組ごとに分類すると、『水戸黄門』が四九・二％、『江戸を斬る』が七・九％、『暴れん坊将軍』は六・三％であった。圧倒的に『水戸黄門』がよく見られており、高齢者にとってこの時代劇が特殊な位置づけになっていることがわかる。

一方、橋田壽賀子脚本の『渡る世間は鬼ばかり』もまた高齢者から高く支持されている。思えば、大ヒットしたテレビ小説『おしん』、大河ドラマ『女太閤記』、『女は度胸』は、いずれも橋田壽賀子の作品であった。このことからは、女性を主人公にして家族の視点から制作されたドラマに、高齢者からの圧倒的な支持が集まっていることがわかる。それにしてもなぜ、時代劇の『水戸黄門』とホームドラマの『渡る世間は鬼ばかり』は高齢者からこれほど長く視聴され続けているのか。その背後に何があるのかを探ってみることにしたい。

㈠　諸国漫遊の『水戸黄門』

他の時代劇が次々と撤退を強いられているのに、『水戸黄門』だけは視聴率上位を維持している。一九六九年に放送開始されて以来、二〇〇三年に一〇〇〇回の放送を達成し、いまなお続く長寿番組である。時代を超え、社会状況を超えて、この番組が高齢者に訴求する要素はいったい何なのか。

聞き取り調査を実施すると、高齢者の多くがこの番組を見てストレスを発散させることができると語ってくれた。諸国を漫遊する黄門の一行がその土地の悪代官などに立ち向かい、庶民を助けるといった勧善懲悪のストーリーだからだ。とくに格さんが葵の印籠を取り出し、「控えおろう、この紋所が目に入らぬか、……」という決めセリフをいうシーンには気持ちがすっきりさせられると高齢者たちは異口同音にいう。

考えてみれば、白い顎鬚《あごひげ》をたくわえた水戸黄門自体、高齢者である。縮緬問屋の隠居として登場し、当初はただの高齢者でしかないが、悪事を見つければ助さん、格さんを使って闘い、クライマックスになると印籠を見せて、天下の副将軍である身分を明かす。まさに高齢者版「変身もの」である。印籠を見せた瞬間、弱者が強者に変身するのだ。だからこそ、高齢者たちはこのシーンを待ち望み、固唾を飲んで視聴しては溜飲を下げるのであろう。実際、毎分視聴率の推移を見ると、印籠を見せるシーンがもっとも視聴率が高いといわれる。

聞き取り調査の結果からは『水戸黄門』を好む高齢者の圧倒的多数が弱きを助け、悪を懲らしめる勧善懲悪思想に惹かれていることがわかる。自らが「弱い」存在でもある高齢者だからこそ、「弱きを助ける」お定まりの決着に痛快感を覚えるのだろうか。ほとんどの高齢者がこのドラマを見ると気分がスッキリすると語っていたことを思えば、カタルシス効果が高いのがこの番組の魅力のひとつといえる（香取、一九八三）。

(二) 『渡る世間は鬼ばかり』

一般に高齢者は現代ドラマをあまり見ないといわれる。唯一、多くの高齢者が好んで見ているのが『渡る世間は鬼ばかり』である。一九九〇年に放送開始され、現在までに七シリーズ放送されている。六〇歳以上の視聴率を見ると、二〇％以上の番組は放送開始後六本にものぼる。これは『水戸黄門』に次ぐ数値で、それだけ多くの高齢者から支持されていることがわかる。いったいなぜなのか。

この番組は、食堂を経営する夫婦と娘五人が織り成す日常的な葛藤をテーマに展開される。子育て、高齢者の介護、娘たちの嫁ぎ先でのトラブルなど、誰もが日常経験するような出来事が題材として取り上げられるだけに、高齢者はつい見入ってしまうという仕掛けだ。しかも登場人物たちは本音むき出しの会話を披露する。過剰なまでのセリフで言い合うシーンが多く、そこに高齢視聴者はカタルシスを感じるといわれる。

第一シリーズでは八一歳の女優、原ひさ子が出演していた。高齢者が等身大で描かれ、その心理が誇張して表現される。だからこそ、高齢視聴者はこのドラマに感情移入しやすいのである。

ちなみに、田口恵一（二〇〇四）は聞き取り調査の結果から、高齢者のドラマに対するニーズは、「単なるドキュメンタリーではなく、心の機微を描いた、古い時代が舞台のドラマ」だと報告している。そして、高齢者がドラマに期待するのは、「喜びや悲しみに共感」（五七％）、「見ていて楽しい」（三一％）、「今の世相がわかる」（二八％）、「心の豊かさを感じる」（二七％）、等々で、「教養が得られる」はそれよりもぐんと低く一九％だということを明らかにした。

実際、世相を色濃く反映させて展開される『渡る世間は鬼ばかり』は高齢者に高く支持されている。登場人物の「喜びや悲しみに共感」し、感情移入しながら見ることができるからであろう。一方、大河ドラマは高齢者に人気があると考えられているが、朝のテレビ小説ほど視聴率を取っていない。このことからも、「心の豊かさ」や「教養が得られる」という要素は、大部分の高齢者のニーズとしてそれほど高いものではないといえる。

高齢者の高視聴率ドラマを見ると、『水戸黄門』であれ、『渡る世間は鬼ばかり』であれ、パターンで構成されたストーリーであること、高齢者にそれなりの役割が与えられていること、ストーリーの最後では高齢者の気持ちがスカッとする解決が提示されること、等々に特徴がある。いずれも真剣に見ていなくてもわかりやすく、感情移入しやすく、日常のストレスを発散しやすいストーリー構成になっている点が共通しているといえる。

㈢　衝撃的な研究報告

ＷＨＯでは七五歳以上を後期高齢者と定義するが、全般にその頃、老化に伴う心身の機能低下が顕著になる。たとえば、高齢者のドラマ視聴について、ジョシュア・フォーゲルら（Fogel and Carlson 二〇〇六）は衝撃的な研究報告をしている。彼らは七〇－七九歳の健康な女性二八九人に対しテレビ視聴番組についての聞き取り調査と認知テストを実施した結果、脳機能を測定するＴＭＡ（Trail Making Test）の結果とソープオペラとが高い相関を示し、言語学習と記憶を測定するHVLT-R Delayed Verbal Memory の結果とトーク番組とが高い相関を示したことを明らかにしたのである。そして、この結果を踏まえ、フォーゲルらはテレビ画面との擬似的相互作用を引き起こしやすい番組（メロドラマやトークショー）が認知能力の低下をもたらすリスク要因になりうると結論づけた。

さらに、テレビをただ見ているだけではなく、画面を注視しているのかどうかがより重要だとし、子どもがテレビ画面を注視するのは五四％以下なのに、成人男性は六三％、成人女性は七〇％にのぼることを明らかにした。そして、高齢女性の場合、テレビとの擬似的相互作用による強力な感情移入効果のせいで画面を一層、注視する傾向があると指摘したのである。さらに、「昼間、メロドラマやトークショーをよく見る高齢女性は認知障害を生じやすい」と衝撃的な報告をし、「高齢女性がトークショーやメロドラマをよく見るようになったら認知症の検査をすべきだ」と提言した。

ところが、日本ではそのような知見を引き出した研究はいまのところない。フォーゲルらの研究も、嗜好番組のジャンルと五種類の脳機能テストや言語学習記憶テストの結果を関連づけて有意差検定をしたら、メロドラマやトーク番組と認知能力とが有意に関連することが明らかになったというだけで、因果関係のメカニズムまでも解明したわけではない。したがって、この研究成果を踏まえ、高齢者のドラマ視聴と認知症の発生とに因果関係があるとはいえない。

一方、フォーゲルらはさらに、ストレスは脳に生理学的な影響を与えるが、そのなかには海馬のなかの神経変化をもたらし、アルツハイマー病を発生する場合があると指摘する。そして、ストレスに曝されると人は、テレビ番組の登場人物との擬似的相互作用を形成することによってストレスを解消しようとする。だから、テレビ視聴は、このような擬似的関係を形成することによって生み出される認知能力低下のリスク要因になりうるというのである。

このようにフォーゲルらはテレビの登場人物との擬似的関係が認知能力を低下させうると指摘するが、その研究コンテキストから読み取れるのはむしろ認知症を誘発するのはストレスであり、テレビ視聴はそのストレス解消あるいは低減に関与するものでしかないというものだ。したがって、身近な高齢者が登場人物との強い擬似的相互作用を行ないながら画面を見るようになったとしたら、認知能力の低下を疑ってみる必要があるのかもしれないが、それよりもまず、その背後にあるストレスを発見し、適切に低減する方策を練るのが先決だと思われる。

四　メディア接触行動に反映された高齢層の階層性

これまで見てきたように、テレビは高齢者の生活向上に大きく寄与する側面があると同時に、耽溺しすぎた場合の弊害もあることが指摘された。はたして実際はどうなのか。高齢者と一口にいっても実際は高齢期ほどメディア接触行動は多様である。そこで知的資源の観点から高齢者のメディア接触行動を見ていくことにしよう。

(一)　認知的側面からテレビ視聴の検証を

ジョー・バルギーズ（Verghese 二〇〇六）はフォーゲルらの研究を踏まえ、認知症とテレビ視聴との関連をさらに検証してみるべきだと指摘する。というのも、認知症治療のために使われている薬剤はあまり効き目がなく、実質的にその進行に歯止めをかけることができないからである。したがって、どのような予防法でも試してみるべきだし、認知症のリスク要因だとされるものがあれば検証してみるべきだというのである。実際、テレビ視聴と認知症に関連する研究報告はいくつかある。

たとえば、H・A・リンドストロームら（Lindstrom, et al. 二〇〇五）は、中年期にテレビ視聴が増大すると高齢期のアルツハイマー病の危険が高まることを明らかにした。米国ではテレビは家庭になくてはならないものであり、多くの高齢者の楽しみのひとつがテレビ視聴である。だから、テレビなしの生活は考えられないのだが、高齢期になるとテレビ視聴が増加する背景には、身体機能の低下、うつ病、社会的孤立などがあると指摘する。だからこそバルギーズは、家庭を基盤とした安全で楽しい認知的な刺激活動を、公衆衛生学は提供するようにすべきだというのである。

(二) ドラマ視聴の背後にある高齢世代の階層性

それでは、日本の高齢者たちはどうなのか。かつて筆者は高齢者三五八人に対しテレビ視聴に関する質問紙調査を実施したことがあった。その際、好きなドラマジャンルを尋ね、諸変数とクロス集計をして有意差検定をした結果、時代劇を好んで見ている人は職歴としてはブルーカラー、自営、学歴としては低学歴（未就学、尋常小学校卒）の者に多く、余暇活動形態としては趣味活動と無活動タイプ（とりたてて何もしていない）に多いことが明らかになった。情報源としては新聞や本などの活字メディアではなく、もっぱらテレビに依存している高齢者たちであった。考えなければ理解できない活字メディアよりも、一目でなにごとも理解できてしまう映像メディアに依存しているタイプが多いことが判明したのである（香取、一九八三、【図表6－3】）。

図表６－３　時代劇を好む高齢者の特性

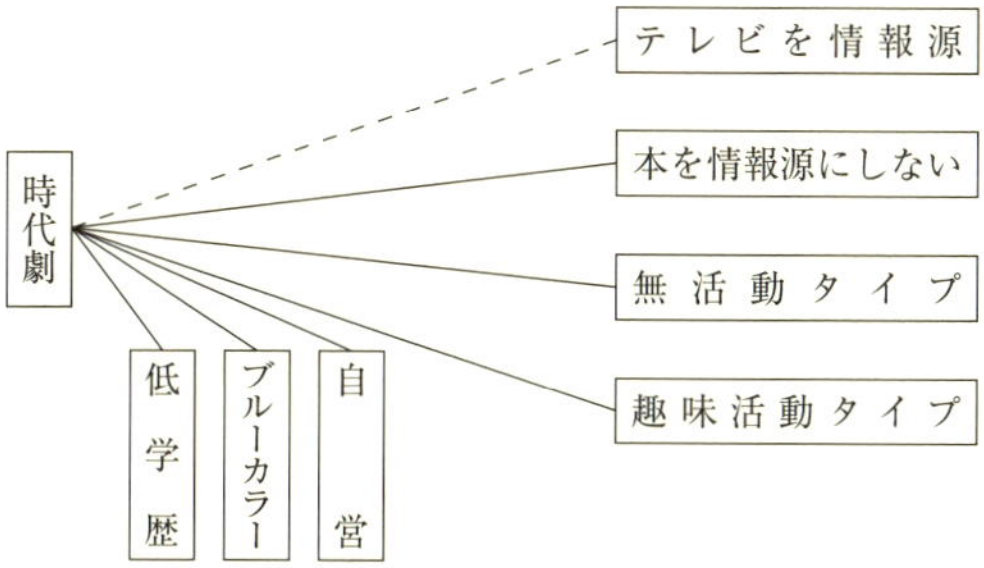

注）カイ２乗検定の結果，実線はＰ＜0.001，点線はＰ＜0.01で有意差。（香取，1983より）

時代劇をよく見ているのは、無活動タイプと趣味活動タイプであったが、無活動タイプは視聴時間が長く、テレビだけを情報源にしている場合が多かった。趣味活動タイプもまた視聴時間が長く、無活動タイプと同様、時代劇やアクション・推理ものを好んで視聴していた。見終えてスカッとできるカタルシス効果の高い番組をよく見ていたのである（香取、前掲書）。

八三年に実施した調査の諸変数のクロス集計結果について有意差検定を行なったところ、高齢期の活動内容と深く関連していたのが、学歴、職歴、収入、家族状況であることが判明した。知的資源、経済資源、人的資源を豊富に所有する高齢者の活動内容は多様で活発であったが、そうでない高齢者の活動はきわめて貧弱で、テレビにさまざまな活動の代替を求める傾向が見られたのである。活動の分岐点となる指標が、活字メディアとの接触の多寡であった（香取、二〇〇〇）。

実際、「日本人の意識」調査から八三年の「欠かせないコミュニケーション行動」で「新聞」の項目を見ると、六〇代以上の高齢世代には歴然とした性差が見られた（【図表6－1】）。高齢男性が圧倒的に新聞を情報源としているのに対し、女性は必ずしもそうではなかったのである。そこに付随するのは知的資源に基づくさまざまな格差である。既述したように八三年に実施した調査結果からは、時代劇をよく見る高齢者はもっぱらテレビを情報源としていたことが明らかになっている。彼らは関心領域が狭く、知的活動が活発ではなく、ものごとをパターン認識できることを好む層であった。したがって、彼らは活字リテラシーが低いだけではなく、認知能力の低下した高齢者であった可能性が示唆されている。

ところで、フォーゲルらは登場人物との擬似的関係が認知能力を低下させるリスク要因になると指摘していた。この見解と一九八三年に日本で施した時代劇に関する高齢者調査の結果（香取、一九八三）を照合させてみると、因果のベクトルが逆方向で捉えられている可能性も考えられる。つまり、テレビドラマの視聴によって認知能力が低下するのではなく、認知能力の衰えた高齢者がパターン処理されたストーリー構成のドラマを好んで見る傾向があると考えられるのである。両者の研究手法や対象者の文化的背景が異なるため、必ずしもフォーゲルらの研究成果を否定することはできないが、高齢者のテレビ視聴と認知能力の低下についてはさらに研究を積み重ね、その連関構造を検証していく必要があるだろう。

(三) 格差を助長するテレビの多様化、高度化

時代劇を好む視聴者特性からは八三年時点での高齢者の世代内格差が透けて見えた。当時は基本的に地上テレビしかなく、アクセスの面で格差を発生させる要素は受信可能な民放局数の違い程度であったが、高齢者の嗜好番組には明らかに知的資源による差異が反映されていた。原初的な差異といえるものだが、これが老後の生活格差と関連していた。

一方、テレビが多様化するに伴い、まずアクセスの面で格差が生じるようになる。デジタル受像機の購入、有料放送の契約（BS、CS、ケーブルなど）、ブロードバンドの加入など、可処分所得の多寡によってアクセスできるメディアや接触できる番組内容に差異が生じるようになったのである。専門的で大衆向けではない番組は有料放送やBS放送、ケーブルテレビで扱われ、無料で見られる地上テレビの視聴者には提供されない。利用者の自由な選択の結果ではなく、メディアへのアクセスが経済資源によって制限されるようになった結果、生じた差異である。

さらに、受像機が高度化すれば装置が複雑になり、操作が難しくてアクセスに抵抗をおぼえる高齢者も増えるだろう。デジタル化に伴い多機能化したテレビは、これまでのように一方的に送られてきた番組を見るだけの装置ではないからである。多チャンネル、多機能型のテレビを活用できれば、高齢者は家に居ながらにして知的資源を豊かにできる。それだけに、テレビの多様化、高度化によって知的資源、経済資源による高齢者の世代内格差がさらに進む可能性がある。

(四) メディア生活の光と影

これまで見てきたように、テレビは長年にわたって社会変化への適応装置、再教育装置、心を癒す慰安装置、生活のペースメーカー、等々の側面で高齢者の生活に大きく寄与してきた。おそらく今後もそうであり続けるだろう。ただ、九八－〇三年の期間に六〇代後半男性の生活満足感が低下していたことを思い返せば、メディア革新の波に対応しきれない高齢者が不安感を必要以上に募らせる可能性がある。それだけに高齢者の社会参加を促す方向でテレビの高度化を進める必要がある。

たとえば、ＮＨＫは『歌謡コンサート』の歌詞テロップを高齢視聴者に合わせ、拡大して表示するようにした。このように、老化の度合いに応じて見やすく聞きやすい高齢者仕様のテレビ、高齢者が操作しやすいリモートコントローラーなどが開発されれば、高齢世代を取り込みながら、テレビは今後も基幹メディアとして機能しうる。政府はe-Japan戦略後のＩＣＴ政策としてu-Japan政策を打ち出しているが、このu-Japan戦略の下で展開されているアクセシビリティ保障が徹底されれば、機器操作で見られた格差は縮小に向かうだろう。さらに機器やサービスの価格低下が進めば、機器所有や有料サービス契約などの経済資源に基づく格差もやがて縮小していくだろう。デジタル化、ネットワーク化によるメディア変化が避けられないものだとしても、関連機器のユニバーサルデザインを進めれば高齢者のメディア生活に光の部分を生み出すことができる。

とはいえ、メディア利用における格差はメディアの多様化、高度化に伴い、今後拡大していく可能性がある。アナログ地上テレビが中心であったマスメディア時代でも、高齢層のなかでは活字リテラシーの差異が視聴番組に反映されており、それが老後生活の格差と結びついていた。メディア利用には知的資源が大きく影響するからである。メディアが高度化すれば、利用シーンにおける知的資源の影響はさらに高まり、それが新たな格差の温床となる。メディア利用のあり方こそ知的資源の影響下にあり、それは経済資源と密接に関連するからである。メディア生活における影の部分である。おそらく、この種の格差は高齢層に限らず、各年齢層で見られるようになるだろう。

メディアが多機能、多チャンネル化の様相を強めていけば、知的資源の多寡による利用階層の再編が起こる。そして、メディアの変化に適応しにくい高齢層のなかでまず格差が拡大すると思われる。格差拡大という現象はやがて他の年齢層にも波及していくだろう。〇三年の意識調査を見ても、「欠かせないコミュニケーション行動」にインターネットをあげる者の比率は一〇代と六〇代前半で同値であった。人びとが年齢の壁を超えて共通のメディア生活を送るようになるとすれば、インターネットを使わない同世代の高齢者よりも一〇代の若者に親近感を抱く高齢者も出てくるかもしれない。

u-Japan 戦略の下で高齢者に照準を合わせた機器の仕様が徹底されれば、テレビは誰もが参加できる社会を作り上げるための基盤になりうる。実際、u-Japan 政策ではデジタルテレビを情報社会のゲートウェイとみなし、誰もが、いつでも、どこでもアクセスできるようにしようとしている。だから、テレビが高度化すればやがて年齢によるアクセスの差異は解消されていくだろう。だが、知的資源によるアクセスの差異だけは、いつまでも温存され続けるにちがいない。テレビの高度化に伴い、今後、エイジレス社会に移行していくだろうが、知的資源に基づくさまざまな格差はさらに拡がっていくと思われる。

文献一覧

Fogel, Joshua and Michelle Carlson 2006, "Soap Operas and Talk Shows on Television are Associated with Poorer Cognition in Older Women," *Southern Medical Association*, vol.99, number 3, pp. 226－233.

香取淳子、一九八三「老人にとって時代劇とは何か」『放送レポート』65号、一六－二〇頁

――――、一九九三「橋田壽賀子」『放送レポート』１２０号、六八－七二頁

――――、二〇〇〇『老いとメディア』北樹出版、九七－一二三頁

――――、二〇〇四「テレビ映像の説得効果」『映像と理論』（vol.28）、一－一五頁

Lindstrom, Heather A., Thomas Fritsch, Grace Petot, et al. 2005, "The Relationships Between Television Viewing in Midlife and the Development of Altzheimer's Disease in a Case-control Study," *Brain Cogn*, vol.58, number 2, pp. 157－165.

田口恵一、二〇〇四「70歳代・80歳代の高齢者はどのようにテレビを見ているか?」『放送研究と調査』10月号、六六－七五頁

Verghese, Joe. 2006, "To View or Not to View: Television and Mental Health," *Southern Medical Association*, vol. 99, number 3, p. 202.

7章　メディア変動と世論過程

——〈私〉としての〈コイズミ〉、〈世論〉としての〈コイズミ〉

遠藤　薫

一　はじめに——メディア政治と日本社会の神話崩壊

小泉劇場のあとで

二一世紀の最初の五年間、日本政治のメディア・コミュニケーションは、大きく変化した。「小泉劇場」とも呼ばれた小泉首相のパフォーマンスは、まさに、国民的アイドルのように、マスコミを、人びとの目を引きつけた。首相就任間もない頃、ぶら下がり記者会見の場で、「なんてったってアーイドール、なんてったってコイズーミー」と歌って見せたことさえあった。日本の政界にはかつていなかった軽やかな宰相は、時代の仇花なのか、大きな社会変動の前触れなのか、人びとは固唾を飲んで「変人」首相を見守ったのである。

とはいうものの、メディア（とくにテレビ）を利用した政治的アピールや報道・情報番組のエンターテインメント化はアメリカでは一九五〇年代から進んでいた。九〇年代から急速に一般化したインターネットも、それ自体が政策的意味を強く持つだけでなく、政治コミュニケーションの重要な一翼を担うようになりつつある（遠藤、二〇〇二・二〇〇七など参照）。アメリカに比べ、日本では政治とメディアとの関係が十分に意識されてはこなかった。その意味で、小泉政権は日本のメディア政治を一気に切り開き、その問題と可能性を遅ればせながら日本の人びとの眼前に突きつけただけともいえる。

このような小泉メディア政治の間に、景気は何とか持ち直したものの、その代わりに厳しい格差社会が訪れようとしている、というのが一般的な評価である[1]。「下流社会」が流行語になり、「ワーキングプア」「年金破綻」が囁かれ、「癒し」がもてはやされる。

平等主義から競争主義へ——変化は大衆の側から起こった?

ところがその背後で、日本の政治世論に大きな変化があったことはあまり語られていない。【図表7－1】を見てほしい。これは、ＮＨＫ放送文化研究所が五年ごとに実施している「日本人の意識」調査のなかの、「重要な政策課題」に関する質問に対する回答の推移をグラフ化したものである（実際の質問にはもっと多くの項目があるが、ここでは代表的なもののみを取り上げる）。

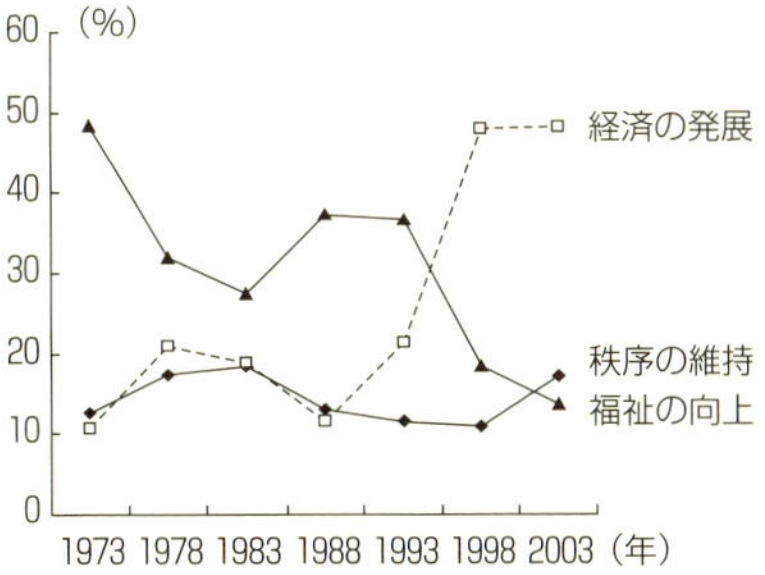

図表７－１　日本の重要な政治課題（データ：ＮＨＫ放送文化研究所「日本人の意識」調査 1973－2003）

調査開始以来、「福祉の向上」を最重要課題と答える者の割合と、「経済の発展」と答える者の割合とは、まさにシンメトリカルな推移を示している。そして、それらの関係は、一九九三年と一九九八年の間で、信じられないような劇的な大逆転を見せたのである[2]。

これまで、日本人は「平等」を好み、「和」を尊び、剥き出しの競争を嫌う、と信じられてきた。かつて日本型経営と呼ばれたビジネスシステムは、福利厚生を重視し、社員が家族的信頼によって結ばれる共同体だといわれてきた。現在でも、日本の文化風土は平等主義を重んじると説く人は多い。しかし、それはすでに完全な誤認識となっている可能性がある。

そして、もしそうなら、日本人は、決して小泉政治の意図せざる結果としてではなく、まさに自ら望んで「格差社会」を迎えようとしているともいえるのである。

本稿は、かつてない高い支持率のまま任期を終え、日本社会に大きなインパクトを残した「小泉首相」というパフォーマー（以降、これを〈コイズミ〉と呼ぶ）のイメージをたどりつつ、日本社会の現在を捉えようとするものである。一体、われわれの社会に何が起こり、これから何が起ころうとしているのだろうか？

二　一九九三―一九九八年の間に何があったのか？
――政治とメディアの変動

政治体制の変化と情報環境の変化――世界

広く世界を見渡せば、たしかにこの時期は国際政治の面でもグローバル・メディアの面でも大きな節目だった。八〇年代末から九〇年代初めにかけて、東西ドイツ統一やソ連崩壊など、社会主義陣営と呼ばれた国々が次々と姿を消していった。米ソの超大国による世界の二分構造は潰え、パクス・アメリカーナと呼ばれる一極集中の時代がやってきた。

この大変動を背後から突き動かしたのは、グローバルな情報ネットワークの浸透だった。経済的に劣った状況にあった東側諸国にも、グローバル・メディアは西側の豊かな消費生活をリークしてしまう。その結果、人びとは自らの生活に対する不満を募らせ、幻想の消費生活に高い価値を付与した可能性もある（詳しくは、遠藤、一九九八、など参照）。

そして一九九三年にはまさに情報スーパーハイウェイ構想を引っさげたクリントン／ゴアが政権の座につき、インターネットをここまで一般の人びとの生活に浸透させた原動力であるWWWが実用化され、一九九五年にはWindows95が市場を席巻した。世界の政治情報構造はこの時期、ユビキタスなデジタル・ネットワーク環境へ向かって大きく舵を切ったのである。(3)

政治体制の変化とメディア環境の変化――日本

一方、日本ではどうだったか。

日本の一九九三年は、戦後の五五年体制崩壊の年として長く記憶されるだろう。「五五年体制」とは、「改憲・保守・安保護持」を掲げる自由民主党と「護憲・革新・反安保」を掲げる日本社会党の二大政党制をさす。一九五五年から長く続いた戦後の政治体制である。これが日本のデフォルトの体制であるかのように思われていた時期もあった。しかし、一九八八年のリクルート事件、一九九二年の佐川急便事件は国民の政治不信を沸騰させ、直後の一九九三年衆議院選挙では、自由民主党は大量の脱党者を出し惨敗した。日本社会党も大幅に議席を減らし、宮沢喜一が総理の座を去り、日本新党の細川護煕が政権についた。「五五年体制の崩壊」である。

この九三年衆院選挙には、メディア（とくにテレビ）の力が大きく影響し、細川内閣はニュースショーによって成立した内閣ともいわれる。「サンデープロジェクト」[4]の田原総一郎自ら、宮沢の退陣は、同番組内での発言によると述べている。また選挙後、日本民間放送連盟（民法連）の会合で当時のテレビ朝日取締役が「非自民政権が生まれるよう報道するよう指示した」と発言したと、『産経新聞』が報道した。「椿発言」事件である。事の是非はともかく、テレビの影響力が人びとの意識に強く印象付けられた出来事だった。

しかし、その後細川は一年足らずであっけなく政権の座を去り、在位二ヶ月の羽田孜内閣を経て、一九九四年から一九九六年初頭まで社会党の村山富市が首相となった。その間、一九九五年一月には阪神大震災が起こり、三月には地下鉄サリン事件が起こる。混乱のなか、日本でも徐々にインターネットの可能性が認知された[5]のもこの頃だった。

その結果

村山富市があっさりと去った後、小渕、森というふたりのあまり人気のない首相が続いた。彼らはすでに五五年体制崩壊の後で時代遅れになっていた密室談合から出てきた。キャラクターや発言も（実態は別として）まさしく時代遅れ

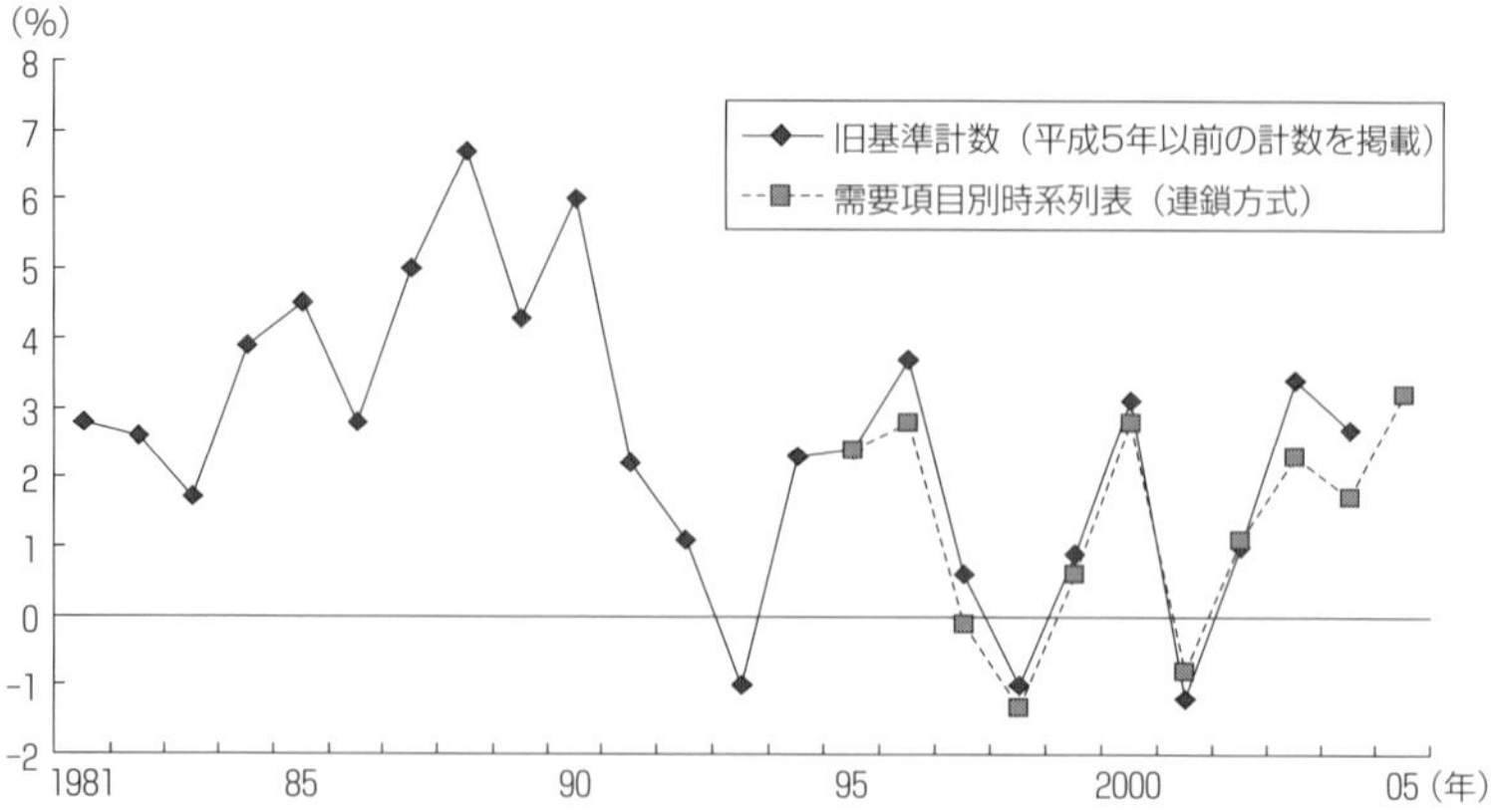

図表７－２　日本の実質 GDP 成長率（年度）（データ：http://www.esri.cao.go.jp/jp/sna/qe062-2/ より）

な雰囲気をかもし出していた。

そして、経済は「平成の大不況」の只中にあった。【図表7－2】は、日本の実質ＧＤＰ成長率の推移を示すものである。日本のＧＤＰ成長率は、一九九三年の落ち込み以降、もはやそれ以前の水準に戻ることなく固定してしまったかに見える。九三年は経済の面でも、日本社会のひとつの分水嶺であったかもしれない。

一般の人びとは、時代について必ずしも深く思いをめぐらしながら生活しているわけではない。にもかかわらず、図表7－1に表わされた人びとの社会意識の断絶は、実体的な社会変化と結びつき、さらにそれを推し進めているのかもしれない。

三　テレビ・イベントとしての〈コイズミ〉

テレビと擬似イベント

先にも述べたように、五五年体制の崩壊は大きなメディア変動の時期とも重なっている。

近代以降、現在に至るまで、慌ただしいほど次々と、新たなメディア技術が登場してきた。新しいメディアが登場する度に、それは古いメディアからの批判の対象となる。テレビが日本社会に急速に浸透しつつあった五〇年代、評論家の大宅壮一は「現代文化の最高作品であるテレビが、かえって文化を後退させるのではないか、つまりあまりに感覚的、直接的でありすぎるので、人間の知性を失わせる、つまり白痴化させるものではないかという疑問がでてくるのである。現状においては、テレビは「一億白痴化運動」をおこなっているようなものだ」（「チャンネル文化」一九五七年九月）と、テレビを批判した。

メディア社会に対するもっともよく知られた批判は、ダニエル・ブーアスティンの『幻影の時代』だろう。ブーアスティンはこのなかで、「擬似イベント」という概念を提示している。擬似イベントとは、次のような性質を持つ〝企まれた出来事〟である（ブーアスティン、一九六四、一九－二〇頁）。

（一）疑似イベントは自然発生的ではなく、誰かがそれを計画し、たくらみ、あるいは扇動したために起こるものである。

（二）疑似イベントは、……本来、報道され、再現されるという直接の目的のために仕組まれたものである。それ故、疑似イベントの発生は、報道あるいは再現メディアの都合のよいように準備される。疑似イベントの成功は、それがどのくらい広く報道されたかということによって測られる。

（三）疑似イベントの現実に対する関係は曖昧である。しかも疑似イベントに対する興味というものは、主としてこの曖昧さに由来している。

（四）疑似イベントは自己実現の予言として企てられるのが常である。

現代、われわれがテレビのなかに見る「出来事」のほとんどで、「演出」と「事実」の境界は曖昧である。たとえば、ある番組では芸能人が一ヶ月一万円で生活してみせる。いらだったり、さまざまに才覚して見せたり……。だが、そのどこまでが「現実」なのかはよくわからない。「現実」か「虚構」かの区別はどちらでも良いのである。要は面白ければ、視聴率がとれれば、「成功」なのである。無論、「面白い」と思う（あるいは思わない）のは、視聴者である。その番組にチャンネルを合わせるかどうかの判断は、視聴者に委ねられている。そして視聴者は、それがまさに「企まれた現実」であるからこそ、魅力を感じ、企みに自らコミットすることに「面白さ」を感じる、というのがブーアスティンの議論である。

〈コイズミ〉の準備段階

そのテレビを自らの政治的舞台として鮮やかに現われたのが、〈コイズミ〉だった。

〈コイズミ〉について、多くの人が「天才」という言葉で語った。「言葉の天才」「メディア戦略の天才」「天才的なパフォーマー」……。〈コイズミ〉を、人びと－オーディエンスは、それ以前にはいない政治家、と感じた。彼は常にサプライズとともにやってきた。

しかし、それは事実だろうか？

いま一度振り返れば、「首相」を演ずるキャラクターには、少し前から変化が生じていた。

五五年体制の瓦礫の向こうからやってきた細川は、いかにも貴公子然とした甘いマスクで抜群の支持率を獲得した。メディア（朝日新聞記者）出身で、立ったままの記者会見を始めた事でも知られる。泥臭さや権力への執着は感じられなかった。その証拠に、少し事態がもつれてくると簡単に政権を投げ出した。政界引退後は陶芸家として生きている。

社会党からの首相ということで注目を浴びた村山富市も、細川とは違った意味で、興味深いキャラクターだった。「人にやさしい政治」をキャッチフレーズに掲げ、「そうじゃのう」という口癖、訛りのある言葉、長い眉毛、好々爺風の風貌など、昔話のおじいさんのような温かみをイメージさせた。(6)映画やテレビにも気軽に(7)出演した。

次の橋本龍太郎も、古い時代劇のヒーローのような端正な顔立ちで、ＮＨＫに勤めていた弟の橋本大二郎とともに、女性人気を誇った。実際、剣道錬士六段であった。ファンからは「龍さま」と呼ばれ、党本部に「龍ちゃんプリクラ」が設置されたこともあるという。

彼らプレ〈コイズミ〉に共通するのは、

＊テレビ映えがする

＊キャラクターが立っている（人目を引く魅力がある）
＊泥臭さがなく、ソフトである（カワイイ＝子供っぽい面をもつ）
＊言葉がわかりやすい
＊テレビなどに出ることを好む
＊党内での評価は必ずしも高くない

などである。そしてそれらは〈コイズミ〉の特徴でもあった。つまり、〈コイズミ〉はそれ以前と断絶したオリジナルではなく、むしろまさしく時代の流れにのって現われたのだ。

「特性のない男」としての〈コイズミ〉

同時に、小泉純一郎という人物は、もともと右記のような〈コイズミ〉的人物だったろうか？という疑問もわく。一九九八年の総裁選に出馬したときは、田中真紀子から「変人、凡人、軍人」の三候補として揶揄された。当時の小泉は、甲高い声でひたすら「郵政民営化」を叫ぶ、痩せぎすでエキセントリックな、まさに周縁的な「変人」にしか見えなかった。いしいひさいちの『大問題』という社会政治風刺マンガのシリーズのなかでも、彼は似顔絵の書きにくい、つまりあまり魅力のない、キャラ立ちのしない人物として現われるだけであった（【図表7－3】）。

その「小泉」が首相になったとき、驚きを口にした人も多い。たとえば、『日経新聞』のコラム「風見鶏」でも、小泉とは旧知だという論説委員が「政治の話をしない」「テロリストの風貌をもった」「異端児」が首相になったことの「驚き」を述べている(8)。

ブラックホールとしての〈コイズミ〉

むしろ小泉は「キャラの薄い」人物だったと言えるかもしれない。

二〇〇一年秋の「森おろし－加藤の乱」に際しても——小泉はすでに森派の中心であったからやむをえないにせよ——ＹＫＫ（山崎拓、加藤紘一と小泉による盟友関係）の一角を担っていたはずの小泉の存在感は希薄だった。同時に彼は、森陣営の先頭に立つことも表立ってはほとんどしていないのである。

森退陣後(9)、党内は地方若手議員中心に旧来の執行体制に反発が根強かった。国民も政治の刷新を望んでいた。その「新しい政治体制」のリーダーとして、当初最も期待されたのは、加藤、山崎が挫折した後には、田中真紀子だった。『ニュースステーション』が二〇〇一年三月十一日に行なった世論調査(10)でも、「次の総理大臣は誰が望ましいか?」との問に対する回答は、田中真紀子一四・二%、小泉純一郎一二%であった。(11)

しかし、衆議院議員の渡辺喜美が当時語ったところ(12)によれば、「推薦人二〇人の壁が予想以上に厚く、真紀子さんの

2001年　　2000年

図表７－３　〈コイズミ〉以前の小泉氏（これらの風刺マンガでは，小泉はたんなる脇役にすぎない。そのためか，似顔も一定せず，作品ごとに変化している）（いしいひさいち・峯正敏，2004『帰ってきた『大問題』（'01～'03）』東京創元社，p.21とp.94より）ⓒいしいひさいち

擁立を断念せざるを得なかった」、「真紀子さんは……察知し、小泉さんのところへ行き、出馬を促したのです。その頃、小泉さんは「出ない」と言い、森さんも……「小泉君は出ない方がいい」と言っていました」、「小泉さんは出ないという観測が強まっていたときに、真紀子さんが決断を迫った。それで、一度引っ込んだ感じのあった小泉さんが、肚を括って出ることになった」という。この結果、「旧体制の破壊者」が小泉に一本化され、地方議員の票が雪崩を打って小泉に集中した。仕掛けた人びとの予想をも越える動きだった。

結局彼は、旧体制に反発する人びとにとって、消去法で最後に残った候補者であり、だからこそのっぴきならない候補者と（結果的に）なった。そしてむしろ彼がポジティブな特性を「もたない」ことによって、不満を持つ人びとは、それぞれに〈コイズミ〉に何かを、自己を投影することが可能になったのではないか。〈コイズミ〉が真空のブラックホールであったからこそ、人びとの想いが一気に吸引されてしまった、と考えられるのである。

テレビを映す〈コイズミ〉――日本的ナラティブ・ジャーナリズムと〈コイズミ〉

こうして〈コイズミ〉政権は発足した。

人びとの関心は高く、二〇〇一年五月七日の小泉首相の所信表明演説の視聴率は六・四%に達した[13]。同日同時間帯のテレビ朝日『上沼恵美子のおしゃべりクッキング』一一・九%、同『徹子の部屋』五・八%、フジテレビ『ごきげんよう』六・四%、などはいずれも国会中継に勝てなかった（ビデオリサーチ調べ）。また、田中外相と菅直人民主党幹事長が外務省機密費問題で論戦した五月十四日の衆院予算委でも、午後一時から四時間の平均視聴率が六・五%。十五日午後の予算委も平均七・六%を記録し、同時間帯の民放（日本テレビ『ザ・ワイド』七・五%、TBS『ジャスト』六・二%、フジテレビ『ごきげんよう』七・四%、テレビ朝日『徹子の部屋』五・四%、テレビ東京『午後のロードショー』一一・〇%）を抑えてトップになり、辻元清美議員（社民党・市民連合）の質問時に瞬間最高視聴率は一三・一%に達した。それまで、政治などにはほとんど時間を割くことがなかったワイドショーが、こぞって小泉政権の話題を取り上げるようになる。

〈コイズミ〉以前には、「テレビ政治」とは、TV番組のキャスターやタレントが知名度や大衆的人気によって政治家に転身したり、あるいは、TV番組がその人気によって政治動向を左右したりする現象をさす言葉だった[14]。すなわち、「テレビ政治」の主体は「テレビの人気者」であって、政治家や政権は良かれ悪しかれ客体にすぎなかった。

ところが、〈コイズミ〉はこの構図を逆転した。〈コイズミ〉政治においては、主体は〈コイズミ〉であり、テレビは彼のためにこしらえた舞台となった。彼以外の政治家もジャーナリストも「敵役」か「引立て役」、せいぜい「狂言回し」にすぎなくなった。なぜこのようなことが起こったのか?

二〇〇一年春、総裁選に打って出た小泉のスローガンは、「自民党をぶっ壊す」であった。この言い回しは、前項で述べたような小泉政権誕生のプロセスを考えれば確かにその本質を突いた痛快なセリフに聞こえる。

だがこの言葉は、かつて田原総一郎が『朝まで生テレビ』の中立性について問われ、「初めから司会をしようなんて思っていない。僕は討論をぶっ潰すつもりでやっている」と反論したとされる、その台詞回しとどこかで響き合う。

さらにいうなら、〈コイズミ〉の特徴とされるワンフレーズ・ポリティクスも、「感動した」に代表される感情吐露も、あるいは「米百俵」[15]に代表されるエピソードの使い方にしても、それらはいずれも、田原総一郎、久米宏、筑紫哲也ら、とくに一九九〇年代に活躍したニュースキャスターたちが、まさに大衆的人気を獲得し、「テレビ政治」(ジャーナリズムにエンターテインメントの要素を組み込むこと)を展開してきた手法であるともいえる。

すなわち〈コイズミ〉は、テレビキャスター主体であった「テレビ政治」を、まさにテレビキャスター的な振る舞いによって、「〈コイズミ〉テレビ政治」へ転換したのである。

無論この転換は、〈コイズミ〉が自民党旧体制に対する批判者という立ち位置をとったために、従来の、政権に対する批判者としてのテレビキャスターという配置とのアナロジーが成立したためである。〈コイズミ〉とは、このアナロジーを徹底的に活用した象徴的存在なのである(遠藤、二〇〇七、も参照)。久米や田原の手法が「ナラティブ・ジャーナリズム」(物語的ジャーナリズム)[16]の日本版なら、〈コイズミ〉政治はナラティブ・ポリティクスと呼べるかもしれない。

リアリティ・テレビとしての〈コイズミ〉、伝説としての〈コイズミ〉

〈コイズミ〉政権については、しかし、ナラティブ・ポリティクスというにとどまらない。高支持率、ワイドショー人気に後押しされるように、日本では珍しい政治ドラマがいくつも制作された。二〇〇一年十月－二月には、日本テレビ水曜二二時『レッツ・ゴー！永田町』[17]がオンエアされた。視聴率はふるわなかったが、小泉役を岩城滉一が演じた[18]。二〇〇五年九月十一日の衆議院選挙では、テレビ東京が『ザ・決断！世紀の決戦』で、郵政解散、刺客戦術を仕掛ける〈コイズミ〉を田中健が演じた。小泉退陣間際の二〇〇六年九月十八日には、日本テレビ系の『緊急ドラマSP　小泉純一郎を知っているか？』がオンエアされ、関東地区で平均視聴率一二・一％（ビデオリサーチ調べ）を記録した。

二〇〇六年十月八日には、「三五年間にわたり小泉に仕え、かつ小泉政権の舞台裏を取り仕切ってきた飯島秘書官、ならびにさまざまな関係者への取材をもとに、〝永田町をぶっ壊した男〟小泉純一郎の知られざる人間性に迫る」として、『独占取材！今明かす小泉純一郎の「正体」[19]』が放送された。さらに『ザ・決断スペシャル！～命をかけた！あの一瞬！～』が、十一月三日からテレビ東京系で放送された。二〇〇一年五月にハンセン病国家賠償訴訟で国が敗訴し、控訴断念という大きな政治決断に至る小泉の心の動きを追う趣向だった。

〈コイズミ〉政権と同時進行形で、〈コイズミ〉が登場する政治ドラマがオンエアされるということは、現実の〈コイズミ〉政治をリアリティ・テレビ化するものといえる[20]。リアリティ・テレビ化された現実は、現実と虚構の区別をなし崩しにする。視聴者は登場人物に感情移入しつつ、刺激的な〈現実〉を〈擬似体験〉する。

一方、〈コイズミ〉政権最末期につくられたドラマは、一種の「再現ドラマ」である。

これら再現ドラマがつくられることの含意は、〈コイズミ〉政権の終わりを宣言し、安倍政権の誕生を告知するだけでなく、〈コイズミ〉政治の「伝説化」を促す。

こうして、リアリティ・ナラティブ・ポリティクスとしての〈コイズミ〉政治は、まさに「現実」となるのである。

四　間メディア・イベントとしての〈コイズミ〉

インターネットと〈コイズミ〉

〈コイズミ〉はテレビだけを利用したわけではなく、インターネットを初めて政治的に活用した政権でもある。

〈コイズミ〉のインターネット利用については、すでに遠藤（二〇〇二、二〇〇三、二〇〇四、二〇〇七など）でも論じてきた。とくに二〇〇一年五月二十九日の創刊準備号から始まった小泉内閣メールマガジンは、毎回「小泉純一郎です」で始まる総理からのメールが直接個々の有権者のもとに届くということでブームを巻き起こし、二〇〇一年七月五日の時点で全登録者数は二一〇万七〇〇〇人に達した。【図表7－4】によれば、男性が全体の六七・七％で、女性の二倍以上となっている。年齢別にみると、三〇代が最も多く、次いで二〇代、四〇代、五〇代となっている。まさに、インターネットを利用する働き盛りの人びとにフィットしたメディア戦略といえる。

官邸のホームページも、森内閣の時は諸外国に比べて非常に遅れたものだった。しかし、小泉内閣になってからは、動画なども随時アップされるようになった。末期には、一二チャンネルもの政府インターネットテレビやビデオキャスティングなども開始された。

また、二〇〇五年八月二十五日には武部幹事長と世耕広報担当が影響力の大きいブロガー三〇人を自民党本部に招いて「ブロガー懇談会」を開催した。このとき招かれたブロガーのひとりである㈱ネットエイジ代表の西川潔は、自身のブログに次のように書いている(21)。

懇談会は、まあ、たったの一時間半でしたし、それほど白熱した議論というレベルにはなりませんでしたが、ともかく、自民党としてインターネットユーザの影響はすでに無視できないレベルにある、という認識をもっていることは理解できました。うがった見方をすれば、「ブロガーと幹事長の対談」、という「先進的なイメージ作り戦略」かもし

		10～19歳	20～29歳	30～39歳	40～49歳	50～59歳	60～69歳	70歳以上	不明	合計
読者構成	人数(千人)	88	517	625	430	241	95	20	92	2,107
	比率	4.4%	25.6%	31.0%	21.3%	11.9%	4.7%	1.0%	－	100.0%
人口構成比率		12.1%	15.9%	14.8%	14.2%	16.7%	13.0%	13.3%	－	100.0%
パソコンインターネット利用率		12.3%	26.4%	20.3%	16.9%	13.8%	5.9%	4.4%	－	100.0%

図表７－４　2001年７月５日時点の小泉内閣メールマガジン読者属性集計表（年齢別登録者数）
(http://www.kantei.go.jp/jp/m-magazine/hyou/0712_nenrei.html より)

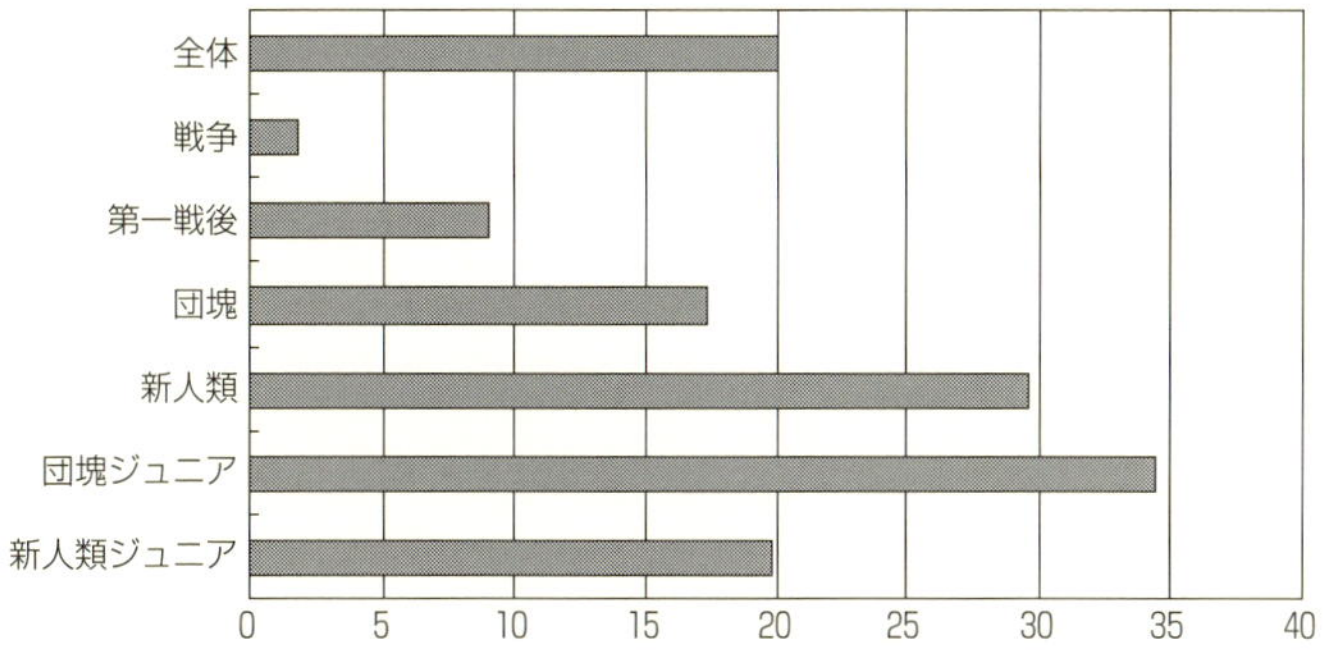

図表７－５　「欠かせないコミュニケーション」としてインターネットを答えたものの世代別割合（NHK 放送文化研究所「日本人の意識」調査（2003）のデータを筆者がクロス集計）

	新聞	本	マンガ	雑誌	テレビ	ラジオ	CD	携帯電話	インターネット	家族と会話
本	***									
マンガ	(-)***	***								
雑誌	***	***	***							
テレビ	***			***						
ラジオ	***	***	***	***	***					
CD	(-)***	***	***	***		***				
携帯電話	(-)***	*	***	***	*		***			
インターネット		***	***	***			***	***		
家族と会話	***	***		**	***	***			**	
友人と会話		***	***	***	***	***	***	***	***	***

＊＊＊：0.1％有意，＊＊：１％有意，　＊：５％有意，(-)：負の相関

図表７－６　「欠かせないコミュニケーション」の相関関係（NHK 放送文化研究所「日本人の意識」調査(2003) のデータを筆者が相関分析）

れませんけれど。とくに世耕議員はもとNTT出身ということもあり、IT利用による積極的情報開示姿勢をもっておられ、好感をもちました。

ブロガーたちにこのように語ってもらうことは、とくにインターネット・メディアに馴染んでいる世代（【図表7-5】）には、口コミのように浸透する影響力を発揮する。

間メディア性と〈コイズミ〉

しかも、既にあるさまざまな調査からも、またNHK放送文化研究所「日本人の意識」調査（二〇〇三年）のデータを筆者が分析した結果（【図表7-6】）からも明らかなように、インターネット利用は、それだけが単独に行なわれるというよりは、他の多種多様なコミュニケーション媒体と複合的になされているものである。

インターネットの活用は、新聞・雑誌などの活字媒体やテレビなどへの露出との相乗効果（「間メディア性」とよぶ）によって、いっそう〈コイズミ〉の偶像化を促進したといえる（遠藤、二〇〇七、参照）。

五　〈世論〉としての〈コイズミ〉

世論調査と〈コイズミ〉

在任中の小泉は、「自分だけで決める」と、意思決定の独自性をたびたび口にしてきた。

これに対して、二〇〇六年九月の『報道ステーション』は、「スクープ」として、小泉首相が大量の世論調査に目を通し、かつ、内閣機密費を使って独自の世論調査も行なっていたことを伝えた。また二〇〇六年八月十六日の『読売新聞』も、「政府が、小泉首相の八月十五日の靖国神社参拝に向け、ひそかに世論調査を二度にわたって実施するなど、入念な準備を進めていたことが十五日、明らかになった」と伝えている。

しかし、それは必ずしも意外ではない。〈コイズミ〉は、むしろ常に〈世論〉にそった決定を行なってきた。そしてそのことによって支持率を維持してきたのである。

ハンセン病訴訟問題

たとえば、長く偏見と差別に苦しんできたハンセン病患者たちは国の責任を問う訴えを起こしていたが、二〇〇一年五月十一日、熊本地裁第一判決で原告が全面勝訴した。これに対して、いままでの通例であれば国は控訴するものと予想されたが、抗告すべきでないという世論が強く沸きあがった。この動きに、〈コイズミ〉は被告団との面会を拒絶するなど、態度を曖昧にしたままであった。しかし、国民が見守るなか、同月二十三日政府は控訴を断念した。この決断[22]に対しては、〈世論〉はかなり高い評価を与えた。

この直後に行なわれたテレビ朝日『ニューステーション』の世論調査（二〇〇一年五月二十六日・二十七日）の結果[23]によれば、ハンセン病訴訟控訴断念については八九％の人びとが「評価する」と答えている。

靖国参拝問題

靖国問題に関しては、二〇〇一年総裁選出馬の際「八月十五日の靖国参拝」は公約とされた。首相就任以来、その実現に注目が集まった。二〇〇一年八月四日・五日に行なわれたテレビ朝日『ニューステーション』の世論調査では、賛成四五％、反対四四％と拮抗している。

これに対して、〈コイズミ〉は十三日に靖国参拝する。公約が実行されたのか、されなかったのか、曖昧な結果といえる。そしてその結果としての国民の評価は、共同通信社が十八、十九の両日に行なった電話世論調査によれば、「十三日の参拝でよかったと思う」との回答が五〇・五％を占め、「十五日に参拝すべきだったと思う」と回答した「積極

機関	調査日	小泉参拝		次期首相候補			次期首相の参拝		内閣支持率
		賛成	反対	安倍	麻生	谷垣	賛成	反対	
読売新聞	15-16	53	39				43	39	
共同通信	15-16	51.5	41.8				39.6	44.9	49.2
毎日新聞	15-16	50	46				42	47	
日経新聞	18-20	48	36	44.2	5.5	6.4			
NHK	18-20	45	43	39.9	3.8	3.3			46
産経新聞	19-20	41.4	44.5	45.9	6.7	9.4	26.9	47.4	42.8
朝日新聞	21-22	49	37	53	14	10	31	47	

図表７－７　2006年８月15日の公式参拝に関するマスコミ各社の世論調査結果（％）（各社の公表数値を筆者が表にとりまとめた）

派」は二三・六％、日付に関係なく「参拝すべきではなかったと思う」と回答した「反対派」の二三・二％と拮抗した。

つまり、二〇〇一年八月十三日の〈コイズミ〉靖国参拝は、まさに、国民の曖昧な感情に対応したものであるとも言えるのである。

その後、アジア諸国の反応などもあり、靖国参拝に関しては、侃侃諤諤の議論が続く。だが、結局、つねに賛否は拮抗したままであり、また〈コイズミ〉の参拝もきわめて曖昧なものでありつづけたのである。

そして、任期満了間際の二〇〇六年、〈コイズミ〉が「公約」としての「八月十五日靖国公式参拝」を実行するか否かに注目が集まった。しかも、その直前の七月二十日、『日経新聞』朝刊一面トップで「A級戦犯一四人が合祀されたことに昭和天皇が強い不快感を示し「だから私はあれ以来参拝していない」と、六三年、当時の富田朝彦宮内庁長官に対し語っていたことを、富田氏のメモによって明らかにした」と報じた。

このスクープ（通称「富田メモ」）によって、世論は一気に参拝反対へと傾くかと思われたが、疑問点なども指摘され、次第にうやむやになった。そして前述のように、『読売新聞』の報道によれば、〈コイズミ〉は極秘に世論調査を繰り返し、結局、ついに八月十五日公式参拝の公約を果たしたのだった。この行動について、事後に行なわれたマスコミ各社の世論調査（【図表７－７】）では、やはり賛否がほぼ拮抗状態であった（産経を除いては、賛成がやや多い）。

ただし、ネットでの世論調査では、「賛成」が八割を超えた。「yahoo! みんなの政治」(二〇〇六年八月十五日から計七万一三八八票[24]) では、「首相が靖国参拝を控える必要はない」と答えた者が八一%、また、「livedoor ニュース」の二〇〇六年八月十五日付シングルイシュー「小泉純一郎総理が十五日、靖国神社を参拝しました。あなたは、総理大臣の靖国神社参拝に賛成ですか?」[25] では「賛成」が八二・七一%に達した。

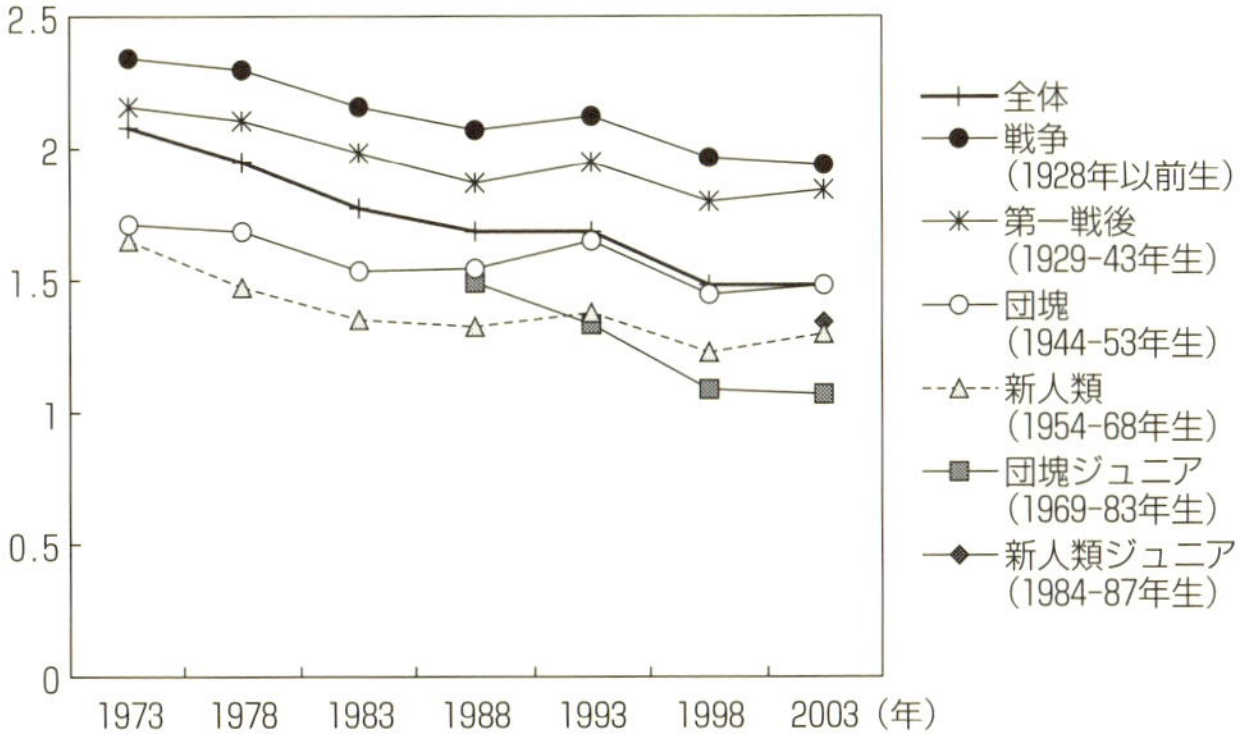

図表7－8　政治的有効性感覚(選挙)

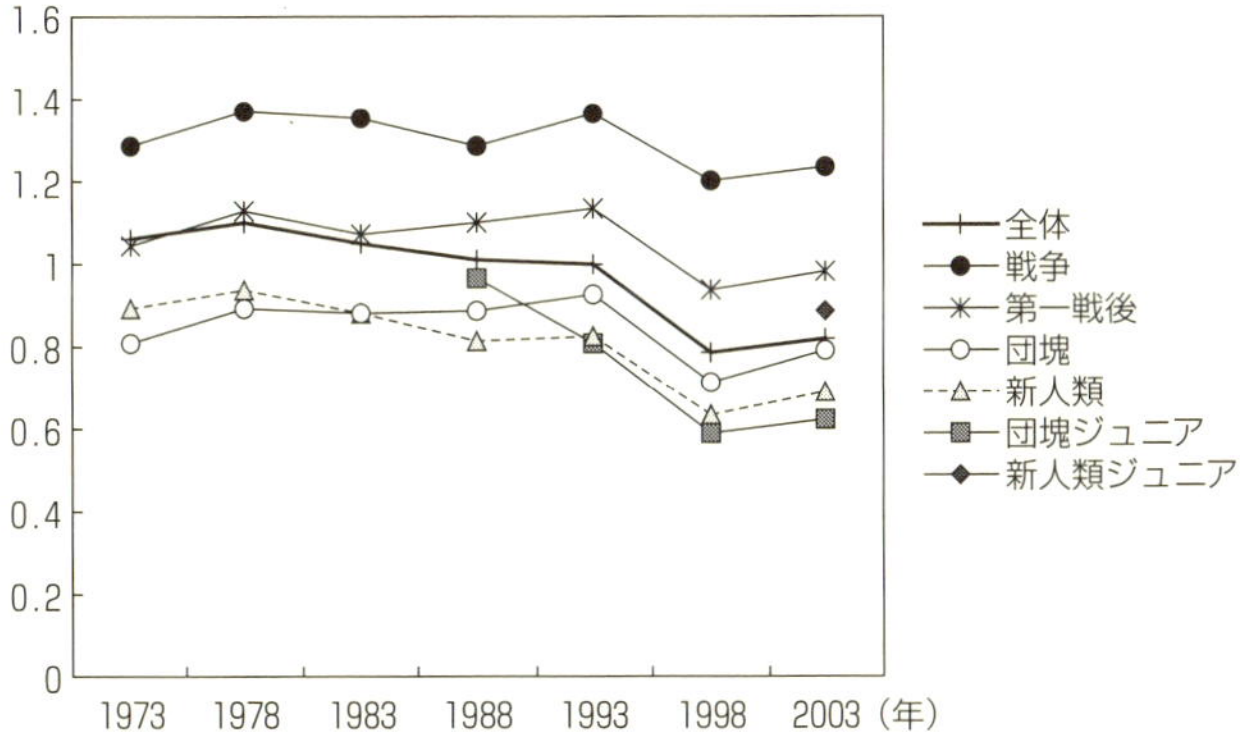

図表7－9　政治的有効性感覚(世論)

政治的有効性感覚の変化

このような動きのなかで、「日本人の意識」調査にみる政治的有効性感覚は、やや上向いている。

人びとが、自分の政治的意識が政治に反映されていると感じているかどうかを尋ねる政治的有効性感覚を、一九七三年以来の結果について、筆者が数値尺度化[26]して、世代別に比較してみたのが【図表7－8】と【図表7－9】である。これによれば、選挙に関する有効性感覚は、七三年以来ほぼ一貫して下降傾向にあるが、九八年と〇三年では横ばいであり、第一戦後世代、団塊世代、新人類世代ではむしろ上昇している。二〇〇三年調査で初めて調査対象となった新人類ジュニア世代が、（従来、一般には、若い世代ほど有効性感覚が低かったにもかかわらず、）団塊ジュニア、新人類という上の世代より高い値を示しているのも注目される。

また、世論に関する有効性感覚では、七三年以来ほぼ一貫して横ばい傾向だが、九八年にガクンと下降した後、〇三年ではやや持ち直している。九八年が自民党執行部に対する不満が高まった時期、〇三年が〈コイズミ〉政権の時期であることを考えると、〈コイズミ〉政治は〈世論〉を反映したものと、人びとが感じていることを表わしているとも解釈できる。

「集合知」か、「集団思考」か？

このような〈世論〉動向と共振する政策決定はどのような政治をもたらすのだろうか？

そもそも〈世論〉とは何だろうか？

近年、（とくにネットを媒介とした）大衆の意思の集積について、「集合知」あるいは「集団の叡智」（Wisdom of Crowds）ということがよく言われる。J・スロウィッキーのベストセラーがネットワーク・ビジネス界で、新しいコンセプトとして受け入れられたことによる。不完全な情報しかもたない個人たちであっても、相互に情報をつなぎ合うとき、ひとりの天才に勝る「知」を実現するということを指す。必ずしも事新しい考え方ではなく、「三人寄れば文殊の知恵」などと同様の経験則とも言える。そして、これとは反対の事態——たとえば集団パニックや「船頭多くして船、山に登る」などといった事態が引き起こされる危険も大きいことも、多くの人が経験から知っていることだろう。[27]

スロウィッキーは集団が賢くなる際の特徴として以下の四つの要件を挙げている。

多様性：それが既知の事実のかなり突拍子もない解釈だとしても、各人が独自の私的情報を多少なりとも持っている

独立性：他者の考えに左右されない

分散性：身近な情報に特化し、それを利用できる

集約性：個々人の判断を集計して一つの判断に集約するメカニズムの存在

これに対して、「集団思考」という現象もある。岩井淳の説明を借りれば、[28]

米国の政策決定の失敗過程を詳細に分析したI・L・ジャニスは、失敗を導いた政策決定グループに集団的凝集性の高い思考様式が特徴的に見いだされることを指摘し、問題の思考様式を「集団思考（groupthink）」と命名した。また、この集団思考を抑制する思考を「自立的な批判的思考（independent critical thinking）」と呼んだ。

全員一致を目指したいとするメンバーの意向が、反対案もしくは代替案の価値を綿密に分析しようとする動機を上回る場合、後に過ちであったと知る決定は生じやすい。これが集団思考である。例えば、仲良し集団となった政策決定グループのメンバーは、グループにおいて議論されるのであれば、大規模な爆撃などの非人道的な方針さえも比較的簡単に正当化し、これに賛成しがちであるという。

このふたつの見方は、目新しい装いをとってはいるものの、むしろ伝統的な議論を引き継ぐものといえる。前者は近代民主主義の理想状態を指し、後者は衆愚政治や大衆現象に対する批判的観点といえる（遠藤、一九九九、など参照）。したがって、少なくとも経験的に知る限り、われわれの社会はどちらか一方の極に規定されることはなく、ふたつの極の間を揺れ動くのである。そして、われわれのなすべきことは、いかに後者の愚を避け、前者を実現しうるか、を常に自ら反省しつづけるしかない。

六　結論――現実は無限鏡像ではない

本稿で検討してきた事柄をまとめれば、次のようである。

〈コイズミ〉の時代、日本人は、強力なカリスマ的指導者あるいは稀代の天才戦略家によって、日本社会の構造変革が成し遂げられることを期待した（もしくは怖れた）。

しかし、状況をもう少し仔細に検討すれば、それがある種の共同幻想であることがわかる。〈コイズミ〉は強い個性と決断力で全体を指揮する〝独裁者〟というよりも、むしろ、人びとのイメージを映し出す空白の象徴であったと考えられる。そのことによってかえって〈コイズミ〉は個々人のコミットメントを促すことができ、（いくつもの失敗があったにもかかわらず）高い支持率を維持することができたのではないか。

彼の「政策」は〈世論〉調査にかなりのっとっている。だから人びとは自分の意見が政治的な有効性をもつと感じる。それ自体はもちろん悪いことではない。しかし、これまた当然のことだが、人びとの（つまりわれわれ自身の）意見が、果たして考え抜かれたものか、自律性をもち、客観的に事態を理解しようとした結果としての意見なのか、振り返ってみる必要がある。もしそこに、付和雷同的な要素が混交するならば、ブーアスティンの言うように「われわれの期待はますます高まり、われわれの力がどこまでも増大していくと、われわれはつかまえどころのない夢を、つかまえることのできるイメジにかえてしまう。そのイメジにわれわれ一人一人が自分を適合させるのである。そうすることによって、われわれは鏡の壁でわれわれの世界の境界を区切るのである。経験を拡大するためのわれわれの懸命な努力は、かえってそれを狭めてしまうという意図しない結果を生んでいるのである。狂気のように、予期しないものを求めても、見いだすものは、われわれ自身が自分で計画し、仕組んだ「予期しないもの」でしかない。われわれは戻ってくる自分たちの姿に出会う」（ブーアスティン、一九六二、二六九頁）ことになる。

〈アーレント〉はテロルについて述べ、人々が自由に動き回る空間を破壊し、人間生活の限りない豊穣性を単純化するのがテロルの支配だと語る。お互いの共通世界が破壊され相互関係が失われて、自分自身以外の何者にも頼れなくなった個人が同じ型にはめられて形成される大衆社会が成立したときはじめて、全体的支配は何者にも阻まれずに自己を貫徹したのである。彼女は人間の間柄から距離と差異を奪う大衆社会を批判し、人間の複数性、多様性を擁護し、それによって異質な他者との共生を可能にする道を探る。……彼女は複数の人々との関係において成り立つ自発的で集合的行為を「活動」と名付け、これが公的領域や政治的空間を成立させる基盤となると論じ、同時に「政治」という営みの復権を企図したのである（杉浦、二〇〇二）。

複合メディアの時代に、われわれはいっそう、アーレントの言葉に耳を傾け、自分自身にも懐疑的になる必要がある。

注

（1）たとえば二〇〇六年四月十八日発表の読売新聞世論調査によれば、「構造改革については、全体として「プラス」と見る人が計六〇％、「マイナス」と見る人は計三〇％。ただ、構造改革により、「社会の格差が広がった」という人は計五九％で、「そうは思わない」計三五％を上回った」。

（2）この大逆転についてはすでに、『現代日本人の意識構造』第五版／第六版（NHK放送文化研究所［編］、二〇〇〇／二〇〇四）に指摘されているが、必ずしも学会や論壇で大きく取り上げられたことはなかったと思う。筆者自身、本稿を書くために、生データの再分析をするなかで、この逆転現象に驚いた。とはいえ、筆者らが二〇〇〇年から毎年行なってきた調査（『インターネット利用動向に関する実態調査』）でも、人びとが所得重視の価値観に傾いていることは明確に現われている。

（3）総務省の平成九年度「通信利用動向調査」によれば、一九九六年のパソコン世帯保有率は一六・三％。また平成一六年度同調査によれば、二〇〇六年一月のパソコン世帯保有率は七七・五％である。

（4）テレビ朝日系列で日曜の朝に放送している政治討論番組。一九八九年四月二日放送開始。

（5）その大きな契機となったのは、一九九五年の阪神大震災であった。その後、相次いで起こった日本海重油事故なども、インターネットのメリットを逆説的に人びとに認識させた。

（6）『男はつらいよ　寅次郎紅の花』－村山富市役、『八月のかりゆし』－リウボウ役。
（7）村山の次の小渕は、首相就任時、きわめて人気がなかった。しかし、「ブッチホン」と呼ばれた芸能人への電話攻勢や、テレビ番組に突然電話で生出演するなどのパフォーマンスで徐々に人気を高めた（二〇〇〇年一月五日、日本テレビ『ズームイン!!朝!』に突如電話で生出演、四日後のテレビ朝日『サンデープロジェクト』にも突如電話で生出演するなど）。
（8）田勢康弘「風見鶏――高杉晋作と小泉首相／改革に挑む捨て身の異端者」『日経新聞』二〇〇一年四月三十日付朝刊。
（9）宮城県連の首相批判ＣＭなども話題になった（遠藤、二〇〇七、など参照）。
（10）http://www.tv-asahi.co.jp/n-station/research/010311/postmori.html　参照。
（11）ただし、最も多かった回答は、「いない、思いつかない」で六〇・〇％。
（12）「財界にっぽん２００１・６　塩田潮の永田町対談　田中真紀子擁立から小泉政権発足まで　衆議院議員　渡辺喜美」http://www.nasu-net.or.jp/yoshimi/mas/zaikai.html　参照。
（13）森内閣発足時の国会中継視聴率は一・六％。
（14）たとえば前者の例としては、扇千景や石原慎太郎や青島幸男など枚挙に暇がないほどである。後者の例としては、日曜朝の討論番組の影響などが挙げられる。
（15）小泉が第一次内閣組閣後の所信表明演説で引用したエピソード。幕末、貧窮にあえぐ長岡藩で、他藩から贈られた米を、そのまま食べてしまわず、将来に備えて、学校建設の費用にあてたという。
（16）「ナラティブ・ジャーナリズム」あるいは「リテラリー・ジャーナリズム」と呼ばれるジャーナリズムの新しい方法論で、「視聴者が感情をもった生身の人間であることを踏まえ、物語性を組み込んだ、“contactful”なジャーナリズム」をいう。現在、ハーバード大学のNieman Program on Narrative Journalismを中心に研究が行なわれている。
（17）原作は『週刊ポスト』（小学館）の連載漫画「票田のトラクター」。架空の衆議院議員の秘書を主人公とし、政治の裏舞台を描いたコメディ。平均視聴率は九・六％。

(18) 小泉登場以前に、三谷幸喜脚本、田村正和主演の『総理と呼ばないで』(フジテレビ系、一九九七年四月八日－六月十七日)があった。
(19) http://www.fujitv.co.jp/fujitv/news/pub_2006/06-337.html 参照。
(20) 「リアリティ・テレビ」とは、出演者(一般人であることが多い)の(予め設定された)体験の過程を同時進行で映し出すことにより、視聴者の興味を引くタイプの番組である。アメリカでは『サバイバー』『シンプルライフ』など多くの人気番組がある。日本でも、『未来日記』『ハニカミ』『あいのり』などの人気番組がある。「やらせ」と「演出」の境界が曖昧である、商品化されている、一般人をメディア有名人にしてしまう、プライバシーを暴露してしまうなどの批判がある一方、「ドキュメンタリー」の新形式として位置付ける考え方(Kilborn 二〇〇三、など)もある。
(21) http://forum.netage.co.jp/blog/jonetsu/archives/000116.html 参照。
(22) 「ハンセン病問題の早期かつ全面的解決に向けての内閣総理大臣談話(平成一三年五月二十五日)」。
(23) http://www.tv-asahi.co.jp/n-station/research/010527/koizuminaikaku.html 参照。
(24) http://quizzes.yahoo.co.jp/quizresults.php?poll_id=3282&wv=1(二〇〇六年十一月四日閲覧)。
(25) http://news.livedoor.com/webapp/issue/list?issue_id=87 参照。
(26) 「国の政治にどの程度影響を及ぼしていると思いますか」という問に対する回答「強い」「やや強い」「やや弱い」「弱い」をそれぞれ、三点、二点、一点、〇点として平均した。
(27) 二〇〇四年ごろから流行しはじめたＷＥＢ2.0などと呼ばれる潮流。ＳＮＳ、ｗｉｋｉ、フォークソノミーなどのコミュニケーションツールに端的に表わされる。
(28) http://www.si.gunma-u.ac.jp/iwai/ 参照。

文献一覧

ブーアスティン、ダニエル（星野郁美ほか訳）、一九六四『幻影の時代』東京創元社〔＝Boorstin, Daniel J., 1962, *The Image*, New York: Atheneum.〕

遠藤薫、一九九八「集団と社会的選択」『科研　社会的選択理論研究会報告書』一六五－一九八頁

――――、一九九九「オルトエリート（alt.elite）」『社会情報学研究』（No.3）、一一五－一三四頁

――――、二〇〇〇『電子社会論』実教出版

――――、二〇〇三「インターネットとマスメディア」『放送メディア研究』（創刊号）、ＮＨＫ放送文化研究所、一九七－二三〇頁

――――、二〇〇七『間メディア社会と〈世論〉形成』東京電機大学出版局

――――［編著］、二〇〇二『環境としての情報空間』アグネ承風社

――――［編著］、二〇〇四『インターネットと〈世論〉形成』東京電機大学出版局

Janis, Irving L., 1982, *Groupthink: Psychological Studies of Policy Decisions and Fiascoes*, Houghton Mifflin College Div; 2nd.

Kilborn, Richard, 2003, *Staging the Real: Factual TV Programming in the Age of Big Brother*, Manchester: Manchester University Press.

ＮＨＫ放送文化研究所［編］、二〇〇四『現代日本人の意識構造（第六版）』ＮＨＫブックス

大宅壮一、一九五七「チャンネル文化」『大宅壮一全集　三』（一九八〇、三四九－三五三頁）所収、蒼洋社、三四九－三五三頁

杉浦敏子、二〇〇二「アーレントの現代的意義」『機』一二月号、藤原書店

Surowiecki, James, *The Wisdom of Crowds*.〔＝小高尚子訳、二〇〇六『「みんなの意見」は案外正しい』一月号、角川書店〕

田原総一郎、二〇〇六『テレビと権力』講談社

渡辺武達、一九九五『メディア・トリックの社会学』世界思想社

8章　テレビを理解する Understanding Television
――データからみたメディア空間の現代

佐藤俊樹

一　テレビの語りにくさ

戦後という時代において、その社会や人びとにとって、テレビとは一体何だったのか。これはかなり手ごわく、したたかな問いだ。

社会評論やメディア論にとって、さらには正統的《オーソドクス》な社会科学にとっても、テレビはずっと語りにくい主題であり続けてきた。語れないわけではない。たとえば、子どもの犯罪やモラルが問題になれば、テレビ番組が槍玉にあげられ、選挙の勝敗が大きく分かれればテレビの効果が論じられ、戦争やテロの衝撃的な映像が世界を駆け回るたびに、テレビの威力を感じさせられる。

そういう意味では、テレビはとても語りやすい。最近でも選挙の勝敗がらみや、子どもの犯罪やモラルがらみで、くり返しテレビの影響が語られている。

にもかかわらず、テレビの影響を客観的に検証するのは決して容易ではない。どんな状況で、どんな条件下で何が起これば、そういえるのか。具体的にどう判定したり測ったりするのか。少し考えただけでも、いくつも困難が思い浮かぶ。

よく考えると、これはとても奇妙なことだ。――そんなに測定しにくいのに、なぜ「テレビの影響だ」と確信できるのだろう？　専門家がうまく測定できないのに、なぜ当事者たちはわかるのだろう？

もちろん、実験や調査にはつねに限界があるし、測定できないことはないことではない。けれども、少なくとも現状では、検証の困難さと当事者の「確信」の間には、巨大な落差がある。

私たちはいろいろな出来事をついテレビに結びつけてしまう。まるで手持ち無沙汰なとき、ひとりの室に戻ってきたとき、なにか気分がのらないとき、ついテレビをつけてしまうように。出来事の原因をテレビに求める積極的な証拠や理論があるわけではない。他の原因が思いつかない、他の原因にしたくないといった消極的な理由で、まるで「そこにテレビがあるから」、テレビに原因が求められる。

もし本当にそうだとしたら（いうまでもなくこれもまた仮説でしかないが）、テレビとは何かについて物語的に語ったり、回顧談風に歴史叙述することに、もっと慎重であるべきだろう。私たちはテレビについてだらだらと語り、かつ、それでも何か語れたように思ってしまう。そういう力のなかにいるとしたら、少なくとも一度は方法的にその力場の外に、あるいはできるかぎり遠くに、自らを置く努力は欠かせない。

いうまでもなく、すでに文化研究（cultural studies）のメディア論などで、こうした「テレビ視聴（audience）」像の恣意性は取り上げられている（小林・毛利［編］、二〇〇三、など）。そこではたとえば従来のメディア論における「視聴者」の被構築性が批判されるが、文化研究もひとつの言説である以上、それだけでは、言説による被構築性を言説によって反省するという循環論になってしまう。

語られた言葉の分析と集めたデータの測定は、たとえば言説分析と計量分析といった形で、あたかも対極であるかのようにいわれやすい。そういう二分法自体がおかしいと私は考えているが（佐藤、二〇〇六）、もし「テレビ視聴」像の恣意性が物語的な語りや回顧談的な叙述などによって、すなわち言説によって主につくりだされたものならば、なおさら言説以外の接近方法が必要である。

たとえば、もしテレビ視聴に多層的な意味や多元的な特徴があるのだとしたら、ただ「多層的だ」「多元的だ」といってもしかたがない。その一つひとつを具体的に、そして犀利《さいり》に識別していく作業が欠かせない（遠藤、二〇〇三、など）。力場の外に自分を置くとは、そういうことだ。

ＮＨＫ放送文化研究所の「日本人の意識」調査が続けてきたメディア接触の質問群は、その重要な手がかりとなる。現在から少し離れた時期までカヴァーしており、かつ、個票データなので複数の要因を計量的に識別できるからである。それによって、「今」と「ここ」によりかかった、だらだらした語りを一時的にせよ無効化する。歴史や計量の本当の意義はそこにある。

二　事実上の標準《デ・ファクト・スタンダード》メディア

少しいかめしい言い方になってしまったが、要するにこういうことだ。――私たちはテレビについて曖昧に、恣意的に語りやすい。だからこそ、テレビを方法的に厳密に語る努力が欠かせない。

社会学の社会意識論から近年の文化研究まで、テレビを語る議論はいつも過剰と空転につきまとわれてきた。その理由もそこにある。言説による構築性への言説による批判がまさにそうであるように、メディア論は特定の価値観、意図や選択を、つねに曖昧かつ恣意的な形でテレビに読み込んできた。マーシャル・マクルーハン的なメディア論はずっとそうやってきたし、ミシェル・フーコーの「遍在する権力」をもちだす議論もそうなりやすい。そこには、解釈の恣意性を抽象的に反省する言辞はあっても、その恣意性を具体的に統制する手段が欠けている。

もちろん、水準をきちんと限定しさえすれば、価値観や理念の読み込みはつねに有効だし、有益でもある。なにより、近代社会科学は選択‐帰結（責任）という文法から離れられない。「テレビの画面から電波がでて人間の思考を……」みたいな説明はできないのだ。

だからこそ、曖昧な読み込みには十分注意する必要がある。特に気をつけなければならないのは、新聞と比較する場合である。後でも述べるように、新聞はマスメディアのなかでは著作物に近い。選択－帰結（責任）という文法に沿いやすく、価値観や理念に帰着させやすい。社会科学の言い方でいえば、新聞は「制度」としてあつかいやすいメディアである。それゆえ、新聞以外のメディアは、新聞とのちがいで位置づけられてきた。「新聞と同じ」か「新聞の反対」かで踏み絵をふまされてきたわけだ。特に日本では民放テレビが新聞の資本系列で成立されたこともあってか、「新聞が本家でテレビはその派生物」という見方がいまも根強い。

　こういう議論が乱暴すぎるのは明らかだろう。新聞もテレビもメディアの一種である。もし新聞とテレビがまったくちがうものであれば、メディアとして一括りにされなかっただろうし、まったく同じものであれば、そのなかの種類として区別されなかっただろう。常識的な言い回しだが、新聞とテレビはある面で似ていて、ある面でちがう。

　重要なのは、どこが似ていてどこがちがうかを、できるだけ厳密につかまえることである。それによって、新聞をふくめて、メディアのリアリティをどれだけ深くとらえられるかも決まる。メディア一般を語る巨大理論が無意味になった現在では[1]、そうやって試行錯誤をくり返して、メディアの輪郭をつかまえるしかない。

　以下ではそういう視座から、あえてデータにこだわって、戦後のメディア空間におけるテレビの輪郭をさぐってみよう。データが客観的真実を語るわけではないが、語りの過剰や空転がおきやすい場合、計量分析の意義はやはり大きい。とりわけ①人びとの態度を広く代表性をもってとらえられる、②論じる側が必然的にもつ本や新聞への近さをいったん括弧に入れられる点で、現在のところ、これに代わるものはない。

三　普及速度とメディアの色づけ

　では、テレビと新聞は実際にどうちがうのか。すぐに頭にうかぶのはその歴史の長さであろう。

新聞というメディアは一七世紀の西ヨーロッパにまで遡る。宗教改革以降の出版と言論、マクルーハンの有名な言葉を借りれば、いわゆる「グーテンベルクの銀河系」の世界でうみだされたものだ。日本でも明治以降、一五〇年ちかい歴史がある。

それに対して、テレビは圧倒的に新しい。テレビジョンの技術自体、戦後に定着したものだ。人びとの間に普及していくのも、戦後である。たとえば、テレビの普及率をラジオや最近の衛星放送などと比べると【図表8－1】のようになる。

図表8－1　テレビ・ラジオの普及率

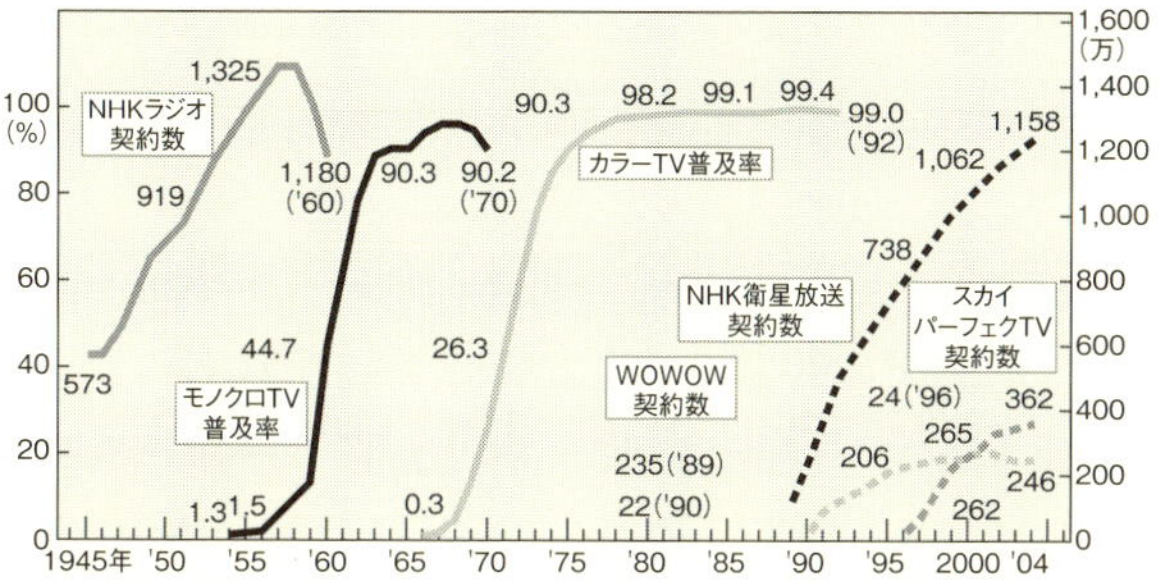

（『図説　日本のマスメディア　第二版』p.76，Ⅱ－1図より）
資料）経済企画庁「消費動向調査」，NHK『放送受信契約数統計要覧』，『情報通信白書』各年版による。

図表8－2　ラジオとテレビの接触時間（平日国民一人当たり）

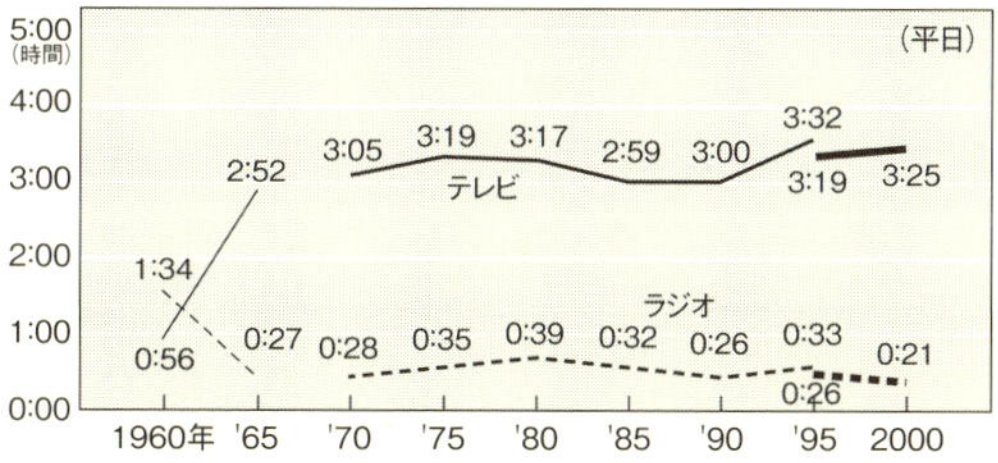

（『図説　日本のマスメディア　第二版』p.123，Ⅱ－16図より）
注）1960～1965年（面接法・アフターコード方式），1970～1995年（配布回収法・アフターコード方式），1995～2000年（配布回収法・プリコード方式）のそれぞれは，調査方法が異なるため，グラフをつなげていない。
資料）ＮＨＫ「国民生活時間調査」（各年とも10月，全国10歳以上の国民）による。

テレビが急速に普及していったのがよくわかる。モノクロ、カラーともに、普及率を一〇％程度から九〇％以上にまで一気に伸ばしている。接触時間の変化でみると【図表8－2】のように、一九六〇年と六五年の間できれいに交代する。テレビは六〇年代前半に普及し、標準的なメディア環境になった。

普及率以上に目をひくのはその速度である。ラジオの場合、放送開始は戦間期に遡るが、本格的に普及するのは戦後になってからだ（図表8－1）。それに対して、テレビはN

図表8－3　新聞の普及度

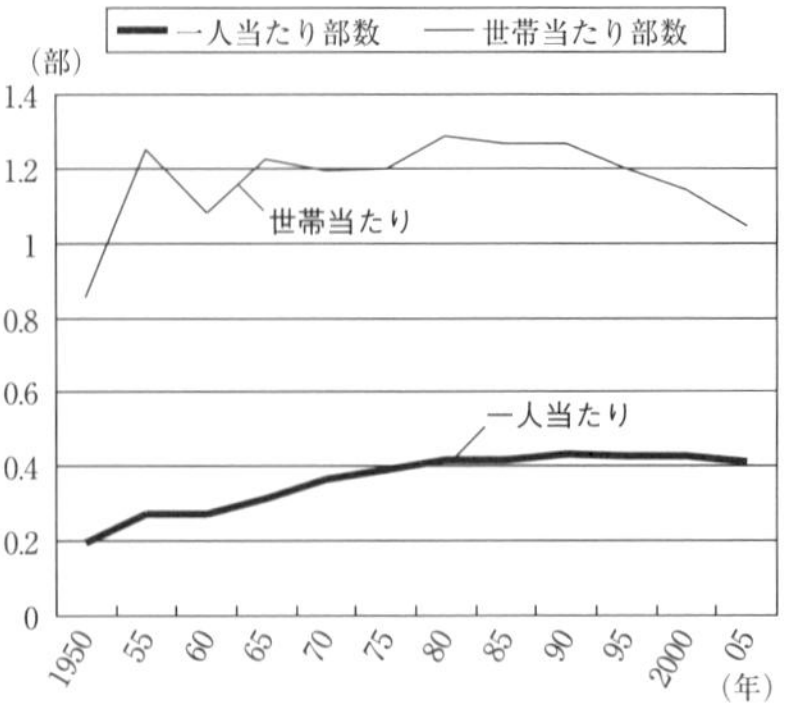

HK本放送開始が一九五三（昭和二八）年で、カラーテレビが普及し終わるのが一九八〇年。モノクロ、カラー別にみれば、普及にかかったのはわずか数年である。文字通り、あっという間だった。

いわば、気がつけばテレビはあたりまえになっていた。「テレビがある」「テレビが介在（medeiate）する」のが自明になっていたわけだ。図表8－1からわかるように、これはラジオにもそして衛星放送にもない、地上波テレビだけに起きた特異な出来事である。

それがメディアへの色づけ、たとえば「テレビとはこういうものだ」というあり方にも関係しているのではないだろうか。普及速度が速ければ、人びとが色をつけるまえに、あたりまえになる。反対に、普及速度が遅ければ、受け手側の色づけがより明確になり、送り手側もその色づけに対応してくる。普及速度が速いほど特定の色をもちにくく、急激に広まるほど特定の色はもたない。特定の色があるほど、その色にあわない層には広まらないから、普及速度と色のなさは自己原因的でもある。

新聞の普及率と比べるとさらに興味ぶかい（【図表8－3】）。一人当たり部数〇・四五が飽和点だとすれば、新聞の普及は一九六〇年に始まり八〇年に終わる。これは白黒テレビの普及の始まりと、カラーテレビの普及の終わりとにほぼ重なる。新聞／テレビのちがいは旧い／新しいだと考えられやすいが、標準的なメディアになった時期はあまりかわらない。

現在でも日本の成人一人当たりの日刊紙部数は〇・六四四で、最も多い国のひとつになっている。欧米ではアメリカ合衆国〇・二三二、イギリス〇・三五二、ドイツ〇・三一三、フランス〇・一六〇、オランダ〇・三五一、スウェーデン〇・五七八である（新聞協会 http://www.pressnet.or.jp/ の「調査」より）。浸透度の高さでも、日本の新聞はテレビに近い。また、日本の新聞は宅配率も高い（二〇〇五年で総部数の九四％が宅配、前掲「調査」より）。特に接触しようと思わなくても手元にきている点でも、日本の新聞はテレビにかなり近い。

実際、新聞自身の自己定義でも、日本の大新聞は高級紙（quality paper）でも大衆紙（popular paper）でもなく、「一般紙（general paper）」だといわれる。一般（general）という表現に色のなさが含まれているように、この点でもテレビに近い。(2) 欧米の高級紙は、特定の思想的・政治的立場から、文字リテラシーを駆使して主張や解説をくわえる。だから、著作物と同じように、価値観や選択という形式で語りやすい。それに比べると、日本の一般紙は「中途半端な高級紙」になっている。

四　テレビの戦後、新聞の戦後

普及率や普及速度といった、いわば一番外側の輪郭でみるかぎり、戦後のテレビと新聞はかなり近い。その意味で、日本のメディア空間は欧米に比べて、もともとテレビ的だといえる。

では、そのなかでテレビと新聞はどうちがっているのか。今度はもっと内側、受け手の受けとめ方に踏み込んでみよう。

図表8－4のふたつの図は「日本人の意識」調査の、第三回（一九八三年）からはじまった「欠かせないコミュニケーション行動」を尋ねる質問で、ふだんの生活で「欠かせないと思うこと」（第1問）で、「テレビを見る」をあげた人の比率を示したものだ（第三回＝八三年、第四回＝八八年、第五回＝九三年、第六回＝九八年、第七回＝二〇〇三年）。【図表8－4A】は五年刻みの年齢別、【図表8－4B】は世代別（生年別）の値である。七〇歳以上は生活様式がかなり変わることを考えて、時代的・世代的背景に主に注目した今回の分析では使わなかった。

まず目を引くのは、テレビの圧倒的な存在感《プレゼンス》だ。すべての調査年のすべての年齢層で、「欠かせない」比率が七〇

図表8－4A 「テレビを見る」と年齢

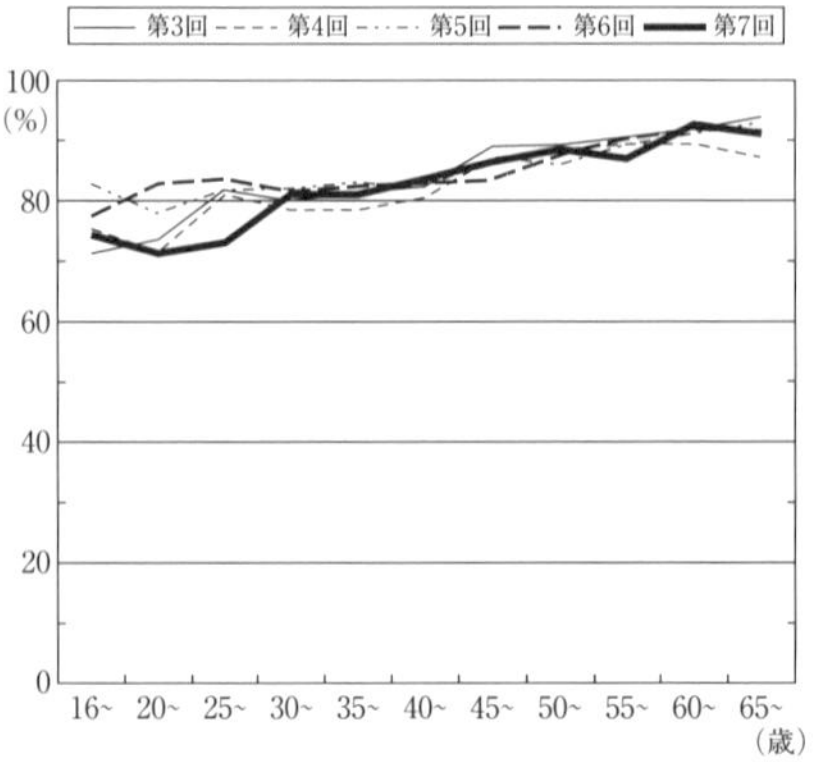

図表8－4B 「テレビを見る」と世代

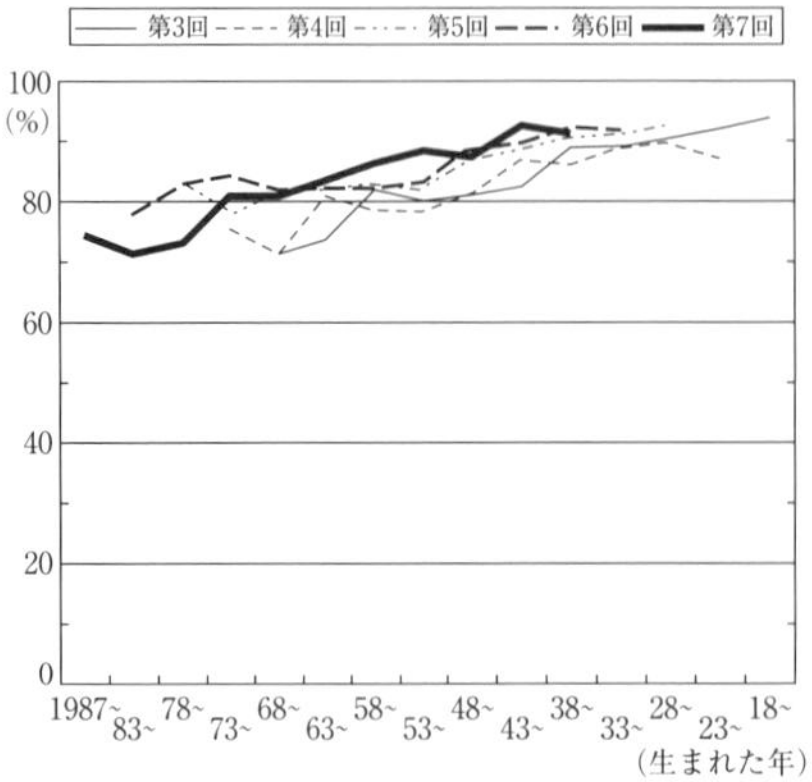

図表8－5A 「新聞を読む」と年齢

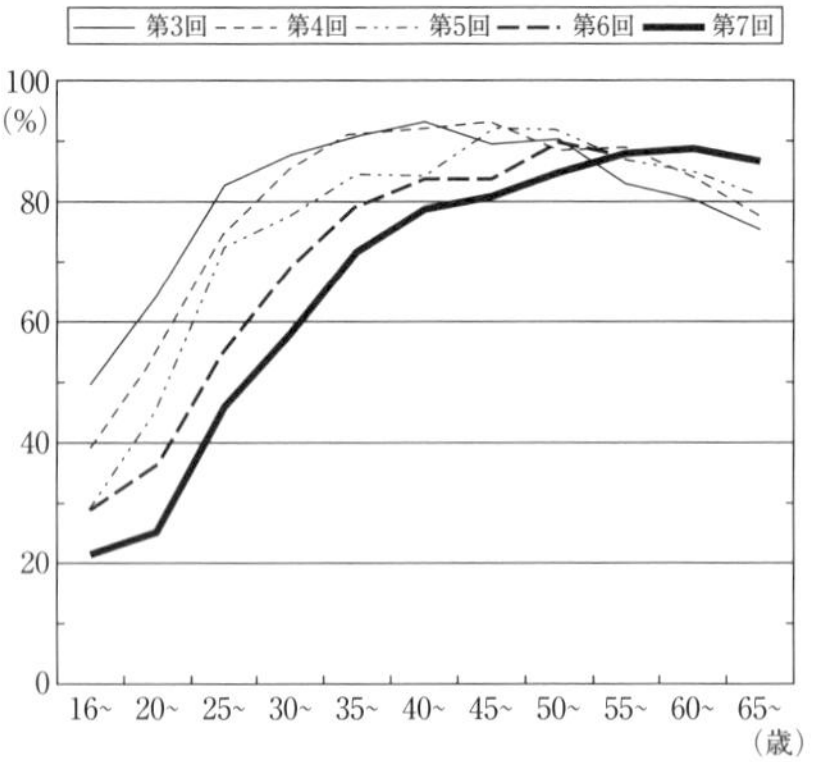

図表8－5B 「新聞を読む」と世代

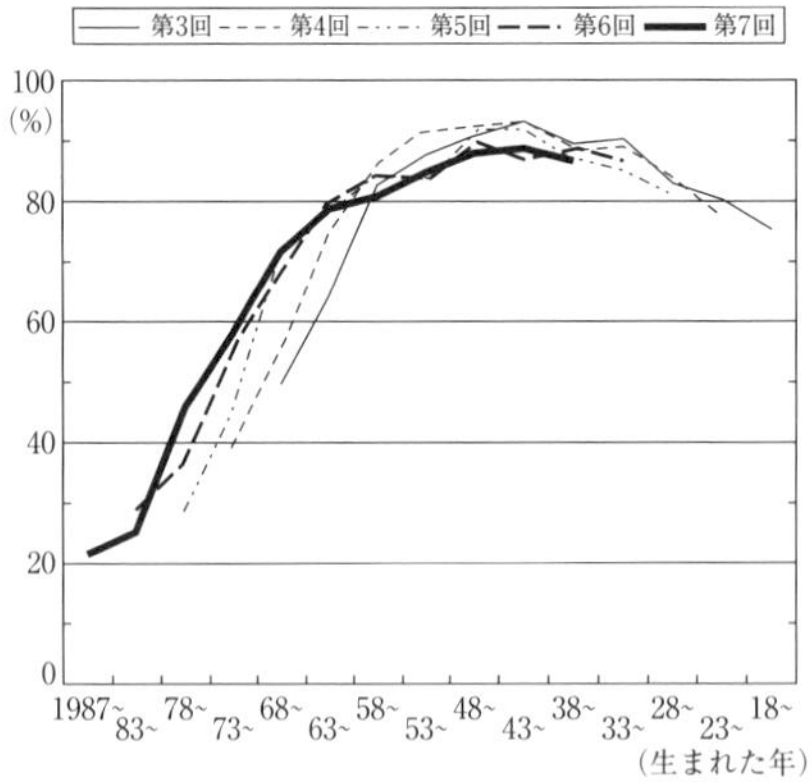

－九〇%を占める。誰にとっても「とりあえずテレビ」なわけだ。年齢が上がるにつれて比率はさらに高まるが、調査年によって少しずつ形状はちがう。特に最近の若い世代の、主に女性で変化がおきているようだ。一方、図表8－4Bをみると、世代（生まれた年代）にはほとんど左右されない。

テレビの歴史を考えると、これは驚くべき結果である。たとえば、第三回調査の五五－五九歳は一九二四－二八（大正一三－昭和三）年生まれ。テレビが普及するのが六〇年代前半だから、三〇歳をすぎてからテレビを知った人たちだ。一方、第七回の五五－五九歳は一九四四－四八（昭和一九－二三）年生まれ、いわゆる「団塊の世代」あたりだ。この人たちは、子どもの頃からテレビになじんでいた。ふたつの世代はテレビ体験、とりわけ子ども期における体験が大きくちがうのに、比率はほぼ同じ数値を示す。

いいかえれば、「欠かせない」でみるかぎり、テレビは過去の出来事には左右されないし、調査年（調査された時点）にもそれほど影響されない。テレビ論ではテレビ史や「原体験」に注目する議論が多いが、あまり安易にやらない方がよさそうだ。むしろテレビは過去を消し去る。その点でも、いつの間にか、あたりまえになっていたメディアである。そういう意味では、テレビは「制度」より「環境」に近い。意識的に選択された（される）ものというより、むしろ無意識に、特定の時代や世代の経験や価値観などにかかわりなく、生活の一部となった（なる）ものらしい。

「新聞を読む」（図表8－5）と比較すると、さらに興味ぶかい。平均すれば新聞も「欠かせない」率が高いが、「テレビ」とちがって、年齢別（【図表8－5A】）では調査年で数値が大きく変わる。特に最近の四〇歳前半までの年齢層で大きく低下しつつある。一方、世代別（【図表8－5B】）では、各調査年がほぼひとつの線を描く。つまり、調査年で数値が変わるのは見せかけで、世代（生まれた年代）で決まっているのである。

線の形も印象的だ。上向きのきれいなカーブを描く。一九三四－四八（昭和九－二三）年に生まれた人たち、つまり昭和一〇－二〇年代前半生まれの人たちが特に新聞を欠かせないと考えているのだ。欠かせないものを「一つだけ選ぶとしたら」という質問（第2問）でも、やはりこの世代は他に比べて新聞が多い。さらに放送文化研究所の別の調査、「日本人とテレビ」でもほぼ同じ結果が出ていて、やはりこの世代が前後に比べて高い（白石ほか、二〇〇五）。

従来のメディア研究では「新聞は年齢が高くなるほどよく読まれ」るとされてきたが（東京大学大学院情報学環［編］、二〇〇六、など）、必ずしもそうではないようだ。「欠かせない」比率でみると昭和一〇－二〇年代前半生まれ、いわゆる団塊の世代とその少し前の世代で峰《ピーク》になる（図表8－5B）。出生年が旧いほど新聞に親しいわけではなく、この世代が新聞のコア読者であり、この世代を中心に「新聞を読む文化」が形成されてきたのではないか。

新聞の「欠かせなさ」は世代に、それゆえおそらく特定の経験や時代性に大きく依存している。(3) この辺りの世代効果と年齢効果をきれいに識別できるのは、同じ形式の質問を二〇年（本章では第三回調査以降の、二〇年間のデータを使用）続けてきた「日本人の意識」調査ならではの強味である。

この点でテレビと新聞はまったくちがう。テレビと新聞はともに戦後的なメディアといっていいが、その「戦後」の中身がちがうのだ。新聞は昭和一〇－二〇年代前半生まれの共通体験や価値観（およびそれに近いもの）に根ざしている。具体的な言葉でいえば、平和憲法の是非、五五年体制、高度成長などだろう。

その点でも「一般紙」というあり方は面白い。コア世代だけとれば、日本の新聞は特定の階層に結びついてはいないが、コア世代をこえる一般性はもたない。その意味では特定の人びとを足場にしており、特定の立場から特定の相手に語りかける欧米の高級紙に共通するものがある。ただ、このコア世代は人口学的にも戦後日本の相対的多数派であり、その意味では、日本の一般紙はそれこそ事実上《デ・ファクト》の一般性をもちえた。三でみた普及のあり方には、そんな背景もありそうだ。

裏返せば、このコア世代の社会的な比重が下がるにつれて、テレビと新聞のちがいは前面に出てくる。「日本人の意識」調査のデータはちょうどそれも映し出している。この二〇年の間に、「新聞」は世代対応性を明確にしてきて、特定の世代の体験や価値観に結びついているのがはっきり見えてきた。

それに対して、「テレビ」は今も年齢と調査時点という現在に左右されている。単純化すれば、この二〇年間で新聞はさらに「制度」に近づいたのに対して、テレビは少しずつその性格を薄めながらも、基本的には「環境」に近いメディアであり続けている。

五　他のメディア（コミュニケーション）との比較

「日本人の意識」調査では、テレビと新聞以外にも、いくつかのコミュニケーション行動について「欠かせない」か

図表８－６Ａ 「家族と話す」と年齢

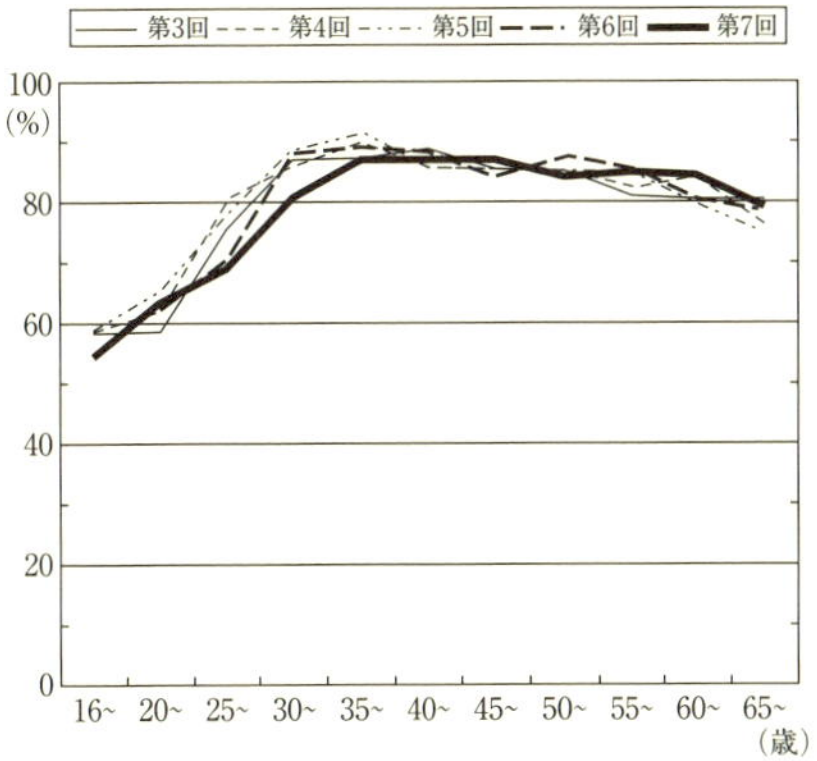

図表８－６Ｂ 「家族と話す」と世代

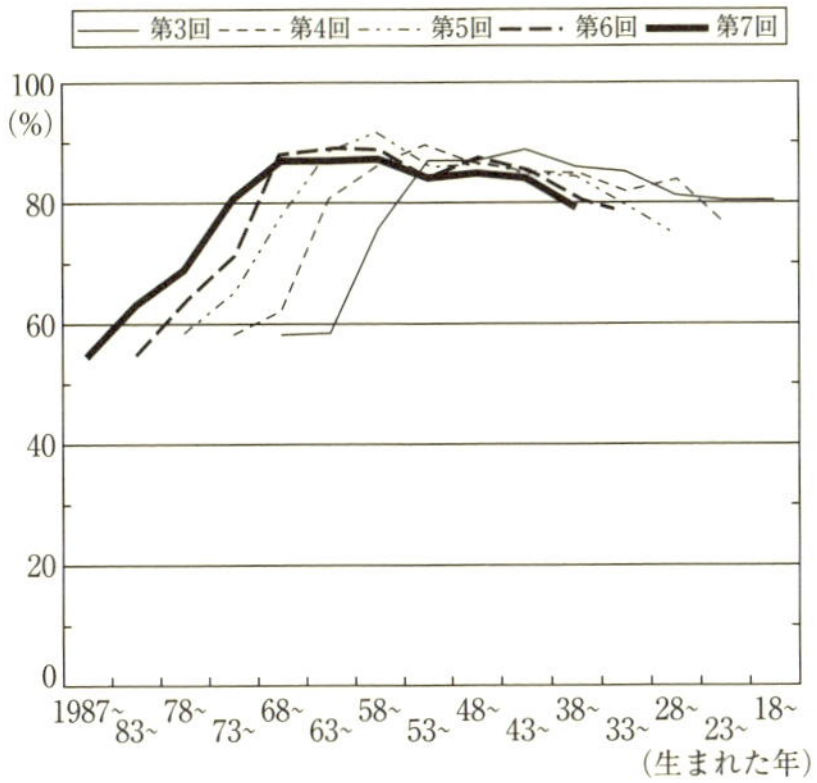

図表８－７Ａ 「友人と話す」と年齢

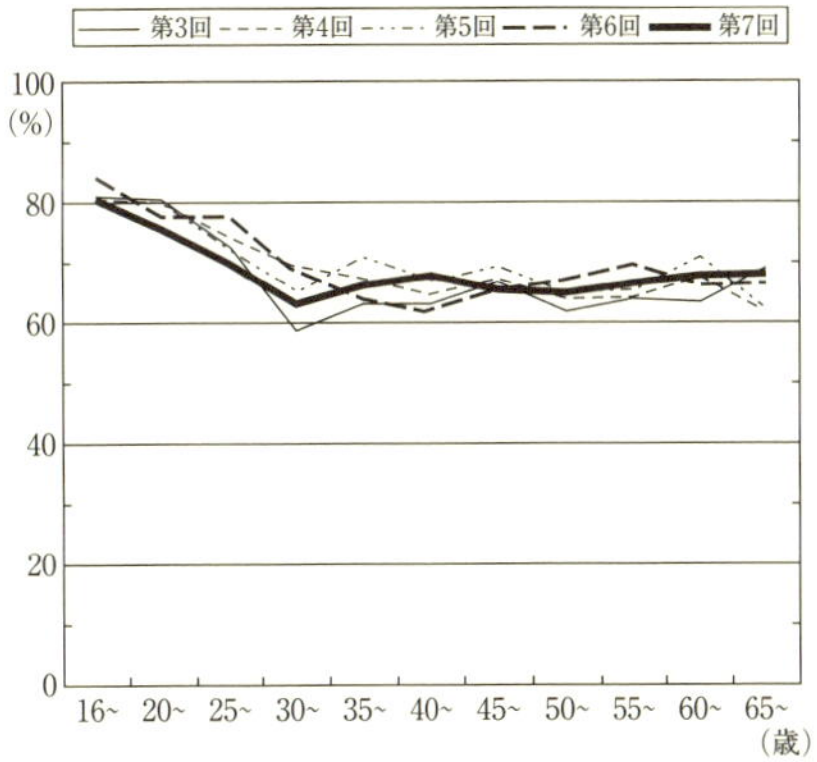

図表８－７Ｂ 「友人と話す」と世代

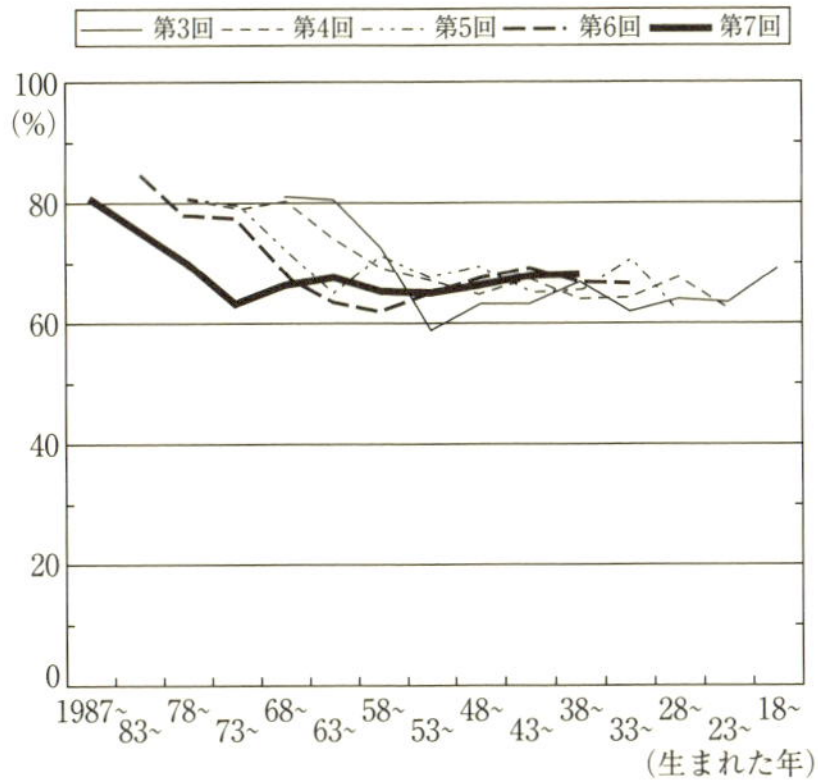

を訊いている。そのうち第三回から調べられているのは、「本を読む」「マンガ・劇画を読む」「雑誌を読む（マンガ・劇画以外）」「ラジオを聞く」、そして「家族と話す」「友人と話す」の八つである。今度はこれらと対比させて、テレビと新聞、それぞれの特徴をさらに掘り下げてみよう。

　比率が高いのは「家族と話す」（図表８－６）と「友人と話す」（図表８－７）のふたつだ。「家族」は「新聞」と同じくきれいな上向きのカーブを描くが、「新聞」とちがって特定の年齢層、具体的には三〇－五〇歳という子育て期に反応する（【図表８－６Ａ】）。世代に反応しない点は「テレビ」と同じだが、「テレビ」とちがって調査年の影響はほとんどうけない。

年齢だけに左右される。

「友人」はもっと「テレビ」に近い。「テレビ」とは反対に、若くなるほど比率が高くなるが、どの年齢層でも総じて高い比率を示す（【図表8－7A】）。最近の調査で、若い世代でやや数値が下がっている点も、テレビと同じだ。「欠かせなさ」でみるかぎり、「テレビ」は「新聞」より、「友人」や「家族」に近い。過去の時代経験にもあまり左右されない。マスメディアでありながら、親密性がただよう。いわばテレビは友人や家族のようにそこにあるものらしい。かつてはお茶の間の一員として、今は個室の目立たぬ友人／伴侶として。おそらくコミュニケーションの相手としても、テレビは友人や家族に近いのではないか。

それに対して、「ラジオを聞く」（図表8－8）は「新聞」に近い。調査年にはほとんど影響されず、特定の世代で「欠かせない」が高くなっている（【図表8－8B】）。コア世代が昭和一〇－二〇年代前半生まれという点も同じだ。ただ、最初の第三回調査だけは、若い年齢層でも高くなっている。個人聴取率でみても、七〇年代までのラジオは若者向きメディアの面をもっており、それが失われて、完全に世代対応型のメディアになったのだろう。「ラジオ」はこの二〇年で「新聞」化したことになる。

なお「日本人とテレビ」調査の方では実際の接触頻度も調べているが（白石など、前掲）、新聞とラジオにはやはり同じコア世代が見出される。こちらは一九八五年から五年ごとに調査しているが、「毎日」接触する人の比率を世代別にみると、図表8－4Bや図表8－8Bと似た形になる。コア世代は実際の接触頻度も高い。

「マンガ・劇画」（図表8－9）は、若い世代で重視されている。年齢別では大きく右下がりの線を描くが、最近の調査では量自体がふえている。世代別（【図表8－9B】）はとても興味ぶかい。複数の調査年で線が重なる点では世代対応型だが、新聞とちがって、線がふたつ現われる。第三回＋第四回（八三年＋八八年）と、第六回＋第七回（九八年＋〇三年）だ。つまり、マンガへの態度は世代対応型で、かつ過去の体験や価値観が世代によって大きく異なる。わかりやすくいえば「マンガを読む文化」があって、それに強く影響されているわけだが、その中身が八〇年代を境に変わって

図表８－８A 「ラジオを聞く」と年齢

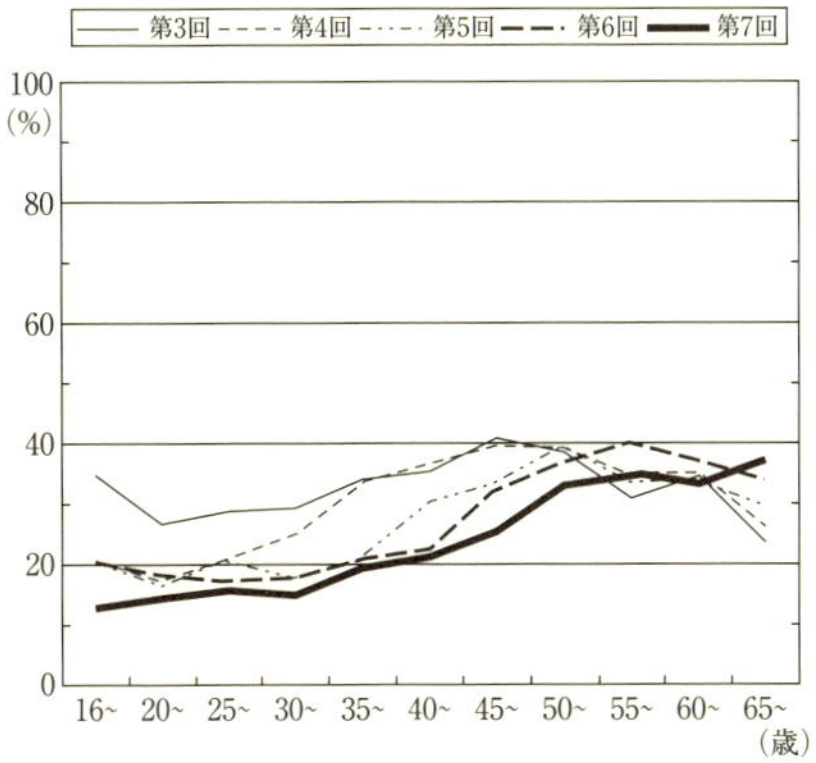

図表８－８B 「ラジオを聞く」と世代

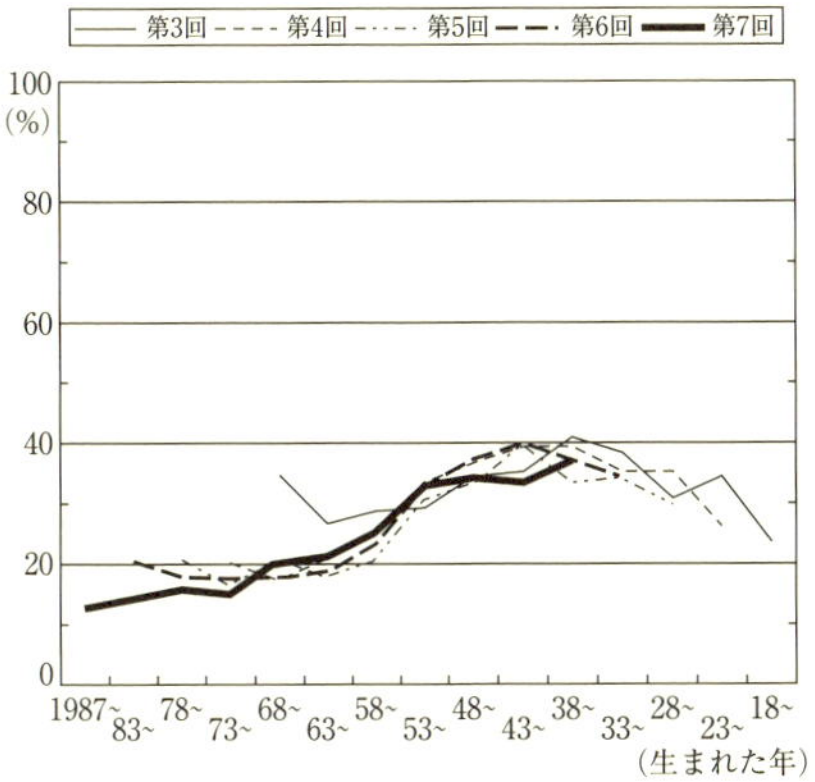

図表８－９A 「マンガ・劇画を読む」と年齢

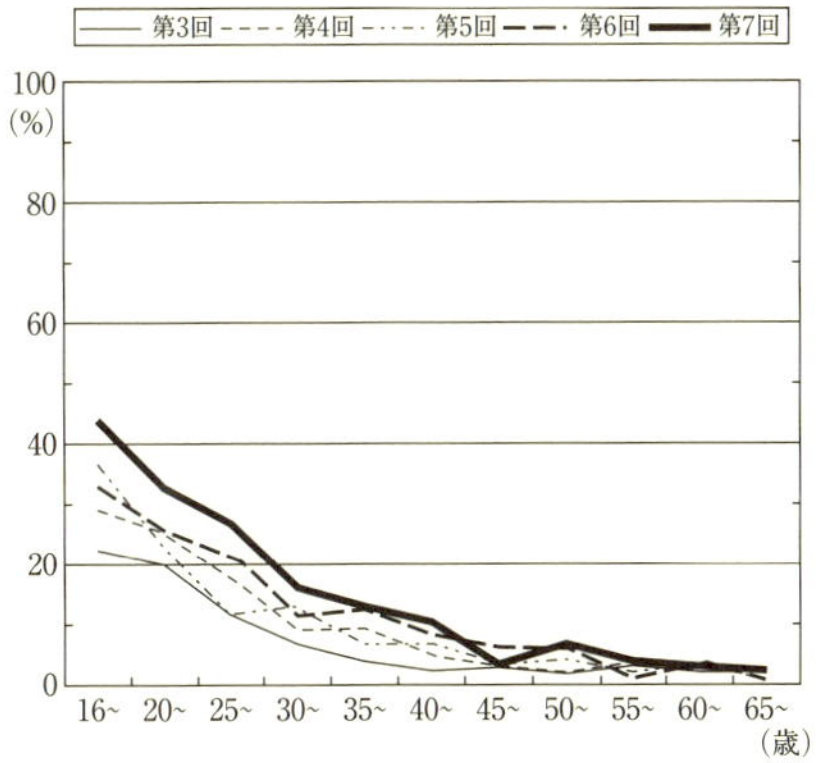

図表８－９B 「マンガ・劇画を読む」と世代

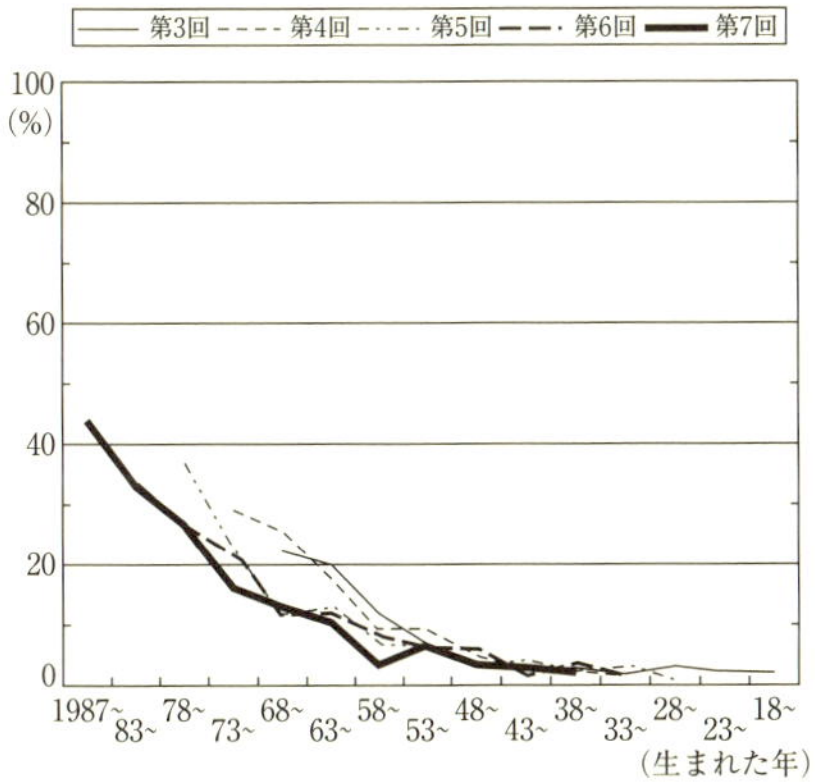

いる。

実際、八〇年代は少女マンガの作品や描き方が性別や年齢をこえて、「教養文化《カルチャー》」となっていく時期だ。先に「新聞を読む文化」が昭和一〇－二〇年代前半生まれを中心に形成され、コア読者層をつくってきたと述べたが、八〇年代から九〇年代にかけて、同じことがマンガで起きたのではないか。

正直いえば、私ぐらいの世代の人間にとって、「七〇年代のマンガと九〇年代のマンガはちがう」のは常識だが、それがデータ上で現われたのは別の意味で面白い。「欠かせない」比率の推移が、メディア（コミュニケーション）の中身の少なくとも一面をつかまえている傍証になるからだ。

残りふたつのうち、「雑誌を読

図表８−10A 「雑誌を読む」と年齢

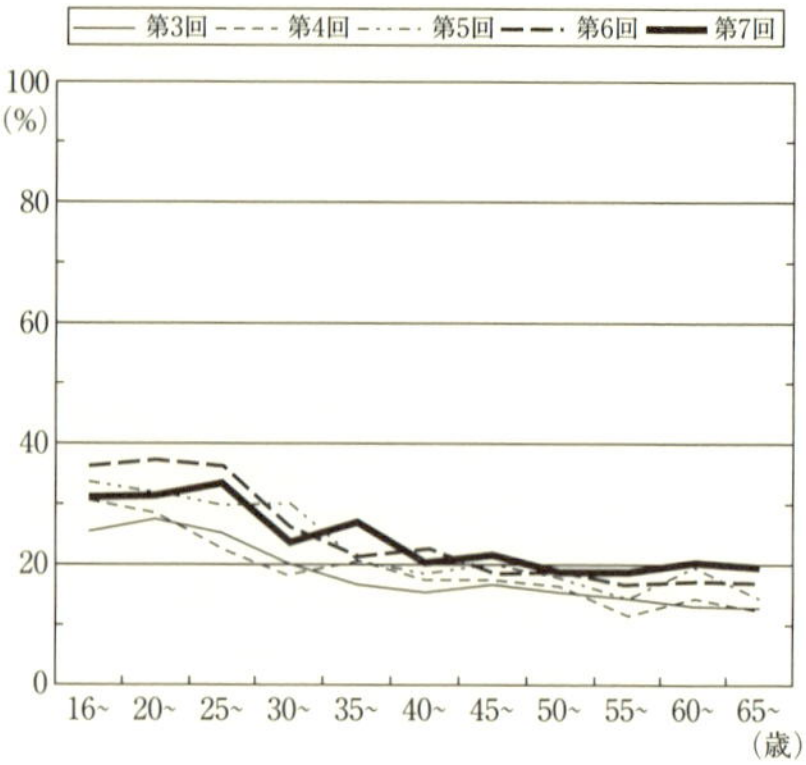

図表８−10B 「雑誌を読む」と世代

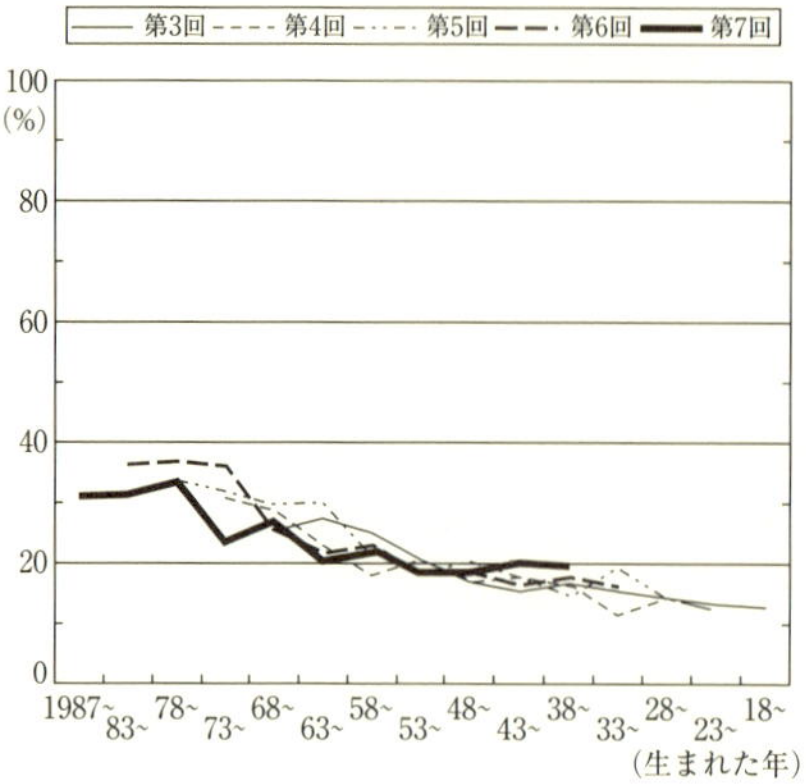

図表８−11A 「本を読む」と年齢

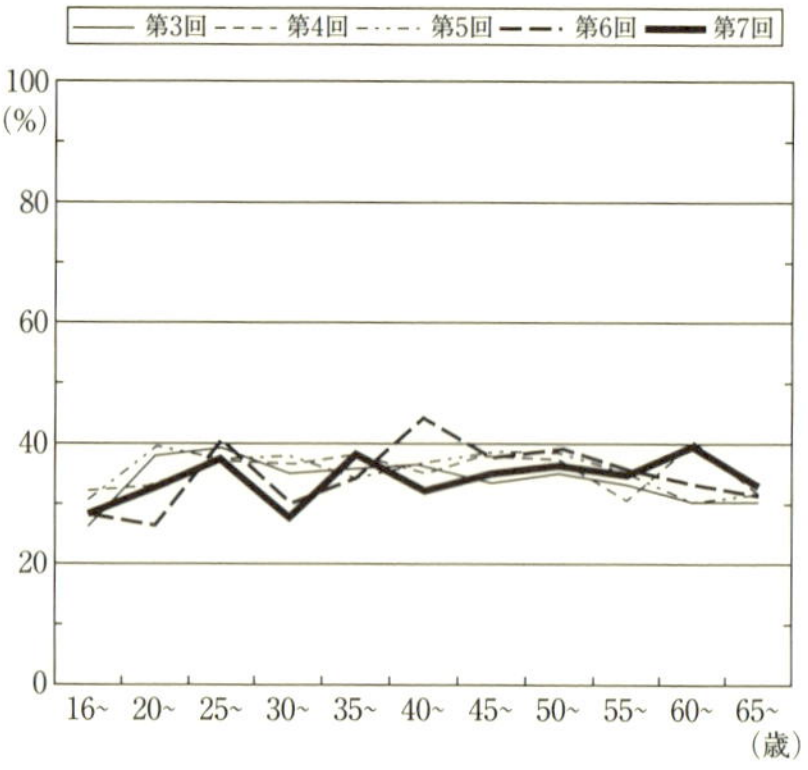

図表８−11B 「本を読む」と世代

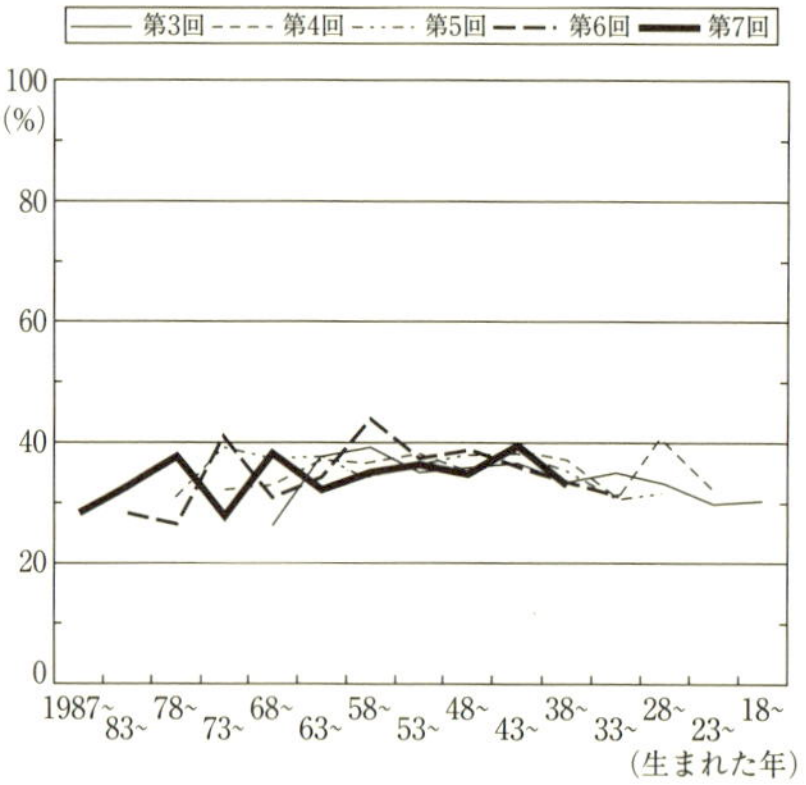

む」（図表８−10）は調査年に強く影響される。年齢別でみると二〇代を頂点に右下がりの線を描くが、調査年によって全体に上下する。世代対応も見られない。雑誌を読むのは、新聞やマンガのような「身についた文化《カルチャー》」ではなく、テレビや友人、家族のような身体的な現在でもない。その時々の出来事性に近い性格をもつのではなかろうか。語の本来の意味での「ジャーナリズム」を体現するメディアなのだろう。

　図表は省略するが、女性だけでみると、「雑誌」は八〇−九〇年代に底上げされた後、〇三年の第七回調査で全体に下がる。「テレビ」での若い女性の動向とあわせて、何か大きな変動が起きている可能性がある。第七回で新たに加わった「インターネット」や「携帯電話」の動向とあわせると、次回の〇八年調査では新たなメディア空間の布置が見えてくるかもしれない。

「本を読む」（図表8－11）では明確な特徴を見出すことができない。世代や調査年、年齢といった特性より、もっと個別的な要因、たとえば個人個人の考え方や癖、育ち方などが影響しているようだ。

六　学歴との関わり

五では比率の値から各メディア（コミュニケーション）ごとの特徴を考えたが、複数の特徴を一括してとらえるには、やはり多変量解析が便利である。そこで各項目の「欠かせない」かを被説明変数に、調査年、世代、年齢層に学歴をくわえた四つを説明変数にして、ロジスティック回帰分析をしてみた。【図表8－12】はその結果をまとめたものだ。

全世代で年齢層がそろっておらず、調査年や世代と学歴にも相関があるので、尤度《ゆうど》比《ひ》による変数減少法をつかって、モデル選択の形でその影響を切り分けてみた。学歴は四段階（一：中学、二：高校、三：短大・高専、四：大

図表8－12　メディア（コミュニケーション）への態度を決める要因

(1) 調査年，世代，年齢だけ（標本サイズ16793）

	調査年	世代	年齢	R2初	R2終
新聞	×	.000	.000	.231	.230
本	×	.093	.024	.005	.005
マンガ	.051	.035	.001	.179	
雑誌	.000	×	.000	.032	.032
テレビ	.003	×	.000	.037	.036
ラジオ	.041	.000	.000	.042	
家族	×	×	.000	.080	.079
友人	.068	×	.000	.021	.021
CDなど	×	.000	.000	.174	.174

(2) 学歴を加えた場合（標本サイズ16593）

	調査年	世代	学歴（初β）	年齢	R2初	R2終	学歴の低さとの単純相関
新聞	×	.000	.000（－.42）	.000	.256	.256	＋.02
本	×	.000	.000（－.54）	.022	.073	.073	－.20
マンガ	.041	.015	.015（＋.08）	.000	.177		－.09
雑誌	.000	×	.000（－.23）	.000	.042	.041	－.13
テレビ	.000	×	.000（＋.12）	.000	.041	.040	＋.09
ラジオ	.076	.000	×	.000	.042	.042	＋.06
家族	×	×	.000（－.08）	.000	.082	.081	＋.02
友人	×	×	.000（－.07）	.000	.022	.021	－.06
CDなど	×	.000	.000（－.18）	.000	.178	.178	－.18

ロジスティック回帰によるモデル選択結果（尤度比による変数減少法）
※有意水準0.1で説明変数を除去
※×は最終モデルで除去 実数値は除去した場合の変化量の有意確率
※ R2初は全変数モデルの、R2終は最終モデルでの Nagelkerke 決定係数
※初βは全変数モデルでのβ推定値

学以上、在学中は卒業と同じ値）を量的変数としてあつかった。なお、同じ質問群にある「ＣＤなどを聞く」の解析結果もつけておく。

標本サイズがほぼ同じなので、有意確率の小ささは各変数の説明力の大きさを示す。一万五〇〇〇をこえる巨大サンプルなので、全体の統計的検定にはあまり意味がないが、調査年×世代で区切っても二〇〇前後のサイズがある。ただ、おそらく各区切《セル》りごとに非サンプリング誤差が系統的に働いている。その点は留意する必要がある。

五で述べたことは図表８－12の⑴とも矛盾しない。さらに⑵では学歴をくわえた分、各項目間のちがいがより詳しくわかる。なお年齢はどのメディアでも強く効いている。これには世代によっては特定の年齢層しかないことも関わっているのだろう。識別できなかった世代効果がゴミ箱的にふくまれていると思われる。

比率の図では「テレビ」と「友人」が似ていたが、ロジスティック回帰でみると、「友人」が調査年に影響されるのは学歴の効果による。学歴をいれたモデル選択でみると、「友人」は「家族」にやはりよく似ている。「テレビ」に近いのはむしろ「雑誌」の方である。学歴というフィルターを通すと、テレビと雑誌的ジャーナリズムの近さが浮き上がる。同じく学歴を視野にいれると、「新聞」と「本」はやはり似ているが、「本」の決定係数は「新聞」ほど大きくない。個人の好みや癖、育ち方など、もっと個人的《パーソナル》な要因が強いようだ。むしろ「新聞」の決定係数が異様に高いというべきかもしれない。著作物に近いとはいえ、本のような意味では、新聞は個人個人が選んで読むものではないようだ。

「新聞」と「マンガ」にも大きなちがいがある。ともに世代対応性が強く、決定係数も大きいが、学歴の低さとの関係では対照的である。単純相関では新聞がプラス〇・〇二、マンガがマイナス〇・〇九で、新聞は学歴が低いほど「欠かせない」、マンガは学歴が高いほど「欠かせない」ように見えるが、これは世代効果による。ロジスティック回帰での学歴の偏回帰係数（全変数モデル）では、新聞がマイナス〇・四二、マンガがプラス〇・〇八と、正負が逆転する。[4]

つまり、世代効果をのぞけば、新聞は学歴が高いほど「欠かせない」のに対して、マンガは学歴が低いほど「欠かせない」。実際、調査年×世代で区切って学歴の低さとの相関係数をみると、「新聞」はすべての区切りでマイナス（＝学歴が高い人ほど「欠かせない」）になるが、「マンガ」は最近の調査年ではプラス（＝学歴が低い人ほど「欠かせない」）も出てくる。マンガの重みは最近では学歴の高い低いにあまり関係なくなっているが、新聞はどの世代でもつねに同輩集団《ピア・グループ》のなかで、学歴のより高い人びとに重んじられてきた。受け手側の「可能性としての中流」意識と送り手側の高級紙志向がうまく結びついた、それが日本の一般紙なのだろう（佐藤、二〇〇二）。

「マンガ」と「ラジオ」はともに調査年と世代の影響をうける。五で述べたように、このふたつは世代対応性をもつが、その世代の関係でこの二〇年間に大きな変化が生じた。それが図表8－12でも裏付けられる。さらに、「ラジオ」は学歴の影響がないだけでなく、決定係数がより小さい。「マンガ」に比べて個人的《パーソナル》な要因が強いようだ。

「新聞」や「本」と「マンガ」の関係は興味ぶかい。マンガ作品をコピーした小説やマンガ批評が現われているように、九〇年代以降のマンガは著作物や新聞に近づいている。けれども、「日本人の意識」調査での学歴の影響でみるかぎり、読み手の側は文字リテラシーに特に親しいわけではない。

七　テレビの特異性とメディアらしさ

図表8－12をみると、テレビの特異性があらためて際立つ。あえてどれに近いかといえば、「友人」に似ている。テレビはコミュニケーションの相手としては、新聞やラジオよりは友人や家族に近い。また不特定多数相手のマスメディアとしては、新聞やラジオよりは雑誌に近い。

けれども、テレビは友人や雑誌に特に近いわけではない。より正確にいうならば、「欠かせなさ」でみた場合、テレビは新聞やラジオからは遠いが、他のメディア（コミュニケーション）と近いわけではない。テレビはテレビなのだ。

とりわけ印象的なのは、学歴の影響の方向である。図表8－12の(2)では「テレビ」と「マンガ」が、学歴が低いほど「欠かせない」メディアになっているが、「テレビ」の方がずっと強い。調査年×世代で区切って相関係数をみると、マイナスもあるが、プラスが全般に多い。調査年や世代にあまり関係なく、学歴が低い人ほどテレビが「欠かせない」と答えている。

これまで見てきたように、新聞とテレビのちがいは旧い／新しいではない。世代との関係でいえば、両者のちがいは世代対応型である／でない点にある。コア世代が年をとったために、新聞が見かけ上旧いメディアになったにすぎない。他方、学歴との関係でいえば、見かけ上ともに低学歴者に重視されているが、これも世代対応性の効果による。世代の影響をのぞけば、新聞は本や雑誌と同じく、高学歴者に重視されるのに対して、テレビは低学歴者に重視されている。

かつて「頭の悪い人間ほどテレビに影響される」といわれた。「テレビを見ると頭が悪くなる」ともいわれた。最近の「テレビ政治」批判の底流にも、そういうテレビ観が色濃く流れている。新聞のコア世代の意識もかなり反映されているのだろうが、「頭の良さ」を学歴の高さで測るならば、これも半面の真実をついている。だが、メディアへのアクセスが学歴によって均しくないことから目をそむければ、それは容易に学歴の低い人への蔑視に転化する。私は、これは「文字リテラシーが少ない人にもアクセスしやすいのがテレビ」で、それゆえ「文字リテラシーが少ない人ほどテレビは貴重で希少なメディア」だと解釈すべきだと思う。テレビは大衆階層社会の大衆性の方を代表するメディアなのである（佐藤・藤田、二〇〇五）。

もちろん、だからといってテレビの視聴者は「選んでいない」わけではない。たとえば、「日本人とテレビ」調査では、「（テレビの）欠かせなさ」の強度を意志に近い形で質問しているが、これには世代対応性が現われる。さらに、「（ＮＨＫが）ぜひ必要だと思う」と答える比率は、第四回（二〇〇〇年）まではほぼ世代対応的だったが、二〇〇五年の第五回調査では全世代でかなり下がった結果、それが消えた。個々の放送局への評価では価値観や過去の体験が強く影響するし、その時々の状況で大きく変わることさえある。

つまり、人びとは放送局という制度については明確に選んでいるが、それと同じように、テレビというメディアを選んでいるわけではない。一で示唆したように、そこには水準のちがいがある。その点でテレビと新聞はちがう。だから、メディア論でいえば、新聞の語り方を安易に持ち込むべきではないし、メディア産業としては、たとえば多チャンネル化などで、専門性や付加価値を高めるのが本当に良いことなのか、本当に求められていることなのか、考え直す必要がありそうだ。

テレビの場合も、コンテンツの作り手や送り手には、新聞と同じく高学歴者が多い。その分、作り手や送り手側は専門性を高める方向に進みやすいし、受け手側の選択性を高く設定することで自分の立場を決めようとしやすい。たとえば、「視聴率の高さは番組が支持されている証拠だ」「視聴者はちゃんと選んでテレビを見ている」「しょせんお遊びなんだし」といった言い回しがよく使われる。「テレビ政治」批判でもしばしば、テレビが新聞に近いメディアになることが提言される（星・逢坂、二〇〇六、など）。

しかし、受け手側からみると新聞は少なくともこの二〇年の間、高学歴者と特定の世代に強く結びついてきた。その点を考えると、テレビの曖昧さや無定形さは新聞の世代的閉鎖性の裏返しでもある。

先に述べたように、新聞も本に比べると、個人レベルで選択されているとはいいがたいが、テレビはそれ以上に選択―責任の論理から大きくずれる。だから、選択する／しないの二分法で語ること自体が、テレビというメディアを裏切ってしまう。テレビの力やテレビに働く力は、明確な制度という形をとりにくい。

だとすれば、テレビと新聞、それぞれがになう公共性もちがってこざるをえない。新聞が提供するのが言論の公共性だとすれば、テレビのは環境としての公共性である。選択がききにくい分、最低限度を均しく保証する《ユニバーサル》サーヴィス提供がより強く求められる。だからこそ、温暖化や地球環境問題がそうであるように、何か目立った事件がおこると、曖昧かつ恣意的に「原因」として名指されもする。

そこにテレビの存在感も苦悩もあるわけだが、立ち戻って考えれば、メディアというものは本来そういう性格を強くもっているのではなかろうか。

メディアは選択される対象でありながら、選択させる環境でもある。みんなが選ぶものほど、選んだものにならない。

選ばれるものでありながら、選ぶ過程に介入する。媒介《メディエイト》するわけだ。その逆説こそがメディアのメディア性だとしたら、テレビはやはり最もメディアらしいメディアなのだろう。

そんなメディアが、戦後という、人類の歴史からみればごく最近に出現し、ごく短い時間で浸透していった。その衝撃と興奮と、困惑と語りにくさ。「日本人の意識」調査の二〇年間にわたるデータからも、その一面はあざやかに浮かび上がってくる。

それこそがテレビという経験なのかもしれない。

注

（1）たとえばあのニクラス・ルーマンでさえ、機能システムの標準的な定式をはずれた形でマスメディアを論じている（Niklas Luhmann, *Realität der Massenmedia*, 1996, VS Verlag.〔＝林香里訳、二〇〇五『マスメディアのリアリティ』木鐸社〕）。なおルーマンのシステム論については、佐藤俊樹「コミュニケーション・システムへの探求」『InterCommunication』57、などを参照。

（2）日本の場合、民放テレビのネットワークは読売、毎日、サンケイ、朝日、日経という全国紙の資本系列下にある。一方、新聞も戦時体制下で、一度、制度上《デ・ユーレ》の標準化をうけている。その点でも、戦後の新聞とテレビはかなり似ている。

（3）新聞へのアクセスが世代で決まることは、中馬清福『新聞は生き残れるか』（二〇〇三、岩波新書）も指摘している。中馬はこれを「若者の新聞離れ」と結びつけているが、むしろ特定世代の新聞好きと考えるべきだろう。

（4）「欠かせない／そうは思わない」は相関係数では一／二、ロジスティック回帰分析では〇／一の値になっている。そのため、単純相関係数・偏回帰係数ともに、学歴が低いほど「欠かせない」場合はマイナス、学歴が高いほど「欠かせない」場合はプラスの値になる。誤解をさけるため、本文中では「学歴の低さとの相関」という表現にしておいた。「新聞」と「マンガ」は世代対応性が強く、かつ世代で比率が大きく変わるので、世代と学歴の相関に影響されやすい。

文献一覧

遠藤知巳、二〇〇三「メディアそして／あるいはリアリティ」『思想』（No.956）、岩波書店、六五－八三頁
星浩・逢坂巌、二〇〇六『テレビ政治』朝日選書
小林直毅・毛利嘉孝［編］、二〇〇三『テレビはどう見られてきたのか』せりか書房
佐藤俊樹、二〇〇二「新聞の終焉」『〇〇年代の格差ゲーム』中央公論新社
――――、二〇〇六「閾のありか」、佐藤俊樹・友枝敏雄［編］『言説分析の可能性』東信堂
佐藤俊樹・藤田真文、二〇〇五「対談：社会の階層化と視聴者像の変遷　テレビメディアの昨日・今日・明日」『放送メディア研究』三、日本放送協会放送文化研究所、一五一－一七八頁
白石信子・原美和子・照井大輔、二〇〇五「日本人とテレビ・２００５」『放送研究と調査』55（8）、ＮＨＫ放送文化研究所、二一－三五頁
東京大学大学院情報学環［編］、二〇〇六『日本人の情報行動　２００５』東京大学出版会

III

メディア文化の軌跡と
日本人の意識の未来

9章　マスメディアにおけるジェンダー表象の変遷

井上輝子

戦後から現代に至る、マスメディアのジェンダー表象の軌跡をたどることが本稿に期待された課題であるが、時間と紙数の制約から、残念ながら今回は、戦後の日本のメディアで表現されたジェンダー表象のすべてを、直接に分析することは出来なかった。替わりに本稿では、一九七〇年代以降蓄積されてきた「ジェンダーとメディア」研究の成果を参照・引用しつつ、マスメディアにおけるジェンダー表象の変遷のおおまかな見取り図をつくることで責を果たしたい。

戦後の日本のジェンダー関係の歴史は、①戦後から一九六〇年代まで、②ウーマンリブ運動とそれに続く国連・政府の政策の進展期、③一九九五年の北京会議以後と、大きく三つの時期に分けられる。以下、この時期区分にしたがって、メディアのジェンダー表象の特徴をたどってみる。

一　戦後型ジェンダー・ステレオタイプの形成と展開（一九五〇―）

女性参政権の獲得と「家」制度の廃止

戦後から現代に続く日本のジェンダー体制の起点は、一九四六年の日本国憲法による男女平等規程とそれに続く民法改正などの諸制度変革に求められる。戦後のジェンダー体制が戦前と大きく異なる点は、まず女性参政権が認められたことであろう。斉藤正美は戦後期の女性参政権運動に関する新聞報道を、一九七〇年代のウーマンリブ報道と比較分析し、女性参政権運動関連の報道では、女性を主体とするニュース表象が達成されたとし、その理由を、「台所の政治」（女は家庭）を唱える参政権運動の知と、戦後の混乱から生じたメディアの作り手の「台所の政治」待望論というジェンダーの知の一致があったと、推論している。(1)

女性参政権の獲得に加えて、教育における男女平等、雇用労働の場への女性の進出などが続いたが、ジェンダー関係を最も大きく変化させた要因は、「家」制度の廃止であった。「家」制度の根幹であった戸主制度が廃止され、従来の家父長制的な家族制度に替わって、夫婦を軸とする近代家族が、戦後社会の単位として位置づけられたわけである。

敗戦という冷厳な事実と、戦前・戦中に信じてきた価値観の崩壊などによって、男性たちが自信喪失状況であったのに対し、家庭の場で暮らしを支えてきた女性たちは、「民主主義」と「男女同権」の掛け声の下で、新たな家庭像の模索を主導することになる。長谷川町子のマンガ『サザエさん』（一九四六年から『夕刊フクニチ』で、一九五一年四月以降一九七三年末まで『朝日新聞』に連載）の自由と朗らかさは、戦後社会の開放的な気分と、家庭の民主化をめざす新しい女性像を象徴していたともいえよう。(2)

だが、現実の女性たちが、「家」制度の桎梏と良妻賢母の価値観から解放されるには、まだ時間を必要とした。『君の名は』（菊田一男原作）は、NHKで一九五二年四月に始まり、一九五四年五月まで放送された「ラジオドラマ史上、空前絶後のヒット作」であった。『君の名は』は、互いに恋しあう一組の男女がすれ違いを重ねながら、最後に結ばれるという恋愛メロドラマだが、主人公の真知子は昔ながらの忍従の徳からなかなか抜け出せない女性であり、彼女を取り巻く環境は、姑による嫁いじめ、面子のために離婚を承諾しない夫等々、「家」制度の慣習に塗りこめられていた。(3)

一方で「家」制度からの解放を謳歌する『サザエさん』に笑い、他方で、「家」制度の桎梏に苦しむ『君の名は』に涙する。そして、婦人雑誌から、新しい家庭像や実用的な家事の知恵をまなぶ。これが、一九五〇年前後の女性とメディアをめぐる状況であった。

ミッチーブームと週刊誌の時代

経済白書が戦後終了宣言をした一九五六年頃から、日本経済は高度成長への道を歩み始める。人口は農村から都市へと移動し、都市で雇用されて働く労働者が急増する。いわゆるサラリーマン層による核家族の大量出現と、若い事務職の女性たちの大量出現とは、日本のジェンダー関係を大きく変化させる要因となった。この時期は、同時に日本のメディア業界が産業化し、都市中間層をターゲットとして、拡大発展を遂げた時代でもあった。ジェンダーの再編とメディアの再編とは、手を携えて進行したのであった。

一九五〇年代後半から一九六〇年代にかけての雑誌界は、週刊誌ブームの時代といってよい。一九五六年に『週刊新潮』が創刊されたのを皮切りに、五七年の『週刊女性』、五八年の『週刊明星』『女性自身』、五九年の『週刊現代』『週刊文春』と、出版社による週刊誌の創刊が相次いだ。これら新創刊の週刊誌の多くは、以前からある新聞社系週刊誌と違い、ジェンダー別の読者層を想定して発刊された。都市の勤労者層を基盤に、週刊誌文化は急成長するが、中でも目立ったのは、『女性自身』を筆頭とする女性週刊誌であった。

一九五八年十一月二十七日に、皇太子と正田美智子（現天皇・皇后）の婚約が発表されたのを機に、この婚約と結婚のプロセスを微に入り細に入り報道し、ミッチー・ブームを演出したことで、女性週刊誌は一気に成長する。一九六三年には、『女性セブン』『ヤングレディ』が加わり、女性週刊誌界は、以後長期にわたって活況を呈することになる。

「家」制度の下では、結婚は当事者たちの意思や好みよりも「家」の都合が優先され、見合い結婚が主流であった。だが、「婚姻は両性の合意のみに基づく」との規程をもつ新憲法の下では、結婚相手の選択は、「家」よりも「本人」中心の恋愛結婚に移行するのが、当然のなりゆきであった。戦後、恋愛結婚の比率は増加したものの、恋愛結婚が見合い結婚を上回るのは、一九六〇年代になってからのことであった。法律が変わっても、人びとの意識や慣習が直ちに変化できるわけではないからだ。恋愛結婚を正統なものとみなす価値観のレベルでの変革が必要だった。

軽井沢でのテニスを介しての恋がきっかけで、皇太子が正田美智子に結婚を申し入れ、史上初の「平民」出身の皇太子妃が誕生するという、皇太子夫妻の婚約と結婚の物語は、恋愛結婚が正統な結婚形態として、社会的に承認される大きな契機になった(4)。

この後、一九七〇年代ごろまでの間、女性週刊誌は、恋愛のチャンスに恵まれるための化粧やファッション、結婚相手の探し方、手相、骨相、占星術などを動員して、相手の男性が結婚相手として適当かどうかを見分けるさまざまな判別法、男性との交際法、婚約から結婚にいたるまでのさまざまな段階におけるマニュアルを、具体的に手を替え品を替えて提示し、「結婚入門書」の観を呈する。産業社会の進展に伴い急増した未婚の女性事務職を中心とする読者層に担われて、女性週刊誌の黄金時代が到来したのである。

マイホームの担い手としての主婦の登場

女性週刊誌が誕生し急成長した時代は、ホームドラマが誕生し、普及した時代でもあった。『アイ・ラブ・ルーシー』(NHK、一九五七－六〇)、『パパは何でも知っている』(日本テレビ、一九五八－五九)、『うちのママは世界一』(フジテレビ、一九五九－六〇)などのアメリカのシチュエーション・コメディが、アメリカの中流階級の豊かな生活への憧れを乗せて、人気を博した。

これらの番組をモデルに、日本でもホームドラマが制作される。第一号は、一九五八年にNHKが開始した『バス通り裏』で一九六三年まで放送された。日本テレビの『ママちょっと来て』(一九五九－六三)、TBSの『咲子さんちょっと』(一九六一－六三)などがそれに続いた。

当時は、家庭用耐久消費財の生産と消費が急速に拡大した時代でもあった。電気冷蔵庫、電気洗濯機、テレビの「三種の神器」など、家庭電化製品が次々に普及し、人びとの暮らしは目に見えて豊かになっていった。テレビはそれ自体が家族のステイタス・シンボルの機能を果たすと同時に、ホームドラマや耐久消費財や食料品のCMなどの放送を通じて、「豊かで明るい」「理想の家庭像」の普及を促した。

戦前の「家」制度の下では、結婚はすでに存続している「家」に、新規メンバーが加入することを意味したが、戦後の新しい家族制度の下では、結婚した若い男女は、家事や家庭経営の仕方を自分たちの意思と好みに応じて、自由に編み上げることが可能になった。都市化の進行に伴う核家族化現象に加えて、経済成長による「豊かな社会」到来の見通しが現実化するなかで、創り出すものとしての家庭が、しだいに人びとの主要な関心事となっていった。当時実施された世論調査は、一九五〇年代から一九六〇年代にかけて、「社会」や「正義」「仕事」に替わって、「家庭」に「生きがい」をもつ人びとが激増したことを示している。「家族の団欒」「片すみの幸福」を合言葉に、建物としての「マイホーム」の建設と、家庭像としての「マイホーム」の創出が共にめざされたのであった。

「マイホーム」創出の主人公は、主婦たちであった。産業化の進展につれて、小規模な農家、商店、家内工場の経営は困難になり、雇用されて働く労働者、勤労者が増加する。既婚女性の就労が現在よりも困難だったこの時期に、「会社男」と「専業主婦」による片働き家庭が族生する。家業に追われることなく家事と育児に専念でき、家風にとらわれることなく、自らの家庭を構築できる主婦たちは、「マイホーム」の担い手として、輝ける存在だった。

この主婦たちに新しい家庭のモデルを示したのが、ホームドラマだったわけだが、家事・育児や家庭経営に関する具体的で実用的な情報を提供したのは婦人雑誌であった。住宅公団が建設した「団地」を通じての、ダイニングキッチンや洋式トイレの普及と、西洋式食生活の普及、次々に登場する家庭電化製品をはじめとする家事用品やインスタント食品など、経済が成長するに伴って、一九五〇年代から六〇年代にかけて、日本社会の生活水準は急速に上昇し、生活様式は欧米化していく。『主婦の友』をはじめとする婦人雑誌は、これらの変化に対応するための、家事や育児のノウハウや、家計簿のつけ方、新商品の紹介まで、家庭生活に必要な実用的な情報を毎号掲載して、家庭を営む主婦層の期待に応えた。(5)

恋愛結婚を夢見る若い未婚の女性たち、結婚後は、マイホームの担い手として家事と育児に専念する主婦たち。これが、一九五〇–六〇年代のメディアが描いた女性像であった。家庭生活の場面での男性の姿がメディアであまり見られないのは、男性たちが高度経済成長を支える「企業戦士」として、「モーレツ社員」ぶりを発揮していたからである。企業社会での地位と業績が男性の主要な評価基準とされていたから、多くの男性にとって、家族のために働くことが生きがいではあっても、在宅時間は短く、家庭生活の具体的場面で、稼ぎ手以上の役割を果たすことは難しかった。

二　ジェンダー・ステレオタイプの再編成
――消費社会化の進行とウーマンリブ（一九七〇―）

一九七〇年は、戦後日本のジェンダー史にとって画期をなす年であった。この年は、ウーマンリブ運動が始まった年であるが、雑誌『アンアン』が創刊された年でもある。女性の自己主張と、女性向け消費市場の開拓と、両方の意味で、日本のジェンダー文化は、変化の兆しを見せた。

アンノン文化の登場

一九七〇年に平凡出版（現マガジンハウス）から『アンアン』が創刊され、翌七一年には集英社から『ノンノ』が創刊された。これらの雑誌は、誌名が「主婦」や「女性」などの読者層を示す名称ではなく、語呂の良い音を組み合わせたアルファベット表記のナンセンス・タイトルである点や、カラーグラビアを多用したビジュアル重視の雑誌である点など、それまでの雑誌の常識を破るものであった（赤木、二〇〇七）。

内容の点でも、『アンアン』『ノンノ』はユニークだった。ファッションと旅を中心とした、生活の臭いを感じさせない誌面構成。ヨーロッパやアメリカを舞台に白人や白人系ハーフのモデルが、自由自在な身体技法で[6]、観光や買い物を楽しむ姿が頻繁に登場。型紙中心のそれまでの服飾誌と違い、既製服のカタログ中心のファッションページ。

これら雑誌作りの新しい手法は、その後の日本の雑誌界、とりわけ女性雑誌に大きな影響を与え、一九七五年には

『JJ』、一九八〇年には『25ans』、一九八一年に『Can Cam』、一九八二年に『olive』と、同様のコンセプトで、女性雑誌が次々に創刊されていく。代表的な『アンアン』と『ノンノ』の名前にちなんで、この時期の女性文化やその担い手は、「アンノン文化」「アンノン族」などと呼ばれた。「アンノン文化」の主要な特徴として、①若い女性たちを、消費の主体として位置づけたこと[7] ②レディメイドの衣服が、ファッショナブルな購入対象となったこと ③未婚の女性に期待されていたジェンダー規範から自由な女性像が提示されたことなどが挙げられる[8]。

一九七〇年代は、一九六〇年代の高度経済成長を経て、衣服業界、化粧品業界、旅行業界などが市場を拡大しつつある一方で、親や家族のためではなく、自分自身のための可処分所得をもつ団塊世代の若い女性たちが、大量に消費市場に参入し始めた時期であった。技術革新による規格品の大量生産システムの受け皿としての全国的な大量消費市場の成立を、マスメディアは広告宣伝活動を通じてバックアップしていった。『アンアン』『ノンノ』に代表される新興女性雑誌は、新しい消費時代をリードするマスメディアの典型例であった。

若い女性が消費の主体になったことは、従順で、受け身な姿勢を良しとする、伝統的なジェンダー規範の束縛から、若い女性たちが多少とも自由になることをも意味した。親の監視を離れて、自分の好みで買い物をし、旅行をする。たとえそれが結婚前との限定期間つきであったとしても、一度自由を味わった女性たちは、少なくともジェンダー規範のステレオタイプを当然視することからは、解放されたのである[9]。

ウーマンリブと女性の自立志向

日本のマスメディアにウーマンリブが登場したのは、一九七〇年十月二十一日の国際反戦デーに女性だけのデモをしたのが最初だと言われる。その後、同年十一月に開催されたウーマンリブのティーチイン、翌七一年のリブ合宿、七二年のリブ大会と、ウーマンリブの運動は、マスメディアをにぎわしていく。

ウーマンリブが、それ以前の女性解放運動と異なる新しい運動であり、当時世界的に広がり始めていた第二波フェミニズムの一環といえる特徴の一つは、従来の女性像のステレオタイプに疑問符を投げかけたことであった。女といえば、結婚し、子どもを生み育てることが当たり前とされ、それ以外の選択肢が女性には用意されていなかった歴史が長かった。そうしたジェンダー・ステレオタイプにとらわれずに、職業を持ち続けたり、結婚しない生き方や子どもを持たない人生を選択することも、肯定されるべきだと主張したのが、新しいフェミニズムであった。

ウーマンリブの運動自体は、数年にして社会の表面から影を潜めていったが、それに替わって、新しい女性の生き方を積極的に推進したのが、一九七〇年代後半に続出した『クロワッサン』『MORE』『with』『COSMOPOLITAN』などの新興女性誌であった。『アンアン』『ノンノ』で育った読者層が二〇代後半を迎えた頃に、その受け皿として、各出版社が競って新しい女性誌を創刊したのである。ここでは、「自立」「キャリア・ウーマン」「翔ぶ」などの言葉が飛び交い、女性の新しいライフスタイルが提唱されていった。

なかでも『クロワッサン』は、自分のライフスタイルをもって颯爽と暮らしている女性たちの姿を、常時多数登場させることを通じて、多様な女性の生き方を提示していった[10]。一〇年後の一九八八年に、松原惇子が『クロワッサン症候群』を上梓すると、翌八九年には、それを批判する『アンチ『クロワッサン症候群』』[11]が出されるなど、批判するにせよ、擁護するにせよ、『クロワッサン』が提示した多様なライフスタイルが、女性たちに注目されていたことは確かであった。

日本は一九八五年に女性差別撤廃条約を批准し、同時に男女雇用機会均等法も成立するなど、徐々にではあれ、女性の地位向上や労働市場への進出のための条件作りが開始された。この時期に『クロワッサン』をはじめとする女性雑誌は、従来のジェンダー・ステレオタイプとは異なる人生選択の可能性を示唆して、読者たちを後押ししたのであった。

ジェンダー規範に縛られる女性、ジェンダー規範を培養するメディア

犯罪事件にはしばしば社会の縮図が表われるが、女性が関係した犯罪の報道を見ると、犯罪事件の背後にある社会の

ジェンダー構造と同時に、メディア自体のジェンダー意識も浮き彫りにされる。『朝日』『毎日』『読売』三紙の一九八八年から一九九二年の社会面を分析した四方由美は、女性の犯罪を報じるメディアが、ジェンダー規範に則って加害女性のみならず被害女性をも制裁してしまう傾向を、具体例に即して指摘している。[12] すなわち、女性の被疑者は男性被疑者と異なり、「母性喪失」云々と母親役割からの逸脱を非難されたり、容姿や職業を問われることが多い。被害者の場合でも、特に強姦事件などの場合には「落ち度」を問われたり容姿に言及され、男性関係や交友関係などのプライバシーに言及される傾向がある。こうした犯罪報道を通じて、メディアは「女の役割は家事・育児」との性別役割規範や、「性犯罪に遭わないように注意するのは女性の道徳」との性道徳の二重基準を、たえず人びとに刷り込んでいくのである。[13][14]

『アンアン』『ノンノ』や『クロワッサン』に見たように、一九七〇年代以後、女性たちは、独身の間はかなり自由な生活ができるようになった。だが一旦結婚すると、夫の支配に服することを余儀なくされ、場合によってはDV（ドメスティック・バイオレンス）被害から抜け出られない事態も起こりうる。まして子どもが出来ると、母親役割を夫からも親類からも周囲からも過剰に期待され、殺人に至らないまでも、逃げ場を失い鬱屈状況に陥る例が多かったにちがいない。結婚や出産は、しばしば女性たちをジェンダー規範の枠内に押し戻す契機となったのである。ちなみに、国連世界人権会議で女性への暴力が人権侵害であることが宣言されるのは一九九三年、DVに関する日本初の調査結果が発表されるのは、一九九五年を待たねばならなかった。

一九七〇年代以降のテレビドラマの全体的動向を、女性たちの視聴状況と関係づけながら経年的に分析している村松泰子によれば、一九七〇年代のテレビドラマは、「頼もしい母と耐える女」をともに肯定し美化して描くことで、「女性は、家庭という狭い世界を舞台として生活しているかぎり、その世界をとりしきる力をもち、幸福で安泰であるが、一歩、外の世界に出れば、力のない弱い存在でしかない」というメッセージを送り続けた。一九八〇年代になると、ドラマの主役・準主役の女性は「母としてよりも妻として」描かれることが多くなり、しかも「自分自身をみつめ、自分の生き方を問い直したり、生きがいを求めたり、孤独感を味わっていたりする姿」を示すようになったという（村松、一九九九）。ジェンダー規範が動きつつある過渡期の状況のなかで、迷いつつ、自分の生き方を模索する女性が多かった様子が、テレビドラマを通して、浮かび上がってこよう。

広告文化と「美しさ」役割の浮上

一九六〇年前後からの高度経済成長がもたらした大量消費社会は、広告産業・広告文化の隆盛を促した。日本の広告費の総額は、戦後から現在まで、国民所得、国民総生産などの拡大と平行して鰻上りに上昇している。新聞・雑誌・テレビなどにとって、広告収入の比重が経営上無視できないほどに肥大化し、マスメディアは、以前にも増してこの時期に、広告の伝達媒体としての性格を強めていったのである。

一九七五年に「国際婦人年をきっかけとして行動する女たちの会」が、ハウス食品のCM「ワタシつくる人、ボク食べる人」を、性別役割を固定化するとして中止を要望したのを嚆矢として、一九八〇年代にはフェミニストたちの広告批判運動が盛んになる。一九八四年には、「コマーシャルの中の男女役割を問い直す会」が発足し、関西を中心に現在に至るまで、息の長い活動を続けている。

早稲田大学の女子学生グループがこの時期の広告を調査した結果によれば、①雑誌広告、テレビCMのどちらにおいても、女性は、広告商品の誇示や審美的目的によって「装飾」的に描かれる率が高く、②それ以外では女性は家族として描かれることが多く、有職者として描かれる例は少ない。③男性向け雑誌では、女性はセックス対象として描かれる例が多く、④テレビの場合、解説者・推奨者として登場するのは、男性に比べ女性は非常に少なかった(15)。

この研究結果からは、広告文化が女性を、一種の鑑賞対象ないし商品として位置づけた様子が読みとれる。すでに一九七〇年にジャン・ボードリヤール（一九七九）が予見したように、消費社会においては、広告モデルとしての女性が消費されるだけではなく、広告を見る女性自身が消費社会の「イメージに自己陶酔的に自分を反映させ」る。「モデルやつくられたコードに順応して自分を価値あらしめる」ために、「女性は自分自身を消費する」のである。

女性雑誌研究会は、一九八〇年代の日本・メキシコ・アメリカ三国の女性雑誌五七誌の誌面構成を、言及分野別、広告・記事別の両面から詳細に分析した。そこで、明らかになったことは、①女性雑誌は美容とファッションにかなりの誌面を割いており、特に一九八〇年代後半以降にはその比重が高まったこと、②〝広告記事〟(インフォマーシャル)が多く、なかには広告ページと広告記事が誌面全体の九割近くに及ぶ雑誌もあったことである。日本ではこの時期に、女性の性別役割として、おしゃれのための消費を通じての「美しさ」が期待されるようになったことが示唆される。[16][17]

女性たちが自分自身を商品化し、メディアの示す「美」の基準に拠って自分を他と比べて評価する、ミスコンテストの日常化状況と呼ぶべき状況が現出することになったのである。[18] ちなみに一九八〇年代には、さまざまな地方自治体や団体がミスコンテストを開催したが、それに反対する運動も各地で起こり、ミスコン論議が過熱化した。

このように一九七〇年代から八〇年代にかけての時代は、従来からのジェンダー・ステレオタイプの拘束力が弱まる一方で、女性には育児役割からの逸脱が厳しく指弾されると同時に、新たに「美しさ」役割が期待されるという、ジェンダー規範の再編成の時期であった。

三　性情報の氾濫とジェンダーの再構築

一九七〇年代に始まったフェミニズムの波が社会的に定着し、女性の声が政治や社会に対して影響力を発揮し始めたのは、雇用機会均等法の制定、女性差別撤廃条約の批准などを経て、政府や各自治体がジェンダー政策に本腰を入れ始めた一九九〇年代以降のことである。一九九五年に北京で開催された第四回世界女性会議を契機に、ジェンダー問題への関心は一挙に高まった。九五年には育児休業法が育児・介護休業法へと改正され、九六年には法制審議会が、選択的夫婦別姓導入などを盛り込んだ民法改正要綱案を答申し、九七年にはセクシュアル・ハラスメントの防止などを含む改正男女雇用機会均等法が成立。そして一九九九年には「男女共同参画社会基本法」が、続く二〇〇一年には、いわゆるDV防止法が成立するなど、ジェンダー差別を撤廃するための法整備が進む。

こうした動きのなかで、戦後に形成され七〇年代を経て再編成された日本のジェンダー体制のあちこちに揺らぎが見え始めた。NHK世論調査所（現在、放送文化研究所）が七三年以来五年ごとに実施している「日本人の意識」調査の結果を見ると、ジェンダーに関する意識の変化には、著しいものがある。

たとえば、女性の人生選択は、七三年以来、「家庭専念型」と「育児優先型」が優位であったが、年を経るごとに両立型が着実に増加し、九八年には、他の選択肢を抑えて一位になった。「子どもに受けさせたい教育程度」についても、男子については調査の開始以来一貫して「大学まで」が多数だが、女子については七三年には「高校まで」が多かったが、やがて「短大・高専まで」（七八－九三年）、そして九八年には「大学まで」が多数派となった。結婚後の姓についても、七〇－八〇年代までは「夫の姓」派が圧倒的に多かったが、九八年には「どちらが改めても良い」「別姓でもよい」との「脱・夫の姓」派が増加している（NHK放送文化研究所［編］、二〇〇〇・二〇〇四を参照）。このように、日本人の意識は、七〇年代以後の四半世紀の間に、大きくジェンダー平等志向へと変化した。

だが二〇〇〇年を過ぎた頃から、世の中の空気は一変し、バックラッシュの波が押し寄せ始めた。いわゆるジェンダーフリー攻撃、性教育攻撃が、国会や地方議会、各自治体の条例作りの場や公教育の現場で執拗に繰り返され、七〇年代以来積み重ねられてきた性差別撤廃にむけての研究、運動、政策が、批判の槍玉に挙げられる事態となった。「日本文化の伝統」「愛国心」の喧伝と相和して、男女区別や、「男らしさ」「女らしさ」が改めて強調され、「主婦の復権」や「母性本能」が取りざたされる時代が訪れた。

こうした九〇年代以降におけるジェンダー平等の推進と、バックラッシュという逆方向での動きに対して、メディアはどのように対応してきたのだろうか。ここでは、ジェンダー表現とセクシュアリティ表現の両面から、メディアの状況を概観しておきたい。

着実に進む、性別役割の流動化

テレビにおける八〇年代から九〇年代のジェンダー表現の変化については、いくつかの経年的研究がある。たとえば、「コマーシャルの中の男女役割を問い直す会」の吉田清彦は、八五年から九五年の一〇年間のCMのなかの家族像を分析して、均等法の前後から、「家事をする男」や「働く女」の登場するCMが出始め、また食事のあと、家族全員で後片付けをするなど、「さりげなく、当たり前に」家事をする男性が描かれるようになるなどの「地殻変動」が起きつつあることを、具体的事例をあげつつ紹介している。[19]

テレビアニメを分析した中野恵美子も、家父長制的な『サザエさん』や、性別役割分業の核家族を描く『クレヨンしんちゃん』が多く視聴される一方で、『クッキング・パパ』のように、役割固定のない夫婦像も描かれ始めていることを指摘する（村松ほか［編］、一九九八）。テレビCM、ドラマ、アニメとも、伝統的なジェンダー役割を墨守するものが大半ではあるが、少なくとも「男は仕事、女は家事・育児」という性別役割に関しては、これにとらわれない、新しい男女像を描き出す例も各所に登場し、着実に変化が起きつつあるといえよう。

雑誌界でも同様の変化が見られる。九〇年代以降の新創刊女性誌の特徴のひとつは、三〇代以上をターゲットとするものが多いことである。『マガジンデータ』[20]二〇〇六年版には、「女性ミドルエイジ誌」「女性シニア誌」の分類ができており、たとえばゴージャスな「新専業主婦」雑誌の代名詞として脚光を浴びている『VERY』（一九九五年創刊）[21]は三〇代向け、『STORY』（二〇〇二年）は四〇代向けのファッション誌として、それぞれ光文社から創刊されている。三〇代以降の女性たちが、可処分所得を持つ消費市場のターゲットとして位置づけられ始めたということであろう。

もうひとつの特徴は、女性が働くことを視野に入れた雑誌が多い点である。『マガジンデータ』の「女性ヤングアダルト誌」の分類細目には「キャリア」があり、編集者のメッセージでも「働く女性」がキーワードとなっている。均等法制定頃から、女性が働くことが当たり前のこととして受け入れられるようになったことが、雑誌の動向からも窺える。

いまや働くことをめぐるジェンダー問題は、女性が働くことが認められるかどうかではなく、どのような地位で、どのような待遇で、どのような仕事に就くかに、重点が移ったのである。働くことをめぐる男女間格差と同時に、女性間格差の問題も浮上してきたといえよう。[22]

ポルノ的性情報の氾濫

一九八〇年代頃から、性をめぐるメディア状況に、大きな変化が訪れる。変化の第一は、アダルトビデオの普及やコミック誌の大量販売などを通じて、性表現や性情報に、誰でも手軽にアクセスできる状況が生まれたことである。小説における性表現に接するためには、ある程度の識字力が必要とされたことは言うまでもないが、六〇年代末以来の「ポルノ映画」にしても、これを観るためには映画館に足を運ぶなど、多少とも自覚的な行為が必要とされたわけである。それに対して、アダルトビデオやコミック誌や「ビニール本」など、性的な内容を主とするビデオや印刷メディアが、簡単にレンタルしたり、自動販売機で購入できるようになり、巷に性表現と性情報があふれるようになった。[23]

さらに、第二の変化として、この頃から「顔面射精」、レイプ、ＳＭなど、女性に対する侮辱や暴力を伴う性表現が、大量に出回るようになったことが挙げられる。東京都生活文化局が一九九〇年に発表した雑誌の分析結果によれば、「性的描写」をテーマにしたマンガが全体の四二％もあり、しかもそこでは、「女性を一方的に男性が犯す」など、「女性の人格を無視した男性中心の描写」が多かった。[24]

コミックについては、九〇年前後に、いくつかの県が条例で、青少年向けのコミック本について、「有害図書指定」などの規制を実施したことをきっかけに、変化が生じた模様である。とはいえ、成人向けコミック本やアダルトビデオなど、性差別的な性表現が、現在に至るまで氾濫している事実に変わりはない。

より大きな問題は、テレビや電車の車内広告、また一般に市販されている雑誌やスポーツ紙など、誰でもアクセスできるメディアに、性差別的な性表現が蔓延し、いわゆるエッチ・ジャーナリズムと地続きで、覗き趣味的で、女性蔑視的な性表現を繰り返していることである。たとえば、前出『マガジンデータ』掲載の男性雑誌のなかで、「グラビア」雑誌と分離された雑誌のほとんどは、「男の夜遊び」や「男の性生活」など、性的好奇心を喚起するような、雑誌名や記事見出しをつけた雑誌である。

一方で、マスメディアにおける性的マイノリティの人びとに関する表象には、多少の変化が見られる。一九八〇年代頃から日本でもゲイやレズビアンの当事者たちによる運動と発言が活発化し、一九九〇年代には、同性愛を「変態」「異常」などと捉えるのではない表現が普及していった。[25] また、トランスジェンダー（性別越境者）については、一九九八年に埼玉医科大学が性同一性障害者に対する「性転換手術」を実施したのを契機に、マスメディアではトランスジェンダーを「障害」ないし「病気」として位置づける報道が一般化する。[26] 同性愛にせよ、トランスジェンダーにせよ、性的マイノリティの人びとに関するマスメディアの表象は、一九九〇年代以後多少変化しつつあるものの、依然として異性愛と性別二分法を前提としたセクシュアリティ表現、そして、男女間の性道徳の二重基準に基づく女性差別的性表現の氾濫が、マスメディアの性表現を特徴付けていることは否定できない。

「女／男らしさ」の再構築

『マガジンデータ』二〇〇六年版で採用されているジャンル分類には、ジェンダーの区別が厳然と守られているだけではなく、女性は育児や家事、男性はビジネスとスポーツやメカといった性別役割に即した分類が再現されている。[27] 各雑誌編集長が語る編集方針も、女性は「おしゃれ」と「自分磨き」に特化し、男は「遊びとしてのセックス」への興味を喚起するという、非対称のメッセージが発せられている。

雑誌のジャンル分けや編集者のメッセージは、たんに統計上の操作や編集者の方針というにとどまらない。こうした分類と命名、編集方針が流通するなかで、「女性」と「男性」は区別すべきものであり、「女性」は、「おしゃれ」や

「子育て」「食」に、男性は「仕事」や「スポーツ」「クルマ」と「遊びとしてのセックス」に関心を持つはずだし、持つべきだという、性別役割期待が社会的に流布し、共有されていくことになるだろう。逆に言えば、こうしたジェンダーに関する共通了解が社会的に成立しているからこそ、出版流通業界は、こうしたジャンル分けを採用しているのだということもできる。

諸橋は最近の論文で、女性週刊誌、家庭実用情報誌、ファッション誌の誌面構成等を分析し、これら女性雑誌の「三大ジャンル」の誌面が、一九八〇年代とほとんど変わっていないことを指摘している（諸橋、二〇〇七）。先述した変化にも関わらず、女性雑誌界の基本構図は、いまだに続いているのであり、雑誌を通じて「女／男らしさ」は、再構築されているのである。

テレビにおいても、同様の定型表現の持続が指摘されている。たとえば一九六一年から一九九三年までの三三年間のテレビＣＭを分析した坂元章らによれば、ＣＭの登場人物は、「時代を超えて伝統的な性ステレオタイプに沿って描写されている」という(28)。岩男壽美子は一九七七年から一九九四年までのテレビドラマを分析し、登場人物の性別がどの調査年度でも圧倒的に男性優位で、女性の年齢構成は、一〇代から二〇代が実際の人口比に比して極端に多く、女性といえば「若さ」が期待されるというパターンが持続していることを指摘した（岩男、二〇〇〇）。

雑誌においても、テレビにおいても、一方で新しい動向が見られるものの、全体的には、男女の区別や「男／女らしさ」が繰り返し、構築され続けているといえよう(29)。

四　おわりに

以上、戦後から最近までの、マスメディアに描かれたジェンダー表象の変遷を概観してきた。「戦後強くなったものは靴下と女性」といわれたように、「家」制度下の戦前・戦中と、「家」制度廃止後の戦後とでは、女性の地位や権利は大きく変化、向上した。かつての男尊女卑、「家」中心的なジェンダー関係に替わって、「男女平等」のスローガンに基づく性別役割分担型ジェンダー関係が、一九五〇年代後半以来の高度経済成長と歩調を合わせて定着していった。週刊誌やテレビなどの新たなマスメディアは、こうしたジェンダー関係の変化を促進するメディアとして登場し、普及していった。新たなジェンダー関係の創出に向けて、マスメディアと読者・視聴者とが相携えて進んでいった時代が、第一期と言える。

第一期の延長上で、一九七〇年代以後、性差別撤廃運動が地球規模で進展し、ジェンダー平等社会の実現に向けて、歴史は大きく前進した。この時期は、日本を含むいわゆる経済先進諸国の消費社会化が進行した時代でもあった。マスメディアは広告媒体と化して、個別の商品の販売促進に寄与したのみならず、消費を美徳とする価値観を積極的に推進した点で、消費社会化の進行の立役者となった。女性は消費者として注目されることで、親や夫から独立した個人としての自由と裁量権を獲得した。折からのフェミニズム思想の普及とあいまって、ジェンダー規範は揺らぎ、再編成されていった。マスメディアは、人びとを消費社会へと誘う一方で、消費者のニーズに敏感に反応せずには、メディアの存続自体が危うくなるとのリスクを抱え込むことにもなっていった。

技術革新の進行によって「多品種少量生産」が可能になった一九八〇年代後半ごろから、「大衆の崩壊」「分衆の時代」が論じられるようになり、「差異化」がマーケッティングのキーワードになっていく（藤岡、一九八四、博報堂生活総合研究所［編］、一九八五など）。家族の多様化、女性像・男性像の多様化とあいまって、メディア選択や商品選択の多様化が進行する。マスメディアのジェンダー表象は、一方で性別役割の流動化を反映しつつ、他方で女／男らしさを再構築するという、両面性を呈することになる。この頃から、メディアの世界自体に、個別化・細分化の傾向が顕著になっていく。多チャンネルテレビ、雑誌の細分化などのマスメディア世界の細分化だけではない。ミニコミや情報誌の群生に加えて、IT機器を使っての新たな情報網の形成、特定の利用者を対象とするゲーム機やビデオ、CDの普及等々を通じて、人びとのコミュニケーション空間は、個別化、細分化しつつある。そうした個別化したコミュニケーション空間で、ジェンダーがどのように、変革または再構築されているのか。本稿では言及できなかったが、ジェンダーとメディアの現在進行形の状況を知るためには、こうした新たなコミュニケーション空間の分析が必要となろう。

注

（1）斉藤正美、一九九八「クリティカル・ディスコース・アナリシス」『マス・コミュニケーション研究』五二
（2）樋口恵子、一九八四「サザエさん」、朝日ジャーナル［編］『女の戦後史Ⅰ　昭和20年代』、参照。現在の視点から見れば、中野恵美子が指摘するように、『サザエさん』が、父の権威を中心とする家父長的な人間関係と、性別役割分業を前提にしていることは、言うまでもない（中野、「テレビアニメにみる日本の家庭像」、村松泰子ほか［編］、一九九八、所収）。
（3）佐藤忠男（一九八四「君の名は」、朝日ジャーナル［編］『女の戦後史Ⅰ　昭和20年代』）は、『君の名は』を「一九五二－五四年当時、日本の観客大衆の一般的な考え方としては、女は家族制度に従順で貞淑であるべきだが、心の恋人を持つことまで禁じることはできない、という段階であったわけか」と位置づけている。
（4）井上輝子「マイホーム主義のシンボルとしての皇室」（井上、一九八〇所収）は、皇太子成婚報道が、恋愛結婚イデオロギーを正統化する補強する機能を果たしたと指摘した。また、石田あゆう（二〇〇六）は、女性週刊誌が「皇室報道メディアとなっていった」過程を詳しく分析している。
（5）井上輝子「マスコミがつくりだす女性・結婚・家庭」（井上、一九八〇、一二四－一二五頁）は、主婦向け雑誌の実用記事が、たんなる実用的な「生活の知恵」の伝達を超えて、読者に準拠すべき家庭像呈示の機能を果たしたことを具体的に示している。
（6）落合恵美子は、『アンアン』の創刊当初のモデル立川ユリの身体技法が、それまで女性が演じてきた役割からはみだすビジュアル・イメージを示したことを指摘した（落合、一九九〇「ビジュアル・イメージとしての女」、女性史総合研究会［編］『日本女性生活史　現代』第五巻）。
（7）稗島武「レディメイドと身体」（二〇〇五『社会学評論』五六巻一号、所収）は、レディメイドの導入によって、女性の身体観

が変化していった様子を、『アンアン』の記事から跡付けている。
（8）坂本佳鶴恵は、『アンアン』『ノンノ』成功の背景に、従来の「少女」とは異なる「女の子」の成立を見、これらの雑誌が、「女性の行動の範囲をひろげ、時間的、空間的、経済的な自由を作り、楽しむ方法を提示」する一方で、「服装や髪型など外面的な表現を重視し、商品の選択や使い方をつうじた自己表現を一般化させていった」ことを指摘する（坂本佳鶴恵、二〇〇〇「消費社会の政治学」、宮島喬［編］『講座社会学7　文化』東京大学出版会。または、二〇〇一「女性雑誌にみる『女の子』の成立」『お茶の水女子大学人文科学紀要』第五四巻、などを参照）。
（9）岡田章子は、八〇年代『アンアン』の特集タイトルを分析し、この時期の『アンアン』が読者の「主体性」に呼びかける形に変わる一方で、読者である女性たちが、おしゃれを自己実現の手段として自ら演出し、受動的な従来型の「女らしさ」への抵抗を示したことを指摘する（岡田、二〇〇一「女性雑誌における欲望の主体化と消費のイデオロギー」『立教大学大学院社会学研究科年報』第八号）。
（10）『クロワッサン』が創刊された一九七七年は、女性雑誌の創刊ラッシュの年であった。『クロワッサン』を含め、『アルル』『ノラ』などの新女性誌は、結婚年齢期に達した団塊世代が従来の家庭像とは異なる「ニューファミリー」を志向するのではないかとの期待をこめて、雑誌を創刊した。だが、「ニューファミリー」誌の試みはいずれも失敗し、『アルル』『ノラ』は休廃刊に追い込まれ、『クロワッサン』は、七八年五月発売号から「女の新聞」と銘打って、ライフスタイル志向誌へと転身した。団塊世代の女性たちは、新しい家庭像というだけでは満足できず、結婚し家庭を持つというステレオタイプ的なライフスタイルそのものに疑問をもったということであろう。
（11）松原惇子、一九八八『クロワッサン症候群』文藝春秋。わいふ編集部、一九八九『アンチ『クロワッサン症候群』』社会思想社。
（12）四方由美、一九九六「社会面における女性の犯罪報道」（田中・諸橋［編］、一九九六、所収）参照。
（13）新聞報道がジェンダー中立的ではなく、男性視点からのバイアスが色濃くかかっていることは、多くの研究者や市民グループが指摘している。新聞の性差別表現批判の枠組みを最初に提示した田中和子は、①性差別語の無自覚的使用、還元主義的性差別表現、文脈的不適切による性差別表現のほかに、②「女資産家」「女医」「老女」などの〝女性冠詞〟の多用、③〝女は美醜・男は業績〟といった、人物評価の性別二重基準があるなど、新聞報道の基底には男性中心主義がひそんでいることを指摘した（田中、一九八四「新聞にみる構造化された性差別表現」、井上輝子ほか［編］、一九九五、所収）。

このほか、メディアの中の性差別を考える会『メディアに描かれる女性像　新聞をめぐって』（一九九二、桂書房）、月火水の会『新聞を通して見えてくる男社会』（一九九四）、上野千鶴子＋メディアの中の性差別を考える会『きっと変えられる性差別語』（一九九六、三省堂）、田中・諸橋（一九九六）などが、新聞の性差別表現について、具体的で包括的な分析をしている。

(14) 柳原佳子（一九八八「女性犯罪とテレビ」、仲村祥一［編］『犯罪とメディア文化』有斐閣）は、一九八六年放送のテレビドラマと警察庁の統計とを比較して、実際の女性犯罪で圧倒的に多いのは、万引きなどを含む「窃盗」だが、テレビドラマで中心的に描かれるのは、ドラマ性の高い「男と女の殺人劇」であり、「良妻賢母」物語のネガ版、失敗談だと指摘する。柳原によれば、女性は狙われたり、殺されたりする側に置かれるにせよ、逆に加害者側に位置づけられるにせよ、「可哀相な女」として描かれるのであり、「ヒロインへの侮蔑と優越感の入りまじった視聴者の同情を誘うことで、伝統的な性別文化・秩序の枠内で思考・感受する人びとには現状満足というフィクションを付与し、そうでない人びとには、失われた物語への感傷、ないしレトロな物語への涙の笑いをもたらす」のだと分析した。

(15) 早稲田大学商学部・小林太三郎広告管理論ゼミナール女子学生グループ、一九八〇「現代女性の Sexual Role と広告表現」『月刊アドバタイジング』五月号、一七-三九頁。ここでは、一九七九年発売の男性向け雑誌、女性向け雑誌、一般混合誌計一八冊に掲載された広告六九〇点、および同年放送のテレビCM八一四本を取り上げ、登場人物の性別役割を分析している。

(16) 井上輝子＋女性雑誌研究会（一九八九）参照。

(17) 北田暁大（二〇〇〇）は、一九二〇-三〇年代の『主婦之友』を例に出しながら、読者の受容空間における広告の「散逸」と、誌面における〈広告である／ない〉の差異の曖昧化としての広告の「融解」現象を指摘する。また、Ellen McCracken（一九九三）は、一見広告とは見えないページも含めて、女性雑誌全体がいかに広告機能を果たしているかを、一九八〇年代の諸雑誌分析を通じて、明らかにしている。どちらも、興味深い指摘であり、人びと（特に女性）が、広告を通じて消費社会に自ら引き込まれていくしかけが、示唆されている。

(18) 加藤まどか（一九九五「『きれいな体』の快楽」、井上俊ほか［編］『岩波講座現代社会学11』）や、藤田智子（二〇〇〇「ダイエット・ブームの実態と背景」、お茶の水女子大学生活科学研究会『生活社会科学研究』第七号）など、女性雑誌を通じて、女性たちが「美しさ」役割にとらわれていく様子を具体的に分析している。

(19) 吉田清彦、一九九八「テレビコマーシャルの中の家族像の変遷」（村松ほか［編］、一九九八、所収）参照。

(20) 二〇〇四年から日本雑誌協会が、加盟出版社の雑誌の印刷証明付発行部数を開示した『マガジンデータ』を発行しており、二〇〇六年版からは、日本雑誌協会、日本雑誌広告協会、日本ABC協会の三協会が共通に設定した「雑誌ジャンル」を使用している。

(21) 『VERY』については、小倉千加子（二〇〇三）の秀逸な言及や、石崎裕子（二〇〇四「女性雑誌『VERY』にみる幸福な専業主婦像」『国立女性教育会館紀要』（Vol.8））の詳しい分析がある。

(22) たとえば三浦展（二〇〇五）は、団塊ジュニアの階層化として、女性を、①お嫁系 ②ミリオネーゼ系 ③かまやつ女系 ④ギャル系 ⑤普通のOL系の五種、男性を、①ヤングエグゼクティブ系 ②ロハス系 ③SPA!系 ④フリーター計の四種に分類し、各層の講読雑誌に差異があることを示唆している。

(23) いのうえせつこ（二〇〇二）によれば、二〇〇二年現在、アダルトビデオのメーカーは、一三〇－一五〇社あり、全体で一日平均約三〇－五〇本が制作されており、アダルトビデオ業界は一兆円産業に拡大しているという。

(24) 東京都生活文化局、一九九〇『性の商品化に関する研究』（平成二年三月）。

(25) 杉浦郁子「一九七〇－八〇年代の一般雑誌における『レズビアン』表象」、および村上隆則・石田仁「戦後日本の雑誌メディアにおける『男を愛する男』と『女性化した男』の表象史」（いずれも、矢島正見［編］、二〇〇六『戦後日本女装・同性愛研究』中央大学出版部、所収）を参照。

(26) 加藤慶「新聞メディアにおける性同一性障害表象」（横浜国立大学技術マネジメント研究学会［編］、二〇〇六『技術マネジメント研究』五号）、三橋順子「テレビ・メディアにおけるトランスジェンダー表象の変遷」（第六回早稲田大学ジェンダー研究所公開シンポジウム『メディアとジェンダー表象の現在』二〇〇六年十一月十一日での報告）を参照。

(27) 雑誌のジャンル分けの政治性を議題化し、二一世紀になっても雑誌界が依然として「女性」を有徴化している事実を指摘したのは、諸橋泰樹「雑誌におけるジェンダー・カテゴリーの構築」（北九州市立男女共同参画センター〝ムーブ〟［編］、二〇〇五、ジェンダー白書③ 女性とメディア』明石書店）である。

(28) 坂元章ほか、二〇〇三「テレビ・コマーシャルにおける性ステレオタイプ的描写の内容分析研究」、お茶の水女子大学ジェンダー研究センター年報『ジェンダー研究』第六号。

(29) 藤田由美子は、テレビや絵本の世界が、二〇〇〇年以後でも、登場人物の数は男性が多く、男性は「主導的役割」、女性は「援助的・周辺的な役割」を担うなど、二分法的で、非対称的なジェンダー表現が持続していることを明らかにした（藤田、二〇〇三「子ども向けマス・メディアに描かれたジェンダー」『九州保健福祉大学研究紀要4』）。

文献一覧

赤木洋一、二〇〇七『「アンアン」1970』平凡社新書
ボードリヤール、ジャン（今村仁司・塚原史訳）、一九七九『消費社会の神話と構造』紀伊国屋書店
藤岡和賀夫、一九八四『さよなら、大衆』PHP
博報堂生活総合研究所［編］、一九八五『「分衆」の誕生』日本経済新聞社
萩原滋・国広陽子［編］、二〇〇四『テレビと外国イメージ』勁草書房
林香里、二〇〇二『マスメディアの周縁、ジャーナリズムの核心』新曜社
いのうえせつこ、二〇〇二『AV産業』新評論
井上輝子、一九八〇『女性学とその周辺』勁草書房

井上輝子＋女性雑誌研究会、一九八九『女性雑誌を解読する』垣内出版
井上輝子・上野千鶴子・江原由美子〔編〕、一九九五『日本のフェミニズム7　表現とメディア』岩波書店
石田あゆう、二〇〇六『ミッチー・ブーム』文春新書
伊藤守〔編〕、二〇〇六『テレビニュースの社会学』世界思想社
岩男壽美子、二〇〇〇『テレビドラマのメッセージ』勁草書房
北田暁大、二〇〇〇『広告の誕生』岩波書店
McCracken, Ellen, 1993, *Decoding Women's Magazines*, Macmillan Press LTD.
三浦展、二〇〇五『下流社会』光文社新書
諸橋泰樹、一九九三『雑誌文化の中の女性学』明石書店
村松泰子＆ヒラリア・ゴスマン〔編〕、一九九八『メディアがつくるジェンダー』新曜社
NHK放送文化研究所〔編〕、二〇〇〇・二〇〇四『現代日本人の意識構造』（第五版）・（第六版）、NHKブックス
西野知成、一九九八『ホームドラマよどこへ行く』学文社
小倉千加子、二〇〇三『結婚の条件』朝日新聞社
おんな通信社〔編〕、一九九一『報道のなかの女の人権』社会評論社
斉藤美奈子、一九九八『紅一点論』ビレッジセンター出版局
坂本佳鶴恵、一九九七『〈家族〉イメージの誕生』新曜社
田中和子・諸橋泰樹〔編〕、一九九六『ジェンダーからみた新聞のうら・おもて』現代書館

10章　メディア・イベントとしてのオリンピック
――東京／ロサンゼルス／アテネの四〇年

阿部　潔

一　イベントとしてのオリンピック
――スポーツと平和の祭典

オリンピックとは、四年に一度開催されるスポーツと平和の祭典である。世界中からアスリートたちが集まり、互いの技を競い合う。そこでは、言語・人種・宗教・国籍といったさまざまな違いは乗り越えられ、フェアプレーの精神に基づくスポーツを通じた友好が発揮される。このような崇高な理念に基づく平和とスポーツの祭典を、世界中の多くの人びとが目の当たりにする。なぜならオリンピックの模様は、テレビの衛星中継を通じて世界中に伝えられるからである。オリンピックはメディアに媒介されることによって、より多くの人びとを巻き込んだスポーツ・イベントとして成り立っているのである。

「メディア・イベント」に関するダニエル・ダヤーンとエリユ・カッツの先駆的研究に照らし合わせたとき、オリンピックというスポーツ・イベントが、同時に巨大なメディア・イベントであることが確認される（ダヤーン＆カッツ、一九九六）。日常的な物事からは区別された「セレモニー的行事」として定義されるメディア・イベントの特徴は、四年に一度という非日常的な祭典の場で繰り広げられるオリンピックに典型的に当てはまる。オリンピックが大規模なイベントとして成立するうえで、映像メディアとしてのテレビが重要な働きをしていることは、あらためて言うまでもない。私たちが知る／見る／感動するオリンピックでの競技・試合は、テレビを代表とするメディアに媒介された(mediated)ものである。

スポーツの祭典であるオリンピックが、典型的なメディア・イベントであること。そのイベントはテレビ中継を介して世界中に伝えられ、少なくとも理念としては平和の祭典として広く受け入れられていること。この点を確認したうえで以下では、一九六〇年代、一九八〇年代、二〇〇〇年代に開催された三つの大会の開会式を具体的な題材として、メディア・イベントとしてのオリンピックの内実を検討していく。その際の基本的な分析視角は、個別の開会式に照準することを通して、それを生み出している、より広範な社会のあり方を明らかにしようとするものである。つまり、メディア・イベントを分析することによって、その社会／政治／文化的なコンテクストを読み解くことを目指すのである。ダヤーンとカッツによれば、メディア・イベントは「社会にとって何らかの中心的な価値や、集団的記憶の一面にスポットライトをあてる祝日」(前掲、一〇頁)としての機能を担っている。そうだとすれば、メディア・イベントたるオリンピック開会式の分析を通して、開催主体である国／地域における独自な価値観と同時に、オリンピックが開催されたその時代において国際的に共有された理念を明らかにすることができるに違いない。つまり、開催時期が異なる三つの大会での開会式を比較検討することによって、それぞれの「時代」を浮かび上がらせることが期待されるのである。

二　オリンピック開会式が表象するもの

世界との出会い／世界への参加

オリンピック開会式とは、多様な意義をもったセレモニーである。オリンピックという祭典の「はじまり」を意味づける開会式は、同時にオリンピック憲章に具体化されている近代オリンピックの理念を掲げる場でもある。どのオリンピックでも必ずなされる参加各国の入場行進、オリンピック旗の掲揚、選手・審判員による宣誓、聖火台への灯火といった儀式は、スポーツと平和の祭典のはじまりを告げるとともに、そこで目指されるべき理念を高らかに唱えるものにほかならない。言うまでもなく、オリンピックにおける理念は、「スポーツ」のみを通じて成し遂げられるべきことが強調される。利害の絡んだ「政治」や「経済」ではなく、あくまで純粋に「スポーツ」に取り組むことを通じて友好の輪を広げていくこと。それこそが、「平和」の実現に向けた道であることが強調される。

こうした友好／平和の理念は、スポーツを介して世界各国の選手たちが出会うことで実現されると謳われる。具体的には、各種の競技において選手たちが互いの技を競い合うなかで、勝者／敗者、味方／敵といった対立ではなく、ともに同じスポーツに真摯に取り組むライバル＝仲間としての連帯意識を芽生えさせ、互いの健闘を讃え合う精神を育むこと。それこそが、スポーツを通じて世界と出会うことの意義だとされる。

こうしたスポーツを通した「世界との出会い」は、なにも参加選手だけに限られたものではない。オリンピックを開催する都市の人びとは、各国からの関係者を迎え入れることで、字義どおり世界と出会う経験をする。ホストとして世界各国からゲストを迎え入れることは、多くの都市にとって非日常的な出来事である。また、オリンピックを開催する国／国民全体にとっても、オリンピック開催は世界と出会う機会として受け止められる。このように考えると、オリンピックは参加する選手のみならず、開催都市／国家の人びとにとっても「世界との出会い」にほかならない。

だが、開催都市／国は、ただ受動的に各国からの参加者たちを迎え入れるだけではない。「世界との出会い」は同時に、自国にとって「世界への参加」の意味合いを持っている。急速な経済成長の途上にあった一九六〇年代初頭の日本や一九八〇年代後半の韓国にとってそうであったように、オリンピックの開催は名実ともに「世界への仲間入り」を果たすことでもあった。スポーツと平和の祭典を無事に成し遂げることは、開催国にとってなにがしかの政治的意味合いを持たざるを得ないのである。

一方で各国からの参加者を迎え入れることで世界と出会い、他方で世界に向けて自国を知らしめる。こうしたオリンピック開催に潜む二重性がもっとも鮮明に浮かび上がるのも、また開会式の場なのである。この二重性は、テレビによって開会式が中継されることで、よりダイナミックなものになる。なぜなら、直接の当事者である参加選手団や大会関係者だけでなく開催国のより多くの人びともまた、テレビでオリンピックの模様を見ることで世界と出会い／世界に参加する経験を手に入れることができるからである。その意味で、世界規模でのスポーツと平和の祭典は、開催国家／国民にとって自己のプライドを懸けたきわめてナショナルなイベントでもある。開催地の人びとは、オリンピックという世界と出会う機会を利用して、各国の人びとに「自分たちの国」を知らしめようとする。世界中が注目するオリンピックの場で自分たちの姿を示すことは、ナショナルな誇りを満たすことでもあるのだ。

このように考えると、開会式というセレモニーは世界中から選手たちが集うことで字義どおり「世界が出会う」場になるとともに、開催国にとって「世界と出会い」かつ「世界へ参加」する契機であることが確認できる。メディア・イベント化された現代のオリンピックでは、開会式の模様は世界各国へとテレビ中継される。その結果、スポーツを通じた世界との友好はより大規模かつダイナミックなものになっている。今日的なメディア状況のもとで開会式を行なうことは、開催国・国民にとって、世界に向けて「自分たち」を強烈にアピールする、またとないチャンスでもあるのだ。

スポーツ／世界／政治の交点

言うまでもなく、オリンピックで唱えられる理念はオリンピック憲章に基づいている。だが、個別の大会における開会式での演出のされ方は、多様な様相を示している。その理由は、先にも述べたように、個々の開催国にとってオリンピックは自国を世界に知らしめる機会であり、オリンピック理念とともに伝えられる「自分たち＝開催国」の姿は、当然ながら大会ごとに異なってくるからだ。

さらに、全世界を巻き込んで開催されるオリンピックは、その時々の国際情勢に左右されがちである。共産主義諸国の指導者たるソビエト連邦で開催されたモスクワ・オリンピック（一九八〇年）と、それに続く自由主義諸国のリーダーであるアメリカ合衆国で開催されたロサンゼルス・オリンピック（一九八四年）はともに、敵対する陣営のボイコットに遭遇した。このことが典型的に示しているように、オリンピック憲章で掲げられる理念とは裏腹に、現実のオリンピックはつねに国際政治の影響を被ってきた。

このことを考えると、オリンピック開会式とは、スポーツを通じた国際友好を謳う崇高な理念と、その時代における国際政治を取り巻く厳しい現実とが、矛盾をはらみながら交叉する場であると言える。理念／現実、スポーツ／政治、友好／敵対の単純な二項対立では捉えきれない複雑な情況が、そこに見て取れる。だからこそ、オリンピック開会式を時系列的に比較することによって、国際次元での時代変化ならびに、個別の国家・国民次元でのナショナルな自己像のあり方を浮かび上がらせることができると期待される。そこで次に、それぞれに二〇年の間隔を持つ三つの大会（東京／ロサンゼルス／アテネ）の開会式を具体的に見ていくことにしよう。

三　一九六四／一九八四／二〇〇四
——三つのオリンピック

東京オリンピック

一九六四年十月十日に開幕した第十八回東京大会は、アジア地域ではじめて開催されたオリンピックであった。参加国・地域の数九四、参加選手数五〇八一人。七万人収容の国立競技場を舞台に七〇六〇人の若者たちが開会式に参加した。

周知のように一九六四（昭和三九）年の東京大会は、開催国日本にとって国を挙げての一大事業として位置づけられ、東海道新幹線の開通をはじめとする各種インフラの整備や関連施設の建設がオリンピック準備期間に急ピッチで進められた。一九六〇年代の高度経済成長と同時並行で準備が進められた東京オリンピックは、まさに戦後日本の復興と繁栄のシンボルであった。

東京でのオリンピック開催は、未来に向けた躍進と同時に、過去の記憶に起因する国民の悲願としての意味合いを持っていた。かつてオリンピック東京大会は、一九三六年ベルリン大会に続く一九四〇年の大会として決定していた。しかし、中国大陸への侵略が本格化するにつれ、軍部を中心にオリンピック開催への反対の声が高まり、結果的に日本は誘致を返上した。こうした戦争が影を落とした過去の経緯があるため、戦後日本にとってオリンピック開催は独自の意義を持つものとなった。つまり、首都東京でオリンピックを開くことは、敗戦から立ち上がった戦後日本が未来に向けて「世界に参加する」とともに、かつて果たせなかった国家の矜持を、いまあらためて「平和国家」の名のもとに満たすことにほかならなかったのである。

それでは、戦後日本というコンテクストのなかで開催された東京オリンピック開会式とは、具体的にどのようなものだったのだろうか。晴天のもと国立競技場で行なわれた開会式は、厳かなセレモニーであった。古関裕而作曲による『オリンピックマーチ』が奏でられるなか堂々と入場行進する各国選手団は、まさにスポーツを通じて互いの技を競い合う世界の若者たちの姿を伝えていた。ＮＨＫのテレビ中継を担当した北出清五郎による各国選手団の紹介は、それぞれの国の自然・産物・文化に触れながらも、主としてスポーツ競技に関連する事柄を淡々と語っていた。政治的な事柄が特定の国や地域に関して言及されることは皆無に等しく、スポーツと平和の祭典に相応しいナレーションが繰り広げられていた。(1)

開会式の進行において、儀礼化された行事（オリンピック旗の引き渡し・掲揚、国旗掲揚・国歌斉唱など）以外の要素は、ほとんど盛り込まれていない。きわめて乱暴に言ってしまえば、選手団の入場以外の内容としては、オリンピック東京大会組織委員会会長・安川第五郎の挨拶があり、それに続いてアベリー・ブランデージＩＯＣ会長の挨拶がなされ、会長から日本語で開会宣言の依頼を受けた昭和天皇が開会宣言をする。そしてクライマックスとして、最終聖火ランナーである坂井義則が聖火台に点火し、選手を代表して小野喬が選手宣誓をする。すると空には八〇〇〇羽の鳩が放たれ、上空には浜松の航空自衛隊第一航空団アクロバットチームが描く五輪の模様が浮かび上がる。基本的には、ただそれだけの淡々としたセレモニーなのである。(2)

もちろん開催当時としては、参加国の数、選手団の規模、関係役員の人員数など大会規模の点において華やかなオリンピックであったことは、あらためて言うまでもない。世界から若者たちが集うスポーツの祭典という点で、東京大会は盛大なものであった。だが、四〇余年の歳月を経ていまそれを振り返ると、あまりにもメディア・イベントとしての魅力を欠いているように思えて仕方がない。

しかしながら、東京オリンピックは当時の最新メディアであった「テレビのオリンピック」として喧伝されていた。その理由は、オリンピック放送史上初めてのカラー放送がなされ、その映像は史上初の試みとして衛星中継で深夜のアメリカに送られたからである。それはまさに、テレビによって世界各国に伝えられた初めてのオリンピックであった(日本放送協会[編]、二〇〇一)。実況のアナウンスにおいても「オリンピックの宇宙中継、世界を結ぶテレビのオリンピック。これが東京オリンピックの持つ壮大なテーマのひとつであります」と語られた。現在私たちは、オリンピック開会式が全世界に同時中継されることをごくあたりまえに考えている。それを可能にしたテレビの画期的な技術は、この東京大会の際にはじめて導入されたのである。その意味で、当時の関係者たちが誇らしげに口にしていた「テレビのオリンピック」という表現は、いささかの誇張もなく的を射たものであった。

アジアで初めて開かれ、戦後日本の威信をかけて開催された東京オリンピックは、その背景に国家的・政治的な思惑が明確に作用していたとしても、いまだスポーツ・イベントに徹していたように思われる。実況を担当した北出が、近代オリンピックの創立者であるクーベルタン男爵の言葉を引用しつつ語った理念は、当時のオリンピックがスポーツの祭典として素朴に受け止められていたことを如実に物語っている。

各国の選手団、大きな国もあれば、小さな国もあります。人種も違います、宗教も違います、政治も違います。しかしながらここではそういった差別は一切ないのであります。すべてを超越いたしまして、世界の若人がひとつに結ばれます、オリンピックであります。一八九六年ギリシアのアテネで第一回オリンピックが開かれてから七〇年、この第十八回東京大会まで、オリンピックは全世界の青年の胸に平和と希望と前進の灯をともして参りました。そして、オリンピックは世界のもの。はじめてこのアジアの地、東洋の日本、日本の首都東京におきまして、第十八回オリンピックが開かれたのであります。「オリンピックは単なる世界選手権ではなく、四年ごとに開かれる世界の青年の祭典であり、人生の春の祭りである。純真な若者の功名心と情熱の殿堂、各世紀を通じての新鮮な花園である――ピエール・ド・クーベルタン」。

ロマンチックな立場からすれば、ここにオリンピック本来の姿を見ることができるかもしれない。だが東京大会から四〇余年が経過した現在の視座から眺めるとき、厳かで格調高い式典はあまりにも素っ気なく、イベント＝祭典としての面白みにいささか欠けるように思えてしまう。

ロサンゼルス・オリンピック

東京大会から二〇年後の一九八四年に開催されたロサンゼルス大会は、深刻な国際情勢のなかで開催されたオリンピックであった。アメリカ合衆国をはじめとする西側諸国が前回のモスクワ大会をボイコットしたことへの報復として、ソ連をはじめ東欧諸国はロサンゼルス大会に参加しなかった。ボイコットの応酬の背景に、長らく続く東西冷戦構造があったことは言うまでもない。こうした国際政治における緊張関係のもと、アメリカにとってロサンゼルス大会を成功させることは、自陣営の優越を示すと同時に敵陣営によるボイコットを「スポーツへの政治の干渉」として非難することにほかならなかった。その意味でモスクワ大会同様ロサンゼルス大会も、きわめて政治色の強いオリンピックであった。

だが、なによりも強烈に開会式を特徴づけていたのは東西冷戦という国際政治の陰ではなく、圧倒的な迫力で観衆を魅了するエンタテイメントを盛り込んだ演出であったように思われる。従来のように公的な行政機関ではなく民間組織がオリンピックの開催主体となったロサンゼルス大会では、聖火リレーを有料化するなど独自の運営手法が採られた。それに対しては当初から、オリンピックを商業主義化するものだと批判が投げかけられていた。しかし、そうした声にもかかわらず、圧倒的な演出力とエンタテイメント性のもとに開催されたロサンゼルス・オリンピック開会式は、あたかもハリウッド映画やブロードウェイ・ミュージカルを見ているかのように感じさせる演出の華やかさと楽しさによって、後世の人びとの記憶に残ることになった。

開会式演出は、一九七七年にアメリカのテレビシリーズとして放送され話題を呼んだ『ルーツ』のプロデューサであるディビット・ウォルパー（David Wolper）が手掛けた。さまざまな趣向を凝らした演出は、スタジアムにいる九万二〇〇〇人の観客ならびに開会式の模様をテレビで見た世界各国の人びとを魅了するに十分なものであった。世界中を驚かせたロケットマンの登場ではじまるオープニング・セレモニーの基本的なコンセプトは、音楽でアメリカの歴史を辿る「Music of America」であった。具体的には、「成功を求めてやってきたアメリカ人の祖先」たちの開拓スピリットが謳われ、次に「アフリカから労働のためにやってきた」黒人たちの教会での祈りの歌からゴスペルやジャズが生まれたことが、踊りと合唱によって演じられる(3)。圧巻は会場に設けられた舞台に置かれた八四台のグランドピアノによるガーシュイン作曲「ラプソディー・イン・ブルー」の演奏で、それはあたかも巨大な舞台で繰り広げられるコンサートのようであった。それに続いて「ウエストサイド・ストーリー」、「コーラスライン」、「フェーム」、「ビート・イット」といった、アメリカが生んだ世界中に知られているヒットソングに合わせて男女の踊り手たちがダンスを披露する。地元カリフォルニアの高校生からなるダンスチームのパフォーマンスは、まるでミュージカルの一シーンを見ているかのような錯覚を観客・視聴者に与えるものであった。

いまでこそオリンピック開会式のショーアップはあたりまえだが、一九八四年当時こうした演出は「アメリカ的」なり「商業主義」という言葉とともに、ときとして否定的に言及されていた。開会式の模様をテレビ中継したＮＨＫの磯村尚徳が、「Music of America」が終了し、いよいよ選手団の入場がはじまる場面で口にした以下の言葉は、過剰なまでのショーアップに対する違和感の表明にほかならない。

前奏曲がちょっと長過ぎる感じもないではございませんがね。主催者によればオリンピックとは民族の祭典であるということでありますからね、アメリカ民族の祭典、音楽の祭典ということだろうとは思いますが。ただ皮肉な見方をする人は、ハリウッドの祭典ではないか、今朝の『New York Times』はですね、大きな一面の記事で、ハリウッドとオリンピックを結びつけてHollympicという言い方をしていますね。これはholly＝神聖なという意味を皮肉っておりまして、なかなか気の効いた見出しだと思いました。

ところで、商業主義化された開会式は、その背後に厳しい国際政治上の対立を内包してもいた。そのことは、入場行進の際に各国・地域を紹介する語りのなかにも窺い知れる。東京大会ではほとんど言及されなかった政治的事柄が、ロサンゼルス大会では随所に見て取れた。たとえばボイコットする国がほとんどだった東欧諸国のなかから参加したルーマニア選手団の行進が映し出される場面では、実況を担当した島村俊治アナウンサーによる以下のナレーションがなされた。

［ルーマニアの紹介］今大会の主役は、ある意味ではルーマニアです。東欧諸国不参加のなかで、史上最高の二〇七人の選手を送り、アメリカを喜ばせました。（中略）国全体としてオリンピックでこれほど注目されたのは、ルーマニアとしてはじめてのことではないでしょうか。

ボイコットを引き起こした東西冷戦以外にも、より局地的な紛争や内戦についても語られた。イラク選手団の行進に際して、島村は次のように紹介した。

[イラクの紹介] 続いてオリンピックにイラクが入場しました。イラン・イラク戦争は長期化の様相を見せて、連日のように爆撃のニュースが伝わってきます。一九八〇年九月二十二日の開戦からまもなく四年目を迎えます。

さらにイスラエル／パレスチナをめぐる紛争に関しても、明確な言及がなされていた。

[イスラエルの紹介] 大きな拍手です。ミュンヘンのオリンピックでゲリラの襲撃を受けて、スポーツの祭典で一一名の犠牲者を出したことを観衆は覚えています。（中略）今回は希望のあるオリンピックです。メダルの可能性がはじめてあるんだ、とイスラエルから来たアナウンサーが話してくれました。

[レバノンの紹介] 地中海に面したレバノンです。内戦やイスラエルの侵攻など戦渦が続くなかで、オリンピックの出場です。

オリンピックが「平和の祭典」であるならば、その理念の対極にある戦争や紛争への否定的言及があること自体は、論理的に考えてなんら不思議ではない。だが、二〇年前の東京大会では禁欲的なまでに政治的事柄に触れることなくナレーションがなされていたのと比較すると、ロサンゼルス大会でのメディアによる政治的語りは興味深い。一方で商業主義化・娯楽化が急速に進み、他方で政治動向に巻き込まれることによって、スポーツと平和の祭典であるべきオリンピックが変貌していく。そのことに対する危惧を、開会式のテレビ中継における語りは視聴者に伝えようとしていたかに思われる。選手団入場に対するスタジアムの反応を振り返って語られる磯村の言葉からは、そうした危機意識が明確に見て取れよう。

　主催国ですから一にアメリカ、二にルーマニア、そして三番目に中国、四番目にわたくしの感じではユーゴスラビア、五番目がグレナダ〔カリブ海地域の国。一九七四年に英国から独立〕ですね。これいずれもね、先ほど申し上げたように、ソビエトに対して一線を画している社会主義の国、よくぞ出席してくれたという「陰の出席者ソビエト」に対する、このアメリカ国民のナショナリズムの高揚。まぁ政治が介入するなと理想主義者はおっしゃいますが、ものの見事に政治が介入している、このスタンドの反応ですね。（中略）これはかなり皮肉な現象で、参加しなかったソビエトがですね、これによって却ってアメリカ、あるいは西側というもの、さらにそれに続いて非同盟の国々でも、いわば南イエメンが参加しなくて北が参加したとか、そういうやはり国際政治の縮図をここに見るという感じが、当然のことながらしますね。

オリンピック開会式に「国際政治の縮図」を見て取ろうとする磯村の視点は、きわめて的確なものであろう。国際派で知られたＮＨＫニュースの顔が発する言葉は、ロサンゼルス大会当時のオリンピックが置かれた状況を解き明かしてくれる。だがしかし、現在の視点から捉え直すとき、その後のオリンピックのあり方にとってより大きな意義を持ったのは、圧倒的な娯楽性のもとで成し遂げられた開会式のショーアップではなかっただろうか。国際的な政治的対立ならびにそれに起因する政治によるスポーツへの干渉がいわば「自明のもの」となった状況下で、紛争や対立を隠蔽し、忘却させるほどの圧倒的な迫力をもって観客と視聴者に見せつけられた見世物としての開会式。そこにこそ、ロサンゼルス大会を契機に急速に進行していったメディア・イベントとしてのオリンピックの変貌の萌芽を見て取ることができる。

アテネ・オリンピック

二〇〇四年八月に開催された第二十八回アテネ大会は、オリンピックの歴史において特別な意味を持っていた。なぜなら、一八九六年に第一回大会が開催されたギリシア・アテネの地に、オリンピックが帰還したからである。一九世紀末にスポーツと平和の祭典を理念に掲げてはじまった近代オリンピックは、二〇世紀という戦争の世紀を乗り越え、いま二一世紀の新たなはじまりを迎えている。そうしたオリンピックの過去／現在／未来を象徴する大会として、アテネ大会は位置づけられたのである。

しかし、アテネ・オリンピックを取り巻く世界情勢は決して平和に満ちたものではなかった。二〇〇一年九月十一日に起きた同時多発テロ以降の国際社会は、いつ終わるとも知れぬ「テロの脅威」の高まりと、それに対抗してアメリカ合衆国主導のもとに進められる「テロとの戦争」によって特徴づけられる。ポスト九・一一の時代には、潜在的には常時戦闘状況にある日常を全世界が余儀なく強いられる。二〇〇四年のアテネ・オリンピックは、そうした政治的緊張関係のなかで開催されたのであり、以前の大会とは比べものにならないほど膨大な額を要した警備費が、そのことを如実に示していた。オリンピックの帰還を祝福し、その崇高な理念を再確認し、さらに未来に向けた希望を掲げることを目指した歴史的大会は、現実には漠然とした恐怖と脅威にさらされての開催であった。ジャック・ロゲＩＯＣ会長が「平和のなかで大会が行なわれますように、五輪停戦の名のもとに」と挨拶したことは、オリンピックを取り巻く実情の厳しさを物語っていた。

アテネ大会の開会式は、その演出の美しさ、巧妙さ、ダイナミックさにおいて過去の大会と比較して目を見張るものがあった。会場となったスタジアムのフィールド部分全体に水が張られ、それを巨大な海と見立てて演じられた数々のパフォーマンスは、舞台芸術を観ているかのように美しいものであった。さらに、日没後の時間帯に開催された開会式では、フィールドで行なわれる演し物《だしもの》を照らし出す多彩な光が、スタジアム全体を幻想的な雰囲気で包み込んでいた。

開会式の基本的なコンセプトは、古代ギリシアから現代に続く歴史の流れを「文明」の視点から語ることに置かれていた。文明の歴史絵巻は、古代ギリシアに端を発する人類の文明史を、クレタ文明、トロイ戦争、暗黒時代、ペガサス・アルカイック時代と年代ごとに表わしたうえで、古代ギリシア劇場、戦いの神／守護神アテナ、哲学者ソクラテス・プラトン・アリストテレスを登場させることで、神話と哲学を中心とするギリシア文明の発展を跡づける。さらに、アレクサンドロス大王、ビサンティン時代、オスマントルコによる支配といった戦いと征服の歴史を振り返ったうえで、一八二三年に二〇〇〇年間にわたる支配からの独立を果たした三人の英雄を称賛し、一八九六年の近代オリンピックの復活を祝う。このように古代から近代にいたるギリシアの歴史／文明史が演出された後、スタジアム内には光が作り出す銀河系が現われ、人工の海からは霧が立ち上る。やがて霧のスクリーンにＤＮＡが映し出され、「人間とはなにか」が問われることによって新たな未来のはじまりが予兆される。最新のテクノロジーを用いることで劇場と化したスタジアムにおいて、古代から現代にいたる文明史が大勢の出演者たちによって壮大に演じられる。空間演出家でありオペラ監督もこなすディミトリス・パパイアノウ（Dimitris Papaioannou）が演出を担当した開会式は、もはやオリンピック開会式のひとつの演し物というよりは、スタジアムを巨大な劇場に見立てた壮大な総合芸術の観を呈していた。

芸術作品のように美しくかつ華やかな文明の歴史絵巻の上演に続き、各国選手団の入場行進が行なわれる。七万二〇〇〇人の観衆が見守るなか、史上最多の二〇二の国と地域から選手たちが入場する。実況中継したＮＨＫの放送では、堀尾正明・有働由美子の二人のアナウンサーとゲストの星野仙一の三名が開会式の模様を伝えた。「テロの脅威」に覆われた国際情勢を反映してか、各国の紹介には政治への言及が目立った。もちろん、競技や選手に関連して間接的に政治への言及がなされることは、これまでの大会でも見られたことであろう。たとえば、初の女性選手が参加するアフガニスタンに関する紹介や、国家として独立後、初の参加を果たした東ティモールの紹介は、そうした例である。

［アフガニスタンの紹介］　陸上女子一〇〇メートルのルビナ選手、アフガニスタンからはじめて参加する女子選手です。旧タリバン政権の時代は、女性はオリンピックに参加できませんでした。カルザイ大統領のもとでの復興が進むなか、今回二大会ぶりの復帰が認められてオリンピックに参加しています。

〔東ティモールの紹介〕 一九九九年インドネシアからの独立運動の混乱で、一時騒乱状態になりました。今回は国家として独立後、はじめての参加です。

だが他方で、参加選手や競技種目への言及がまったくなされることなく、政治情勢のみが否定的に紹介される国も少なくなかった。

〔コンゴ民主共和国の紹介〕 三〇年以上続いた軍事政権が一九九七年に倒され、ザイールから現在の国の名前に変わりました。不安定な政治情勢が続いているので「アフリカの火薬庫」と呼ばれています。

〔ミャンマーの紹介〕 軍事政権と民主化を求める勢力との対立が依然として続いています

〔パレスチナの紹介〕 悲願の国家独立への動きは停滞していますが、大きな拍手を受けています。

〔ソマリアの紹介〕 一九九一年に内戦が勃発し、いまだ統一政府がない状態が続いています。

本来ならば政治を排したスポーツと平和の祭典であるべきオリンピックの開会式で、これほどまでに政治が語られることには、ある種の現実主義が見て取れる。つまり、いくら崇高な理念として純粋なスポーツを通じた世界の友好を唱えたとしても、現実世界においてオリンピックの理想はつねに政治によって翻弄されてきたではないか。そのような醒めた認識を、テレビの送り手だけでなく受け手の多くも持っている。だからこそ、綺麗ごとを並べるだけでなく現実の厳しい政治状況に目を向ける必要がある。そうしたリアリズムを、各国の政治に言及するテレビの語りのなかに見て取ることは、あながち的外れではないだろう。

だが、ここでのメディアの語りはスポーツと平和の祭典としてオリンピックを称賛することと、必ずしも矛盾しない。むしろ結果的に、オリンピック理念をより崇高なものとして肯定している。なぜなら、現実主義的な政治への言及はオリンピック自体を否定するのではなく、その理念からほど遠い現実世界を批判する働きをするからである。つまり、問われているのはオリンピックそれ自体ではなく、あくまで実際の世界情勢なのである。この点で、ロサンゼルス大会開会式のテレビ中継の語りに見て取れた、商業主義の蔓延と政治による干渉にさらされることでオリンピックそのものが危機に瀕しているとの認識と比較すると、危機意識が向けられる方向が正反対である。一九八四年当時問われていたのは、スポーツの祭典としてのオリンピックの存在意義であった。それに対して二〇〇四年に問われているのは、平和の祭典という理念からかけ離れた世界のあり方そのものである。かつて都市国家が古代オリンピック開催期間中は戦争を休止して祭典に参加したことに触れながら、有働・星野・堀尾が交わす次のような言葉は、スポーツと平和の祭典という理念が疑われるどころか、今日さらに重視されていることを雄弁に物語っている。

有働　古代では一一〇〇年の間、戦争で中止になったことはなく、オリンピックの期間中は休戦してまでオリンピックを開催したのですが、最近ではテロの脅威に巨額の警備費をかけなくてはいけないということになっています。

星野　人間というのは、本当に愚かだなぁという部分が垣間見えますね。でも、これを見たらテロたちも感動するんじゃないかなぁ、これは。

堀尾　二〇二の国と地域がこの場でひとつになるということですから、そうあって欲しいものです。

アテネ大会では、さまざまな演出を凝らして近代オリンピック理念の根幹である「人間性」が格調高く謳われた。だが、そうした理念が称賛される背景には、紛争や暴力がいまだ日常的である世界の姿が見え隠れする。スポーツの祭典の意義をいま一度掲げることで、世界情勢を見つめ直すこと。友好の理念からかけ離れた現実に、スポーツを介して働きかけること。(4) 一〇八年の歳月を経てアテネへと帰還したオリンピックの開会式では、あらたな「文明」に向けた挑戦が華やかに演出されていた。

四　開会式が映し出す「時代」の変化
――スペクタクル化する社会

観客の視点からメディアの視線へ

以上、二〇年の年月を間にはさみ開催された三つのオリンピック開会式を検討してきた。そこからどのような変化を読み取ることができるだろうか。第一に言えることは、時代を経るごとに開会式の演出がより大規模になり、選手団入場以外の要素が重要性を増していった点だ。この変化には「メディアの視線」が大きく関わっている。かつて「テレビのオリンピック」を自認した東京大会がそうであったように、開会式の様子をより鮮明かつ迅速に伝えることがテレビの使命であったとすれば、今日のメディアの役割は、いかに魅力的で華やかなものとして式典を映し出すかにある。具体的には、上空のヘリコプターからスタジアム全体を俯瞰するなどして、「テレビでしか撮れない」映像を視聴者に届けている。こうしたメディア独自の視線が、今日のオリンピックのあり方そのものに大きな影響を与えている。

たとえば、ワイヤーで吊り上げられた出演者たちが巨大な人工の海の上で繰り広げるアテネ大会でのパフォーマンスは、スタジアムの観衆の視線を前提として構成されているのではない。さまざまなアングルから演技に迫るテレビカメラの視線を予め想定したうえで、芸術的なスペクタクルは企画・上演されている。逆に言えば、スタジアムの特定の場所に固定された観客の視点からでは、壮大なスペクタクルを十分に満喫するのは難しいに違いない。

メディアの視線を前提として構成されたアテネ大会の演出と比較すると、当時は商業主義的と揶揄されたロサンゼルス大会が、いまだスタジアムに居合わせた観客に訴えかけていることが分かるだろう。ロサンゼルス大会の演出がなによりも「音の響宴」であったことが、そのことを物語っている。楽器演奏であれ合唱であれスタジアムで奏でられるサウンドは、その場で直接聴くことによって臨場感を感じる。その意味で、音による演出は上演される場所に囚われるのだ。「Music of America」を基本コンセプトに音で繰り広げられた開会式は、あくまでスタジアムを中心に据えて進んでいった。それに対してアテネ大会では、演出の主役は音でなく光だった。夜の闇に浮かび上がる幻想的な光の波は、見る者を魅惑した。だが、「光の響宴」を「見る」主体はスタジアムに集まった観客ではなく、テレビ中継を通じて開会式の模様を観る世界中の視聴者である。なぜなら、スタジアム全体を舞台に繰り広げられる光の芸術を俯瞰的に眺めたり、演し物とシンクロするかたちでスタジアム内の巨大なスクリーンに浮かび上がる幻想的な映像を見つめることではじめて、光が織りなす響宴をいかんなく鑑賞することができるからだ。スタジアムにいる観客がそれを楽しむためには、皮肉なことに目の前の演技から一度目を転じて、巨大なスクリーンに目を向けなければならない。

テレビの視線に訴えかけるべく構成されたメディア・イベントは、いまではごくあたりまえのものになっている。だからこそ、異なるアングルからの多彩なメディアの視点をつなぎ合わせることで作り出される開会式の映像に、視聴者たちは違和感を抱かない。だが、実際の現場に居合わせた観衆の眼差しでなく、メディア独自の視線から眺められることを想定したうえでメディア・イベントが演じられることは、実のところきわめて現代的な現象である。

「国家」の威信から「文化」の表象へ

第二の変化として指摘できるのは、開会式で各国・地域を代表して入場行進する選手団が担うものが、「国家」から「文化／民族」へとシフトしている点である。東京オリンピックでは、どの国の選手団も少しばかり緊張した面持ちで整然と列を作り、粛々と行進した。各国の来賓が陣取るロイヤルボックス前では一斉に敬礼をして通過するスタイルが、一般的であった。それに対してロサンゼルス大会では、参加国にちなんだ行進曲にあわせて入場行進する選手たちの表情は比較的にこやかで、なかにはテレビカメラに向かって手を振っておどけてみせる者もいた。リラックスした行進の模様は実況アナウンスで「アメリカ的」と表現されたが、それはなにもアメリカ選手団にかぎらず多くの国の選手たちに共通して見出された。さらにアテネ大会では、選手団の入場はもはや行進と呼べるものではなく、選手たちは自由に語り合いながらグラウンドへと流れ込んできた。入場の際に用いられた音楽は従来のような行進曲ではなく、スタジアム内でＤＪが奏でるクラブサウンドだった。各国の政治指導者や王室関係者が陣取る席が設けられていたが、そこに向かって各国の選手団が敬礼することはなく、むしろ貴賓席にいる者たちが自国の選手団に向かって手を振り、声援を送る姿をテレビカメラは映していた。

このように東京大会からロサンゼルス大会を経てアテネ大会へと至る四〇年の間に、各国選手団の行進のあり方は大きく様変わりした。それは、国家の威信を象徴する行進から自国の文化や民族を表象する行進への変化として理解できる。隊列をなしての厳粛な行進は、リラックスした自由な歩行へと道を譲った。それに伴い、元首への敬礼によって示された国家の威厳は後景に退き、それに代わって自国の文化や民族の独自性が前面に出されるようになった。そのことは、選手団のコスチュームの変化からも窺い知れよう。

東京大会では、ほとんどの国がフォーマルブレザーを着て行進に臨んだ。実況の北出はグラウンドに集合した選手たちの姿を「ファッション・ショーを見ているようです」と形容したが、それは各国選手団が正装して行進していたことを物語っている。ロサンゼルス大会では、多くの国がスポーティな服装で登場した。堅苦しさを感じさせないリラックスした行進にふさわしく、色とりどりのカジュアルなコスチュームが目を引いた。それから二〇年後のアテネ大会では、ブレザーやカジュアルなスポーツウェアに加えて、さまざまな民族衣装での入場行進が目立った。二〇〇〇年のシドニー大会では開催地オーストラリアが提唱する多文化主義を背景に、各民族の独自性や差異を称賛する開会式が行なわれた。そうした多文化主義の流れの延長線上に、アテネ大会での民族衣装の隆盛を位置づけることができるだろう。

選手団のコスチュームの主流が正装からカジュアルウェアを経て民族衣装へと変わってきたことは、入場行進という儀式を通じて表象される事柄の変容を如実に物語っている。権威主義的に国家威信を誇示する機会から、多文化共生を目指して自国文化の独自性を発揚する場へ。国家に忠誠を誓う国民たちの競演から、文化を担う民族たちの響宴へ。開会式での入場行進に込められた意義の変化を、そこに見て取ることができる。

オリンピックにおいて文化が重要視されるようになった背景には、二〇世紀後半の世界を特徴づけた「経済から文化へ」という時代の推移が指摘できる。多文化主義の理念のもと文化的な差異が尊重されるようになるにつれ、独自の文化を互いに承認することが各国にとって政治的な課題になった。世界的な広がりを見せる「文化の時代」に呼応するかのように、近年のオリンピックでは必ずと言ってよいほどに文化的アイデンティティが開会式での主要モティーフのひとつになっている。(5) その点で、格調高く「人間性」を謳い上げたアテネ大会は、全人類の文明を言祝ぐと同時に、「文明発祥の地」＝ギリシアの文化的アイデンティティを強烈にアピールするものだった。

ここで見落としてならないのは、オリンピックの場で「多様な文化」が称賛されるとき、民族衣装を通じて表象される文化／民族が、圧倒的に非欧米のものであることだ。アフリカ、中東、アジアといった西洋にとっての「他者」が独自の衣装によって「文化」や「民族」として有徴化＝可視化されるのに対して、アメリカ合衆国やヨーロッパ諸国は相変わらずフォーマルブレザーやスポーツウェアを身に纏って行進を続けている。あたかも「現代文明」に属する自分たちは、ことさらに表象される必要のある「民族文化」とは無縁であると云わんばかりに。ここには、エドワード・サイードが文明の側に自らを位置づける西洋＝オクシデントが、野蛮で未文明の東洋＝オリエントを愛憎入り交じった感情のもとで描き出す表象様式として批判した「オリエンタリズム」の影を見る思いがする（サイード、一九九三）。

身体の規律化から群れの管理へ

第三に指摘できることは、入場行進する選手たちの身体のあり方の変容である。東京大会のときの選手団の身体は、近代的な権力作動の様式としてミシェル・フーコーが定式化した規律訓練（discipline）された身体そのものであった。自己自身による心身の統制が完璧なまでに遂行された姿を、整然と並んで行進する選手団は示していた。だが、規律訓練の典型ともいえる「行進する身体」は、ロサンゼルス大会での「リラックスした身体」を経て、アテネ大会では「脱力した身体」へと大きく変貌を遂げていく。

アテネ大会のスタジアムを歩く選手たちの姿は、少なくとも見た目には禁欲的な規律訓練からはほど遠く、勝手気ままに歩き回る自由な身体を私たちにさらけ出していた。東京大会の際にはブランデージＩＯＣ会長のお達しでカメラの持ち込みが禁止されていたこともあり、行進を終えた選手たちは神妙な面持ちで式典の進行を見守っていた。だがアテネ大会では、選手の多くはビデオカメラを手にして開会式の様子を撮影していたし、なかには携帯電話で話しながら入場する姿も見受けられた。かつての厳粛な行進と比較すると、くつろいだ雰囲気のなかで各国の選手たちがきわめて自由かつ気ままに開会式を楽しむ姿が、そこに映し出されていた。

しかしながら、こうした選手の身体感覚の変化は、国家威信の名のもとに加えられる厳しい規律訓練が消滅し、選手各人の自由が増大したことを必ずしも意味しない。現代社会における権力作動の様態変化を「規律から管理へ」と捉える言説が指摘するように、私たちの生きる社会においては、一見すると人びとが自由に振る舞っているように見えながら、実のところそれらの人びとを群れとして徹底的に監視する現代的な権力が着実に作動している（ドゥルーズ、一九九六）。このような権力は、個人の内面に照準した規律訓練によってだけでなく、データの収集と分析を通じて集団全体を管理することによって成り立っている。そうした規律型ではない管理型の権力こそが、いまの時代を特徴づけるものである（阿部、二〇〇六）。

そうだとすれば、見た目には自由でリラックスしているかに映るアテネ大会の選手たちの身体も、実のところ巧妙な支配権力に取り込まれていると考えることもあながち間違ってはいないだろう。アテネの開会式は華やかに開催されたが、その裏では莫大な経費を懸けた厳重な警備態勢が敷かれていた。スタジアム内の祭典は、外部からの危険や不測の事態を徹底的に排除したうえで、かろうじて成り立っていたのである（阿部、二〇〇四）。また開会式のラストを飾る聖火点灯へと続く華麗なパフォーマンスは、各国の選手たちがフィールド内から溢れ出し式典の進行を妨げることのないよう、選手団を集団＝群れとして規制・監視する数多くの役員の働きのお陰で円滑に進んでいった。このように徹底した監視と管理のもとでスペクタクルが展開されていく様を見ると、堅苦しさを感じさせない楽しげな選手たちの身体のあり方は、飼いならされた自由を享受している現代人の姿を象徴しているように思えて仕方がない（阿部、二〇〇六）。

五　メディア・イベントの現在
――「外側なき世界」に抗して

観客の視点からメディアの視線へ。国家威信の発揚から文化／民族の独自性の表象へ。規律化された身体から管理された群れへ。これら三つの位相におけるオリンピック開会式の変化の背景には、現代社会それ自体の変容が見て取れる。最後に、こうした変化を戦後日本社会のコンテクストに位置づけながら、メディア・イベントの現在について考える。

大澤真幸は、戦後日本における反現実のモードの違いに着目することで、戦後期を「理想の時代」（一九四五－一九七〇）、「虚構の時代」（一九七〇－一九九五）、「不可能性の時代」（一九九五－現在）の三つに分類している（大澤、一九九六・二〇〇五）。この区分は、単に年代的な対応のみならずその内容において、ここで検討してきた三つの大会に当てはまるだろう。

言うまでもなく一九六四年の東京オリンピックは、復興を成し遂げ、世界へ羽ばたこうとする戦後日本の「理想」を象徴していた。「世界との出会い／世界への参加」を通して目指すべき日本の姿を示したオリンピックは、人びとに「理想」の未来イメージを喚起した。すなわち、オリンピックというイベントは、一九六〇年代中盤以降に本格化する高度経済成長を予兆するものとして作用していたのだ。その意味で、メディア・イベントの「外側」は、達成すべき未来＝豊かな日本社会というかたちで厳然と存在していた。

一九八四年のロサンゼルス大会のなかに日本人が見出したのは、圧倒的なエンタテイメントであった。これまでのスポーツの祭典とは大きく異なるファンタジーに溢れた開会式の演出は、ハリウッドとブロードウェイに代表される「アメリカの豊かさ」を、テレビ中継を見た視聴者に強烈に印象づけた。二〇〇年余りの歴史しか持たない若い国アメリカの開会式では、過去からの時間的な継続よりも、今このとき／ここでの華やかさが強調される。歴史に裏付けられることなく、楽しさと華やかさのみで描き出されるアメリカの姿は、どことなく現実味を欠きがちだ。なぜなら、テレビ画面に繰り広げられる夢の国アメリカは、苦難が刻まれた過去とも不安に満ちた未来とも無縁な「あるがままの現在」であり、メディアを介して眺める私たちの目に、それはどこまでも作り事＝虚構のごとく映ってしまうからである。ショーアップされた開会式は、現実のアメリカの姿であると同時に、華やかな虚構として人びとに受け止められた。折しも前年一九八三年に千葉県浦安市にオープンした東京ディズニーランド（ＴＤＬ）を訪れそこで「夢の国」と戯れるのと同じように、人びとはメディア映像が伝えるアメリカの豊かさと華やかさを見つめていたに違いない。だが、当時多くの日本人が実際に体感したことのなかった「アメリカ＝夢の国」は、いまだ知らぬ未知の世界としてメディアの「外側」にかろうじてあり続けていた。

アテネ大会での開会式の演出は、人類の文明史を振り返るとともに、参加各国・地域の文化／民族の独自性を提示するという、現代的なテーマに取り組んだものであった。全世界が直面する政治的緊張を背景に厳重な警備のもとで開催された平和の祭典には、厳しい政治状況にスポーツを通して介入しようとするオリンピックの理念が感じられた。一方でテロの脅威が喧伝されるなか、安全・安心を確保するうえで国家の役割や国民結束の重要性が叫ばれ、他方で、グローバル化が進むことによって各国独自の文化や歴史が見直される。そうした現実の世界情勢を見事に反映した開会式であったが、テレビ中継を通してセレモニーを目の当たりにした私たちには、そこで演じられる国家／国民の姿も、きらびやかな衣装で表現される文化／民族の内実も、あまりに華麗な見せ物に思えてしまう。スポーツと平和の祭典の場で演じられているのはたしかに文化／民族というリアリティなのだが、そうしたイベントの「外側」、別の言葉でいえばイベントが表象／代表しているはずの「現実」は、逆説的に感じられにくい。

ものの見事に作り上げられたスペクタクルは、そこに存在するのはメディア・イベントのみであり、その「外側」を問うことなど不可能かつ無意味であるかのような印象を見る者に与える。だからこそ、ロサンゼルス大会のときのような「夢の国」が虚構として繰り広げられているのではなく、ほかならぬ「いまの世界」が問われているにもかかわらず、イベントの外に広がるはずの「現実」が伝わってこないのだ。皮肉なことに、メディア・イベントのなかで「テロの脅威」が語られれば語られるほど、文化と民族の多様性の尊重が謳われれば謳われるほど、その中味はジャン・ボードリヤールが「本物以上に本物らしいもの」として命名した「ハイパーリアリティ」の感を強めていく（ボードリヤール、一九八八）。

虚構を提示するのでなく現実世界に問いかけているにもかかわらず、不思議なまでに現実味を実感させることのないスペクタクル。それは、どこまで追い続けても「現実」が不可能であることを、冷徹に指し示しているかのように思われる。その点でアテネ大会開会式は、いま現在のメディア・イベントの特徴を端的に表わしている。メディアが創りだす出来事の「外側」など、もはやどこにも存在しない。そうしたシニシズムを前提としたうえで、楽しく華やかな「メディアの世界」が私たちの日常そのものになりつつあるのだ。

「理想」から「虚構」を経て「不可能性」へと至る戦後日本社会の反現実モードの変化は、あたかも「メディアの外側」など存在しないかのように感じさせる状況を生み出した。現在の私たちは、なにもかもがメディア化されることによって、メディアの内側／外側なき時代を生きているのかもしれない。だが、そのことすら意識化させないほどに徹底したメディアの呪縛から抜け出すことは、はたして可能なのだろうか……。メディア・イベントの誘惑にまどろむのではなく、それに抗うこと。華麗に美しく描き出されるリアリティに心奪われるのではなく、矛盾と暴力に満ちた「現われている。

実」の裂け目をスペクタクル自体のなかに感じ取ること。そうした批判的想像力を身につけることが、いま何よりも問

注

(1) 東西統一チームを送ったドイツ選手団と、激しい紛争のなか参加した南ベトナム選手団の行進の際には、婉曲的な表現ながら「政治」への言及がなされた。

(2) 最終聖火ランナーの坂井義則の紹介では、彼が一九四五年八月六日（広島原爆投下の日）生まれであることが伝えられる。また、最後の航空ショーだけでなく開会式の要所要所で「自衛隊」の存在がはっきりと見て取れることも興味深い。

(3) 音楽で辿るアメリカ史では、「成功を求めてやってきた」人びととは異なり「アフリカから労働のためにやってきた」人びとが、実際には本人の意志に反した奴隷として連れて来られたことは、当然ながら語られない。ゴスペルやジャズという黒人音楽が称賛されることによって、奴隷制の過去は巧妙に隠蔽される。また、「外部から」やって来た人びとに先んじて暮らしていた「先住民族」についても、「Music of America」は沈黙を守る。だがその後、ネイティブ・アメリカンの存在は、二〇〇二年に開催された冬期オリンピック・ソルトレイクシティー大会では、多様な民族から構成される「アメリカ」のナショナリズムへの訴えかけのなかで、過剰なまでに前面に打ち出されることになる。

(4) 「スポーツへの政治の干渉」を批判するスタンスから、より積極的に「スポーツを介して政治に介入」する姿勢への変化は、シドニー大会で明確に示された。具体的には、長年にわたり分断国家が対峙する状態が続いている朝鮮半島の緊張状況に対して、韓国・北朝鮮の選手団による「合同行進」によって「政治的」に働きかけようとした事例が挙げられる。シドニー大会での「合同行進」に関しては、阿部（二〇〇一）参照。

(5) 一九九二年のバルセロナ大会では、スペインのなかの「カタルニア地方」における文化的アイデンティティがテーマのひとつとなった。続く一九九六年アトランタ大会では、アメリカ合衆国南部における「黒人文化」が、ジャズをはじめさまざまなかたちで

表象された。二〇〇〇年シドニー大会では「アボリジニー（先住民族）」の文化的な存在が、開会式セレモニーにおいて強調された。

文献一覧

阿部潔、二〇〇一「シドニー・オリンピック『南北合同行進』の伝えられ方／視られ方」、鈴木みどり［編］『メディア・リテラシーの現在と未来』世界思想社

———、二〇〇四「グローバル化とナショナリティ」『現代スポーツ評論一〇』三四‐四七頁

———、二〇〇六「公共空間の快適」、阿部潔・成実弘至［編著］『空間管理社会』新曜社

ボードリヤール、ジャン（田中正人訳）、一九八八『アメリカ』法政大学出版局

ダヤーン、ダニエル&エリユ・カッツ（浅見克彦訳）、一九九六『メディア・イベント』青弓社

ドゥボール、ギー（木下誠訳）、一九九三『スペクタクルの社会』平凡社

ドゥルーズ、ジル（宮林寛訳）、一九九六『記号と事件』、河出書房新社

藤竹暁、一九六七『東京オリンピック』NHK放送世論調査所

日本放送協会［編］、二〇〇一「テレビで見たオリンピック」『二〇世紀放送史』日本放送協会

大澤真幸、一九九六『虚構の時代の果て』ちくま新書

———、二〇〇五『現実の向こう』春秋社

サイード、エドワード（板垣雄三・杉田英明監訳）、一九九三『オリエンタリズム』上・下、平凡社ライブラリー

清水諭［編］、二〇〇四、『オリンピック・スタディーズ』せりか書房

ジジェク、スラヴォイ&デイリー、グリン（清水知子訳）、二〇〇五『ジジェク自身によるジジェク』、河出書房新社

11章 「放送教育」の時代
——もうひとつの放送文化史

佐藤卓己

はじめに

一般のテレビ文化史では、一九五三年「街頭テレビ」における力道山のプロレス中継から語り起こし、その普及のエポックとして一九五八年皇太子御成婚や一九六四年東京オリンピックが繰返し論じられてきた。街頭テレビに続いて、「テレビが家にやって来た」は注目されても、それと並んで「テレビが教室にやって来た」が回顧されることは稀である。一九五三年二月一日のNHK総合テレビ本放送開始は画期とされても、一九五九年一月十日のNHK教育テレビ開局について語られることは少ない。また、現在のテレビ朝日（旧・日本教育テレビ）やテレビ東京（旧・東京12チャンネル＝日本科学技術振興財団）がそもそも民間「教育専門局」として設立されたことも体系的に記述したテレビ史も少ない。

以下では、現代日本のテレビ文化を放送教育、とくに小学校の教室に絞って検討してみたい。これまでのテレビ論は、家庭（お茶の間から個室へ）のテレビ視聴はともかく、学校（講堂から教室へ）の利用はあまり問題としなかった。(1)小学生の家庭テレビ視聴時間二時間強で三〇年間ほとんど変わらないが（NHK放送文化研究所［編］、二〇〇三、一九五頁）、学校でのテレビ利用は近年急速に空洞化している。テレビ文化を変化の相で考察するならば、いまも見られ続けている「家庭テレビ」より、今日ではあまり使われなくなった「教室テレビ」に注目するべきではあるまいか。紙幅の都合上、本稿では日本放送教育協会の月刊機関誌『放送教育』のテレビ論に焦点をあて、視聴覚設備の普及や教育実践の理論学説史については体系的に論じない。ＮＨＫが編集協力として全面的にサポートした『放送教育』は、テレビ実験放送開始前の一九四九年四月創刊号から二〇〇〇年十月休刊号まで半世紀以上にわたり教室テレビを定点観測できる貴重な資料である。(2)

一　国民教化メディアの系譜

『学校放送25年の歩み』（一九六〇年）も『放送教育50年』（一九八六年）も、一九三五年四月十五日学校向けラジオ全国放送の開始を「学校放送」「放送教育」の起点としている。もちろん、一九二五年三月二十二日東京放送局（ＪＯＡＫ）の開局第一声で挨拶した後藤新平は、ラジオ放送の使命を「文化の機会均等」「家庭生活の革新」「教育の社会化」「経済機能の敏活化」と表現した。それは、ラジオ国民教育宣言といえる内容である。すでに本放送がはじまった同年七月十二日のプログラムにも「子供の時間」が存在しており、日本のラジオ放送は最初から教育目的であったということもできる。

放送開始十周年事業として目指された全国学校放送は、一九三五年四月十五日午前八時松田源治文部大臣の朝礼放送をもって開始された。だが、これよりさき一九三三年九月から大阪中央放送局（ＪＯＢＫ）が「学校向け放送」を開始している。この番組を担当した大阪中央局社会教育課長・西本三十二《みとじ》（一八九九－一九八八年）は、「放送教育の父」と呼ばれている。その自伝『放送50年外史』奥付には、西本の肩書きとして日本放送教育協会会長、日本放送教育学会会長、日本通信教育学会名誉会長、日本視聴覚学会顧問などが列挙されている。明治三十二年生まれの西本三十二は、戦後の教育テレビ開始やティーチング・マシン導入を含め、放送教育の発展を一身に体現した人物といえるだろう。一九五七年「第八回放送文化賞」を受賞した際、『放送教育』で紹介された経歴は以下の通りである。

大正十四年コロムビア大学、教育学部大学院卒業。奈良女子高等師範学校教授を経て、昭和八年九月大阪中央放送局社会教育課長となり、学校放送を創始、昭和十年四月学校放送が全国的に展開されたについては毎月大阪から上京して学校放送番組編成会議に出席した。昭和十三年三月東京に転任NHK編成部長、昭和十六年二月教養部長となり、国民学校令施行規則の中に「文部大臣ノ指定スル種目ノ放送ハ、コレヲ授業ノ中ニ採リ入レルコトヲ得」と条項を入れることに力をつくした。昭和十七年七月から三カ月、朝鮮、満州、北支、中支に於ける学校放送実施に関する懇談会と放送教育講演会に出席のため、大陸に出張、昭和十八年五月NHK理事となり札幌中央放送局長に選任された。戦後NHKを退き、昭和二十三年十二月日本放送教育協会を創設し、専務理事となる。昭和二十四年四月刊『放送教育』を創刊、同年八月高野山において全国放送教育研究大会を開く。これがその後毎年開かれる放送教育研究会全国大会の先駆をなすものである。（一九五七年四月、一三頁）

戦時報道の責任により公職追放されたわけだが、西本本人も戦時下の活動を隠す必要性を感じていなかったことがわかる。占領中もGHQと交渉して日本放送教育協会を設立し、講和条約成立後は国際基督教大学に招かれて視聴覚教育センターを設立した。戦前から戦後を貫く放送教育運動の連続性は、この指導者の歩みから明らかだろう。

戦前における学校放送の教化的性格を、海後宗臣（東京大学教授）は「日本教育史における放送教育の系譜」でこう記述している。

昭和十年に学校放送が本格化したが、この年には教学刷新評議会が文教の基本方針の改変を急速に進め、もって国民精神の振作をしなければならないという基本方向を出していた。この文教政策の決定した年に学校放送開始となったのであるから、学校放送番組の編成もこうした情勢の中で行われなければならない歴史的な性格を担った。（一九六三年五月、一九頁）

当初、文部省は学校放送より教育映画を補助教材として重視していたが、西本は放送の影響力を強調し、学校放送に教科書と同等の位置を与えられるべきだと主張し続けた。この結果、一九四一年九月二日付文部省告示で、「朝礼訓話」「学校向けラジオ体操」「各学年向放送」「学校新聞」が正式に授業利用を認められた。同年十二月八日の対英米開戦は臨時ニュースで放送されたが、政府高官が国民に必勝を訴えた最初の放送は午前九時の学校放送で流された菊池豊三郎文部次官（戦後は日本教育テレビ取締役）の朝礼訓話であった。西本はその意義をこう述べている。

学校放送は、こうして戦時下におけるラジオの速報性を見事に活用することになり、これによって、学校放送は、いみじくも、その独自の機能が大きな教育的可能性のあることを実証した。（西本、一九七六、一七二頁）

この日以降、低学年の時間に「前線だより」「共栄圏童話の旅」、高学年の時間に「軍事講話」「戦線地理」、高等科の時間に「大東亜共栄圏講話」「戦争と科学」など、戦時即応の学校放送が編成された。

学校放送では、その日の戦況をはじめ、国の内外の情勢の変化を、直ちに番組に反映できる。これは教科書教材のとうてい企て及ばないところであり、太平洋戦争が、はからずも学校放送の重要な教育的意義を実証し、放送のもつ独自の教材性に目を開かせるに至ったことは、その後の放送教育の発展を促進する一因となったことは言うまでもない。（西本、一九七六、一七八頁）

それは西本が日米開戦直後、「学校放送戦時体制の展開」の末尾で自ら言挙げた信念とも連続していた。

今後の学校放送は戦争勃発によつて展開することを得た学校放送の報道教科第一主義を土台として、新時代に相応しきより高度の国家的、教育的意義を有つ新しい学校放送体制の創造に向つて邁進すべきである。[3]

「報道教科第一主義」は、ラジオ放送を副教材として利用するだけの「教科書中心主義」を乗り越えるべき切り札だった。この戦時動員体制が学校放送を「国定教科書の侍女」から解放したという認識は、多くの同時代人が述懐している。[4]

他方、GHQは日本占領で学校放送を利用するため、すでに戦争中から研究を進めていた。民間情報教育局（CIE）は一九四五年十月から教員向けに「教師の時間」、翌十一月から「子供の時間」、「生徒の時間」の放送を再開させた。学校放送を「民主化」に利用しようとするGHQにとって、コロンビア大学卒の「学校放送の父」西本は最適の人材だった。さらに言えば、日米の放送教育関係者はよく似た戦時体験を共有していた。一九五七年三月十九日にNHKラジオ第二放送「教師の時間」で放送された西本と富田竹三郎（東京教育大学教授）の対談「視聴覚教育の意義――コミュニケーション革命と教育革命」では、視聴覚教育史をアメリカの軍事教育から説き起こしている。

富田「アメリカではAUDIO・VISUAL・EDUCATIONといっているようですが、アメリカでも戦後この教育が行われるようになったんでしょうか。」
西本「いいえ、戦争中です。この第二次世界大戦中です。」
富田「それは兵隊の教育や訓練に使われた訳ですか。」
西本「そうです、兵隊の教育にもつかったし、工員の教育にもつかって、大いに成績をあげたんです。」

さらに復員した教員たちによって戦時中の「コミュニケーション革命」は教室に持ち込まれ、平時の「教育革命」として開花した。GHQの「民主化」とは、こうした「戦時総動員」と地続きであり、その意味で放送教育史に一九四五年の「敗戦」はなかった。『放送教育』創刊時（一九四九年二月一日現在）で、ラジオ聴取者数は七三七万人、世帯普及率は四六％であった。西本は「新しい放送教育の出発」をこう宣言している。

学校時代にラジオに親しみ、ラジオを利用しラジオを生活の中に採り入れる積極的態度や習慣を養わせることによつて、学習や修養ということが人間一生を通じて持続されることになる。将来の社会は、現代の社会よりも一層変化がはげしく、従つて人間に対《むか》つて不断の教育を要求している。（一九四九年六月、二頁）

この言葉は戦時動員体制下でも通用するだろう。また、「ラジオ」を一九五〇年代以降なら「テレビ」に、一九八〇年代以降なら「パソコン」に置き換えれば、いつの時代も使いまわしができる。今日、インターネット時代に日本放送教育協会が存続しているゆえんであろう。

二　一億総白痴化から博知化へ

この視覚爆弾（see bomb）は、原子爆弾の破壊的効果にならぶほどの大きな影響力で、建設的な福利への連鎖反応を引き起こすことができると予言いたします。

これはアメリカ上院議員カール・ムントが一九五〇年六月五日に行なった「ビジョン・オブ・アメリカ」演説の一節である。(5) ムント演説の二〇日後に朝鮮戦争が勃発する。ムントは共産主義の脅威に備えるべく日本を中心に東アジアに自由主義陣営のテレビ・ネットワークの建設することを提言した。もちろん、豊かなアメリカ社会を示す文化宣伝の意図もあったが、それはマイクロ・ウェーブ通信網と一体化された軍事通信システムであった。この構想を知った公職追放中の正力松太郎は、日本テレビ放送網株式会社（以下、日本テレビと略記）設立に向けて動き出した。だが、ここでは同じ演説の別の言葉に注目したい。

元教育者として私は、一枚の絵は一万語に相当するという教育における原則をよく承知しております。この推定は我々の情報計画においては前提として受け容られてきました。読む事ができない、聞いた事を理解できない人々も、絵なら見て理解する事ができます。

ムント自身、高校でディベートと社会科を教えた元教員である。民間テレビの系譜にも教育の総動員体制を確認できる。一九五一年一月三十日、電波監理委員会は正力の日本テレビが主張するアメリカのテレビ標準方式（六メガNTSC方式）の採用を決定し、NHKの主張した七メガ国産テレビ方式は退けられた。戦前から国産テレビ放送実現を「技術報国」の目的としてきた高柳健次郎ほかNHK技術陣にとってそれは「第二の敗戦」だった。『放送教育』はNHKと無線通信機械工業会が申し立てたテレビ送受信標準方式への異議に対する聴聞会の模様を詳しく報告している。教育者を代表して中谷宇吉郎（北海道大学教授）は主張する。

われわれは、アメリカ他各国の商業テレビの非教育性について、たくさんの弊害を知らされている。ラジオの場合と違って直接視覚に訴えるテレビは、悪用すれば子供たちの清純な心情を汚染することは必至である。（一九五二年六月、二二頁）

中谷は自らのアメリカ体験から、日本では「テレビが家庭に入いるのはできれば止めたい」とまで断言する。そのために教室用の大画面テレビこそ必要であった。結果的に六メガ決定が覆ることはなかったが、この「七メガ敗戦」の屈辱も「世界一の教育テレビ」を目指す放送教育運動に拍車をかけた。

一九五三年二月一日、ＮＨＫは日本テレビに半年先んじてテレビ本放送を開始した。翌二日から、一日一五分、週六本の学校放送番組が放送されている。一日の放送時間が四時間だった当時、学校放送が総放送時間に占めた比率は六・二五％だった。

テレビ放送初期の流行語「一億総白痴化」は、評論家・大宅壮一が日本テレビの人気番組「何でもやりまショウ」を評して造ったキャッチフレーズとされている。『知性』一九五六年十一月号の座談会「無責任時代」の発言が最も早い(6)。

とくにテレビなどということになると、全くこう愚劣というか、白痴的傾向が多いのです。なにか国民白痴化運動というようなね……（笑）。

大宅の言葉では「一億総白痴化」から「総」が抜けているが、おそらく戦時中の「一億総進軍」や終戦時の「一億総懺悔」にならってマスコミが付け加えたものだろう。当然ながら、低俗なテレビ番組への批判は「アメリカの」商業主義文化批判として、テレビ放送開始前から存在した。たとえば、一九五一年、文部省視聴覚教育課がテレビ教育視察のためアメリカに派遣した青木章心は、「わが国ではまず教育に」と主張している。

教育関係者は勿論、社会一般も低俗な興味中心のテレキャスト〔テレヴィジョン・ブロードキャストの略称〕排撃の世論をつくり出さなければならない。テレキャストの子供に及ぼす影響は悪質な読物、映画の比ではない。家庭に浸入するし、はたらきかけは強烈である。（一九五一年十一月、二頁）

こうしたテレビ悪影響論は、実際にはテレビ万能主義の裏返しである。それはちょうど戦後日本のナショナル・アイデンティティにおける反米と親米の相克に似ている(7)。保守派のなかにはＧＨＱの「民主化」を日本国民の「白痴化」政策と理解する者も少なくなかった。だとすれば、「一億総白痴化」とは戦時の「一億総」動員と戦後の「民主化」を串刺しにする言葉でもある。テレビ害悪論がテレビ教育を活性化させた秘密がここにある。

実際に「一億総白痴化」は、テレビ関係者が自ら喧伝した気配さえあった。当時ＮＨＫ教育局長だった川上行蔵はこう回想している。

図表11－1　過去20年間における①民放テレビ平均，②ＮＨＫ総合テレビの年間番組比率（郵政省＝総務省申告データ）

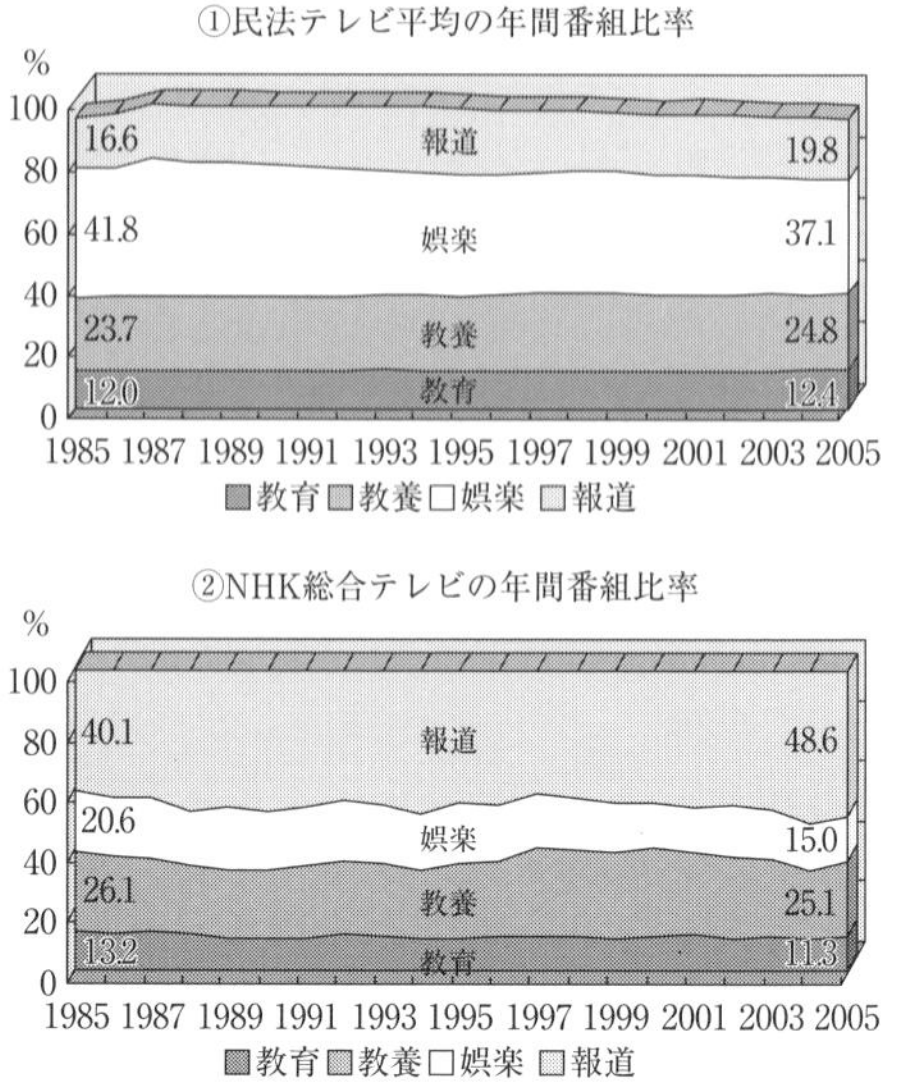

注）免許条件としてＮＨＫ総合，民放など一般局は教育番組10％以上，教養番組20％以上，ＮＨＫ教育局は教育番組50％以上，教養番組30％以上で常時編成するよう義務付けられている。そのため，2005年の民放テレビ局の番組平均では「教育・教養番組」37.2％が「娯楽番組」37.1％より多く，しかもＮＨＫ総合の「教育・教養番組」36.4％を上回っている。もちろん，視聴者の実感と懸け離れた数字だが，タテマエとしての教育・教養放送重視は今日も不変である。資料：『日本民間放送年鑑』『ＮＨＫ年鑑』。

大宅壮一氏の名言がすべての理論を圧倒する強さで世間に広がっていたことが、逆に教育放送の重要性を支えたのでした。（一九九四年五月、六三頁）

実際、この言葉が流行した一九五七年、激烈なチャンネル争奪戦を経てＮＨＫ教育テレビと日本教育テレビ（一九七三年十一月に総合局化、現・テレビ朝日）に予備免許が与えられた。「新テレビ・チャンネル決定まで」に至る一九五七年七月までの状勢を共同通信社社会部・野田秀春はこうレポートしている。

「教育テレビはどうしても必要だ」との世論が圧倒的に湧き起ったため、郵政当局もついに二波を三波にふやしてＮＨＫの教育テレビ（第二テレビ）をこれに加えるというところまで追い込まれたのである。（一九五七年八月、六七頁）

その予備免許交付の二日後、一九五七年七月十日、田中角栄が戦後最年少三九歳で岸信介内閣の郵政大臣に抜擢された。この時点で放送を行なっていたテレビ局は、ＮＨＫが一一局、民放が日本テレビ、ラジオ東京、北海道放送、中部日本放送、大阪テレビ（一九五九年朝日放送と合同）の五局にすぎなかった。田中郵政大臣の登場から二ヵ月後、一九五七年十月四日、ソビエトは人工衛星スプートニクの打ち上げに成功している。スプートニク・ショックから約二週間後、十月二十二日、田中角栄はＮＨＫ七局、民放三六局の合計四三局に予備免許交付を断行した。この大量認可は、今日のキー局－地方局の全国ネットワーク・システムを立ち上げることにつながった。また、郵政省は予備免許の交付の際、付帯条件として教育教養番組を大幅に編成するよう指示した。すなわち一般局は教育・教養番組を全番組の三〇％以上、準教育放送局は教育番組を二〇％、教養番組は三〇％以上、さらに教育放送局では教育番組は全体の五〇％、教養番組は三〇％以上を常時編成とすることが決められた。相島敏夫（法政大学出版局長）は「科学教育と放送教材」をこう書き起こしている。

ちかごろ、また科学技術の振興を叫ぶ声が各方面にさかんである。ノモンハンの惨敗の後にも、またミズリー号上降伏調印の後にもこの叫びは大きかった。そしていつもむなしく消えていってしまった。こんどこそ、空手形に終わらせたくないものである。科学技術振興の根本策は、ただ一つ、〝教育〟にある。（一九五八年四月、一五頁）

ここにも高度国防体制から高度経済成長へと続く教育国家の連続性を読み取ることができる。最後の東京キー局である日本科学技術振興財団テレビ「東京12チャンネル」（現・テレビ東京）が科学技術専門教育局（科学技術番組六〇％、教育・教養番組二〇％以上で常時編成）として開局するのは、オリンピック大会開催の半年前、一九六四年四月である。テレビ普及率は九〇％を突破し保有台数でアメリカに次ぐ世界第二位となっていた。

三　「静かな教育革命」と西本・山下論争

『放送教育』一九五八年四月号巻頭グラビアでは、建設中の東京タワーがかかげられた。

ともかくわれわれは、これが一億白痴化の記念碑でなく、「静かな教育革命」の拠点となることを祈ろう。（一九五八年四月、一頁）

「一億総白痴化」が歴史用語として定着したため、いまでは一九五七年に「一億人」が民放テレビを見ることができたように誤解する人も多い。だが当時、民放テレビの視聴可能地域は東京、大阪、名古屋の大都市周辺に限られており、テレビの契約受信者は三三万件、普及率は五・一％に過ぎなかった。「白痴化」番組はほぼ東京限定の「贅沢品」だった。街頭テレビ時代は過ぎたとはいえ、一九五八年までラジオ受信契約数は増加しており、ラジオ黄金時代が続いていた。のちに「テレビっ子」という言葉を創出した波多野完治（お茶の水大学教授）が一九六一年、「テレビ・ジプシー」に言及している。

これは、ある地方では「テレビこじき」ともよばれている。こんな下等な、いやなひびきをもった単語はない。（中略）こういうことばがつかわれるようになったということは、つまり、テレビが大部分の家庭に入って、セットのないうちの方が少なくなった、という現象のあらわれでもあるのだろう。だから、テレビのすくない農村地方には、まだこんないい方はひろがっていない。（一九六一年七月、三五頁）

都会ではお茶の間テレビの時代に入っていたが、地方では学校で初めてテレビに出会う子どもたちも少なくなかった。一九六一年イタリア賞を受賞した『山の分校の記録』は、外界から遮断された栃木県最北端の土呂部地区の分校にＮＨＫの巡回テレビを入れて撮影された。ＮＨＫテレビ学校教育部副部長・小山賢一は番組制作の意図を次のように説明している。

私たちの課題は、巷間に「一億総白痴化」と言わせたところのものへの反論であり、今後のテレビの方向を探し出すことであり、教育の場におけるテレビ教材の位置づけとその価値を知ることであった。（一九六一年二月、三九頁）

そして、山の子どもの感動的なことばを引いている。

もうじき三学期がおわるので、テレビをかえさければならない。テレビが入ってからは、明るい心になって勉強していたが、テレビがなくなると　太陽がてらさないと同じになる。家でかつている馬が売られていくようだ。テレビがなくなったら、私はスイッチをいれるまねをする。ああ、あの時はよかったなあと思うだろう。まるで、愛のようだった。

一九五七年に文部省視聴覚教育課が発表した「テレビジョンと教育」では、テレビについて七つの教育的価値（具象性・リアリティ・総合性・時間の短縮・距離の圧縮・共有性・簡便性）と五つの限界（高価・画面サイズ・編集複雑・一方向性・反覆不能）が掲げられていた（一九五七年十月、三〇－三一頁）。その後のテレビ技術の開発は、この五つの限界を一つひとつ乗り越えることだった。今日ではVTRやCATVなどによって完全に克服されているが、一九六〇年代の学校におけるテレビ教育はこの限界を前提として行なわれた。一九五九年の教育テレビ開局により、小学校でのテレビ利用率は一九六〇年には四五％、一九六一年六〇％、一九六三年七〇％と急増するが、それでも一校あたりのテレビは一・八台にとどまった。

その後の放送教育実践を大きく規定した「西本・山下論争」は、一九六〇年十一月開催された第十一回放送教育研究会全国大会で始まった（一九六一年一月、一六－二四頁）。教室でのテレビ学習の方法をめぐって西本と山下静雄（鹿児島大学教授）の間でなされた論争は、その後の教室テレビの利用を大きく規定した。もちろん、西本も山下も戦前の映画教育をめぐる「動く掛け図」論争を強く意識していた。「映画を教具とした教科教育」か「映画というメディアそのものの教育」かは、このテレビ教育論争の前史といってよい。西本はのちに「テレビ教師」論や「放送利用学習」批判など論争を続け、放送教育運動のドグマとなる「ナマ・丸ごと・継続利用」が定式化された。

重要なことは、西本・山下論争が教室へのニュー・メディア導入をめぐってその後も繰り返される論争に枠組みを与えたことである。大胆に図式化して整理すれば、西本は放送教育によって「教師＝送り手－子ども＝受け手」という教科書的な関係を解体し、「テレビ＝送り手－教師・子ども＝受け手」に組み替えようとしていた。こうした「ともに学ぶ」関係性を実現するためには、「教室教師＝チューター」による事前指導はできるだけ少ないほうがよいと主張した。一方で、広島文理大学出身の山下は「教師＝送り手－子ども＝受け手」関係を保持し、事前と事後の指導によりテレビ番組理解の方向付けを教師が行なうべきだと主張した。それは伝統的な教師像にたつ教材観であり、シンポジウム会場の現場教師の「拍手は山下先生の方に多かった」（一九六一年二月、三五頁）。西本・山下論争をメディア論と教育実践を軸に図式化すると【図表11－2】のようになるだろう。

放送教育の研究者の多くは西本派であったが、現場教師の多数は山下派であった。つまり、放送教育の裾野を拡大し

図表11－2

西本三十二の放送学習	VS	山下静雄の放送利用学習
メディア論	VS	テクスト論
放送教材主義（放送の教授性）		教科書教材主義（放送の資料的利用）
子どもの自主学習・テレビの感化		教師の学習指導・テレビの利用
視聴進行中が教育（テレビが教える）		事前事後指導が教育（テレビで教える）
アメリカ的・ルソー的自然主義		ドイツ的・ヘルバルト的形式主義
教室型ディスカッション		講堂型解説
継続視聴・通読主義・総合的把握		選択視聴・精読主義・分析的把握

たのは、「西本理論は理想ではあるが、現段階としては山下理論」（一九六一年二月、三六頁）と考える現場教師である。

小学校のテレビ普及率は一九六四年に九〇％、一九六七年に九九％に達した。つまり、教育テレビ開局一〇年でテレビは学校に完全普及していた。一九六五年ＮＨＫは西本の提案を受けて世界教育番組コンクールを開催し、ラジオ・テレビの優秀作品に「日本賞」を与えることになった（一九六四年六月、五九頁）。前田義徳ＮＨＫ会長との対談で西本はこう述べている。

一九六〇年代という次元では、日本のテレビは世界を制していると言えます。そして今後七〇年代、八〇年代においても、この調子で進んでいただきたいものです。（一九六五年四月、三九頁）

一九六四年、放送教育研究会全国大会で、文部次官・内藤誉三郎は次のように語っている。

従来は教科書と黒板が中心の平面的な教育でしたが、ラジオ・テレビの普及により、教育方法が立体的になり、（中略）学習効果がますますあがってきたことは、皆さんといっしょに大変喜びにたえません。（一九六四年一月、三一頁）

しかし、「教科書と黒板」中心の教育は、二〇〇八年現在の小学校でも続いている。西本の唱えた「ナマ・丸ごと・継続利用」は教室変革の力にならなかったのである。

四　ビデオ導入と放送利用学習

東京オリンピックの一九六五年、ソニーは家庭用小型ＶＴＲを発売した。『放送教育』は同年二月号で浜崎俊夫（ソニー株式会社普及課長）、小川修三（文部省視聴覚教育課長）、中野照海（国際基督教大学教授）の座談会「テレビ教育の前進」を掲載している。中野はこの「家庭用VTR」をグーテンベルク印刷機に擬していた。

VTRが非常に高価な段階では、放送局あたりの独占物でした。それが家庭にまで入りこむというのは、たとえば、文字でいえば印刷機が発明されて、どんどん一般にも出てくるというような状態であると言えます。（一九六五年二月、三二頁）

一九七〇年代に入ると、VTRは教科担任制で時間割の融通がきかない中学・高校から急速に普及した。小学校の普及率も一九七〇年一〇・五％、一九七五年三〇・七％、一九八〇年六二・八％、一九八五年九一・三％と急伸している。一方、テレビは一九七五年にはほぼ小学校で一教室一台に達した。テレビは黒板と同様に教室の必需品になったが、ちょうど、高度経済成長の達成により輸入品だったバナナが高級品でなくなったように、「バナナ化」した教室テレビから「教育改革メディア」というオーラは消えていった。

教室テレビの黄昏は、一九七三年、郵政省が民放教育専門局、すなわちNETと東京12チャンネルの総合局（一般局）切り替えを発表したとき明らかになった。すでに一九六四年の臨時関係法制調査会の答申で営利企業による教育専門局の運営は無理との指摘があり、NHK教育テレビの全国ネット化をまっての一般局化は当然視されていた。一九六七年の再免許で札幌テレビ、讀賣テレビ、毎日放送など準教育局は一般局化していた。NETテレビ教育部長・松村敏弘は、この一般局化が対象を学校よりさらに拡大した教育放送への転換だと説明している。

一五年前教育番組イコール学校向け番組だという発想はけっして間違っていなかったし、マンネリ化した教育放送番組を敬遠しはじめた教育現場の発想も間違ってはいないはずである。（中略）「四角い壁に囲まれた教室」への教育番組ではなく、「いつでも、どこでも、だれでも」が使える「社会に開かれた」教育番組こそ必要な時期になってきたのではなかろうか。（一九七三年一二月、八五頁）

「いつでも、どこでも、だれでも」という発想こそが、ビデオ的ということもできるだろう。この「〝いつでも、どこでも、自分の気分次第〟のランダム・アクセス・メディア」であるVTRは[8]、西本が唱えた「ナマ・丸ごと・継続学習」の前提条件を掘り崩していった。つまり、ＶＴＲは「カンヅメ・選択・分断利用」にこそ有効だった。

また、ＶＴＲ普及は放送教育運動と競合していた映画教育運動の没落を決定づけた。そもそも、放送教育は先行メディアである映画の運動との差異化のなかで、その特性、すなわち同時性、速報性、広範性、経済性などを強調してきた。西本が「ナマ・丸ごと・継続」に固執したのは、映画教材の記録性と単発性への優位を示すためでもあった。そのため映画教育の衰退は、競合していた放送教育の「放送」概念を空洞化させることになった。前年放送された番組ビデオから選択利用する教師にとって、それは「映像」教材ではあっても「放送」教材という認識は乏しくなった。こうした傾向に対して、西本は選択利用の教師をこう批判する。

> 放送教育では、「教育は教えて育てる」というよりは「共に育つ学習」と解釈することが望ましいと私は考えるのです。シリーズ番組を、教師も生徒も共に視聴し、共に情報に対決し、それを処理するところに学習があり、成長があると考えるのです。これが情報時代における放送教育の本流となるというのが、このごろの私の考えです。（一九七五年八月、一二一頁）

この本流に対しては、水越敏行（大阪大学助教授）が鋭い批判をしている。つまり、「ナマ・丸ごと・継続利用」は送り手中心の論理であり、学校の時間割にどう位置づけるかのみを念頭においた「本時中心主義」だという（一九七六年二月、三〇頁）。こうした受け手重視は、家庭視聴の重視、一般教養番組の教育利用へと発展し、学校放送はおろか「学校」、「放送」という概念をも揺るがすポテンシャルがあった。一九七八年には「放送学習－放送利用学習」をめぐって、第二次西本・山下論争が行なわれた。山下は西本理論の全面批判を行なっている。

> かつてナマで利用しない放送利用は放送教育ではないという神話が行われた時代があるが、いつしか霧と消えた。放送教育と視聴覚教育の連合学会で布留［武郎］会長が「ナマで丸ごと継続利用」の根拠を分析して信ずべき根拠のないことを指摘された。この次はどの旗を降ろすことになるのであろうか。たぶん継続利用であろう。その推進力はビデオライブラリーの普及充実と多種教材の選択的利用の増大であろう。（一九七八年二月、一六頁）

ＮＨＫ放送文化研究所が一九八〇年に実施した小学校視聴覚教育（放送教育）主任対象の全国調査では、「ナマ・丸ごと・継続」という言葉を知っていると答えた者は四三％、これが最も効果的と答えた者は一一％にとどまった(9)。

それにしても、一九八〇年以降の『放送教育』には、テレビのメディア論として注目すべき論文は少ない。ひとつには、テレビ、VTRがほぼ普及し、こうした装置を活用した「社会科」「理科」「道徳」など教科ごとの実践研究や新教育課程をめぐる個別対応が特集の中心となったためである。放送教育という運動も、その成長期を終えて停滞期に入った。実際、小学校で利用校は下降線をたどっており、中学・高校でのテレビ利用校は一時的に増加したが三割程度にとどまった。特に、算数や国語の番組の利用率は低く、映像が貴重な理科、教科書がない道徳、「特活」関連に利用が集中していた。映画教育にも放送教育にも関わった波多野完治は一九八二年、運動の敗北を表明している。

> 昔の映画教育、放送教育、視聴覚教育の来し方をふりかえって、いちばんなつかしくおもい出されるのは「この近代的教育機器をテコにして、日本の教育の近代化をこころみよう」という意気込みが、理論家（つまりわたしどものような学者）にも、実際家（現場教師）にも、みなぎっていたことである。映画や放送は、教育改革のためのテコであったのだ。今日の映画や放送は、『星の王子さま』のなかのキツネのいい草ではないが、すっかり「飼いならされ」てしまったようにみえる。つまり、日本が明治以来開発してきた一斉授業の体制のなかに行儀よくおさまってしまって、そのなかで文部省カリキュラムを効率よくかまたは効率わるくか、消化する役割を優等生として相つとめているようにみえるのである。（中略）うまい具合に教室過程のなかにとりこまれてしまった。学校のほうが変わったようにはみえない。（一九八二年四月、五七頁）

西本理論の唱導者だった清中喜平も、一九八四年には次のような転向文を書いている。

> このラジオ・テレビがニューメディアとして脚光をあびたよき時代に組み立てられた理論や実践が、今なお生き残って幅をきかせていることはないか。そこから脱皮できずに、旧い殻に閉じこもって、昔の幻影をかたくなに守っているのではないか。これが八三年を送るにあたっての、わたしの最大の反省であった。（中略）『放送教育』という呼称にも問題がおきてくることを覚悟せねばなるまい（一九八四年一月、八一－八二頁）。

しかし、『放送教育』のタイトルは休刊まで継続された。それでも、西本が没した翌年、一九八九年四月号からサブタイトル『学習・メディア・情報誌』が大きく刷り込まれた。それを編集人・古田善行は「学習のためのメディア（ソフトを含めて）についての情報を広く提供」する趣旨だと書いている（一九八九年四月、八八頁）。それは明らかに学校「教育」から個人「学習」へ、テレビ「放送」からニュー「メディア」への重心移動である。同じ号の「新年度番組の基本構想」でＮＨＫ学校放送部長・八重樫克羅はこう語っている。

我が国の成人学習人口は四〇〇〇万人を超え、学校教育人口は二六〇〇万人近くいます。今後は何らかの形で学んでみたいことがあるという成人は九一・二％にも達しています。教育テレビの役割はますます大きくなっていきます。（一九八九年四月、二七頁）

生涯学習社会において「教育テレビ」の役割はますます大きいが、「学校放送」の役割はいよいよ揺らいできた。

五　テレビゲーム世代の情報教育

一九八四年七月一日、文部省は「生涯教育・学習に関する国民の要請に答えるために」、一九五二年以来続いた視聴覚教育課を廃止し、社会教育課所管の図書館関係、社会通信教育関係の事務を移して、ニューメディア関連を加えた学習情報課を発足させた（一九八四年八月、四一頁）。情報教育と生涯教育はここに合体する。学習情報課がまず手がけたのは「マイクロコンピュータ教育利用開発事業」への新規予算要求である（一九八四年十月、一五頁）。一九八五年一月七日、社会教育審議会教育放送分科会は「教育におけるマイクロコンピュータの利用について」の中間報告を発表した（一九八五年二月、七二頁）。対応の遅さが常に指摘される行政機関としては異例だが、「教育放送分科会」は同年「教育メディア分科会」と名称変更する。放送がデジタル技術に飲み込まれた瞬間である。

もちろん教室のブラウン管は見られていたが、それはすでにナマ放送の受信用ではなく、ビデオ再生に使われることが多かった。もちろん、家庭のブラウン管の方が変化は急だった。「ファミリー・コンピュータ」（任天堂の登録商標）

は一九八三年七月の発売から二年数ヶ月後の一九八六年には六五〇万台となり五世帯に一台で使われていた。子どもによっては、テレビの視聴よりゲーム・コンピュータのモニターとしてブラウン管を見つめる時間が多くなった。

「ファミコン」は一般にテレビゲームといわれるが、テレビとは異質なメディアである。テレビは一方向、アナログだが、ファミコンは双方向、デジタルと真逆である。テレビはお茶の間であれ教室であれ、なお同時視聴者の可能性に規定されるメディアだった。だが、ファミコン体験は個人の内面で完結されており周囲の視線に規定されない。テレビゲームは家庭や周囲の社会と接触することなく、機械のネットワークに直接接続可能なメディアであった。それゆえ、テレビゲームによる機械とのコミュニケーションが、子どものパソコン利用を容易にしたということは可能だろう。

『放送教育』誌上でもテレビ教育からの接続が試みられたＣＡＩ（コンピュータを用いた学習＝Computer Assisted Instruction）は、作り手の「物語」の押し付けが嫌われて失敗した。しかし、テレビゲームのロールプレイング・ゲームは「物語」への主体的参加を促して大ヒットしていた。「大きな物語」の消滅が言われたポストモダンの時代に、子どもたちはテレビゲームのなかに無数の「小さな物語」を発見したのである。やがて、テレビゲームの「物語」手法は、映画やテレビドラマに応用されるようになった。パソコンを使った個別学習も、今日テレビゲーム感覚なくしては継続不能である。

一九八六年にＮＨＫ特別シリーズ『ハロー！コンピューター』の講師として出演した坂村健（東京大学講師）は、「教師のための〝コンピュータ入門講座〟」で「電卓を使うと計算ができなくなる」「ワープロを使うと字がかけなくなる」という批判に対して、「だったら何だというんだ」と応じている。

いったい文字とは何のために書いているのかと考えれば、情報の伝達、意志の疎通、人と人とのコミュニケーションのためである。あくまで目的はコミュニケーションのための手段である。字を書くことが目的ではない。（中略）文字を書くことにこだわるのは昔の人間のエゴにすぎない。大昔の人から見れば、新仮名遣いも嘆かわしいということになるだろうし、それと同じである。（一九八六年九月、八一頁）

こうした「電子思考」は学校の教科学習と相容れるはずはない。坂村の描いた未来、二〇年後の現在、それは「学力崩壊」として騒がれている。しかし、こうした発言を許容するまで放送教育は変化したというべきだろう。ただし、この議論は「情報勝ち組」のものであり、それで読み書き算盤ができなくなる「情報負け組」への配慮には欠けている。

一九八七年六月号掲載のシンポジウム「ニューメディアの発達とこれからの放送教育」で、佐伯胖（東京大学教授）は「放送＝パブリックメディアであるという概念」が存続するかどうかの決定的なポイントに立っていると指摘する。武田光弘（NHK学校教育チーフ・プロデューサー）はこう応えている。

これからは恐らく方向としては総合情報産業と言いますか、NHKという本体のみならず関連の諸団体も含めて、大きな公共的な情報サービスをする企業体になっていくだろうと思いますが、その中で放送という部分、特に教育テレビジョン、ラジオ第二放送を中心として教育放送サービスをどうしていくのかということが問題となります。そして、まさに放送教育はその中にある、いわば企業が直面している変化への対応という課題の中にあるというふうに言わざるを得ないと思うんです。
（一九八七年六月、二七頁）

翌一九八八年の放送法の抜本的改正を睨んだ発言だろう。これによりNHKは大幅に業務範囲を拡大し関連子会社を設立することが可能となり、民放には有料放送の実施が認められた。一九八九年には教育番組の制作専門プロダクションとして株式会社NHKエデュケーショナルが設立された。こうした自由化路線でビジネス意識に目覚めたNHKにとって、学校放送が負担に感じられても仕方あるまい。一九八八年新年号で、沖吉和祐（文部省社会教育局学習情報課長）は「生涯学習元年」として「新しい情報リテラシー」を提唱する。

これからの学校放送ということを考えるときには、学校向けということだけではなしに、生涯学習向けというように、範囲を広げた形で考えていく必要があるんじゃないかということが一つあります（一九八八年一月、四六頁）。

これは学校放送の解体容認とも読める。さらに放送教育の意味にも疑問は呈せられた。一九八九年四月号の浜野保樹「メディアを消すメディア・ハイパーメディア」である。浜野はテレビ受像機を使う授業を教師自らが放送教育と呼ぶこと自体が、「未熟な技術主義」であるという。

技術が授業にとけ込んでいるならば、単に「国語を教えている」とか「理科の授業をやっている」とかいう答えが返ってくるはずである。現状ではまだ「放送教育」という答えが返ってくるのではないかと思う。その意味では、放送はまだ放送ということを意識させる状況にあり、単なる映像になりきっていない。（中略）教育の中でメディアの意識が消えているといえるのは、印刷メディアだけかもしれない。だれも「教科書」教育とは言わない。（一九八九年三月、一二頁）

だが、現実には「放送教育」に固執する教師も少なくなかった。ただ、一九八九年から数年間は、「未熟な技術主義」からハイビジョンの教育利用が熱く論じられた。たとえば、「ハイビジョンの可能性」は、以下のごとく語られた。

「身体ごとテレビに吸い込まれるようでした」。これは教室で初めてハイビジョンを見た一生徒の感想である。（一九八九年三月、二四頁）

このような見世物への感動が何度か視聴すれば消えてなくなることくらい予想できてもよさそうなものである。これほど喧伝された理由は、ハイビジョンが新世代テレビの「国際標準」を勝ち取ろうという郵政省、通産省、自治省、文部省の「日の丸」プロジェクトだったからである。テクノ・ナショナリズムの追い風も影響していたはずである。だが、もっと学校的な理由もあっただろう。つまり、それが一九五〇年代前半のテレビのように高価で一般家庭がなかなか購入できないものだったためである。

ハイビジョン・テレビ以外の教育機器では学校と家庭の情報格差は逆転していた。明治の文明開化以来、学校は地域において最先端の科学技術のショーウィンドーだったが、一九九〇年代には逆転していた。子どもたちが使うテレビゲーム機には三二ビットCPUが内臓されていたが、買い替えが難しい学校では八ビットや一六ビットのパソコンが使われていた。学校の情報設備が家庭に追いつくチャンスが大画面ハイビジョンだったのだろう。

しかし、「インターネット元年」の一九九五年には誌面から「ハイビジョン」は消滅している。国策的な財政的バックアップを得たコンピュータ教育は、一九五〇年代のテレビ教育と類似していた。パソコンの教室導入に積極的な教師

図表11－３　テレビ学校放送利用の推移

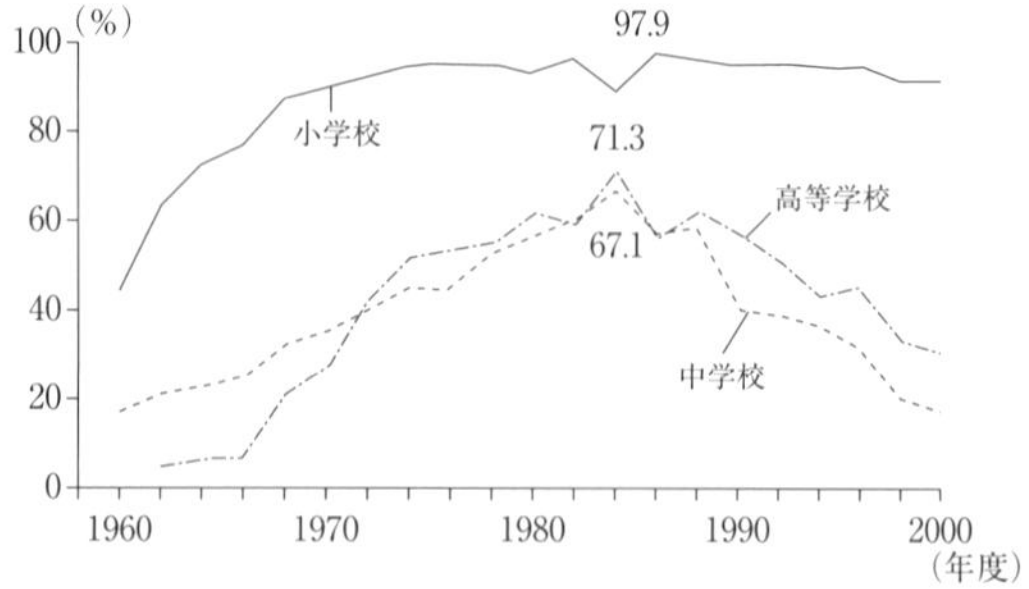

注）「NHK 学校放送利用状況調査」の結果をもとに作成。この調査では，調査実施年度に放送されている NHK テレビ学校放送番組のリストを提示して，それぞれの利用の有無を質問している。何らかの番組を利用しているクラスがある学校を「NHK 学校放送利用校」と定義して，該当校種の全学校に対する比率を「学校放送利用率」として算出している。調査実施時期は1975年以降９～11月。

なお，中学校と高等学校では，「NHK スペシャル」をはじめとするドキュメンタリーなど，学校放送以外の一般視聴向けテレビ番組を授業で利用することが多く，2000年度は，中学校の49.0％，高等学校の57.8％が，このようなテレビ番組を利用していた。

像は、かつてのテレビ教師のイメージと重なる。テレビ教育が映画とのメディア特性の違いを強調したように、コンピュータ教育はテレビとの比較でその利点を訴えた。マス・メディア－パーソナル・メディア、集団視聴－個別学習、一方向性－双方向性である。だが、このことが逆に一九九〇年代に教室のコンピュータ教育を遅らせたともいえるだろう。テレビは教室に一台で十分に機能したが、教室に一台のパソコンでは個別学習も双方向活用も困難だった。

一九九一年九月には『放送教育』別冊として『電脳教室』が刊行された。それと入れ替わりに、「放送教育賞」（主催は全放連、ＮＨＫ、日本放送教育協会）が応募数の減少を理由に廃止されている。

おわりに――ポスト「放送教育」時代の教室テレビ

一九九八年十月、日本視聴覚・放送教育学会が「日本教育メディア学会」へ名称変更した。その前年、放送教育開発センターが「メディア教育開発センター」に改称している。ポスト「放送教育」時代である。

それから二〇〇〇年十月の休刊まで『放送教育』を読み通したが、なんともいえない停滞感が漂っている。水越敏行（関西大学教授）も、「教育の急流とメディア教育の新しい船出」でこう述べている。

　この数年来情報教育の実践研究にも参加し、研究報告も読みあさってきたが、空しさと危機感を感じるようになってきた。要するに中身が乏しい。（一九九九年四月、一一三頁）

だが皮肉にも「放送教育」時代から「メディア教育」時代になって、メディア・リテラシーの枠組みで「テレビ」が教材として教室に戻ってきた。「映像リテラシー」という言葉は『放送教育』のなかでも論じられたが、あまり定着しなかった。放送を所管する郵政省の公的文書で「メディア・リテラシー」が登場したのは、暴力番組制限の「Vチップ」導入が話題となった一九九六年、「多チャンネル時代における放送と視聴者に関する懇談会」の最終報告書である。

> 視聴者が多チャンネル時代において放送を積極的に活用するためには、メディア・リテラシー（情報活用能力）を身につけることが必要であり、そのための環境整備が求められる。[10]

そこには自由化にともなう自己責任論の文脈も読み取ることができる。さらに一九九九年、郵政省、ＮＨＫ、民放連が合同で設置した「青少年と放送に関する専門家会合」の報告では、より詳細に定義されるようになった。

> 青少年と放送の良好な関係を保つとともに、権利の主体としての青少年の自立した判断能力を高めるためには、メディアを選択し、主体的に読み解き、自己発信する能力、すなわちメディア・リテラシーが必要である。[11]

二〇〇〇年、我が国のコンピュータ出荷台数は史上初めてテレビのそれを上回った。休刊の十月号に先立つ三ヶ月の特集――「家庭での視聴を考える」（七月号）、「心の教育と放送」（八月号）、「情報発信力を育てる」（九月号）――は、『放送教育』が教室という空間、授業という形式からどれほど遠い場所に辿りついたかを象徴的に示している。

久故博睦（京都市視聴覚センター運営委員長）は「家庭での放送学習」でこのようにいう。

> やっと、カラーテレビが全教室に入ったかと思うと、今やコンピュータがネットワークにつながる時代となり、情報をいかに有効に活用できるかが、教育界の大きな課題となってきている。新しいものに走りすぎて、教室のテレビはほこりをかぶっていないだろうか。そして、家庭ではテレビゲームに熱中している子もいる。（二〇〇〇年七月、一七頁）

「今、放送は教育に何ができるか」で堀江固功（江戸川大学教授）は、教室における放送の存在意義として「教育ソフト供給能力」をあげている。

> 豊かな教材の提供能力は、メディアにあるわけではなく、社会的な組織にあるのである。この能力を有する組織は、現在の

日本ではＮＨＫにしか存在しない。ＮＨＫが教科教育を意識した学校放送を実施することは、継続的に、組織的に豊かな教育ソフト＝教材の提供を保証することになる。そのことによって、パソコンやネットワークは、教科教育の中に、新しい教育の可能性をつくり出せることになるのではないだろうか。（二〇〇〇年九月、四五頁）

つまり、放送は新しい教育革新運動たるインターネットを支える下部構造なのである。この事実を直視することから、テレビの二一世紀は語られるべきだろう。二〇〇〇年十月号の謹告「月刊『放送教育』休刊にあたって」では、こう述べられている。

時あたかも二一世紀、滔々たる時代の流れと、今まさに情報技術（ＩＴ）革命が急速に進展するなかで、弊誌は所期の目的を果たしたものと考え、今月号をもって休刊することといたしました。今後は「放送教育」に関する情報は、主としてインターネット等新たなメディアを通じて全国の先生方をはじめとする学校現場に瞬時に提供していくこととし、同時に先生方からのフィードバックに基づく新たなネットワークの形成を試みていきたいと考えています。（二〇〇〇年十月、二五頁）

この休刊号の末尾の記事は、養老孟司（北里大学教授）の「脳の発達とメディアの関係という問題」である。そこには編集者の想いがこめられているのだろう。その内容は一年前に『週刊文春』一九九九年十月七日号の連載コラム「異見あり――現実感欠如のＴＶ世代の〝脳〟」として一度紹介されていた（一九九九年十一月、三四頁）。学生が授業中の教室に平然と出入りし私語をするのは、その場の現実を「テレビの世界」のように見ているためだ、と養老は考える。「テレビの世界」は現実世界と異なって、子どもの行動を拘束するものではない。テレビの前で子どもはおしゃべりも出入りも自由である。子どもは教室でもテレビの前と同じようにふるまっているにすぎないのだ、と（二〇〇〇年十月、五六頁）。

だとすれば、子どもにとって教室がテレビになった、だけなのである。それは「ラジオ教室」「テレビ教室」「電脳教室」という愛称を掲げてきた『放送教育』にとって、ひとつの帰結といえる。そして、それは悪いとばかりもいえない。テレビの前で過剰な視覚的刺激をやり過ごすことも不可欠なメディア・リテラシーである。子どもたちが「やり過ごし」というリテラシーを旧世代より確実にマスターしていることはまちがいないのである。

注

（1）本稿のテーマを「放送教育」運動とは対極の位置から概観したものとして、拙稿「学校放送から「テレビ的教養」へ」（二〇〇七、『放送メディア研究』第四号）を参照。

（2）『放送教育』からの引用記載は、刊行年月、該当頁のみ（一九＊＊年＊＊月、＊＊頁）と略記した。二〇〇〇年十月休刊後の日本放送教育協会の活動はホームページで確認することができる（http://www.nhkk.or.jp/block/index.html）。

（3）西本三十二「学校放送戦時体制の展開」（一九四二、『放送研究』二月号、三二頁）。

（4）川上行蔵「創世記の熱情を再び！」（一九五四、『視聴覚教育』十二月号、一六頁）、鈴木博「学校放送のあゆみ」（一九五五、『視聴覚教育』四月号、一一頁）など。

（5）神松一三『「日本テレビ放送網構想」と正力松太郎』（二〇〇五、三重大学出版会、六－七頁）。

（6）北村充史『テレビは日本人を「バカ」にしたか？　大宅壮一と「一億総白痴化」の時代』（二〇〇七、平凡社新書、四〇－四一頁）。

（7）たとえば、吉見俊哉『親米と反米』（二〇〇七、岩波新書）。

（8）橋元良明「『電脳社会』のＲＡＭ人間」（一九九二、『ポップコミュニケーション全書』アクロス・ブックス、九七頁）。

（9）秋山隆志郎「学校放送利用の実態と課題」（一九八一、『文研月報』四月号、二七頁）。

（10）総務省ホームページ内「多チャンネル時代における放送の課題と方向性」http://www.soumu.go.jp/joho_tsusin/pressrelease/japanese/housou/1209j701_2.html　参照。

（11）ＮＨＫホームページ内「青少年と放送に関する専門家会合」http://www3.nhk.or.jp/pr/keiei/kaigou/index.htm　参照。

文献一覧

日本放送協会［編］、一九六〇『学校放送25年の歩み』日本放送教育協会
西本三十二、一九七六『放送50年外史』上、日本放送教育協会
NHK放送文化研究所［編］、二〇〇三『テレビ視聴の50年』日本放送出版協会、一九五頁
佐藤卓己・井上義和［編］、二〇〇八『ラーニング・アロン――通信教育のメディア学』新曜社
全国放送教育研究会連盟・日本放送教育学会［編］、一九七一『放送教育大事典』日本放送教育協会
全国放送教育研究会連盟・日本放送教育学会［編］、一九八六『放送教育50年』日本放送教育協会

12章　日本人の意識の未来

見田宗介

一　意識の未来の理論フレーム
——歴史の加速／歴史の減速

「世代の星座」が接近する

ＮＨＫ放送文化研究所の「日本人の意識」調査は、一九七三年以来長期にわたって全く同一の質問をくりかえすことをとおして、さまざまに得がたい成果を得てきた。二〇〇三年までの調査の成果をまとめた報告書『現代日本人の意識構造（第六版）』の最終章では、質問項目の全体を見わたしながら、三〇年間の変化が総括されている。そこには次のような、注目すべき結果が記述されている。

質問項目の全体から数量化Ⅲ類という統計的手法を用いて抽出された意識構造の「次元」の内の、最大のふたつの次元を組み合わせて張られた平面の上に、現代日本の各世代の各調査年時の「意識」を位置づけして描いたのが【図表12－1】である。

少しふくざつだが、たとえば図の中央少し右「団塊」と名付けられている、（星座みたいに）折れ曲がった図形を見ると、この「星座」の一方の端にある大きい星（■印）が、最新の二〇〇三年の意識の「位置」であり、同じ星座の反対

図表12－1　現代日本の各世代のそれぞれの調査時における「意識」
（NHK放送文化研究所［編］『現代日本人の意識構造（第六版）』p.231）

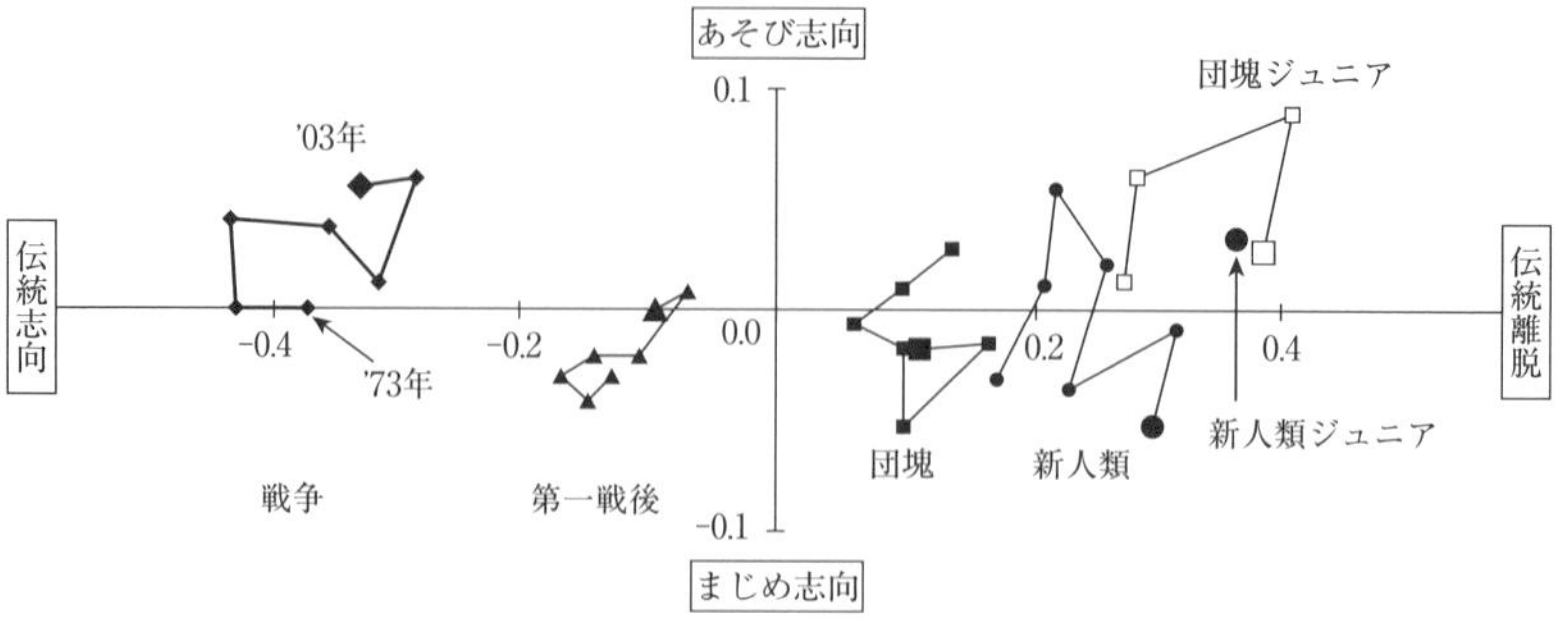

図表12－2　現代日本人の「世代」（前掲書 p.230，表Ⅷ－4より）

世代区分名称	生まれた年	2003年時の年齢
「戦争」世代	～1928	75歳～
「第一戦後」世代	1929～43	60～74歳
「団塊」世代	1944～53	50～59歳
「新人類」世代	1954～68	35～49歳
「団塊ジュニア」世代	1969～83	20～34歳
「新人類ジュニア」世代	1984～	～19歳

側の端の小さい星（■印）が、最初回（一九七三年）調査のときのこの「団塊」の世代の意識の位置である。右の方「新人類ジュニア」の点がひとつしかないのは、この世代は二〇〇三年調査で初めて一六歳以上として調査対象に登場したので、それ以前のデータがないためである。

この図からふたつの興味深く、理論的にも重要なことが知られる。

第一に、それぞれの「世代」の意識は、時代が変わり年齢が高くなっても、それぞれにほぼ一貫した特徴を保ちつづける、ということである。つまり人びとがその青年期に形成した「世代の意識」は、時代が変わり年齢が変わってもその生涯の間保持される傾向が強い、ということである。このことはこの図において、それぞれの世代の折れ線が互いに「離れている」、ということによって、ひとまとまりの「星座」を形成しているように見える、ということから分かる。たとえば「第一戦後」世代と「団塊」世代の意識の航跡を並べてみると、五年ごとに時代が変わり年齢が上がると共に少しずつ動いてはいるが、「第一戦後」世代が一番右に動いた年でも、「団塊」世代が一番左に動いた年よりも、ずっと左寄りである。

なおここでいう六つの「世代」とは、それ自体この調査の結果から内在的に、意識の変化の大きい区切り目のところで切って、次のようにほぼ一五年ごと（「団塊」の世代のみは一〇年）の幅で定義されているものである（【図表12－2】）。

第二にしかし、この世代による意識の差異は、若い世代の間ほど少なくなっている、ということである。このことは「世代の星座」が、若い星座ほど互いに接近してきている、ということから知られる。たとえば「戦争」世代と「第一戦後」世代と「団塊」世代は、互いに大きく「離れて」いるが、「団塊」世代以降の星座は互いにやや接近している。特に「新人類」以降の星座はいっそう接近し、最後の「新人類ジュニア」の星は、「団塊ジュニア」世代のテリトリーの内である。

親と子の間の「世代のギャップ」ということでみると、前掲書の最終章の筆者（河野啓）の指摘する通り、一六－一九歳の子どもとその親の世代との間の「距離」は、図表12－1の平面において、一九七三年には〇・三一であったのが、一九八八年には〇・一七、二〇〇三年には〇・〇七と、明確に減少している（前掲書、二三四頁）。また、二〇〇三年調査での各世代間の平均得点の差を見ると、「「戦争世代と第一戦後世代間」、「第一戦後世代と団塊世代間」、「団塊世代と新人類世代間」、「新人類世代と団塊ジュニア世代間」」の順番に新しい世代同士の間ほど、小さいものとなっている（前掲書、同頁）。

この結果は「コロンブスの卵」みたいに、数字が出てみるとそれはそうだろうと思えるし、思いあたる事例や経験も多いけれども、ほんとうは人間と歴史についての、少し前までの人びとの「常識的」な感覚の、再構成を迫る内実を持っている。

S字曲線。局面の移行

人間の歴史というものは、いわば「加速度的」に変化してゆくものだということが、少なくとも一九七〇年代くらいまでは世界中の多くの人びとの「常識的」な感覚であった。最近の一〇〇年間の変化は、その前の一〇〇年間の変化よりも大きかった。一九世紀の変化はまた一八世紀の変化より大きく、一八世紀は一七世紀よりも大きく変化していた。同様に一〇年ごとに刻んで見ても、新しい一〇年間はその前の一〇年間よりも大きく変化してきたし、また変化してゆくだろう、と。二一世紀の今日でさえ少なくとも一九七〇年代までに人間を形成してきた世代たちは、そういう歴史の「加速度的」な変化の感覚を、その育ってきた時代の経験から、否定しがたく刻印づけられているように思える。そういう歴史の「加速度性」の感覚は、たとえば【図表12－3】に見るような事実によっても簡明強力にうらづけされているし、もっと単純に人類の総数を見ても、一九六〇年代までは事実「加速度的」に増殖しつづけてきた。けれども図12－3のグラフ自体が、少し考えてみれば、歴史のこのような加速度的な「発展」というものが、永久に持続しうるはずのないものであることを示してもいる。一九七〇年代以来のさまざまな「成長の限界」論議が示すように、資源論的、環境論的に、もし人間が破滅を回避しようとするなら、このような「加速度性」の軌道の転換をどこかで避けることができない。つまり人間がもし生きつづけようとするなら、地球という惑星の有限性の空間のなかで、どこかで変曲点を経過し、減速と安定平衡の局面に転ずるほかはない。

ある生物種の一定の環境条件下での繁殖は、モデル的に純化していえば【図表12－4】のような「S字曲線」（ロジスティックス曲線）を描く。人間という種の歴史もまた、この論理法則を免れることはできない。

事実このような「歴史の減速」は、二〇世紀の終期からすでに始まっている。たとえば全地球的な「人口爆発」の加速度性は、一九六〇年代末までは限界をもたないもののように感受され、危惧されていたが、一九七〇年代に入るころから「先進」諸国ばかりではなく、多くのそれまでの「人口爆発」地域においても、いっせいに減速に転じ（【図表12－5】）、日本を含むいくつかの地域で逆に人口の減少が問題視され始めたことはよく知られている（【図表12－6】）。世界の人口を総体として見ても、この一九七〇年前後を境に、人口増加は明確に減速している（【図表12－7】）。

歴史が「加速」しつづけるという幻想の共有されていた時期は、実は人間の歴史のS字曲線の第Ⅱの局面＝「近代」という名の大爆発期に固有のことであり、歴史はすでに人びとの意識より早く、第Ⅲの「安定平衡期」に向かう減速を開始している（【図表12－8】）。

「日本人の意識」調査の開始された一九七三年という時点は、ちょうどこの大爆発期の最後の局面、そして歴史がゆっくりとその減速を開始する局面に照応していた。三〇年間の調査の全体を通して、潜勢する構造の動線のようなものとして、「世代の星座」の接近＝変化の減速と言うべき事実が観測されるのはこのためである。つまり歴史のS字曲線の、第Ⅱ局面から第Ⅲ局面に向かう移行と照応するものとしてその意味を把握することができる。

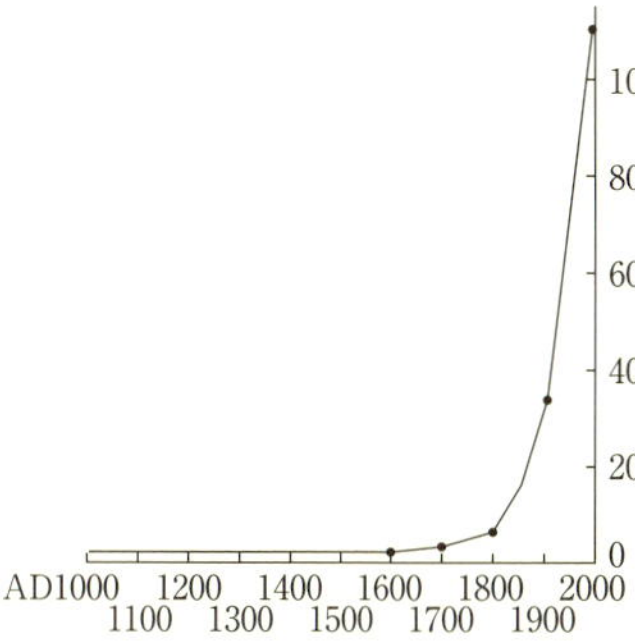

図表12－3　世界のエネルギー消費の変化（右目盛の単位は石油換算して1日あたり100万バーレルのエネルギー消費量）（見田宗介『現代社会の理論』p.70。環境庁『地球環境キーワード事典』1990，などより）

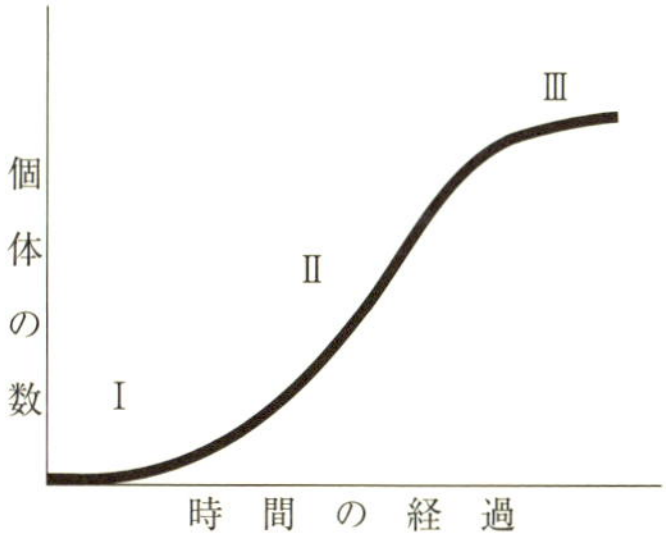

図表12－4　ロジスティックス曲線

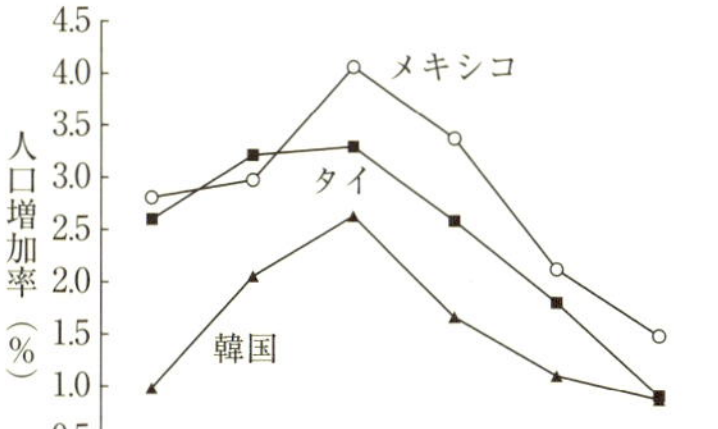

図表12－5　メキシコ，タイ，韓国の人口増加率（*韓国は1946-50）（見田宗介『社会学入門』p.155。U.N. Demographic Yearbooks より作成）

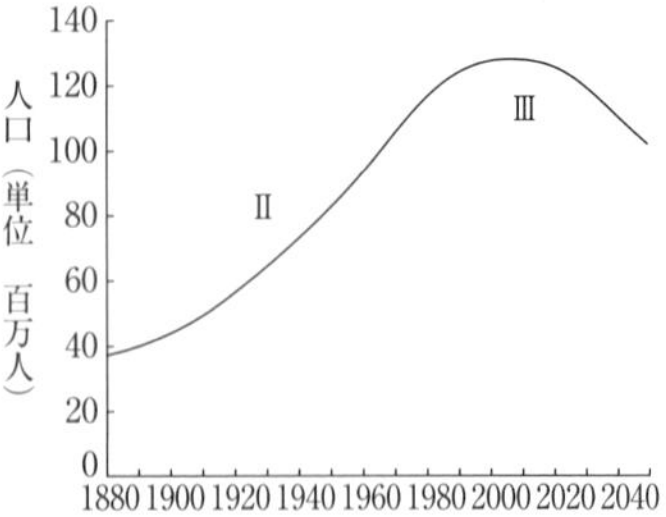

図表12－6　日本の人口（見田，前掲書 p.154。1880-1990年：『マクミラン 新編世界歴史統計［2］アジア・アフリカ・大洋州歴史統計：1750-1993』より，1950-2050年：総務省統計局『国税調査報告書』および国立社会保障・人口問題研究所『日本の将来推計人口（平成14年１月推計）』より）

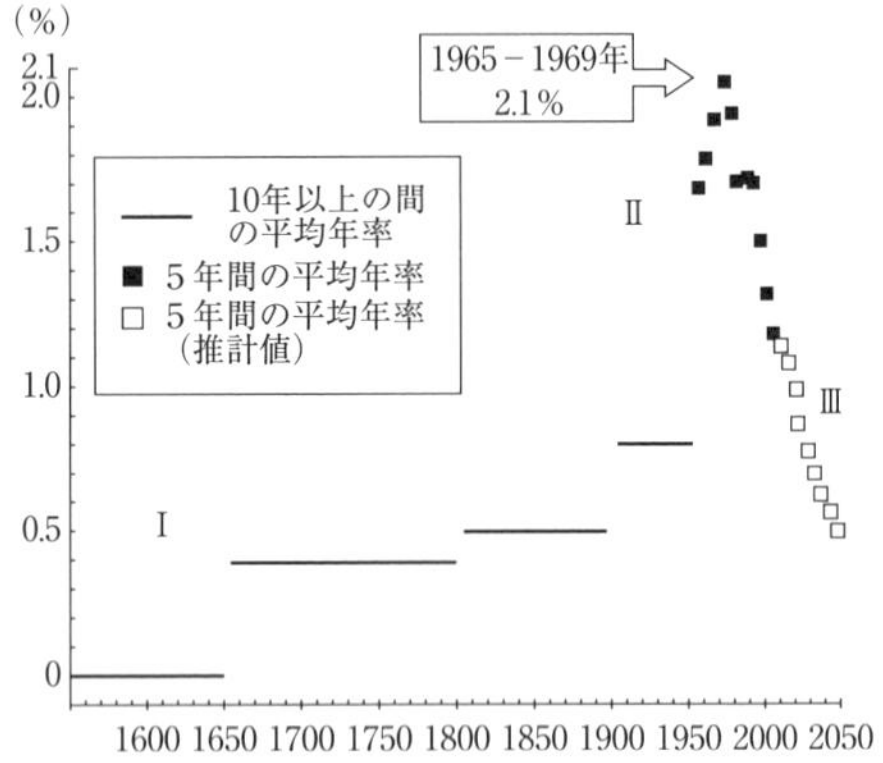

図表12－7　世界人口の増加年率（見田，前掲書 p. 156。U.S. Census Bureau, International, Data Base（Data updated 4-26-2005）より作成）

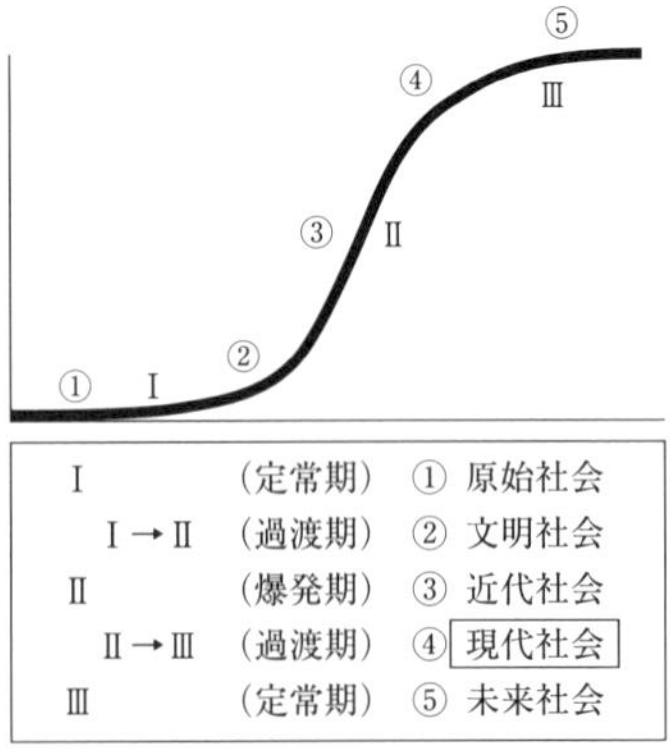

Ⅰ	（定常期）	① 原始社会
Ⅰ→Ⅱ	（過渡期）	② 文明社会
Ⅱ	（爆発期）	③ 近代社会
Ⅱ→Ⅲ	（過渡期）	④ 現代社会
Ⅲ	（定常期）	⑤ 未来社会

図表12－8　人間の歴史の３つの局面と「現代」の位置（見田，前掲書 p.159）

二　高度成長後の世代の意識
——近代の意識／脱近代の意識

問題意識と方法戦略

このような社会の変化の基本的な動向をふまえてみると、意識の未来の基本的な問題設定は次のように立てることができる。すなわち、歴史の第Ⅱ局面（「近代」、あるいは爆発期）の意識に対して、第Ⅲ局面（「脱近代」、あるいは新しい安定平衡期）の意識は、どのような方向性をもつものだろうか、と。

この新しい局面は、歴史のなかにようやくその兆しを見せ始めたばかりだから、過去と現在のデータからその内容を確実に知ることはむつかしい。けれどもこのような「爆発期」に人間を形成し、その急激な社会の発展を担ってきた世代の意識と、「爆発期」の後の減速の時代に人間を形成し、その後の時代を担ってゆく世代の意識とを比較することをとおして、われわれは確実な現存のデータを基礎として、「第Ⅲの局面」の意識の方向についての、基本的な仮説を立ててみることができる。

日本が二〇世紀の後半の幾十年間に実現し経験してきた「高度成長」の一時期は、それ自体この「近代」の大爆発期の最終局面の有力な一環を構成してきた典型的なモデル・サンプルのひとつであるので、この日本の「高度成長期」と「高度成長後」の世代の意識を比較することをとおして、新しい安定平衡期に向かう時代の意識について、示唆的な仮説を手に入れることができる。

このような太い動線を知るための手がかりとして、二〇〇三年調査における「二〇歳代」の世代の意識を、一九七三年調査におけると同じ「二〇歳代」の世代の意識と比較してみよう。このように世代のモデル・サンプルを設定することは、次の五つの方法論的な利点をもつと考えられる。

第一に、初回と最新回との調査を比較することをとおして、可能な最大限のスパンをとって、長期的な傾向を太い線で知ることができる。第二に、同じ「二〇歳代」を比較することをとおして、「年令」による意識変化の影響をコントロールすることができる。第三に、従来の調査分析から得られた知見として、一〇代の間は、親や教師など以前の世代の意識の影響がいまだ大きく、また若年期に固有の意識の振幅もあり、それぞれの世代が固有にその世代の意識を確立して安定するのは、成人して直接に時代と直面する生を開始する「二〇歳代」であることが知られている（前掲書最終章）。「最新の」世代として最新調査の「一〇代」を選択しなかったのは、このためである。第四に、偶然的な幸運であるが、本調査第一回（一九七三年）における「二〇歳代」は、一九四四年から五三年の生まれであり、いわゆる「団塊世代」を中心に日本の「高度成長」を典型的に担った世代であった。第五に、二〇〇三年調査での「二〇歳代」は、ちょうど一九七三年の「オイルショック」後に、つまり「高度成長」の終了の後に生まれた世代である。

「高度成長後」の意識の特質

調査されたすべての質問のすべての回答肢について、このふたつの「基準世代」の間で、意識の「増加量」の最も大きかったものから順に二〇位までを機械的に記したのが【図表12－9】である（ただし①「職業」「学歴」など、意識を問うものではない「フェースシート」的な質問、および②七三年調査にはいまだなかったふたつの質問を除き、また③「どちらともいえない」「その他」「わからない」「無回答」などの項目を除く、全二〇〇余りの回答肢を母集団とする）。

質問ごとの選択肢の数、競合する選択肢の内容、ワーディングなどを考慮に入れると、細かい順位や数字の末尾はあまり意味を持たないのだが、全体としてどのような領域に、どのような方向性で変化があったのかを太い線で知る手がかりとなる。

ふたつの世代の意識の変化の最も明確な領域は、一見して明らかなように、〈家族〉のシステムと、関連するジェンダー関係の意識の変容に集中している。この領域の意識の変化については三節で集中して考察することとして、ここではあらかじめ、それ以外の領域の変化について、全体的に見わたしておこう。

図表12－９　30年間の青年層の意識の増大の最も大きい回答選択肢20（%）

	設問と回答	1973年	2003年	差
1	婚姻前の性：深く愛し合っている男女なら，あってもよい〈愛情前提〉	35	77	42
2	重要な政治課題：日本の経済を発展させる〈経済の発展〉	9	46	37
3	理想の家庭：夫も妻も家庭に重心	23	59	37
4	支持政党：特に支持している政党はない	43	79	36
5	夫の家事・育児参加：〈するのは当然〉	57	92	35
6	支持できそうな政党（支持なしの人）：支持できそうな政党もない	14	49	34
7	女子の教育：大学まで	25	54	29
8	生活の満足感（社会物質面）：満足	53	81	29
9	男女のあり方（家庭と職業）：結婚して子どもが生まれても，職業をもち続けたほうがよい	21	46	25
10	日本人は特に優れた素質をもつ：そうは思わない	33	58	25
11	生活の満足感（私生活物質面）：満足	60	82	22
12	仕事と余暇：仕事にも余暇にも，同じくらい力を入れる〈仕事・余暇両立〉	31	50	19
13	政治的有効性感覚（選挙）：少しは影響を及ぼしている〈やや弱い〉	38	57	19
14	政治活動：特に何もしなかった〈なし〉	60	78	18
15	生活の満足感（社会精神面）：満足	61	78	17
16	人間関係（職場）：仕事が終わってからも，話し合ったり遊んだりするつきあい	37	53	17
17	結社・闘争性（政治）：問題が起きたときは，支持する政治家に働きかける	11	27	16
18	信仰・信心：〈奇跡〉を信じる	15	30	15
19	老後の生き方：自分の趣味をもち，のんびりと余生を送る	32	46	14
20	男女のあり方（名字）：夫婦は同じ名字を名のるべきだが，どちらが名字を改めてもよい	29	43	14

変化量二位の項目は、重要な政治課題として、「日本経済の発展」をあげるものである。高度成長の終結という事実の直接の反映として、期待しつづけられている「成長」のイメージと現実の減速との落差の大きさが表現されている。カーブを切る歴史の軌道に対して思考の慣性のスピン・アウトする願望のベクトルのように、高い経済成長の「再来」を願望する意識は当面ありつづけるだろう。「技能職」「熟練職」および「自営業者」がこの要求の中心にあるように、それは意識の問題だけでなく、具体的な経済構造も政治施策も、構造転換をきちんとカバーしていないという現実への抗議を含むと思われる。

同時に他方では、八位、一一位の項目に見るように、生活の物質面での「豊かさ」は、社会生活的な面でも個人生活的な面でも、ほぼ全員に（八〇％以上）「満足」なものとして共有されていて、「経済高度成長」の課題はすでに成就していたこと、「経済の発展」への要求は、かつての時代のように切実な貧窮からくるものではないことを示してもいる。また一二位の項目を含む「仕事と余暇」という質問を見ると（【図表12－10】）、「経済発展」を実際に主体として推進してきたような、「仕事に重心」を置くような生き方は激減している。

このように「日本経済の発展」は、これを現実に推進する主体の意識も、この動因の基底にあった切実な生活上の必要も希薄したまま、「政治の課題」として受動的にこれを「期待」する願望として広く存在している。それは「経済」それ自体の「生産者」としての意識から、だれかがやってくれる「経済発展」の「消費者」でありたいという意識への転換として見ることもできる。

四位「支持政党なし」、六位「支持できそうな政党もなし」、一三位「選挙の有効性の感覚、弱い」、一四位「政治活動、何もしていない」などの増大も、経済の領域においてと同様に政治の領域においても、その主体的な「生産者」であることをやめて、ただ「政治の課題」の実現されることだけを期待する、あるいは政治というドラマをメディアなどで観戦するだけの、「消費者」としての意識と見ることができる。

図表12－10　仕事と余暇（%）

	73年	03年
1　仕事よりも，余暇の中に生きがいを求める〈余暇絶対〉	5	9
2　仕事はさっさとかたづけて，できるだけ余暇を楽しむ〈余暇優先〉	23	25
3　仕事にも余暇にも，同じくらい力を入れる〈仕事・余暇両立〉	31	50
4　余暇も時には楽しむが，仕事のほうに力を注ぐ〈仕事優先〉	36	14
5　仕事に生きがいを求めて，全力を傾ける〈仕事絶対〉	3	3

図表12－11　信じているもの（%）

	73年	03年
1　あの世，来世	5	15
2　奇跡	15	30
3　お守りやおふだなどの力	9	19
4　易や占い	8	12

同時に青年の七九%が、支持したい政党もなく、選挙の有効性を信じず（有効性「全くなし」との合計は七六%）、政治的な活動は「何もしていない」という事実は、社会の深部からの構造的変容のなかで、現在ある政治の装置と方式の、深い「失効」を示唆してもいる。

一〇位「日本人は他の国民と比べて、きわめてすぐれた素質をもっている」という考え方の否定（「そうは思わない」）が増大したことは、もちろん特に「劣っている」というわけではないから、「国際化」の進展による正常な認識の一般化として普通には解釈できるが、「特にすぐれた」という考えが、七〇年代から八〇年代前半までは国民の多数を占めていたことを考えあわせると、「高度成長」の成功とその終息という局面の変化を反映しているように思われる。

一八位、「奇跡を信じる」は、長期的にこのまま増大するかどうかはわからないが、「易や占い」「お守りやおふだの力」「あの世、来世」を信じる者も増大しており（【図表12－11】）、マックス・ウェーバーが近代の根幹的な特質として解明した「合理化」という方向が、進展してゆく局面ではすでになくなっていることをよく示している。

三　〈近代家父長制家族〉の解体
――「近代」の原理矛盾と「解凍」

けれどもこのリストの全体を通して、三〇年間の日本人の意識の最もめざましい変化を見せている領域は、〈近代家父長制家族〉のシステムとこれを支えるジェンダー関係の意識の解体、というべき領域である。
〈近代家父長制家族〉とは、日本において典型的には、「高度成長期」の主体的な推進力であった「モーレッ社員」「企業戦士」を影で支えてきたような、「夫は仕事に力を注ぎ、妻は任された家庭を守る」という、性別役割分担型の家族である。

「理想の家庭」像をめぐる青年の意識は、三〇年間に【図表12－12】のように変化している。このように七三年の青年層にとって「性別役割分担」的な家族が四〇％の支持を集めて、最も「理想的な」家庭像であったのに対し、二〇〇三年にはこの理想は六％にまで激減し、夫も妻も家庭中心に気を注ぐ「家庭内協力」家族が六〇％近い支持を集める、理想の家庭像となっている（七三年の「性別役割分担型」は男性四一％、女性三九％、二〇〇三年の「家庭内協力型」は男性五六％、女性六二％で、共に男女差は意外に少ないということも注目される。「世代」の規定力が圧倒的である）。

図表12－12　理想の家庭像（％）

		73年	03年
1	父親は一家の主人としての威厳をもち，母親は父親をもりたてて，心から尽くしている〈夫唱婦随〉	18	5
2	父親も母親も，自分の仕事や趣味をもっていて，それぞれ熱心に打ち込んでいる〈夫婦自立〉	17	28
3	父親は仕事に力を注ぎ，母親は任された家庭をしっかりと守っている〈性別役割分担〉	40	6
4	父親はなにかと家庭のことにも気をつかい，母親も暖かい家庭づくりに専念している〈家庭内協力〉	23	59

「夫は仕事に、妻は家庭に」というこの性別役割分担型の家族システムは当然のように、女性は結婚後、少なくとも子どもの出生後は家庭に専念することが好ましいとされ、したがって生涯的な仕事の能力の修得としての高等専門教育は男子にのみ必須とされ、家族の名称（姓）は、対社会的に家族を「代表」する夫の姓とすることが「当然」である、とするような、一連の感覚系とモラルを形成し、またこのような感覚系とモラルによって再生産される。

三〇年間に変化の大きかった項目のリストはこのような〈近代家父長制家族〉のシステムと連動するメンタリティーの、解体をいっせいに指し示している（第五位、七位、九位、二〇位、二一位の項目、など〔二一位は「夫婦別姓でもかまわない」〕）（【図表12－13】～【図表12－16】）。

このような〈近代家父長制家族〉システムとメンタリティーは、日本に固有のものではなく、（もちろん社会による文化的な偏差と特質はあるが、）本質的には、たとえばフロイトの理

図表12−13　夫の家事・育児参加（%）

	73年	03年
1　甲に賛成〈すべきでない〉	33	5
2　乙に賛成〈するのは当然〉	57	92

甲：台所の手伝いや子どものおもりは、一家の主人である男子のすることではない
乙：夫婦は互いにたすけあうべきものだから、夫が台所の手伝いや子どものおもりをするのは当然だ

図表12−14　女性にとっての「職業と家庭」（%）

	73年	03年
1　結婚したら，家庭を守ることに専念したほうがよい〈家庭専念〉	32	6
2　結婚しても子どもができるまでは，職業をもっていたほうがよい〈育児優先〉	44	45
3　結婚して子どもが生まれても，できるだけ職業をもち続けたほうがよい〈両立〉	21	46

図表12−15　「子どもを大学まで行かせたい」（%）

	73年	03年
1　男の子の場合	72	65
2　女の子の場合	26	55

（「大学まで」＋「大学院まで」の合計）

図表12−16　結婚後の姓（%）

	73年	03年
1　当然，夫の姓	39	18
2　現状では，夫の姓	28	20
3　どちらが改めてもよい	29	43
4　別姓でよい	3	16

図表12−17　結婚前の性（%）

	73年	03年
1　結婚式がすむまでは，性的まじわりをすべきでない	34	5
2　結婚の約束をした間柄なら，あってもよい	21	7
3　深く愛し合っている男女なら，あってもよい	35	77
4　性的まじわりをもつのに，結婚も愛も関係ない	6	10

論の前提の「エディプス的」家族の像に見るように、「近代」の生産主義的な成長社会を一般に支えてきた性別役割分担的な家族像である。全エネルギーを仕事に集中し、その仕事上の有能のゆえに尊敬をかちえた「強い父親」の支配の下で、この「強い父親」の像を内化することをとおして、強い「超自我」（自分をコントロールする規範意識）を持つ息子たちが育ち、この息子たちが次代の「強い父親」＝生産的な男たちとして再生産されてゆくという、みごとに完結し自己産出する生産主義的な社会のシステムであった。このシステムは、夫の経済力に対する妻の全幅的、生涯的な信頼と依存、妻の生活処理能力（「家事」担当）に対する夫の全幅的、生涯的な信頼と依存なしには安定して作動しえないから、強力にモノガミー的（一夫一婦制的）な相互信頼／相互拘束のモラルを形成し、またこのモノガミー的なモラルに支えられて初めて充全に生きられる。

〈近代家父長制家族〉の本質は、人間の生の全領域の生産主義的な手段化（インストゥルメンタリズム）、という仕方での合理化の貫徹である。それはリビドー（性エネルギー）の生産主義的な管理経済システムとして、プロダクティヴな性、未来に責任をもって育成する体勢（＝婚姻）によって担保されている性のみを許容する。一見無関係であるように

見える、近代家父長制的な家庭の理想像の解体と、婚姻主義的な性のモラルの解体が連動するのはこのためである（【図表12－17】）。

三〇年間の意識の変化量の最大の数値を見せた、性のモラルの領域における「婚姻前提」から「愛情前提」へという転換は、このようにして、〈近代家父長制家族〉のシステムの解体と呼応し連動しながら、「高度成長期」の生産主義的な生の合理化という、「インストゥルメンタル」な精神の基本志向から、「高度成長」の成就の後の局面の、現在の真実を享受するという「コンサマトリー」な精神の基本志向への、転換をよく表現している。

本質論的な議論をいっそう徹底するなら、〈近代家父長制家族〉とこれに連動する家族＝性の全システムは、このように生の全領域の手段化＝合理化という、「近代」の現実原則それ自体の貫徹の形式であると同時に、それはまたこの「近代」の原的な理念であった「自由」の理念とも「平等」の理念とも、自己矛盾するほかのないシステムであった。「平等」を求める女性たちの生を抑制し、「自由」を求める青年たちの生を抑制する形式であった。つまり〈近代家父長制家族〉とは、近代の原的な理念である「自由」「平等」と、近代の現実原則である生の「手段化」「合理化」との矛盾の形式として、「近代」という歴史の局面の矛盾を集約する場所であった。

高度成長期の「時代の圧力」＝物質的な生の向上を求めつづける人びとの欲望の前に封印されてきたこのシステム矛盾は、高度成長の成就とともにその封印を解除する。「生産の第一義性」という抑制の根拠を失った世代の女性たち、青年たちの前に、この平等の封印も自由の封印も「根拠のないもの」として感受される。「平等」を求める女性たち、「自由」を求める青年たちの要求の前に、〈近代家父長制家族〉のシステムと連動するモラルの総体は、音を立てて崩壊を開始している。

ふたつの局面の過渡期を移行する「現代」の日本人の意識の空間で最もめざましい変化の領域が、〈家族〉とこれに連動するモラルとメンタリティーの領域に集中するのは、このように「高度成長」の終結と共に、「近代」の理念と原則の矛盾の封印がその根拠を失って、いっせいの解凍を開始するからである。

「日本人の意識」調査三〇年に寄せて

飽戸　弘

一　「日本人の意識」調査の基本構想

日本人の意識を捉える視座

ＮＨＫ放送文化研究所の「日本人の意識」プロジェクトに参加できて、幸運であったと思っている。それは、良きテーマ、良き共同研究者を得て、最高の研究プロジェクトがスタートできたことである。研究の動機、目的などは、参加者一人ひとりで、それぞれ若干の違いはあったことと思うが、およその共通理解は以下のようであったと考えている。

発端は、なんといっても、「日本人を概括的に記述できる調査」ができないかということであった。いままでにも、政治意識の世論調査、社会意識の世論調査、国民性の調査や、階層意識の調査など、多くの調査が行なわれてきた。しかし、いずれもある領域についての調査であり、これが日本人（の全体像）である、といえるような、包括的な調査はなかったといえよう。そこで、〝これが日本人だ〟という調査ができないものかと考えた。至難の技であることは十分承知の上で、なんとかチャレンジしてみようというのが、われわれの悲願であった。研究のタイトルに、大胆にも「日本人の意識」と銘打った所以である。

問題設定、質問文の作成・構成、そして解析・分析の構想などについては、考えられる限り、時間の許す限り、詳細な文献研究を行なった。取り上げられた文献は、城戸浩太郎『社会意識の構造』、京極純一『政治意識の分析』、土居健郎『甘えの構造』、中根千枝『タテ社会の人間関係』、日高六郎『現代イデオロギー』、見田宗介『現代日本の精神構造』、などなど、三〇冊以上にのぼり（風間・児島、一九七二、参照）、これらの論文、エッセイから得られたさまざまなアイデア、仮説、具体的質問文案などを研究会で十分に議論を重ねて、調査企画へと仕上げていった。後に述べるように本調査の個々の質問が、理論的・仮説検証的に組み上げられていること、そして方法論的にも工夫が凝らされているのは、そのためである。ほとんどの質問が、既存の調査項目からの〝借用〟ではなく、〝オリジナル〟な質問であることも、こうした本調査の理論的検討の結果といってよかろう。

こうして作成された膨大な仮説・質問文を分類・整理し、最終的には、「基本的価値」「政治」「社会」「家族」「コミュニケーション」の五つの〝大領域〟として設定した。

「基本的価値」には、快利愛正を究極の目標とした生活目標、権威志向か平等志向か、能率志向か情緒志向か、といった価値類型の尺度を設定した。「政治」領域では、政治的知識、政治的態度、政治行動、政党支持などを、総合的に取り上げた。「経済・社会・文化」の分野では、仕事と余暇のバランス、信仰、宗教行動などを取り上げた。「家族・男女関係」では、変貌して行く家族観や性意識が取り上げられ、後に、特に劇的な変貌を遂げ、本稿でも取り上げられる、婚前交渉観（厳格志向・解放志向など）が追加された。「コミュニケーション」についても、テレビの必要性のほか、こうした価値観や意識に及ぼすメディアの影響が大きいことを勘案し、後に、関連項目が若干追加されている（【図表13−1】参照）。

こうして、いままで、エッセイや評論のレベル、また純粋理論的仮説として提起されてきたさまざまな課題を、実証的・科学的に検討することを考えたものである。

図表13－1　質問の構成（５分野別，尺度・パターン）

５分野	尺度・パターン	第１回調査，質問項目
基本的価値	生活の目標と充実手段 価値志向（権威・平等志向，能率・情緒志向など）	Q５，６ Q９，12，29，15，22，31，25
政治	ナショナリズム・天皇 政治的態度（政治知識・政治有効性感覚） 政治的行動（結社・闘争性，政治活動） 政党支持 政治課題	Q33，34 Q35，36，37，38，39 Q17，32，41，44 Q42，43 Q40
経済・社会・文化	貯蓄と消費 人間関係 仕事と余暇 信仰・宗教行動	Q４ Q８，16，30 Q18，19，20，21 Q26，27
家族・男女関係	理想の家庭 家族関係 男女関係（後に，婚前交渉，など，追加）	Q７ Q10，11，13，14 Q23，24，28
コミュニケーション	テレビの必要性（後に，マスメディア，外国意識など，数問，追加）	Q１
属性	属性（ライフステージ，学歴，職業） 生活満足度	Q45，46，47 Q２，３

（ＮＨＫ放送文化研究所［編］，1975『日本人の意識』pp.5-7より）

長期パネル調査の構想

第二に、われわれの念頭にあったのは、二〇年、三〇年継続して実施していける「パネル調査」の実現ということであった。

経年的に行なわれる調査を、正確には、「パネル調査」と「継続調査」に区別している。「パネル調査」とは、同じ対象者を反復調査するもので、選挙のときなどに、新聞社や放送局などが行なう、事前調査、事後調査などが、その典型である。一方「継続調査」とは、毎回、同じ母集団から、まったく新しいサンプルを抽出して調査を行なうもので、マーケティングの分野での、毎月のブランド別購入率調査、毎月定期的に行なわれる世論調査などが、その例だ（飽戸、一九八七、ほか参照）。しかし、一般には、この両方をパネル調査と呼んでいるので、今後はいずれもパネル調査と呼ぶことにする。

当時、世界のパネル調査の頂点にあったものは、いうまでもなく、ミシガン大学のＩＣＰＳＲ（Inter-university Consortium for Political and Social Research, http://www.icpsr.umich.edu/）が行なってきた「アメリカ大統領選挙調査」であろう。これは一九三〇年代より、大統領選挙が行なわれる四年ごとに実施され、今日まで続いて実施され、そのローデータがＩＣＰＳＲを通じて、一般の研究者に公開されている（前掲書、ほか参照）。有名な *The*

People's Choice（Lazarsfeld, et. 一九四八）、*Personal Influence*（Katz, et. 一九五五）などの名著で名を馳せた調査の結果も、原票で保存されている。紆余曲折はあったが、今日まで四年ごとに大統領選挙のある年に、全国から優秀な政治学者が集められ、委員会が組織され、質問文を作成、調査を実施している。したがって、毎回、質問文は若干異なる。

こうして、一九三〇年代より今日までのすべての大統領選挙調査が原票で保存されており、現在もそうした調査の再分析を、世界中の研究者が自由に行なうことができる。いまや全世界の研究者が、四年ごとにその結果を待ち望む〝名調査〟となっている。

日本でもこのようなパネル調査を実施したい、ということは誰もが考えていたが、誰よりも先駆けて、統計数理研究所が林知己夫先生を中心として「日本人の国民性」調査という大プロジェクトを立ち上げた。これは一九五三年より今日まで、五年おきに実施されている本格的全国調査である。今年で五五年目を迎え、いまや世界が結果を待ち望む、わが国のいわば〝National Treasure（国宝）〟となっている。

総理府広報室の「国民生活に関する世論調査」（一九五八年より毎年、今日まで実施）と「社会生活に関する世論調査」（一九六九年より毎年、今日まで実施）も、質問文は毎年若干入れ替わるが基本項目はほとんど継続しており、これもいまや世界的に貴重な資料となっている。

こうした調査に匹敵するパネル調査、しかも、日本人の意識を包括的に捉え、二一世紀まで続く、後世に残る調査、結果を世界が待ち望むような調査、を立ち上げたい、これが第二の目的であった。

「尺度理論」の援用と「仮説検証的アプローチ」

第三に、調査における理論図式の尊重とそのための方法論の検討、ということを挙げることができよう。

従来の世論調査は「単発・単問型」の調査が主流であった。新聞社、放送局などのマスメディアや、政府・官公庁も、すでに膨大な世論調査を行なっていたが、そのほとんどは、単問型の世論調査であった。あなたは○○内閣を支持しますか？　はい、いいえ、とか、あなたは政治に関心がありますか？　はい、いいえ、といった類の調査である。こうした調査は、一見、単純で明快、特に時系列でみていく場合など分かりやすい。しかし、こうした調査での、はい、という意味は、人によってかなり異なり、何を念頭において答えたかによって回答は大きく変動しうる。すなわち、結果の安定性が悪い。

そこで心理学の分野で開発され、今日では心理学的研究では主流となっている「尺度構成法」の理論と方法を、世論調査でも活用することを考えた。数問を用いて尺度（scale）を構成し、その合計点でスコア（score）を作成したり、いくつかの質問や尺度を組み合わせてパタン（pattern）を構成するなどして、より緻密で安定性のある指標の作成を心がけた。〈政治知識スコア〉、〈政治的有効性スコア〉、〈政治活動スコア〉、〈結社・闘争性スコア〉、〈権利知識スコア〉、〈優越感スコア〉、〈宗教行動パタン〉、〈信心パタン〉、〈性意識パタン〉、〈結婚観パタン〉などが、その例である（後出の【図表13－3】など参照）。

したがって、これらの尺度の構成に当たっては、個々の質問には特に重要な意味はなく、数問の回答を組み合わせ、合計点を算出することによって、ある意識や態度の量と質（タイプ）を判定することを目的としている。通常の単問型質問の設計と大きく異なる点である。

またわれわれは、社会学、社会心理学の諸理論を援用して、まず理論仮設を設定し、それを検証するために、さまざまな尺度を構成し、検討することを心がけた。「仮説検証的アプローチ」である（飽戸、一九八七、ほか参照）。

たとえば、政治意識・政治的価値の領域では、社会心理学の態度の理論を援用し、政治的知識、政治的態度、政治的行動の三つの側面から捉えることができると考え、三つの尺度を構成する。宗教的価値についても、信仰的態度と実際の宗教行動に分けて、その関連を見ることが必要であると考え、宗教行動のタイプと、信心のタイプを別々に構成する。また、生活目標についても、快、利、愛、性、といった二次元、四象限の価値を設定、それらをどう捉えるかを検討しながら、質問文を工夫し、作成する。こうしたさまざまな仮説をまず検討し、吟味しながら、そうした仮説に基づいて、個々の質問文と尺度を構成していった。その他すべての領域で、できるだけ単問の質問項目ではなく、数問の質問を組み合わせて尺度を構成し、より安定性のある指標を作成するよう心がけた。

仮説検証的アプローチに関しては、積極－消極の両極の議論がある。優れた仮説が設定でき、調査が設計されれば、より効率よくさまざまな現象を説明することができる。しかし仮説を設定する段階で、研究者の先入観や偏見が混入する危険性もあり、誤った先入観に基づいて仮説が設定された場合、それは最後の段階まで調査結果に甚大な偏りを生じる危険性はある（飽戸、前掲書、ほか参照）。しかしわれわれは、積極的に仮説検証的アプローチの積極面を評価し、本研究のひとつの基礎として採用することとした。具体的には、個々のテーマごとの設計、結果、考察を参照されたい。

二　日本人の意識、三〇年を振り返る

さてこうして蓄積された貴重な資料は、いままで多くの著書、論文としてまとめられてきた（NHK放送文化研究所［編］、一九七五・一九八〇・二〇〇四、ほか参照）。そこで筆者も、新しい視点から、この貴重な資料を再分析し、考察してみることにしたい。

ここでの筆者の個人的関心は、㈠外国人に日本人の意識の三〇年を解説するとしたら、どんな視点から語ったらいいかを考える、㈡特に筆者の関心事である、政治価値、宗教価値、そして性意識の、三つを取り上げてみたい、㈢過去三〇年のうち、重要な時点をいくつか取り上げ、その前後における変化を追ってみたい、というものだ。

それぞれの国には、特徴的な、国民性、価値観というものがある。しかし、欧米諸国に共通なもっとも基本的価値ということになると、まずは宗教的価値（religious values）、政治的価値（political values）のふたつがあるといえよう。

まず政治的価値については、欧米では二大政党制が普及しており、たとえばイギリスでは保守党と労働党、アメリカでは民主党と共和党の、いずれを支持しているかが決定的に重要な価値の分岐または社会的亀裂（social cleavages）と

なっている。アメリカでは、それはあまりに重要であるため、どちらの政党を〝支持している〟という程度のことではなく、自分自身を、どちらの政党と〝同一視（identify）している〟か、自分をどちらの政党そのものと感じているか、ということで、世論調査でも日本では、「あなたはX党を支持していますか、Y党を支持していますか？」と質問するが、アメリカでは、「あなたはX党ですか、Y党ですか？」と質問する。イギリスでもドイツでもほぼ同様である。欧米ではどちらの政党を支持するかは、そのくらい重要な社会的亀裂であるということだ。日常会話などで、あまり気楽に政治の話をすることは避ける、というのは、その人にとって、それほど重要な基本的価値である、ということのためだ。日本人の政党支持が極めて流動的で不安定なものである（後述、三時点比較の分析、参照）のに比べて、はるかに安定した、そして基底的、深刻なものであることをまず確認しておこう。

宗教的価値についても同様である。欧米諸国の多くはキリスト教国であり、七割から九割がキリスト教徒という国が多い。そこで宗教的価値の主要な亀裂は、キリスト教を信じているかどうか（聖vs俗）、キリスト教のなかで、プロテスタントかカソリック（Protestant vs Catholic）か、というのが、もっとも基本的な宗教的亀裂（religious cleavages）である。こうしたキリスト教国で、神様を信じないという「無神論者」（atheists）はごく少数派で、アメリカでは市長選挙などには立候補できないし、ロンドンのハイドパークにある、誰でも演説してよいという演壇でも、共産党員と無神論者だけは演説できない、といわれている。こうして、聖－俗、プロテスタント－カソリック、というふたつの亀裂は、多くの人びとにとってあまりに重要な亀裂であるため、日常会話では、あまり気楽に話さないことにしている。

一方日本では宗教に関する関心はたいへん低い。日本人の多くは仏教徒といわれており、ほとんどの人はお墓参りなども欠かさない。しかしこれは多くの日本人にとって一種の慣習、時にはレジャーに過ぎないといえよう。また、七五三は神道で、結婚式はキリスト教で、葬儀は仏教で、という融通無碍、ほとんど節操のない点が、日本人の宗教観の特徴である。すなわち宗教が日本人の中核的価値をなしていない、ということであろう。多くの日本人は、実は無神論者に極めて近い。一方、若い層には、伝統的・古典的宗教には関心はないが、占い、易、宇宙人、UFOなど、今日科学で検証できないが重要な出来事、興味深い現象、神秘的なものに対して強い関心を持つものが増えている（NHK放送文化研究所［編］、二〇〇四、一三八頁、表Ⅳ－13参照）。

こうして、政治的価値と宗教的価値は、多くの欧米諸国にとっては、基本的・普遍的価値であるのに対し、日本ではそれほど重要な価値ではなさそうだ。政治では無関心層が激増し、いまや国民の過半数が〝支持政党なし〟である、というのが現状である。政党支持のある人たちも、政党への忠誠心（loyalty）は極めて低く、選挙結果は選挙ごとに大きく変動する（詳しくは後述）。宗教に関する関心、特に伝統的な宗教行動は、若い層ではますます低下している。

しかし、とはいうものの、日本人にとっても政党支持層ごとに価値観の違いは見られるし、また宗教的な聖と俗の違いによる生活習慣の違いは、宗教を問わず見られるもので、日本人にとって重要な価値であることに変わりはないといえよう。今回、基本的価値として、政治的価値と宗教的価値を取り上げる所以である。

一方、性に関する意識・慣習は、国によって大きく異なる。ヨーロッパとアメリカでも異なり、ヨーロッパでも北欧とドイツ、イギリスなども異なっている。しかし、結婚観、婚前交渉への意識、家庭における性役割、社会における女性の地位などは、いずれの国においても、日々の生活の基本となる重要な変数であることに変わりはない。

特に性意識は、日本でここ三〇－四〇年の間にもっとも変化の激しかった分野である。そこでこの小論では、政治的価値、宗教的価値、そして性意識の三つを取り上げ、その歴年の変化、そしてその相互関連について検討してみたい。

政治意識の三〇年

はじめに一九七三年から二〇〇三年まで、三〇年にわたる変化を捉えた「日本人の意識」調査の報告書（NHK放送文化研究所［編］、二〇〇四）から、ここ三〇年での「政治意識」の変化について、概観しておこう。

一九五五年にスタートしほぼ四〇年続いたいわゆる「五五年体制」、すなわち、自民党と社会党の「二大政党政治」、実質は、半永久政権政党の自民党と、ほぼ万年野党の社会党を中心とした政治という、いわゆる「五五年体制」は、一九九三年に崩壊する。

まずは自民党が分裂し、日本新党、新生党、新党さきがけなどが誕生し、自民党支持率は二八％まで激減する。一方、最大野党の社会党も、八％まで半減している。こうして、非自民七党連立内閣、細川護熙政権が誕生する。このとき、野党七党（社会党、日本新党、新生党、公明党、民社党、さきがけ、社民連）のすべての党首が細川内閣に参加している。

その後、細川内閣より社会党の村山内閣へ、そして再び九八年には自民党が公明党との連立により辛うじて政権に復帰する。社民党には残るものも僅かにいたが、多くは民主党を結成し、少数野党と、さらに自民党からも加わり、政界は大きく再編が実現する。

自民党はなんとか政権は奪還したものの以前のような勢いはなく、支持率もかつての四〇％近い支持率から二五％台にまで下落する。野党も激減、その分支持なし層が激増、ついに支持なし層は、九八年から二〇〇三年にかけて、五二％から五七％となる。ここ数年の間に政党の離合集散が繰り返され、国民の政党についての理解が困難になったこと、そうした状況の下で、与野党双方への政治不信感が高まっていったことが原因と思われる。政党離れ、政治離れが大きく進行していることがわかる。


国民の政党支持の状況も、こうした政治情勢を反映して激動する。

【図表13－2】より、以下のような状況がうかがえる。すなわち、一九五五年体制では、ほぼ二大政党で、かつ自民、社会、その他、支持なしが、およそ四分割という状況であった（自民、三四％、社会、二〇％、その他の政党、一一％、支持なし、三二％）（七三年、第一回調査）。

五五年体制が崩壊する直前の一九八八年調査では、社会党がかつての二〇％台から一〇％台へと大きく衰退し、その他の政党合計（非自民）も三一％から一九％へと激減した。自民党、非自民、支持なし、が三分割という時代になった（自民、三九％、非自民、一九％、支持なし、三八％）（八八年、第四回）。

図表13－2　政党支持率の推移（「自民・非自民・支持なし」の３分類の内訳）

政党名	73年	78年	83年	88年	93年	98年	03年	3分類
自民党	**34***	**38***	**41***	**39***	28	**24***	**25***	**自民党**
日本新党	—	—	—	—	**6***	—	—	非自民
新生党	—	—	—	—	**5***	—	—	非自民
公明党	4	4	4	4	3	**2***	**4***	非自民
社会党 **	20	14	13	11	**8***	4	2	非自民
民社党	3	3	4	2	**1***	—	—	非自民
民主党	—	—	—	—	—	8	5	非自民
共産党	4	2	3	2	2	3	1	非自民
その他	0	2	2	0	2	3	3	非自民
支持なし	**32**	**34**	**32**	**38**	**41**	**52**	**57**	**支持なし**

* 政権政党（ゴチ），** 93年まで社会党，その後は社民党。表中の値は％。
（NHK 放送文化研究所［編］，2004『現代日本人の意識構造（第六版）』p.106 より再構成）

それが次の九三年調査では自民党が分裂、六％が日本新党に、五％が新生党にと流出、その分、自民が激減して二八％となったが、これらを加えれば崩壊直前の自民三九％と変わっていない。こうして自民党から分裂していった日本新党、新生党、さきがけに、社会、公明、民社、社民連の少数野党が加わって大同団結、「非自民連立政権」が誕生したわけだ。このときも自民、非自民、支持なしが、ほぼ三分割である（自民、二八％、非自民、二六％、支持なし、四一％）（九三年、第五回）。

その後、政党の離合集散が繰り返され、混乱が一応収まり、自民党が公明党との連立で、再び辛うじて政権に復帰する。「自公政権」である（自民、二四％、非自民、二〇％〔うち、民主、八％、社民、四％、自由、二％〕、支持なし、五二％）（九八年、第六回）。その傾向は二〇〇三年（第七回）に、さらに増幅され、今日に至っている。

こうして、政治意識の激動をもたらした、三時点、すなわち、五五年体制が確立され、いまだ継続していた一九七三年、五五年体制が崩壊した一九九三年、そして自民党政権が復活し、その後ほぼ安定した二〇〇三年の三時点について、「自民」、「非自民」、「支持なし」の三層の動向を比べてみよう。ここで、非自民といっても、上述のごとく、その内容は三時点で大きく異なっていることに注意されたい。方法としては、はじめに述べた三つの基本的価値、政治意識と、宗教意識と、性意識との関連のなかで、上述の「自民」、「非自民」、「支持なし」の三層が、どのような構造のなかに位置付けられているかをみる、という方法を取る。

宗教意識・宗教行動と性意識の三〇年

政治意識に次いで、三つの基本的価値のうち残りのふたつ、宗教意識・宗教行動と、性意識の動向について、みてみよう。

宗教意識（信仰・信心）　まず宗教意識に関しては、神、仏、聖書・経典、あの世、奇跡、お守り・おふだ、易・占い、の七項目について、信じているかどうかをたずねているが、政治意識の激動に比べ、信心の実態は、ここ三〇年で大きな変化はないことを確認されたい（ＮＨＫ放送文化研究所［編］、二〇〇四、一三六頁、表Ⅳ－1参照）。

これら七項目を、「伝統的宗教」、「現代型宗教」、「どれも信じない」、というようにまとめなおしてみると、いくつか興味深い傾向が読み取れる（前掲書、一三九頁、図表Ⅳ－14参照）。すなわち、伝統的な宗教意識として「神仏を信じる」というものは七三年には二九％であったが、その後七八年、三五％、八〇年代は四〇％弱と増大したが、オーム真理教事件の前後に急下降、九三年、三五％、そして九八年、〇三年は、二五％台と下降し、その後安定している。

次に、比較的若い人たちに人気のある「神秘を信じる」というものは、伝統的宗教とは逆に、年々増えている。奇跡、易・占い、あの世、お守り・おふだ、などへの関心だ。七三年当時は二三％だったものが、七八年ころ一挙に三〇％台に急上昇。その後、八三年、八八年、九三年とほぼ横ばい。そしてそれが八八年には三五％、さらに〇三年には四一％と、七三年に比べてほぼ倍増している。近年、科学や常識ではとても理解できないさまざまな現象に遭遇し、こうした神秘に対し一般国民の関心が高まっていることがわかる。

したがって、伝統的宗教も現代的神秘も、どちらも信じない「何も信じない」という者は、年々減少している。七三年には四一％もいた者が、七八年には三〇％、その後二六－八％と減少し、その後三六％台で安定しているようだ。

年代・世代では、予想通り、年配者に信じる者がやや多いというくらいで、年齢差はあまり大きくない。注目すべきは世代差で、戦前・戦中派は七割もの人たちが神仏を信じているのに、戦後・戦無派は、信じている者は三割から五割の間、という結果である。年代よりも世代が大きな影響力を持っているようだ。

宗教行動　実際の宗教行動も宗教意識と対応しており、伝統的宗教行動である「墓参り」は国民の六八％が参加する、いわば生活習慣となった国民的行事といって良さそうだ。もちろん、中高年層に参加者がやや多い。ついで、「お守り・おふだ」三五％、「祈願」三一％と続く。これは中年層に多い。「おみくじ・占い」二三％だが、これは若い層、特に若い女性に人気があるようだ。その他では、「礼拝・布教」一二％、「お祈り」一二％、「聖書・経典」六％、など、伝統的宗教行動が続くが、いずれも高齢層に多く、年々減少の傾向にある。

性意識　性意識についてはもっとも大きく変化したのは「婚前交渉」についての意識であった（前掲書、四七頁、表Ⅱ－13〔本書四一頁の図表2－5〕参照）。まず、七三年当時は、結婚式が済むまで「婚前交渉は不可」とする者が五八％と最大多数であり、ついで「婚約をしていれば可」が一五％、「愛していれば可」が一九％、という結果であった。その後「婚約をしていれば可」はそれほど大きな変化はなく、微増というくらいであったが、「婚前交渉は不可」が年々減少し、ついに〇三年では二四％と、七三年当時の半数以下となった。その分「愛があれば可」が年々上昇、七三年には一九％だったものが、〇三年には四四％と最大多数派となった。性の自由化が、意識のレベルではあろうが、大きく進行していることがわかる。

三　政党支持と価値の構造

以上の予備的考察をもとに、政治意識、宗教意識、性意識の三者の構造連関の様子を、七三年、九三年、〇三年の三時点で比較してみよう。いずれも【図表13－3】に挙げた六つの尺度を用い「数量化Ⅲ類」により分析した結果が、後出の図表13－4、図表13－5、図表13－6である。

三時点ともに、第一軸は、「活発・積極」vs「不活発・消極・DK・NA」の軸、第二軸は、性意識に関連する軸、そして第三軸は、「政治信頼・政治活発・結社志向強」vs「政治不信・政治離反・結社志向弱」、とでもいうべき軸、と考えられる。そこで今回は、特に政党支持について「自民（党支持）」、「非自民（支持）」、「支持（政党）なし」の三層の違いがよく出ている、第一軸×第三軸の図を、三時点で比較しながら、その異同と含意について、検討してみることにした。

図表13－3　数量化に用いた尺度一覧（%）

尺度名	カテゴリー		73年	93年	03年
支持政党Ⅱまとめ	自民	1	34	28	25
	非自民	2	31	26	14
	支持なし	3	32	41	57
	DK・NA＊3	4	3	4	4
政治有効性スコアⅠ	9－8点（強）	1	6	3	2
	7，6点（やや強い）	2	26	15	11
	5，4点（中位）	3	35	33	29
	3，2点（やや弱い）	4	24	36	42
	1－0（弱）	5	9	13	17
政治活動スコア	9－4（活発）	1	5	1	2
	3点（やや活発）	2	5	4	2
	2点（中位）	3	10	8	8
	1点（やや不活発）	4	19	20	20
	0点（不活発）	5	62	67	68
結社闘争性スコア	6－4点（強）	1	27	18	16
	3，2点（中位）	2	41	43	45
	1，0点（弱）	3	31	39	39
宗教行動パタン	自己修養中心	1	15	13	12
	両方	2	17	15	12
	現世利益中心	3	31	39	41
	墓参りのみ	4	18	21	20
	無行動	5	15	9	10
	DK・NA＊3，削除	—	3	4	4
性意識パタン	厳格＊1	1	58	32	24
	解放＊2	2	34	58	66
	DK・NA＊3	3	8	10	9

＊1：婚前交渉は「不可」，＊2：婚約すれば／愛があれば「可」，
＊3：DK（Don't Know），NA（No Answer）

一九七三年

一九七三年当時の政党支持と政治・宗教・性意識との関連を【図表13－4】より見ると、以下のようになっている。まず政党支持についての三層の位置は図表の上から下へと、非自民（三一％、うち、社会党、二〇％）→支持なし（三二％）→自民（三四％）の順に並んでいる。

非自民支持（主に、**社会党**）政治活動は活発、やや活発、または中くらいと、積極的な方に広がっている。また、結社志向は強い、政治的有効性感覚（政治有効）はやや強い、または強い。政治に関してはもっとも積極的な層ということがわかる。

宗教行動については、神仏を信じる「自己修養」型、またはそれに現世利益も加えた「両方」型まで、かなり関心が広がっているようだ。

図表13－4　カテゴリースコアの散布図（1973年，第１軸×第３軸）

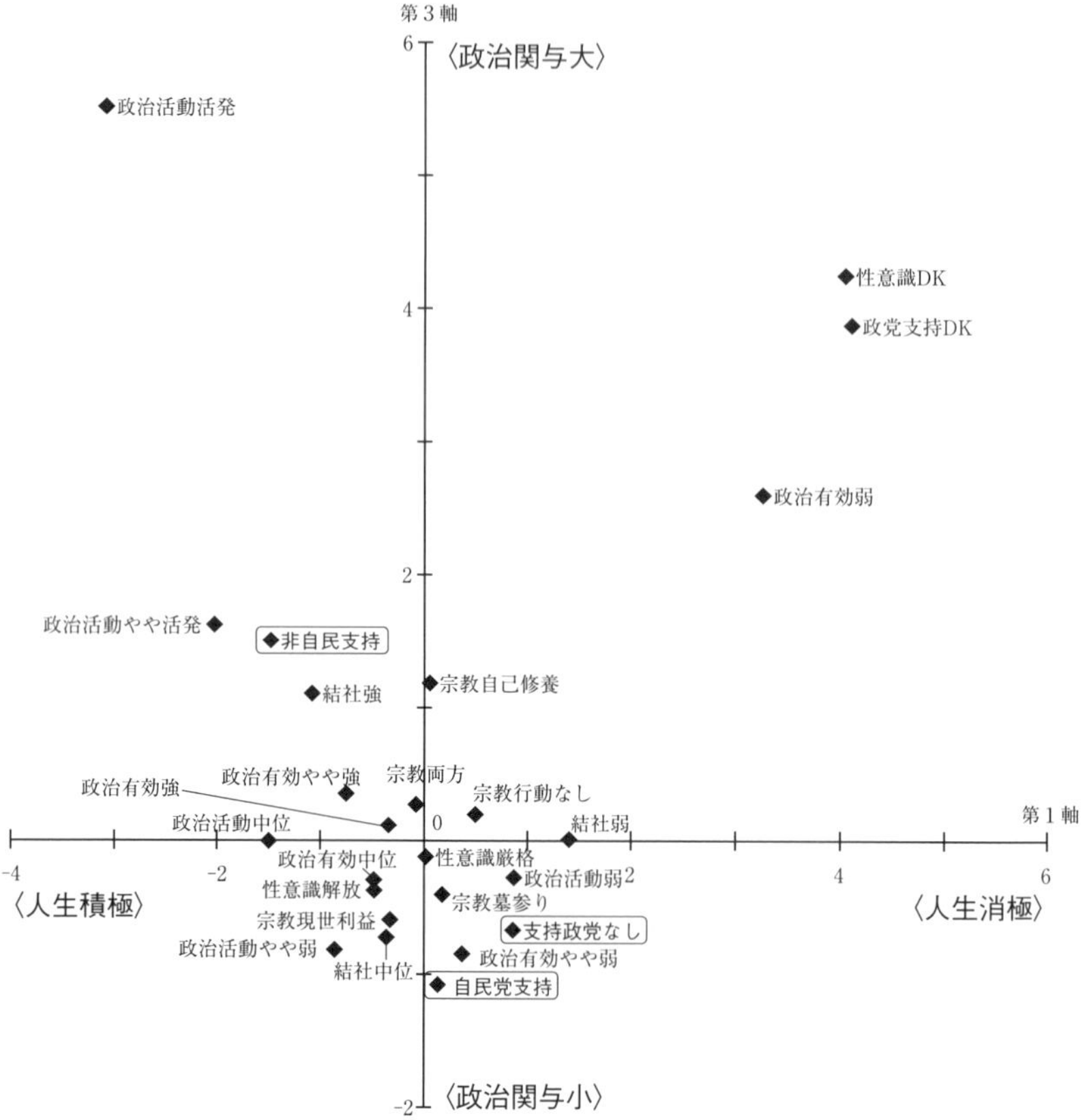

婚前交渉についてはどちらともいえない。

すなわち、政治に関しては積極的で、かつ、宗教にもかなり関心があり、性についてはあまり関心がない層のようだ。

支持政党なし　近くには、政治活動弱、政治有効やや弱、が分布しており、結社志向も弱く、典型的な政治無関心・不活性層。宗教も「墓参り」のみと消極的、性意識も婚前交渉はすべて不可という「厳格」型である。いわばすべての領域で、関心が希薄な不活性層といえよう。

自民党支持　この層のそばに分布しているのは、政治意識では、政治有効性感覚はやや弱、政治活動はやや弱、結社志向は中位、などである。

またこの層ともっとも密接な関連があるのが、宗教行動では、お守

図表13－5　カテゴリースコアの散布図（1993年，第1軸×第3軸）

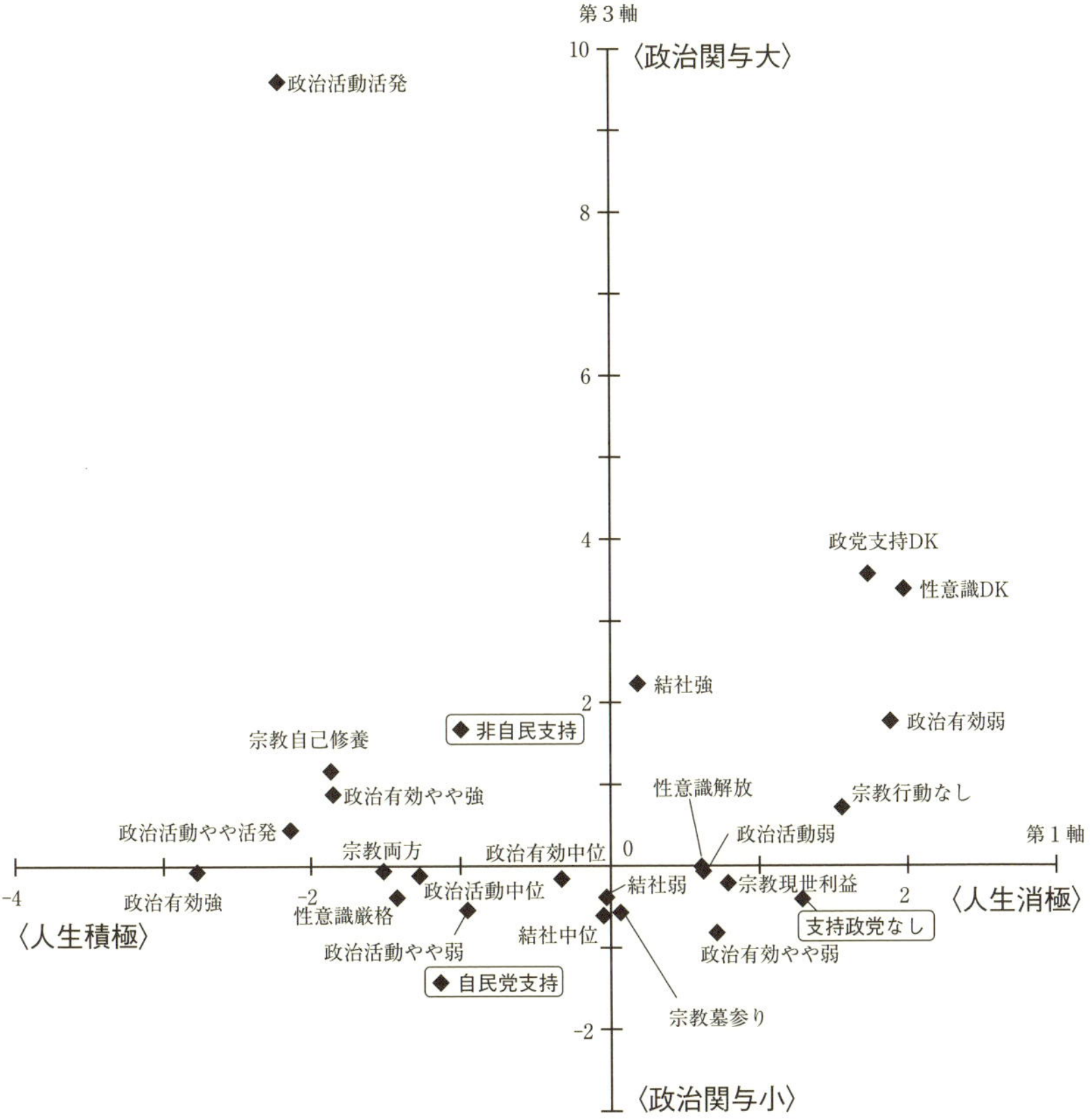

り・おふだ、おみくじ・占い、祈願、などの「現世利益」型が、そして性意識については「解放」と「厳格」の中間くらいと、特徴はない。

すなわち政治的にはかなり関心は乏しいのだが、宗教には伝統的宗教より、現代型、現世志向、そして性意識についても特徴のない層が、この年の自民党支持の特徴といえよう。

一九九三年

政党支持についての三層の位置関係は、【図表13－5】の上から下へ、非自民（二六％）→支持なし（四一％）→自民（二八％）の順に並んでいる。激動の九三年、支持なしを中間にはさんで、自民と非自民が対極に位置している。

非自民支持（社会党、日本新党、新生党）　非自民支持層のそばには、

図表13－6　カテゴリースコアの散布図（2003年，第１軸×第３軸）

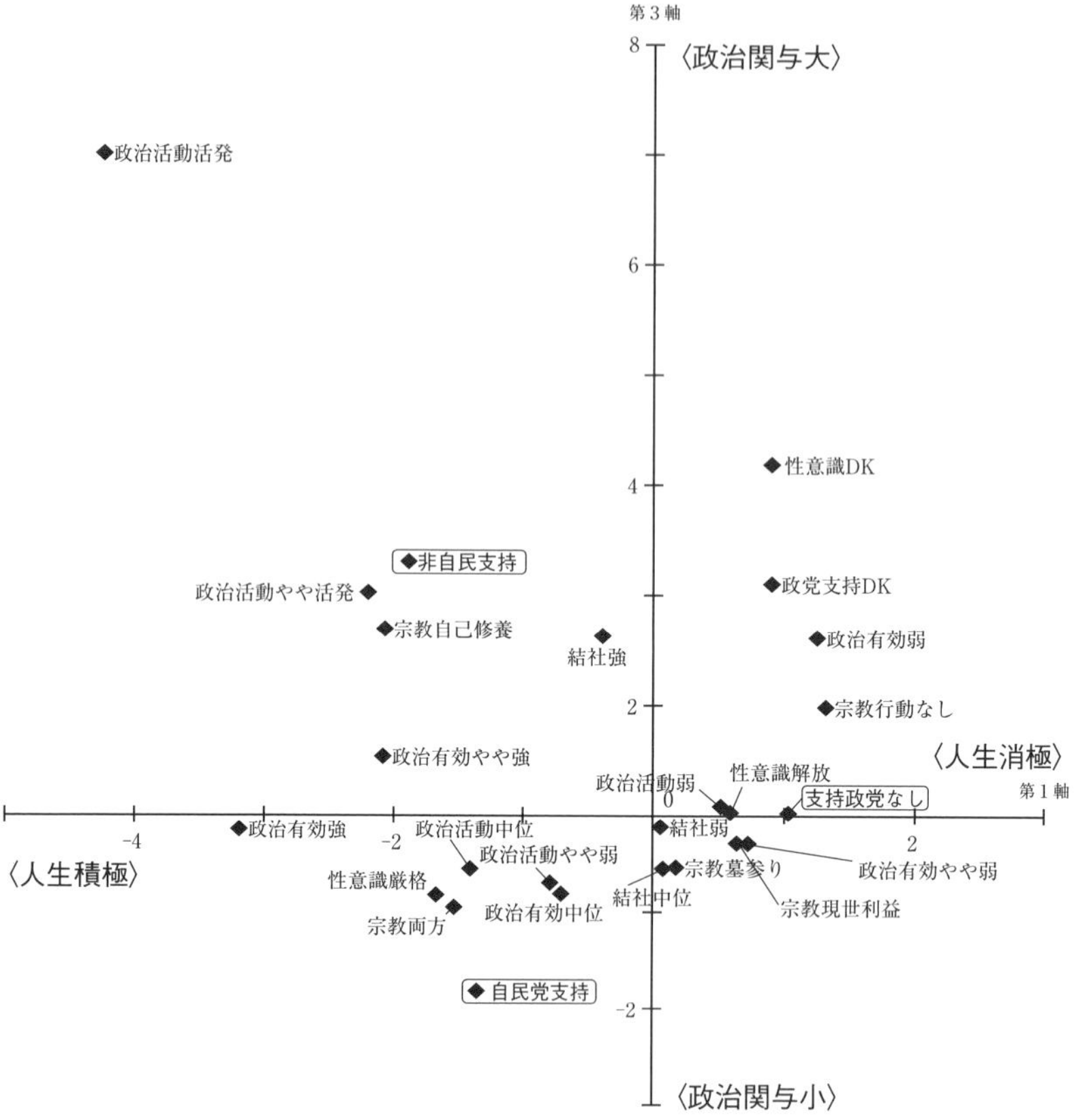

政治活動は、活発またはやや活発、政治有効やや強、結社強などが分布しており、政治的にはもっとも活性的な層といえよう。

宗教に関しては、神仏を敬う「自己修養」型と、現世利益にも関心がある「両方」が、そばに分布している。予想に反してかなり信仰的のようだ。性意識については特徴がない。全体として、もっぱら政治に関心が集中している層といえよう。

支持政党なし　政治活動は弱い。政治的有効性感覚はやや弱い。結社志向は弱いか中位。政治的には典型的な不活性層である。

宗教行動は、「なし」、または「現世利益」のみと、不活性。性意識は「解放」的。

政治や宗教にはあまり関心がないが、性では新しい価値に理解がある層といえよう。

自民党支持　政権を失って勢いがない。政治活動はやや弱い、結社志向は弱いか中位と、政治的にはやや不活性な層。そのほか宗教ももっとも関心の少ない「墓参り」のみ、性意識も「厳格」と消極的である。性意識については以前（一九七三年）の「解放」と「厳格」の中間あたりから、「厳格」に後退しており、支持層に変化があるようだ。

こうして自民党が特徴もなく、元気がないのに比べ、非自民支持層が極めて政治的有効性感覚も強く、政治活動も積極的であることから、やはり国民が政治に変化を望んで参加してきたことがうかがえる。支持なし層も、やや弱い程度の活力はあるのだが、いま少し様子をみて、いまは一休み、というところのようだ。

二〇〇三年

三者の関係は、七三年、九三年と同様、【図表13－6】の上から下へ、非自民（一四％）→支持なし（五七％）→自民（二五％）（自民・公明政権奪還）の順となる。

非自民支持（民主・社民・共産）　全部で一四％と量的には激減したが、政治活動は、活発、またはやや活発、政治有効はやや強、結社は強と、政治的にはもっとも活性層である。宗教行動では「自己修養」型と、まじめな宗教心を持っているところはいままでと同じである。性意識には関心がないようだ。

宗教や性にはあまり関心がなく、もっぱら政治に期待し、参加しようとしている少数の政治的活性層が、ここに残ったといえよう。

支持政党なし　六割を占める最大多数となった支持なし層は、政治的有効性感覚は弱い、またはやや弱い。そして政治活動は、弱い。もっとも政治的不活性層だ。

宗教行動も「墓参り」のみか、せいぜい「現世利益」まで。性意識はリベラルな「解放」型である。新しい価値に関心があるが、政治に失望して〝政治離れ〟を起こしている大衆の姿がうかがえる。

自民党支持　政治活動は、中位、またはやや弱い。政治的有効性感覚は中位。宗教は自己修養と現世利益の「両方」に関心がある。性意識は「厳格」と、七三年時の「開放」と「厳格」の中間あたりから、やや後退している。

政治的関心は中位、宗教的にも性意識も、やや保守的な層が、自民党支持層に残ったのであろうか。

こうして激動の三〇年、国民の政治意識は、宗教意識や性意識と関連しながら、大きく変動し、あるときは政権党・自民党に大きく期待が集まり、ときには野党・非自民に変革を託し、またあるときは過半数が政治に失望して政治への関心を失い、政治離れを起こす。そうした価値の変化に対応して、自民、非自民、支持なし層の三層も、層の中身が大きく変動していく。この小論での考察は部分的なものではあるが、「日本人の意識」調査にはこうした変動の様相が活写され、たいへん興味深い。こうしたダイナミックな結果が正確に解明されたのも、本調査の厳密な調査設計と体系的な時系列研究の成果であることは間違いない。

二〇〇三年、第七回「日本人の意識」調査の前後に、またも政治は激動する。二〇〇一年、小泉内閣誕生、同年、郵政民営化を問うという参院選で自民党は圧勝、小泉人気は頂点に。その後二〇〇七年、小泉内閣より安倍内閣へ。年金問題、格差問題、そして相次ぐ閣僚の不祥事、辞任が続き、内閣支持率、安倍人気は暴落。ついに二〇〇七年の参院選で、自民党は完敗を喫し、民主党が参院第一党となる。

次回、二〇〇八年の第八回調査では、こうした激動の様相が、また描き出されることであろう。いまから楽しみである。貴重な財産である本調査が、今後も継続・維持され、多くの研究者によって、さまざまな角度から分析・考察され、日本人の意識の解明がさらに深まっていくことを、切に期待したい。

文献一覧

飽戸弘、一九八七『社会調査ハンドブック』日本経済新聞社

Katz, Elihu and Paul F. Lazarsfeld, 1955, *Personal Influence*, Free Press.
風間大治・児島和人、一九七二「日本人の意識指標策定のための第一次中間報告」Mimeo
Lazarsfeld, Paul F., Bernard Berelson and Hazel Gaudet, 1948, *The People's Choice*, Duel Sloan and Pearce.
ＮＨＫ放送文化研究所［編］、一九七五『日本人の意識』至誠堂（七三年、第一回調査報告）
――［編］、一九八〇『日本人の意識（第二版）』至誠堂（七三年、七八年調査報告）
――［編］、二〇〇四『現代日本人の意識構造（第六版）』ＮＨＫブックス（七三年〜〇三年、全七回の調査報告、最新版）
総理府内閣総理大臣官房広報室、一九五八－二〇〇六『国民生活に関する世論調査』（昭和三三〔一九五八〕年以来、平成九年から一三年までは隔年、ほかは毎年、行なわれている全国調査。平成一八年で、ちょうど五〇回目である）
――、一九六九－二〇〇七『社会意識に関する世論調査』（昭和四四〔一九六九〕年以来、四五年と四八年を除いて、毎年、一万サンプルで行なわれている全国調査で、平成一九年で、三四回目である）
統計数理研究所（国民性調査委員会）、一九六一『日本人の国民性』至誠堂（昭和二八〔一九五三〕年から五年おきに実施。全国調査。最新が二〇〇三年の第一一回調査で、開始より五〇周年に当たる）

あとがき

ＮＨＫ放送文化研究所が五年おきに実施している「日本人の意識」調査は二〇〇三年の第七回調査をもって三〇歳の節目を迎え、一六歳以上の日本人の三〇年間にわたる意識の変遷を系統的かつ実証的にたどることが可能となりました。本書は、この蓄積をベースに各方面の専門家の協力を得て、現代社会におけるメディアとオーディエンス像の解明に挑戦しようと企画されました。そこで、本書のきっかけとなったこの調査の成立過程を、三〇年前の調査企画などの資料からご紹介したいと思います。

⑴第一ステップ（一九七二年七月〜同年十月）　日本人の意識の基本的特性と考えられるものが何かについて主として文献研究を行ない、検討しました。また、この調査の柱となる「意識」の指標選定の基準を設けています。

指標選定の基準は次の五項目です。①主要な意識の領域をカバーする、②意識の特性を構造的に捉える、③長期的な変動が見込まれるものを選定する、④社会的影響力の大きい意識の特性を選ぶ、⑤統計調査法により測定可能なものである。

⑵第二ステップ（一九七二年十一月〜七三年一月）　意識の指標を策定するため、⑴の基本特性のなかからいくつかの領域、特性を選定し、その関連を検討・整理し、「日本人の意識の構造類型」という指標作成、および調査質問内容案をとりまとめました。質問領域は、基本的価値、政治、社会・文化、家族・男女関係、コミュニケーションという五領域の多岐にわたっています。

⑶第三ステップ（一九七三年二月〜同年四月）　⑵の各領域について質問紙を作成し、プリテストを実施しました。その結果に基づき本調査の質問内容（付録の「単純集計結果」参照）、分析方法を検討し、全体計画を立案しました。

この調査は、「日本人の意識の変化を長期的に追跡するという主旨にのっとって、調査実施の諸条件を最大限に均一化した上で、五年に一回調査を行う」として、長期計画が企画されました。この調査によって長期的な変化を捉えるためには、単に調査票だけでなく、調査実施計画全般を出来るだけ均一なものにして長期にわたり継続・実施していくことや、その基本方針を調査研究機関が組織として堅持し続けることが必要です。そのためにＮＨＫの研究所が遵守・継承してきた中心項目は次のとおりです。

(ア)サンプル：一六歳以上の国民約五四〇〇人――一六歳以上としたのは、義務教育を終了したと考えられる日本国民を対象としたためであり、サンプルサイズを五四〇〇人としたのは、五歳ごとの年齢別推移など分析上の必要性を考慮したためである。これらの基準の他、抽出台帳、抽出時期などサンプリング方法についても出来る限りの均一化をはかる。
(イ)調査時期：五月～七月――季節、曜日、社会・政治情勢（例：参院選）などを考慮し、出来る限り均一の条件の時期を選定する。
(ウ)調査員への指示――調査員の属性を各回均一にするのは困難であるにしても、調査員に対して各回同一の指示を与え、調査に向かわせるよう配慮する。
(エ)調査材料の均一――「調査票」「回答項目リスト」だけでなく、「実施細目」「協力依頼状」などの材料についても、重大な支障のない限り同一内容のものを使用し、変更を加えないこととする。
(オ)調査方法の均一――訪問個人面接法による。
(カ)その他――・以上の条件の均一化をはかるために、部外機関に委託せず、ＮＨＫがその組織を通じて実施する。
・また、調査の実施状況を記録し、各回の結果を比較する際の参考とする（調査不能の内訳、調査員の属性構成、調査員と調査相手との関係、質問所要時間、調査協力程度、監査結果など）。
・調査の名称も統一をはかる。『日本人の意識　〇〇〇〇（西暦年）』

これらのうち、調査時期は国政選挙の関係で秋に変更になることがありますが、他の項目は遵守してきています。分析結果は、ニュースで速報すると同時に、番組化、月刊誌、単行本、学会、シンポジウムで発表して公表するとともに、国際的メディアや世論の研究誌に掲載するなど国内外で広く発表し、社会的にも利用されてきました。調査結果の詳細は『現代日本人の意識構造［第○版］』として単行本にまとめ、すでに六版（NHKブックス）を重ねています。

以上、この調査の経緯、基本方針をみてきましたが、この調査の発足時の企画にあたり、井上輝子、飽戸弘、見田宗介の三先生には、既存研究や文献の検討、指標の検討、質問作成、結果分析などでご指導、ご協力いただきました。当時NHK放送世論調査所研究員の児島和人氏と風間大治氏（故人）が、この調査の企画の中心となり、調査研究の発足から第二回調査完結まで関わりました。そして、なによりも、延べ二万七一五五人におよぶ調査相手の方々が忙しい時間を割いて調査に協力してくださいました。あらためて、感謝いたします。

＊

今回このデータ蓄積を用いて、本書を企画、出版できたのは、本書の趣旨に賛同し、多角的で鋭い分析・考察の論文をお寄せくださった諸先生のご協力と、編集・出版を担当された小林みのり氏はじめ㈱新曜社の方々のこの調査関連出版の意義に対するご理解、ご努力に拠るところにほかなりません。ありがとうございました。

また、本書の企画と編集は、三年前の構想の段階から当研究所OBの児島和人氏の全面的な協力を受けて検討を進めてきました。中瀬剛丸氏は、前段階ではNHK職員として本書の実現に向け道筋をつけ、退職後も編集に関わっていただきました。第六回調査を担当した牧田徹雄氏からは、検討の過程で、有益な助言をいただきました。

こうしてできあがった本書は、ささやかながらメディアと現代社会を、多角的に分析、考察する内容となりました。それは社会のなかにメディアとそのオーディエンスは位置しており、また逆にメディアなしに現代の社会と生活も成立しえないし、したがって私たち一人ひとりも必然的になんらかのメディアオーディエンスたらざるをえないという、自明でしかも入り組んだ関係がもたらす帰結です。

自明性と理解の容易さとは一見同義に見えますが、むしろ逆で、自明が不明に通じることは少なくありません。本書はこの一見自明で実は巨大で複雑な課題への新たな挑戦でありたいと願っています。多様な立場、視座から志を共にする多方面の方々にたいして、本書が社会・文化的な呼びかけとなり、さらなる挑戦の発議が活発化することを強く望んでいます。それこそが、不透明度の高い現代において、より豊かなメディア文化創造への基本的で不可欠な一筋の途であると、信じているからです。本書が現代社会とメディアを理解する一助となれば幸いです。

桜の開花が近い、二〇〇八年春

河野　啓

索　引

さ　行

た　行

な　行

は　行

ま 行

や 行

ら・わ 行

付録＊「日本人の意識」調査結果

調査の概要

	調査日	調査相手	調査方法	調査有効数 （調査有効率）
第１回	1973（昭和48）年 ６月16日（土） 17日（日） 18日（月）	全国16歳以上の 国民5,436人 （302地点×18人）	個人面接法	4,243人 （78.1％）
第２回	1978（昭和53）年 ６月24日（土） 25日（日）	全国16歳以上の 国民5,400人 （450地点×12人）	個人面接法	4,240人 （78.5％）
第３回	1983（昭和58）年 ９月３日（土） ４日（日）	全国16歳以上の 国民5,400人 （450地点×12人）	個人面接法	4,064人 （75.3％）
第４回	1988（昭和63）年 ６月25日（土） 26日（日）	全国16歳以上の 国民5,400人 （450地点×12人）	個人面接法	3,853人 （71.4％）
第５回	1993（平成５）年 10月２日（土） ３日（日）	全国16歳以上の 国民5,400人 （450地点×12人）	個人面接法	3,814人 （70.6％）
第６回	1998（平成10）年 10月17日（土） 18日（日） 19日（月） 20日（火） 台風のため日程拡大	全国16歳以上の 国民5,400人 （450地点×12人）	個人面接法	3,622人 （67.1％）
第７回	2003（平成15）年 ６月28日（土） 29日（日）	全国16歳以上の 国民5,400人 （450地点×12人）	個人面接法	3,319人 （61.5％）

サンプル構成

	性		年層											
	男	女	16～19歳	20～24歳	25～29歳	30～34歳	35～39歳	40～44歳	45～49歳	50～54歳	55～59歳	60～64歳	65～69歳	70歳以上
'73年	1,953人	2,290	327	414	503	503	497	494	382	271	245	216	173	218
	46.0%	54.0	7.7	9.8	11.9	11.9	11.7	11.6	9.0	6.4	5.8	5.1	4.1	5.1
'78年	1,910人	2,330	357	323	474	543	524	426	406	348	273	204	139	223
	45.0%	55.0	8.4	7.6	11.2	12.8	12.4	10.0	9.6	8.2	6.4	4.8	3.3	5.3
'83年	1,836人	2,228	331	266	303	472	510	431	386	336	328	235	195	271
	45.2%	54.8	8.1	6.5	7.5	11.6	12.5	10.6	9.5	8.3	8.1	5.8	4.8	6.7
'88年	1,755人	2,098	290	282	271	330	467	386	377	321	327	290	225	287
	45.5%	54.5	7.5	7.3	7.0	8.6	12.1	10.0	9.8	8.3	8.5	7.5	5.8	7.4
'93年	1,727人	2,087	268	307	248	295	324	408	385	343	319	340	229	348
	45.3%	54.7	7.0	8.0	6.5	7.7	8.5	10.7	10.1	9.0	8.4	8.9	6.0	9.1
'98年	1,659人	1,963	192	243	248	254	289	289	351	343	356	326	268	463
	45.8%	54.2	5.3	6.7	6.8	7.0	8.0	8.0	9.7	9.5	9.8	9.0	7.4	12.8
'03年	1,519人	1,800	187	147	183	242	290	260	240	336	330	312	282	510
	45.8%	54.2	5.6	4.4	5.5	7.3	8.7	7.8	7.2	10.1	9.9	9.4	8.5	15.4

		男女・年層											
		16～19歳	20～24歳	25～29歳	30～34歳	35～39歳	40～44歳	45～49歳	50～54歳	55～59歳	60～64歳	65～69歳	70歳以上
'73年	男	160人	193	225	223	224	227	179	98	116	110	86	112
		3.8%	4.5	5.3	5.3	5.3	5.3	4.2	2.3	2.7	2.6	2.0	2.6
	女	167人	221	278	280	273	267	203	173	129	106	87	106
		3.9%	5.2	6.6	6.6	6.4	6.3	4.8	4.1	3.0	2.5	2.1	2.5
'78年	男	171人	145	188	233	211	225	198	165	116	94	65	99
		4.0%	3.4	4.4	5.5	5.0	5.3	4.7	3.9	2.7	2.2	1.5	2.3
	女	186人	178	286	310	313	201	208	183	157	110	74	124
		4.4%	4.2	6.7	7.3	7.4	4.7	4.9	4.3	3.7	2.6	1.7	2.9
'83年	男	152人	134	122	204	208	192	195	171	156	101	83	118
		3.7%	3.3	3.0	5.0	5.1	4.7	4.8	4.2	3.8	2.5	2.0	2.9
	女	179人	132	181	268	302	239	191	165	172	134	112	153
		4.4%	3.2	4.5	6.6	7.4	5.9	4.7	4.1	4.2	3.3	2.8	3.8
'88年	男	151人	135	112	135	197	165	172	168	172	144	84	120
		3.9%	3.5	2.9	3.5	5.1	4.3	4.5	4.4	4.5	3.7	2.2	3.1
	女	139人	147	159	195	270	221	205	153	155	146	141	167
		3.6%	3.8	4.1	5.1	7.0	5.7	5.3	4.0	4.0	3.8	3.7	4.3
'93年	男	139人	141	110	120	167	180	164	171	142	150	101	142
		3.6%	3.7	2.9	3.1	4.4	4.7	4.3	4.5	3.7	3.9	2.6	3.7
	女	129人	166	138	175	157	228	221	172	177	190	128	206
		3.4%	4.4	3.6	4.6	4.1	6.0	5.8	4.5	4.6	5.0	3.4	5.4
'98年	男	93人	117	112	114	132	128	157	164	166	147	141	188
		2.6%	3.2	3.1	3.1	3.6	3.5	4.3	4.5	4.6	4.1	3.9	5.2
	女	99人	126	136	140	157	161	194	179	190	179	127	275
		2.7%	3.5	3.8	3.9	4.3	4.4	5.4	4.9	5.2	4.9	3.5	7.6
'03年	男	101人	74	100	109	124	103	90	161	187	129	124	217
		3.0%	2.2	3.0	3.3	3.7	3.1	2.7	4.9	5.6	3.9	3.7	6.5
	女	86人	73	83	133	166	157	150	175	143	183	158	293
		2.6%	2.2	2.5	4.0	5.0	4.7	4.5	5.3	4.3	5.5	4.8	8.8

	全体	都市規模					学歴						
		100万以上の市	30万以上の市	10万以上の市	10万未満の市	町村	中学卒	高校卒	高専短大卒	大学卒	高校在	短大大学在	その他無回答
'73年	4,243人	784	522	853	887	1,197	1,914	1,486	282	238	217	81	25
	100.0%	18.5	12.3	20.1	20.9	28.2	45.1	35.0	6.6	5.6	5.1	1.9	0.6
'78年	4,240人	791	693	800	865	1,091	1,596	1,675	286	300	272	85	26
	100.0%	18.7	16.3	18.9	20.4	25.7	37.6	39.5	6.7	7.1	6.4	2.0	0.6
'83年	4,064人	775	649	849	721	1,070	1,333	1,577	390	381	253	98	32
	100.0%	19.1	16.0	20.9	17.7	26.3	32.8	38.8	9.6	9.4	6.2	2.4	0.8
'88年	3,853人	697	601	795	767	993	1,073	1,586	471	393	211	72	47
	100.0%	18.1	15.6	20.6	19.9	25.8	27.8	41.2	12.2	10.2	5.5	1.9	1.2
'93年	3,814人	768	584	776	733	953	863	1,606	535	450	210	82	68
	100.0%	20.1	15.3	20.3	19.2	25.0	22.6	42.1	14.0	11.8	5.5	2.1	1.8
'98年	3,622人	730	592	744	708	848	747	1,478	577	533	154	84	49
	100.0%	20.2	16.3	20.5	19.5	23.4	20.6	40.8	15.9	14.7	4.3	2.3	1.4
'03年	3,319人	624	590	692	579	834	600	1,332	581	536	150	56	64
	100.0%	18.8	17.8	20.8	17.4	25.1	18.1	40.1	17.5	16.1	4.5	1.7	1.9

	職業											
	農林漁業	自営業者	販売職サービス職	技能職熟練職	一般作業職	事務職技術職	経営者管理者	専門自由その他	家庭婦人	生徒学生	無職	無回答
'73年	337人	506	183	627	151	558	162	34	1,001	284	387	13
	7.9%	11.9	4.3	14.8	3.6	13.2	3.8	0.8	23.6	6.7	9.1	0.3
'78年	259人	578	202	526	171	586	198	44	955	349	329	43
	6.1%	13.6	4.8	12.4	4.0	13.8	4.7	1.0	22.5	8.2	7.8	1.0
'83年	223人	520	235	436	172	609	154	52	823	332	395	113
	5.5%	12.8	5.8	10.7	4.2	15.0	3.8	1.3	20.3	8.2	9.7	2.8
'88年	226人	470	242	427	152	580	151	49	784	273	387	112
	5.9%	12.2	6.3	11.1	3.9	15.1	3.9	1.3	20.3	7.1	10.0	2.9
'93年	147人	420	195	393	199	763	162	31	711	284	414	95
	3.9%	11.0	5.1	10.3	5.2	20.0	4.2	0.8	18.6	7.4	10.9	2.5
'98年	149人	339	224	340	156	812	124	41	679	229	480	49
	4.1%	9.4	6.2	9.4	4.3	22.4	3.4	1.1	18.7	6.3	13.3	1.4
'03年	98人	326	231	303	122	611	140	38	651	197	515	87
	3.0%	9.8	7.0	9.1	3.7	18.4	4.2	1.1	19.6	5.9	15.5	2.6

質問文および単純集計結果

欠かせないコミュニケーション行動
第１問　はじめに、ふだんの生活のことについてうかがいます。リストの中で、あなたの気持として、欠かせないと思うことをいくつでもあげてください。

※	'83年 4,064人		'88年 3,853人		'93年 3,814人		'98年 3,622人	'03年 3,319人
ア．新聞を読む	81.1		79.9	>	76.6		75.6	73.1
イ．本を読む	33.8		35.4		35.1		35.3	34.7
ウ．マンガ・劇画を読む	6.5	<	8.7		8.8		9.5	10.7
エ．雑誌を読む（マンガ雑誌を除く）	18.1		18.6	<	21.6		22.4	21.9
オ．テレビを見る	83.8		82.5	<	85.8		86.3	85.2
カ．ラジオを聞く	32.4	>	30.3	>	27.8		28.4	26.8
キ．ＣＤやＭＤ（レコードやテープ）を聞く	22.8	<	25.8		26.5		27.0	26.9
ク．携帯電話を使う	—		—		—		—	39.2
ケ．インターネットを利用する	—		—		—		—	20.0
コ．家族と話をする	79.8		80.0		79.9		80.2	78.9
サ．友人と話をする	66.1	<	68.2		69.3		68.9	67.8
シ．この中にはない	0.3		0.3		0.4		0.2	0.3
ス．わからない、無回答	0.1		0.2		0.2		0.1	0.2

第１問と第２問は '83年から実施。'03年に選択肢を追加したため、'03年との比較検定はしていない。
※分母の人数を示す。その他の数字はすべて％を示す。
不等号（><）は、前回の比率との検定結果（信頼度95%）であり、<は前回より高く、>は前回より低いことを示す。
また、右端の不等号は左端の調査と '03年の比較である。

欠かせないコミュニケーション行動（１番目）
第２問〔第１問で「ア～サ」の人に〕では、今あげた中で、どうしても欠かせないと思うことを１つだけ選ぶとしたら、どれでしょうか［１番目］。もう１つ選ぶとしたら、どれでしょうか［２番目］。

１番目だけの結果

1．新聞を読む	25.9	>	23.5	>	21.1		21.9	18.0
2．本を読む	2.0		2.0		2.0		1.9	1.7
3．マンガ・劇画を読む	0.2		0.3		0.3		0.2	0.4
4．雑誌を読む（マンガ雑誌を除く）	0.3		0.3		0.4		0.3	0.2
5．テレビを見る	18.9	>	16.9	<	22.2	>	19.8	19.8
6．ラジオを聞く	1.6		1.8	>	1.2		1.7	1.6
7．ＣＤやＭＤ（レコードやテープ）を聞く	1.7	<	2.4		1.9		1.8	1.3
8．携帯電話を使う	—		—		—		—	4.9
9．インターネットを利用する	—		—		—		—	2.1
10．家族と話をする	40.6		42.6		40.4		41.6	42.0
11．友人と話をする	7.9		9.0		9.1		10.0	7.0
12．わからない、無回答	0.5		0.8		0.9	>	0.5	0.5
13．非該当〔第１問で「シ、ス」の人〕	0.3		0.4		0.5	>	0.2	0.5

１番目＋２番目の結果

1．新聞を読む	51.3	>	47.1	>	41.3		41.1	35.7
2．本を読む	5.9		6.0		5.9		5.6	5.3
3．マンガ・劇画を読む	0.5		0.6	<	1.1		0.9	1.0
4．雑誌を読む（マンガ雑誌を除く）	1.1		1.1		1.5		1.4	0.7
5．テレビを見る	43.6	>	41.2	<	48.0		46.5	44.2
6．ラジオを聞く	4.9		4.8		3.9		3.8	3.7
7．ＣＤやＭＤ（レコードやテープ）を聞く	4.6	<	6.0		5.3		4.6	3.6
8．携帯電話を使う	—		—		—		—	10.3
9．インターネットを利用する	—		—		—		—	4.4
10．家族と話をする	60.1		59.8		58.5		58.1	56.6
11．友人と話をする	23.4	<	27.0		26.9	<	29.3	25.2
12．わからない、無回答	3.4	<	4.7	<	5.7	<	7.8	7.9
13．非該当〔第１問で「シ、ス」の人〕	0.3		0.4		0.5	>	0.2	0.5

生活の各側面についての満足感

第３問　次に、日ごろの暮らしについて、リストのように４つに分けておたずねします。ＡからＤまでの１つ１つについて、「そう思う」か、「そうは思わない」かをお答えください。

Ａ．着るものや食べもの、住まいなど、物質的に豊かな生活を送っている。

	'73年 4,243人	'78年 4,240人	'83年 4,064人	'88年 3,853人	'93年 3,814人	'98年 3,622人	'03年 3,319人
１．そう思う	58.5	< 66.0	< 71.0	69.6	< 72.6	73.7	73.8<
２．そうは思わない	36.1	> 28.2	> 25.7	27.3	> 23.8	23.4	22.6>
３．わからない、無回答	5.4	5.7	> 3.3	3.1	3.6	2.9	3.6>

Ｂ．生きがいをもち、心にハリや安らぎのある生活を送っている。

１．そう思う	67.4	< 72.1	72.0	71.2	71.9	70.4	69.7<
２．そうは思わない	25.6	> 20.4	< 22.8	22.8	22.9	24.3	25.0
３．わからない、無回答	7.0	7.6	> 5.1	6.0	5.3	5.3	5.3>

Ｃ．環境がととのい、安全で快適に過ごせる地域に住んでいる。

１．そう思う	59.7	< 67.3	< 69.7	70.3	72.2	74.0	75.3<
２．そうは思わない	36.6	> 28.6	27.2	26.3	24.6	> 22.4	20.5>
３．わからない、無回答	3.7	4.1	> 3.1	3.3	3.2	3.6	4.2

Ｄ．この地域や自分の職場・学校には、打ちとけて話し合ったり、気持よくつきあえる人が多い。

１．そう思う	65.9	< 71.3	> 69.0	70.3	71.9	> 68.7	69.9<
２．そうは思わない	28.4	> 22.4	< 25.2	24.6	> 22.3	< 25.3	24.0>
３．わからない、無回答	5.7	6.3	5.8	5.1	5.8	6.0	6.1

生活全体についての満足感

第４問　あなたは今の生活に、全体としてどの程度満足していますか。リストの中から、あなたのお気持に近いものをあげてください。

	（略称）							
１．満足している	満足	20.7	< 24.0	< 25.9	24.8	25.9	26.1	25.4<
２．どちらかといえば、満足している	やや満足	56.8	< 61.1	60.5	61.3	61.3	60.6	60.5<
３．どちらかといえば、不満だ	やや不満	18.2	> 12.3	11.4	11.4	10.4	11.3	11.5>
４．不満だ	不満	3.2	> 1.9	1.7	1.8	1.7	1.6	1.9>
５．わからない、無回答	ＤＫ，ＮＡ	1.0	> 0.6	0.6	0.7	0.8	> 0.4	0.7

DK は Don't Know の略，NA は No Answer の略。

貯蓄・消費態度

第５問　今かりに、お宅の１か月分程度の臨時収入が、あなたの手に入ったとします。あなたはそのお金をどうするのがいちばんいいと思いますか。リストの中から選んでください。

	（略称）							
１．先のことは考えないで、思いきりよく使ってしまう	無計画消費	11.3	11.0	11.2	< 12.8	12.3	12.2	> 10.5
２．何に使うか計画をたてて、その費用にあてる	計画的消費	42.4	41.4	39.5	< 42.4	42.8	44.3	46.2<
３．将来必要となるかもしれないから、貯金しておく	貯蓄	43.9	45.3	47.1	> 42.0	42.3	41.1	40.4>
４．その他		0.4	< 1.0	1.3	1.1	1.1	1.1	1.1<
５．わからない、無回答	ＤＫ，ＮＡ	2.1	> 1.4	> 0.9	< 1.7	1.5	1.2	1.7

生活目標

第6問　人によって生活の目標もいろいろですが、リストのように分けると、あなたの生活目標にいちばん近いのはどれですか。

	（略称）	'73年 4,243人	'78年 4,240人	'83年 4,064人	'88年 3,853人	'93年 3,814人	'98年 3,622人	'03年 3,319人
1．その日その日を、自由に楽しく過ごす	快志向	21.0	19.9	< 22.4	< 25.0	> 23.0	< 25.1	24.1<
2．しっかりと計画をたてて、豊かな生活を築く	利志向	32.5	30.7	31.9	> 28.5	28.6	> 25.5	26.0>
3．身近な人たちと、なごやかな毎日を送る	愛志向	30.5	< 35.2	35.4	< 38.5	39.7	41.4	41.4<
4．みんなと力を合わせて、世の中をよくする	正志向	13.8	12.7	> 9.1	> 6.5	6.6	6.5	6.7>
5．その他		0.3	0.2	0.2	0.3	0.3	0.2	0.2
6．わからない、無回答	DK，NA	2.0	> 1.4	1.0	1.2	1.7	1.2	1.7

生活充実手段

第7問　リストには、私たちの生活を充実させるために必要と思われる項目を５つ並べてあります。この中から、あなたが必要だと思われる順に項目をあげてください。

A．豊かな趣味

1．第１位	1.3	1.6	1.9	< 2.9	3.2	3.7	3.6<
2．第２位	4.9	< 6.1	6.0	< 8.4	9.3	9.9	10.3<
3．第３位	10.7	11.9	12.2	< 14.7	15.8	16.9	15.6<
4．第４位	23.1	23.7	22.4	23.6	25.4	24.8	25.8<
5．第５位	55.5	> 52.0	53.7	> 48.0	> 43.8	41.7	42.6>
6．わからない、無回答	4.6	4.6	3.8	> 2.4	2.5	3.0	> 2.0>

B．やりがいのある仕事や活動

1．第１位	9.0	8.8	8.0	7.8	7.2	7.3	8.1
2．第２位	26.7	27.0	26.9	> 24.8	24.1	> 21.7	21.6>
3．第３位	29.0	29.1	29.6	28.3	27.4	26.0	26.7>
4．第４位	19.8	18.5	19.1	20.3	20.2	21.3	21.4
5．第５位	11.5	12.4	12.6	< 16.3	< 18.2	< 21.0	19.9<
6．わからない、無回答	3.9	4.3	3.8	> 2.4	2.8	2.7	2.4>

C．経済力

1．第１位	6.8	7.4	8.5	> 7.0	< 8.9	> 7.6	< 9.6<
2．第２位	35.3	33.8	32.9	33.0	31.5	32.9	34.4
3．第３位	26.0	24.4	23.8	25.0	24.3	24.4	23.5>
4．第４位	16.7	17.4	17.9	18.1	17.7	17.7	> 15.6
5．第５位	11.7	13.1	13.5	14.4	15.2	14.7	14.8<
6．わからない、無回答	3.6	3.9	3.4	> 2.5	2.3	2.6	2.1>

D．なごやかなつきあい

1．第１位	3.7	4.2	3.9	4.3	4.6	4.6	4.7<
2．第２位	18.9	19.5	20.1	20.0	20.9	21.6	> 18.8
3．第３位	25.7	24.9	26.4	24.9	24.9	24.7	25.7
4．第４位	33.4	32.6	33.3	32.4	> 30.3	29.4	31.2>
5．第５位	15.4	15.9	> 13.8	< 16.3	17.5	17.6	18.0<
6．わからない、無回答	2.9	2.8	2.5	2.1	1.8	2.1	1.6>

E．健康な体

1．第１位	78.3	77.2	77.3	77.1	75.4	75.5	> 73.3>
2．第２位	12.3	11.8	13.1	12.5	13.1	12.4	13.7
3．第３位	5.1	6.0	5.2	4.9	5.5	5.7	6.7<
4．第４位	2.1	2.5	2.6	2.8	3.3	3.4	3.4<
5．第５位	0.8	< 1.3	1.3	< 1.9	1.9	1.5	2.1<
6．わからない、無回答	1.3	1.2	> 0.6	0.9	0.8	< 1.4	> 0.8>

理想の家庭

第８問　リストには、異なった４軒の家庭の様子が書いてあります。あなたはどの家庭が最も好ましいとお考えですか。

東さん：父親は一家の主人としての威厳をもち、母親は父親をもりたてて、心から尽くしている

西さん：父親も母親も、自分の仕事や趣味をもっていて、それぞれ熱心に打ち込んでいる

南さん：父親は仕事に力を注ぎ、母親は任された家庭をしっかりと守っている

北さん：父親はなにかと家庭のことにも気をつかい、母親も暖かい家庭づくりに専念している

	（略称）	'73年 4,243人	'78年 4,240人	'83年 4,064人	'88年 3,853人	'93年 3,814人	'98年 3,622人	'03年 3,319人
1．東さん	夫唱婦随	21.9	20.7	< 23.0	> 20.2	> 17.4	> 12.6	13.2>
2．西さん	夫婦自立	14.5	16.0	16.1	17.5	19.0	< 22.6	23.0<
3．南さん	性役割分担	39.2	37.6	> 29.2	> 25.0	> 19.9	> 16.7	> 14.7>
4．北さん	家庭内協力	21.2	22.9	< 29.3	< 34.5	< 41.1	< 45.3	45.8<
5．その他		0.0	< 0.1	0.1	< 0.3	0.3	0.2	0.2<
6．わからない、無回答	ＤＫ，ＮＡ	3.1	2.7	2.3	2.4	2.3	2.7	3.1

人間関係（親せき）

第９問　親せきとは、どんなつきあいをするのが望ましいと思いますか。リストの中からお答えください。

	（略称）							
1．一応の礼儀を尽くす程度のつきあい	形式的つき合い	8.4	8.6	< 9.9	< 12.5	< 15.8	17.3	< 20.0<
2．気軽に行き来できるようなつきあい	部分的つき合い	39.7	40.1	< 45.2	45.3	46.5	46.4	46.8<
3．なにかにつけ相談したり、たすけ合えるようなつきあい	全面的つき合い	51.2	50.5	> 44.3	> 41.2	> 36.6	35.6	> 32.2>
4．その他		0.1	0.1	0.2	0.1	< 0.3	0.1	0.2
5．わからない、無回答	ＤＫ，ＮＡ	0.7	0.7	> 0.3	< 0.8	0.8	0.7	0.9

権威・平等（社会的地位）

第10問　リストの甲、乙どちらかの人に、結婚式の仲人を頼むとしたら、どちらの人がよいと思いますか。

甲：社会的地位は低いが、結婚する２人をよく知っている人

乙：結婚する２人を十分には知らないが、ある程度社会的地位の高い人

	（略称）							
1．甲の人がよい	平等	84.7	84.4	84.7	> 82.3	83.7	< 86.1	87.0<
2．乙の人がよい	権威	10.4	11.0	11.0	< 13.0	11.7	> 9.8	> 8.2>
3．どちらともいえない、わからない、無回答	ＤＫ，ＮＡ	4.9	4.6	4.3	4.7	4.6	4.1	4.8

男女のあり方（名字）

第11問　一般に、結婚した男女は、名字をどのようにしたらよいとお考えですか。リストの中からお答えください。

	（略称）							
1．当然、妻が名字を改めて、夫のほうの名字を名のるべきだ	当然、夫の姓	45.6	43.7	< 46.6	> 41.6	> 36.2	> 32.6	> 29.2>
2．現状では、妻が名字を改めて、夫のほうの名字を名のったほうがよい	現状では夫の姓	26.5	27.4	27.4	28.9	27.1	> 24.6	24.7
3．夫婦は同じ名字を名のるべきだが、どちらが名字を改めてもよい	どちらが改めてもよい	22.7	23.9	> 21.2	22.8	< 26.3	< 29.2	29.8<
4．わざわざ一方に合わせる必要はなく、夫と妻は別々の名字のままでよい	別姓でよい	2.9	3.2	3.3	< 4.7	< 7.8	< 11.5	< 13.3<
5．その他		0.0	< 0.1	0.1	0.2	0.3	0.4	0.3<
6．わからない、無回答	ＤＫ，ＮＡ	2.2	1.8	1.3	1.7	2.3	> 1.6	< 2.7

男女のあり方（家庭と職業）

第12問　結婚した女性が職業を持ち続けることについては、どうお考えでしょうか。リストの中から、あなたのお考えに近いものを選んでください。

	（略称）	'73年 4,243人		'78年 4,240人		'83年 4,064人		'88年 3,853人		'93年 3,814人		'98年 3,622人		'03年 3,319人
1．結婚したら、家庭を守ることに専念したほうがよい	家庭専念	35.2	>	30.1		28.6	>	23.9	>	18.3	>	13.4		12.6>
2．結婚しても子どもができるまでは、職業をもっていたほうがよい	育児優先	42.0		40.5		39.8		39.4		41.0	>	37.8	>	34.9>
3．結婚して子どもが生まれても、できるだけ職業をもち続けたほうがよい	両立	20.3	<	27.1	<	29.3	<	33.3	<	37.1	<	45.5	<	48.5<
4．その他		0.2	<	0.6		0.8	<	1.3		1.2		1.0		1.3<
5．わからない、無回答	ＤＫ，ＮＡ	2.3	>	1.7		1.5		2.0		2.4		2.3		2.8

権威・平等（男女）

第13問　リストには、父親が台所の手伝いや子どものおもりをすることについて、甲、乙２つの意見をのせてあります。あなたはどちらに賛成しますか。

甲：台所の手伝いや子どものおもりは、一家の主人である男子のすることではない

乙：夫婦は互いにたすけ合うべきものだから、夫が台所の手伝いや子どものおもりをするのは当然だ

	（略称）													
1．甲に賛成	すべきでない	38.0	>	33.1	>	28.1	>	21.9	>	17.7	>	12.0	>	9.6>
2．乙に賛成	するのは当然	53.2	<	59.6	<	67.4	<	72.3	<	76.6	<	84.4	<	86.1<
3．どちらともいえない、わからない、無回答	ＤＫ，ＮＡ	8.8	>	7.3	>	4.5	<	5.8		5.7	>	3.6		4.3>

父親のあり方

第14問　ことし学校を卒業して社会に出た男の子がいるとします。父親はその子に対して、どういう態度をとるのがいちばんいいとお考えですか。リストの中から、選んでください。

	（略称）													
1．みずから模範を示し、見習わせる	模範	8.3	<	9.6		9.2	>	6.7		6.6	>	5.5		5.0>
2．より多く人生の経験を積んだ者として、忠告や助言を与える	忠告	41.0	<	44.2		45.0		43.0		41.6		41.3	<	44.9<
3．ひとりの同じ人間として、親しい仲間のようにつきあう	仲間	32.1	>	29.7	>	27.3		28.3		27.7		29.0	>	25.6>
4．子どもを信頼して、干渉しない	不干渉	15.0		13.9	<	16.4	<	19.6	<	21.8		22.0		21.7<
5．その他		0.1	>	0.0	<	0.1		0.2		0.1		0.2		0.2
6．わからない、無回答	ＤＫ，ＮＡ	3.5	>	2.6		2.0		2.1		2.1		1.9	<	2.7>

老後の生き方

第15問　リストには、いろいろな老後の生き方がのっています。この中であなたはどれが最も望ましいと思いますか。

	（略称）													
1．子どもや孫といっしょに、なごやかに暮らす	子供や孫	37.9		36.4		34.6	>	31.2	>	27.3	>	23.9		24.2>
2．夫婦２人で、むつまじく暮らす	夫婦	10.0	>	8.7	<	11.1	<	13.5	<	16.1		17.1		17.5<
3．自分の趣味をもち、のんびりと余生を送る	趣味	19.8	<	22.4		22.2	<	25.2	<	29.1	<	31.8		33.2<
4．多くの老人仲間と、にぎやかに過ごす	老人仲間	2.2		2.8		3.3		4.0		4.6		5.0		4.2<
5．若い人たちとつきあって、ふけこまないようにする	若者	7.7		6.9		6.1		6.6		6.5		6.1		5.8>
6．できるだけ、自分の仕事をもち続ける	仕事	20.4		21.6		21.7	>	18.3	>	14.8		15.0	>	13.0>
7．その他		0.1		0.2		0.2		0.1		0.1		0.2		0.2
8．わからない、無回答	ＤＫ，ＮＡ	2.0	>	1.1		0.8		1.0	<	1.5	>	0.9	<	1.8

能率・情緒（仕事の相手）

第16問　かりにあなたが、リストにあげた甲、乙いずれかの人と組んで仕事をするとします。その仕事がかなりむずかしく、しかも長期間にわたる場合、あなたはどちらの人を選びたいと思いますか。

甲：多少つきあいにくいが、能力のすぐれた人

乙：多少能力は劣るが、人柄のよい人

	（略称）	'73年 4,243人	'78年 4,240人	'83年 4,064人	'88年 3,853人	'93年 3,814人	'98年 3,622人	'03年 3,319人
1．甲の人を選ぶ	能率	26.9	25.2	24.4	25.0	24.6	25.2	< 29.0<
2．乙の人を選ぶ	情緒	68.0	< 70.4	72.1	71.1	70.8	71.1	> 66.9
3．どちらともいえない、わからない、無回答	ＤＫ，ＮＡ	5.0	4.4	> 3.5	3.9	4.6	3.7	4.1

人間関係（職場）

第17問　職場の同僚とは、どんなつきあいをするのが望ましいと思いますか。リストの中からお答えください。

	（略称）	'73年	'78年	'83年	'88年	'93年	'98年	'03年
1．仕事に直接関係する範囲のつきあい	形式的つき合い	11.3	10.4	< 13.6	15.1	< 17.8	< 20.3	21.7<
2．仕事が終わってからも、話し合ったり遊んだりするつきあい	部分的つき合い	26.4	< 31.4	32.3	< 37.6	38.8	38.9	37.5<
3．なにかにつけ相談したり、たすけ合えるようなつきあい	全面的つき合い	59.4	> 55.3	> 52.3	> 44.6	> 40.4	38.3	37.8>
4．その他		0.1	> 0.0	0.0	< 0.1	0.2	0.1	0.1
5．わからない、無回答	ＤＫ，ＮＡ	2.8	3.0	> 1.8	< 2.5	2.9	2.4	2.9

結社・闘争性（職場）

第18問　かりにあなたが、新しくできた会社に雇われたとします。しばらくしてから、雇われた人々の間で、給料とか働く時間などの労働条件について、強い不満が起きたとしたら、あなたはどうなさいますか。リストの中から選んでください。

	（略称）	'73年	'78年	'83年	'88年	'93年	'98年	'03年
1．できたばかりの会社で、労働条件はしだいによくなっていくと思うから、しばらく事態を見守る	静観	37.2	< 41.6	< 47.6	48.2	> 45.4	< 49.3	50.2<
2．上役に頼んで、みんなの労働条件がよくなるように、取りはからってもらう	依頼	23.6	> 21.6	22.4	23.6	< 26.1	25.1	25.5
3．みんなで労働組合をつくり、労働条件がよくなるように活動する	活動	31.5	30.7	> 25.1	> 22.0	21.9	20.5	> 18.2>
4．その他		0.1	0.1	0.2	0.3	0.4	0.4	0.3<
5．わからない、無回答	ＤＫ，ＮＡ	7.7	> 5.9	> 4.6	< 5.9	6.2	> 4.7	< 5.8>

理想の仕事

第19問　仕事にもいろいろありますが、どんな仕事が理想的だと思いますか。あなたがいちばん理想的だと思う仕事と、２番目にそう思う仕事とを、リストの中から選んでください。

１番目だけの結果

	（略称）	'73年 4,243人		'78年 4,240人		'83年 4,064人		'88年 3,853人		'93年 3,814人		'98年 3,622人		'03年 3,319人
１．働く時間が短い仕事	時間	5.2	>	4.2		3.9		3.8	<	5.0		4.3		3.7>
２．失業の心配がない仕事	失業	11.0	<	17.6		16.3	>	14.4	>	12.3	<	15.9		17.0<
３．健康をそこなう心配がない仕事	健康	28.2	>	21.7		21.1		19.6		20.3	>	18.4	>	15.5>
４．高い収入が得られる仕事	収入	6.2		6.8		7.5		8.0	<	9.9	>	7.2		8.3<
５．仲間と楽しく働ける仕事	仲間	14.5		15.2	<	16.8	<	19.1	<	21.2		20.8		20.3<
６．責任者として、さいはいが振るえる仕事	責任	2.0		2.5	<	3.3		4.0	>	2.8		2.5		2.2
７．独立して、人に気がねなくやれる仕事	独立	9.7		8.5		7.8		6.7	>	4.6		5.2	>	4.2>
８．専門知識や特技が生かせる仕事	専門	14.7		15.9		17.5		18.0		16.6		18.2	<	20.1<
９．世間からもてはやされる仕事	名声	0.1		0.1		0.2		0.2		0.1		0.1		0.1
10．世の中のためになる仕事	貢献	6.2	>	5.1		4.2		4.6		5.3		5.9		7.0
11．その他		0.1		0.1		0.1		0.2		0.1		0.1		0.0
12．わからない、無回答	ＤＫ，ＮＡ	2.1		2.2	>	1.3		1.5		1.8		1.5		1.6

１番目＋２番目の結果

	（略称）													
１．働く時間が短い仕事	時間	8.3	>	6.8		6.8		7.3	<	9.4		8.3	>	6.7>
２．失業の心配がない仕事	失業	20.2	<	28.6		27.0	>	23.7	>	21.5	<	26.2	<	29.3<
３．健康をそこなう心配がない仕事	健康	46.5	>	38.6		37.9		36.1		36.4	>	33.9	>	31.4>
４．高い収入が得られる仕事	収入	19.2		19.6	<	22.0		23.2		23.9	>	20.2	<	22.2<
５．仲間と楽しく働ける仕事	仲間	36.6		36.8		38.6	<	42.5		43.8		43.5		41.3<
６．責任者として、さいはいが振るえる仕事	責任	4.5	<	5.5		6.4		7.0		6.2		5.6		5.6<
７．独立して、人に気がねなくやれる仕事	独立	17.3	>	15.7	>	14.0		12.7	>	9.1		10.0	>	8.0>
８．専門知識や特技が生かせる仕事	専門	26.0	<	28.4		29.9		30.2	>	28.1	<	30.9		31.5<
９．世間からもてはやされる仕事	名声	0.4		0.7		0.8		0.5		0.8	>	0.3		0.6
10．世の中のためになる仕事	貢献	15.6	>	13.4		12.8		12.2	<	16.0		16.7	<	19.1<
11．その他		0.1		0.1		0.2		0.2		0.1		0.1		0.1
12．わからない、無回答	ＤＫ，ＮＡ	3.2		3.4	>	2.4		2.8		2.8		2.8		2.6

余暇の過ごし方（現状）

第20問　余暇についてですが、現在あなたはどんなことをして、自分の自由になる時間を過ごしていることが多いですか。リストの中から、いちばん多いものと２番目に多いものとをお答えください。

１番目だけの結果

	(略称)	'73年 4,243人	'78年 4,240人	'83年 4,064人	'88年 3,853人	'93年 3,814人	'98年 3,622人	'03年 3,319人
1．好きなことをして楽しむ	好きなこと	42.9	44.0	> 40.9	< 44.3	43.9	44.9	43.9
2．体をやすめて、あすに備える	休息	26.6	> 24.1	23.6	> 20.1	19.6	18.8	19.0>
3．運動をして、体をきたえる	運動	4.5	< 6.8	7.8	7.3	7.3	7.8	7.4<
4．知識を身につけたり、心を豊かにする	知識	10.3	> 8.8	9.6	9.3	8.9	8.1	8.0>
5．友人や家族との結びつきを深める	友人・家族	12.1	13.2	< 15.6	16.6	18.1	18.3	18.7<
6．世の中のためになる活動をする	社会活動	1.9	1.9	1.7	1.5	> 0.9	< 1.6	1.7
7．その他		0.1	< 0.4	0.4	0.3	0.3	0.2	0.3<
8．無回答	ＮＡ	1.6	> 1.0	> 0.5	0.7	0.9	> 0.2	< 1.0>

１番目＋２番目の結果

	(略称)	'73年	'78年	'83年	'88年	'93年	'98年	'03年
1．好きなことをして楽しむ	好きなこと	61.5	62.3	> 59.8	< 63.5	63.4	< 66.7	66.1<
2．体をやすめて、あすに備える	休息	47.9	> 44.3	43.7	> 41.2	41.1	39.8	40.6>
3．運動をして、体をきたえる	運動	12.8	< 16.7	17.5	17.5	17.0	17.0	17.2<
4．知識を身につけたり、心を豊かにする	知識	26.6	24.8	23.6	23.2	21.4	21.6	20.7>
5．友人や家族との結びつきを深める	友人・家族	39.8	41.5	< 46.8	46.2	< 48.6	47.0	45.4<
6．世の中のためになる活動をする	社会活動	6.5	6.2	> 5.2	4.8	4.6	5.5	6.0
7．その他		0.1	< 0.4	0.5	0.4	0.5	0.4	0.5<
8．無回答	ＮＡ	3.1	2.8	2.4	2.5	2.5	1.9	< 2.6

余暇の過ごし方（将来）

第21問　将来はどんなことをして、自由になる時間を過ごしたいとお考えですか。今度は１つだけ選んでください。

	(略称)	'73年	'78年	'83年	'88年	'93年	'98年	'03年
1．好きなことをして楽しむ	好きなこと	37.3	35.5	35.4	< 38.9	38.7	38.0	38.3
2．体をやすめて、あすに備える	休息	6.9	6.0	5.4	4.7	5.2	4.9	5.4>
3．運動をして、体をきたえる	運動	4.5	< 8.0	7.3	7.2	6.8	7.0	6.5<
4．知識を身につけたり、心を豊かにする	知識	23.9	23.6	24.5	22.9	> 20.0	20.4	18.6>
5．友人や家族との結びつきを深める	友人・家族	15.7	16.0	17.6	18.1	18.1	19.3	20.6<
6．世の中のためになる活動をする	社会活動	8.9	8.9	8.5	> 6.8	< 9.5	9.2	9.0
7．その他		0.0	< 0.2	0.2	0.2	0.4	0.2	0.1<
8．わからない、無回答	ＤＫ，ＮＡ	2.7	> 1.8	> 1.0	1.2	1.4	1.1	1.4>

仕事と余暇

第22問　リストには、仕事と余暇のあり方について、いろいろな意見がのっています。あなたはどれが最も望ましいと思いますか。

	（略称）	'73年 4,243人	'78年 4,240人	'83年 4,064人	'88年 3,853人	'93年 3,814人	'98年 3,622人	'03年 3,319人
1．仕事よりも、余暇の中に生きがいを求める	余暇絶対	4.0	4.1	< 5.6	5.7	< 7.4	< 8.8	8.6<
2．仕事はさっさとかたづけて、できるだけ余暇を楽しむ	余暇優先	28.1	> 25.3	25.5	< 28.3	28.7	28.3	> 25.6>
3．仕事にも余暇にも、同じくらい力を入れる	仕事・余暇両立	20.9	< 24.9	< 27.9	< 32.4	< 35.3	35.1	< 37.5<
4．余暇も時には楽しむが、仕事のほうに力を注ぐ	仕事優先	35.7	34.9	> 31.2	> 26.1	> 21.2	20.5	21.1>
5．仕事に生きがいを求めて、全力を傾ける	仕事絶対	8.2	8.5	7.8	> 5.1	4.6	5.1	4.4>
6．その他		0.0	0.0	< 0.1	0.1	0.1	0.0	0.0
7．わからない、無回答	ＤＫ，ＮＡ	3.2	> 2.3	1.9	2.2	2.7	2.3	2.7

能率・情緒（旅行）

第23問　リストには旅行のしかたが甲、乙２つあります。どちらがあなたの好みに合っていますか。費用や時間は甲、乙２つとも同じくらいとして考えてみてください。

甲：最大限に旅行を楽しめるように、あらかじめ計画を十分に練って旅行する

乙：行く先々での気分やまわりの様子に応じて、気の向くままに旅行する

	（略称）							
1．甲が好みに合う	能率	61.0	< 63.3	> 60.7	59.5	57.7	56.2	56.8>
2．乙が好みに合う	情緒	34.6	33.4	< 36.2	37.5	38.6	< 41.0	39.6<
3．どちらともいえない、わからない、無回答	ＤＫ，ＮＡ	4.4	> 3.3	3.1	3.0	3.7	> 2.8	3.6

男女のあり方（男子の教育）

第24問　話は変わりますが、今かりにあなたに中学生の男のお子さんがいるとします。あなたはそのお子さんに、どの程度の教育を受けさせたいと思いますか。リストの中から選んでください。

1．中学まで	0.5	0.3	0.3	> 0.1	< 0.3	0.6	0.3
2．高校まで	17.1	> 14.6	15.4	> 11.4	11.5	< 13.6	> 11.4>
3．短大・高専まで	8.7	9.2	9.7	8.5	8.9	10.0	9.2
4．大学まで	64.1	< 67.5	68.0	< 72.2	> 70.0	> 67.1	67.7<
5．大学院まで	6.1	5.9	> 4.5	5.3	5.7	5.7	< 7.7<
6．その他	0.1	< 0.4	< 0.8	0.8	< 1.4	1.5	1.7<
7．わからない、無回答	3.4	> 2.2	> 1.4	1.7	2.2	1.6	2.0>

男女のあり方（女子の教育）

第25問　では、かりに、中学生の女のお子さんがいるとしたらどうでしょうか。同じリストの中から選んでください。

1．中学まで	1.0	> 0.5	0.5	> 0.2	0.3	0.4	0.3>
2．高校まで	42.3	> 33.6	> 30.2	> 20.8	> 18.4	17.8	> 13.9>
3．短大・高専まで	30.0	< 38.5	< 43.3	43.9	> 39.8	> 34.1	> 30.3
4．大学まで	21.7	< 23.5	22.8	< 31.0	< 35.4	< 41.1	< 47.7<
5．大学院まで	1.4	1.3	1.1	< 1.7	< 2.4	3.1	3.9<
6．その他	0.2	0.4	0.6	0.8	< 1.4	1.7	1.9<
7．わからない、無回答	3.4	> 2.1	> 1.5	1.7	2.3	1.7	2.0>

理想の人間像

第26問　今の世の中で、子どもたちがどんな人間に育つことがいちばん望ましいと思いますか。リストの中から１つだけ選んでください。

	(略称)	'73年 4,243人	'78年 4,240人	'83年 4,064人	'88年 3,853人	'93年 3,814人	'98年 3,622人	'03年 3,319人
1．秩序を守る、規律正しい人間	規律型	21.5	< 23.7	< 30.0	> 23.2	> 21.2	22.3	< 26.7<
2．お互いの権利や生活を尊ぶ人間	権利型	16.8	16.4	16.4	17.0	< 19.8	19.7	18.7<
3．実社会で役だつ知識や技能を身につけた人間	実用型	22.2	21.0	> 18.8	18.1	17.8	18.2	16.8>
4．教養があり、心が豊かな人間	教養型	36.7	36.9	> 33.4	< 40.0	39.0	38.7	> 36.3
5．その他		0.0	< 0.1	< 0.4	0.2	0.3	0.3	0.2<
6．わからない、無回答	DK，NA	2.8	> 1.9	> 1.1	1.5	1.8	> 0.8	< 1.3>

宗教的行動

第27問　宗教とか信仰とかに関係すると思われることがらで、あなたがおこなっているものがありますか。ありましたら、リストの中からいくつでもあげてください。

	(略称)							
ア．ふだんから、礼拝、お勤め、修行、布教など宗教的なおこないをしている	礼拝・布教	15.4	16.0	17.0	> 14.9	> 13.2	> 11.4	12.4>
イ．おりにふれ、お祈りやお勤めをしている	お祈り	16.6	15.8	15.8	> 14.2	14.1	12.7	12.0>
ウ．年に１、２回程度は墓参りをしている	墓参り	62.0	< 64.8	< 67.7	> 65.0	< 69.7	> 67.5	67.6<
エ．聖書・経典など宗教関係の本を、おりにふれ読んでいる	聖書・経典	10.7	10.6	10.4	> 8.9	> 7.4	6.8	6.4>
オ．この１、２年の間に、身の安全や商売繁盛、入試合格などを、祈願しにいったことがある	祈願	23.0	< 31.2	31.6	32.2	> 28.4	29.1	< 31.3<
カ．お守りやおふだなど、魔よけや縁起ものを自分の身のまわりにおいている	お守り・おふだ	30.6	< 34.4	36.2	34.6	32.8	> 30.6	< 35.0<
キ．この１、２年の間に、おみくじを引いたり、易や占いをしてもらったことがある	おみくじ・占い	19.2	< 22.8	21.9	20.5	22.2	22.7	23.4<
ク．宗教とか信仰とかに関係していると思われることがらは、何もおこなっていない	していない	15.4	> 11.7	> 9.6	9.9	8.8	< 11.4	10.2>
ケ．その他		0.2	0.3	0.4	0.5	0.4	< 0.8	0.6<
コ．無回答	NA	1.4	1.8	> 1.0	< 1.9	< 2.6	> 1.7	< 3.0<

信仰・信心

第28問　また、宗教とか信仰とかに関係すると思われることがらで、あなたが信じているものがありますか。もしあれば、リストの中からいくつでもあげてください。

	(略称)							
ア．神	神	32.5	< 37.0	38.9	> 36.0	35.2	> 31.5	30.9
イ．仏	仏	41.6	< 44.8	43.8	44.6	44.1	> 38.7	38.6>
ウ．聖書や経典などの教え	聖書・経典の教え	9.7	9.3	8.9	> 7.5	6.4	6.6	6.4>
エ．あの世、来世	あの世	6.6	< 9.0	< 11.7	11.9	< 13.4	> 9.7	10.9<
オ．奇跡	奇跡	12.8	< 14.9	15.1	14.4	> 12.6	< 14.3	15.3<
カ．お守りやおふだなどの力	お守り・おふだの力	13.6	< 15.8	15.5	14.4	15.8	> 13.7	15.0
キ．易や占い	易・占い	6.0	< 8.3	8.3	> 7.0	5.9	6.0	< 7.4<
ク．宗教とか信仰とかに関係していると思われることがらは、何も信じていない	信じていない	30.4	> 23.9	23.3	< 25.8	24.3	< 29.5	> 25.6>
ケ．その他		0.2	0.3	< 0.6	0.4	< 0.8	< 1.4	0.9<
コ．わからない、無回答	DK，NA	5.3	5.8	> 4.3	< 5.4	< 6.8	5.8	< 8.0<

婚前交渉について

第29問　結婚していない若い人たちの男女関係について、どのようにお考えですか。リストの中から、あなたのお考えにいちばん近いものを選んでください。

	（略称）	'73年 4,243人	'78年 4,240人	'83年 4,064人	'88年 3,853人	'93年 3,814人	'98年 3,622人	'03年 3,319人
1．結婚式がすむまでは、性的まじわりをすべきでない	不可	58.2 >	50.3 >	46.5 >	38.7 >	32.3 >	25.6	24.2>
2．結婚の約束をした間柄なら、性的まじわりがあってもよい	婚約で可	15.2 <	19.5	21.2	22.6	22.8	22.5	22.7<
3．深く愛し合っている男女なら、性的まじわりがあってもよい	愛情で可	19.0 <	23.1 <	25.2 <	30.9 <	35.1 <	42.8	43.7<
4．性的まじわりをもつのに、結婚とか愛とかは関係ない	無条件で可	3.3	3.8	4.0	3.6 <	5.1	4.8	4.6<
5．その他		0.1 >	0.0	0.0 <	0.1	0.1	0.2	0.2
6．わからない、無回答	ＤＫ，ＮＡ	4.3 >	3.2	3.1 <	4.1	4.6	4.2	4.6

権威・平等（年上）

第30問　リストには、ことばづかいについて甲、乙２つの意見がのせてあります。あなたはどちらがよいと思いますか。

甲：年上の人に対しては、敬語やていねいなことばを使うのが当然だ

乙：年上の人にも年下の人にも、同じようなことばを使ったほうがよい

	（略称）							
1．甲がよい	権威	84.2 <	86.8 <	88.8	87.9 >	86.3	86.9	87.2<
2．乙がよい	平等	13.7 >	11.7 >	10.0	9.8 <	11.2	11.3	10.0>
3．どちらともいえない、わからない、無回答	ＤＫ，ＮＡ	2.1 >	1.5	1.2 <	2.3	2.5 >	1.8 <	2.8<

人間関係（近隣）

第31問　リストには、隣近所の人とのつきあいのしかたがのせてあります。あなたはどれが望ましいとお考えですか。実際にどのようにしているかは別にして、ご希望に近いものをお答えください。

	（略称）							
1．会ったときに、あいさつする程度のつきあい	形式的つき合い	15.1	15.1 <	19.6	19.2	19.8 <	23.2	25.2<
2．あまり堅苦しくなく話し合えるようなつきあい	部分的つき合い	49.8 <	52.5 >	47.5 <	53.4	54.2	53.3	54.0<
3．なにかにつけ相談したり、たすけ合えるようなつきあい	全面的つき合い	34.5 >	31.9	32.4 >	26.8	24.9 >	22.8 >	19.6>
4．その他		0.0	0.0	0.0	0.0 <	0.1	0.1	0.0
5．わからない、無回答	ＤＫ，ＮＡ	0.5	0.5	0.4	0.6 <	1.1 >	0.6 <	1.1<

能率・情緒（会合）

第32問　かりに、この地域に起きた問題を話し合うために、隣近所の人が10人程度集まったとします。その場合、会合の進め方としては、リストにある甲、乙どちらがよいと思いますか。

甲：世間話などをまじえながら、時間がかかってもなごやかに話をすすめる

乙：むだな話を抜きにして、てきぱきと手ぎわよくみんなの意見をまとめる

	（略称）							
1．甲がよい	情緒	44.5	46.6 <	49.6	51.4	50.9	51.2	52.6<
2．乙がよい	能率	51.7	50.0	48.0 >	45.1	44.6	45.9 >	43.5>
3．どちらともいえない、わからない、無回答	ＤＫ，ＮＡ	3.8	3.4 >	2.5 <	3.5 <	4.5 >	2.9 <	3.9

結社・闘争性（地域）

第33問　かりにこの地域に、住民の生活を脅かす公害問題が発生したとします。その場合、あなたはどうなさいますか。リストの中から、あなたのお考えに最も近いものをあげてください。

	（略称）	'73年 4,243人	'78年 4,240人	'83年 4,064人	'88年 3,853人	'93年 3,814人	'98年 3,622人	'03年 3,319人
1．あまり波風を立てずに解決されることが望ましいから、しばらく事態を見守る	静観	23.2	< 31.1	32.6	32.9	33.1	31.5	> 28.5<
2．この地域の有力者、議員や役所に頼んで、解決をはかってもらう	依頼	36.3	37.0	38.1	38.5	> 35.3	36.1	< 42.2<
3．みんなで住民運動を起こし、問題を解決するために活動する	活動	35.8	> 28.2	26.4	24.8	26.5	< 29.1	> 25.5>
4．その他		0.0	< 0.1	0.2	0.3	0.4	0.2	0.1<
5．わからない、無回答	ＤＫ，ＮＡ	4.7	> 3.7	> 2.7	< 3.5	< 4.7	> 3.1	3.7>

ナショナリズム

第34問　次に、日本とか日本人とかについて、あなたがお感じになっていることをいくつかおたずねします。リストのＡからＦまでの、１つ１つについて「そう思う」か「そうは思わない」かをお答えください。

Ａ：日本に生まれてよかった

1．そう思う	90.5	< 92.6	< 95.6	95.0	< 96.5	> 95.3	95.3<
2．そうは思わない	4.6	4.0	> 2.3	2.8	> 1.6	< 2.7	2.1>
3．わからない、無回答	4.8	> 3.4	> 2.1	2.3	1.9	2.0	2.6>

Ｂ：日本は一流国だ

1．そう思う	41.0	< 46.9	< 56.8	> 50.2	49.2	> 37.5	35.8>
2．そうは思わない	49.8	> 43.1	> 35.7	< 41.8	43.0	< 54.4	55.9<
3．わからない、無回答	9.1	10.0	> 7.6	8.0	7.8	8.1	8.3

Ｃ：日本の古い寺や民家をみると、非常に親しみを感じる

1．そう思う	87.5	88.4	> 86.7	> 83.8	83.1	83.5	< 85.4>
2．そうは思わない	9.3	8.7	< 10.5	< 12.8	13.2	13.6	> 11.2<
3．わからない、無回答	3.2	2.9	2.8	3.4	3.7	3.0	3.4

Ｄ：日本人は、他の国民に比べて、きわめてすぐれた素質をもっている

1．そう思う	60.3	< 64.8	< 70.6	> 61.5	> 57.1	> 51.0	51.2>
2．そうは思わない	26.5	> 22.3	> 20.2	< 28.6	< 33.2	< 39.0	39.1<
3．わからない、無回答	13.2	12.9	> 9.2	9.9	9.7	10.0	9.8>

Ｅ：自分なりに日本のために役にたちたい

1．そう思う	72.6	> 69.0	< 71.8	> 65.7	< 69.0	> 66.0	66.1>
2．そうは思わない	17.8	< 19.6	20.0	< 23.5	22.0	< 25.6	24.3<
3．わからない、無回答	9.6	< 11.4	> 8.2	< 10.9	> 9.0	8.4	9.6

Ｆ：今でも日本は、外国から見習うべきことが多い

1．そう思う	70.0	70.2	70.6	< 76.1	76.4	< 80.2	> 77.4<
2．そうは思わない	19.4	17.8	< 20.0	> 15.1	14.6	> 12.7	< 14.8>
3．わからない、無回答	10.5	< 12.0	> 9.4	8.8	9.0	> 7.1	7.8>

天皇に対する感情

第35問　あなたは天皇に対して、現在、どのような感じをもっていますか。リストの中から選んでください。

	（略称）	'73年 4,243人	'78年 4,240人	'83年 4,064人	'88年 3,853人	'93年 3,814人	'98年 3,622人	'03年 3,319人
1．尊敬の念をもっている	尊敬	33.3	> 30.2	29.3	27.5	> 20.5	19.2	20.2>
2．好感をもっている	好感	20.3	21.9	20.9	22.1	< 42.7	> 34.5	< 41.0<
3．特に何とも感じていない	無感情	42.7	44.1	< 46.4	46.5	> 33.7	< 44.2	> 36.3>
4．反感をもっている	反感	2.2	2.4	2.2	2.1	> 1.5	1.1	0.8>
5．その他		0.1	0.2	0.2	0.2	0.1	0.2	0.2
6．わからない、無回答	ＤＫ，ＮＡ	1.3	1.3	1.1	< 1.7	1.6	> 0.9	< 1.6

権利についての知識

第36問　リストには、いろいろなことがらが並んでいますが、この中で、憲法によって、義務ではなく、国民の権利ときめられているのはどれだと思いますか。いくつでもあげてください。

ア．思っていることを世間に発表する	表現の自由	49.4	> 45.8	44.0	43.4	> 39.0	37.2	36.2>
イ．税金を納める	納税の義務	33.9	35.5	< 39.8	> 37.2	< 39.5	< 42.0	42.2<
ウ．目上の人に従う	目上に従順	5.6	5.7	< 8.3	7.7	6.7	7.0	6.6
エ．道路の右側を歩く	右側通行	19.9	19.3	18.8	> 16.5	15.3	15.5	14.6>
オ．人間らしい暮らしをする	生存権	69.6	69.6	< 77.2	76.3	75.2	75.5	75.5<
カ．労働組合をつくる	団結権	39.4	> 36.0	> 28.9	27.1	25.5	> 23.0	> 20.4>
キ．わからない、無回答	ＤＫ，ＮＡ	7.8	7.0	> 4.3	< 6.0	5.7	> 4.3	5.0>

政治的有効性感覚（選挙）

第37問　国会議員選挙のときに、私たち一般国民が投票することは、国の政治にどの程度の影響を及ぼしていると思いますか。リストの中から選んでください。

	（略称）							
1．非常に大きな影響を及ぼしている	強い	40.0	> 34.9	> 27.7	> 23.2	23.9	> 19.4	18.1>
2．かなり影響を及ぼしている	やや強い	25.7	26.1	25.5	26.8	26.0	> 21.3	22.7>
3．少しは影響を及ぼしている	やや弱い	23.2	< 27.5	< 35.3	37.2	36.8	< 41.2	41.6<
4．まったく影響を及ぼしていない	弱い	4.8	< 6.2	7.2	8.2	8.8	< 14.1	13.1<
5．わからない、無回答	ＤＫ，ＮＡ	6.3	5.4	> 4.3	4.6	4.5	3.9	4.5>

政治的有効性感覚（デモなど）

第38問　では、私たち一般国民のデモや陳情、請願は、国の政治にどの程度の影響を及ぼしていると思いますか。リストの中から選んでください。

	（略称）							
1．非常に大きな影響を及ぼしている	強い	14.4	> 12.8	> 7.8	> 6.6	6.7	> 4.9	5.3>
2．かなり影響を及ぼしている	やや強い	32.5	> 30.0	> 24.3	23.9	> 21.7	> 17.3	17.6>
3．少しは影響を及ぼしている	やや弱い	40.0	< 44.0	< 53.6	53.5	54.2	< 57.0	< 59.5<
4．まったく影響を及ぼしていない	弱い	5.9	< 7.0	< 8.9	9.7	10.8	< 15.4	> 12.5<
5．わからない、無回答	ＤＫ，ＮＡ	7.2	6.2	5.5	6.4	6.6	> 5.4	5.1>

政治的有効性感覚（世論）

第39問　私たち一般国民の意見や希望は、国の政治にどの程度反映していると思いますか。リストの中からお答えください。

	（略称）							
1．十分反映している	強い	3.6	3.6	3.1	2.9	2.9	> 1.8	1.6>
2．かなり反映している	やや強い	17.5	17.7	> 15.8	> 13.7	13.1	> 8.8	8.4>
3．少しは反映している	やや弱い	52.4	< 56.3	< 58.7	59.8	59.4	> 52.7	< 57.1<
4．まったく反映していない	弱い	19.2	> 15.7	< 17.5	18.4	18.9	< 32.9	> 28.7<
5．わからない、無回答	ＤＫ，ＮＡ	7.3	6.7	> 4.8	5.3	5.7	> 3.9	4.2>

政治課題

第40問 いま、日本の政治が、取り組まなければならないいちばん重要なことがらは、何でしょうか。リストの中から１つだけ選んでください。

	（略称）	'73年 4,243人	'78年 4,240人	'83年 4,064人	'88年 3,853人	'93年 3,814人	'98年 3,622人	'03年 3,319人
1．国内の治安や秩序を維持する	秩序の維持	12.6	< 17.3	18.5	> 13.1	> 11.6	11.0	< 17.1<
2．日本の経済を発展させる	経済の発展	10.7	< 21.1	> 18.8	> 11.5	< 21.4	< 48.0	48.1<
3．国民の福祉を向上させる	福祉の向上	48.5	> 31.9	> 27.3	< 37.2	36.7	> 18.4	> 13.7>
4．国民の権利を守る	権利の擁護	11.5	> 8.9	< 11.3	< 13.0	> 9.0	> 7.3	7.7>
5．学問や文化の向上をはかる	文化の向上	1.4	< 2.0	> 1.4	1.9	> 1.1	1.2	< 2.0<
6．国民が政治に参加する機会をふやす	参加の増大	6.0	6.9	< 9.8	9.0	< 10.9	> 9.2	> 5.9
7．外国との友好を深める	友好の促進	2.7	< 5.3	< 8.3	9.2	> 4.7	> 1.5	1.4>
8．その他		0.4	0.2	< 0.5	0.4	0.5	0.4	0.5
9．わからない、無回答	ＤＫ，ＮＡ	6.1	6.5	> 4.2	4.8	4.1	> 2.9	3.6>

結社・闘争性（政治）

第41問 リストには、一般国民の政治活動のあり方がのせてあります。あなたはどれがいちばん望ましいと思いますか。

	（略称）							
1．選挙を通じてすぐれた政治家を選び、自分たちの代表として活躍してもらう	静観	62.6	61.0	60.5	60.4	61.1	59.6	59.7>
2．問題が起きたときは、支持する政治家に働きかけて、自分たちの意見を政治に反映させる	依頼	11.5	< 14.6	14.6	< 16.9	15.5	< 18.0	18.5<
3．ふだんから、支持する政党や団体をもりたてて活動を続け、自分たちの意向の実現をはかる	活動	17.0	16.6	18.0	> 15.4	14.9	14.7	> 12.7>
4．その他		0.1	0.1	0.1	0.1	< 0.4	0.3	0.5<
5．わからない、無回答	ＤＫ，ＮＡ	8.8	> 7.6	6.7	7.2	8.2	7.3	< 8.6

支持政党

第42問 〔リストなし〕あなたは、ふだんどの政党を支持していますか。

1．自民党	34.3	< 38.2	< 40.6	38.7	> 28.4	> 24.0	25.0>
2．民主党	—	—	—	—	—	8.2	4.9>
3．公明党	3.5	< 4.4	4.2	3.7	> 2.9	2.3	< 3.7
4．自由党	—	—	—	—	—	2.0	1.4
5．共産党	4.2	> 2.1	2.6	2.2	1.9	< 3.4	> 1.3>
6．社民党	19.8	> 14.1	> 12.5	> 10.9	> 8.3	> 3.5	> 1.8>
7．保守新党	—	—	—	—	—	—	0.1
8．無所属の会	—	—	—	—	—	—	0.8
9．自由連合	—	—	—	—	—	—	0.1
10．その他の政治団体	3.1	< 4.6	< 5.6	> 2.8	< 13.5	> 0.7	0.4>
11．特に支持している政党はない	31.6	< 33.8	32.2	< 37.8	< 40.7	< 52.3	< 56.9<
12．無回答	3.5	2.9	2.5	< 3.8	4.4	> 3.4	3.7

—は未結成。
保守新党は02年、無所属の会は99年、自由連合は95年に結成された。
社民党については、'73年～'93年は社会党の結果である。
公明党については、'98年は公明の結果である。

支持できそうな政党（支持政党なしの人）

第43問　〔第42問で「11」の人に〕〔リストなし〕しいていえば、どの政党を支持できそうですか。

	'73年 4,243人	'78年 4,240人	'83年 4,064人	'88年 3,853人	'93年 3,814人	'98年 3,622人	'03年 3,319人
1．自民党	7.2	< 9.1	9.4	< 12.0	> 5.7	< 7.0	< 11.4<
2．民主党	—	—	—	—	—	7.4	> 4.2>
3．公明党	0.4	0.6	0.8	> 0.4	0.4	0.4	0.4
4．自由党	—	—	—	—	—	1.3	> 0.4>
5．共産党	2.3	> 0.9	0.9	1.0	0.7	< 2.4	> 1.3>
6．社民党	6.0	> 5.0	> 3.7	< 5.0	> 2.3	1.9	> 1.1>
7．保守新党	—	—	—	—	—	—	0.1
8．無所属の会	—	—	—	—	—	—	0.7
9．自由連合	—	—	—	—	—	—	0.0
10．その他の政治団体	1.4	< 3.8	3.8	> 1.8	< 10.4	> 0.8	> 0.4>
11．支持できそうな政党もない	9.8	10.4	9.9	< 12.7	< 16.4	< 26.4	< 31.8<
12．無回答	4.5	3.9	3.7	< 4.9	4.7	4.7	5.1
13．非該当〔第42問で「1～10」「12」の人〕	68.4	> 66.2	67.8	> 62.2	> 59.3	> 47.7	> 43.1>

政治活動

第44問　あなたは、この1年ぐらいの間に、政治の問題について、リストにあるようなことをおこなったことがありますか。もしあれば、いくつでもあげてください。

	（略称）							
ア．デモに参加した	デモ	4.0	3.5	> 2.4	1.8	> 0.7	0.9	0.7>
イ．署名運動に協力した	署名	24.4	25.1	< 29.6	< 32.0	> 21.2	< 24.5	> 21.6>
ウ．マスコミに投書した	投書	0.8	0.7	0.7	0.6	0.4	0.6	0.5
エ．陳情や抗議、請願した	陳情	4.5	4.4	4.4	3.8	> 2.4	2.1	2.2>
オ．献金・カンパした	献金	14.2	13.4	14.5	> 12.8	> 9.0	9.3	> 7.4>
カ．集会や会合に出席した	集会出席	12.6	12.2	< 17.2	> 13.7	> 12.1	> 9.5	< 11.4
キ．政党・団体の新聞や雑誌を買って読んだ	機関紙購読	11.0	> 8.8	9.9	> 7.6	> 6.0	5.5	4.7>
ク．政党・団体の一員として活動した	党員活動	3.1	2.6	< 4.4	> 2.9	2.5	1.9	2.2>
ケ．特に何もしなかった	なし	60.1	60.6	> 55.5	54.9	< 63.7	64.6	65.4<
コ．その他		0.0	< 0.1	0.1	0.1	0.2	0.1	0.2<
サ．無回答	ＮＡ	2.1	2.3	> 1.2	< 2.3	2.9	> 1.9	2.2

好きな外国

第45問　〔リストなし〕あなたがいちばん好きな外国はどこですか。1つだけおっしゃってください。

	'93年 3,814人	'98年 3,622人	'03年 3,319人
1．アメリカ	22.9	24.2	22.5
2．オーストラリア	15.2	> 10.6	9.8>
3．スイス	10.5	10.3	9.7
4．フランス	5.0	4.6	4.6
5．中国	3.8	3.7	> 2.7>
6．カナダ	4.4	5.2	> 3.8
7．イギリス	4.4	4.9	4.8
8．ドイツ	2.0	2.3	2.9<
9．ニュージーランド	1.9	2.1	2.6<
10．イタリア	1.2	< 3.6	4.5<
11．韓国	—	—	1.0
12．その他の国	5.3	< 6.4	6.2
13．ない	20.3	20.0	< 22.3<
14．無回答	3.1	> 2.0	2.6

好きな外国の理由

第46問　〔第45問で「１～12」の人に〕その理由は、何でしょうか。リストの中から、いちばん近いものを選んでください。

	（略称）	'93年 3,814人	'98年 3,622人	'03年 3,319人
１．行ってみたり、住んでみてよかったから	居住	4.6	< 6.5	< 8.0<
２．そこの国の人と接してみて、印象がよかったから	国民経験	2.9	< 3.8	3.8<
３．自由で、平和な国だから	平和	7.6	6.7	6.7
４．経済的に豊かで、進んだ国だから	先進国	2.8	< 3.8	3.6
５．広くて、のびのびしているから	ゆとり	11.3	> 9.5	> 7.0>
６．国民の人柄がよさそうだから	国民印象	4.0	3.7	3.2
７．美しい自然や恵まれた環境があるから	自然環境	23.0	22.6	21.7
８．歴史があり、優れた文化や芸術があるから	芸術・文化	8.1	8.9	8.7
９．日本との関係が深いから	日本との関係	7.1	> 5.5	5.4>
10．言葉がわかるから	言葉	0.4	0.3	0.3
11．その他		2.1	< 3.5	3.2<
12．特に理由はないがなんとなく	理由なし	2.6	2.5	2.9
13．わからない、無回答	ＤＫ，ＮＡ	0.2	< 0.6	0.6<
14．非該当〔第45問で「13、14」の人〕		23.3	22.0	< 24.9

外国人との接触経験

第47問　ところで、あなたは外国人と、リストにあるようなつきあいを、日本国内でしたことがありますか。あればいくつでも選んでください。

	（略称）	'93年	'98年	'03年
ア．近くに住んでいる外国人とあいさつをかわしたことがある	あいさつ	12.1	< 16.0	17.4<
イ．一緒に働いたことがある	職場	11.7	< 14.2	< 16.1<
ウ．学校で一緒に勉強したことがある	学校	10.0	< 12.4	13.4<
エ．サークルや地域で一緒に活動したことがある	活動	5.3	< 6.8	7.8<
オ．食事に招待したり、されたりしたことがある	食事	9.3	< 13.0	13.7<
カ．自分の家に泊めたり、泊まりにいったことがある	宿泊	4.2	< 6.0	6.6<
キ．自分または家族や親戚が外国人と結婚している	結婚	3.5	< 4.7	5.1<
ク．つきあったことはない	ない	61.3	> 54.1	> 51.0>
ケ．その他		0.9	0.8	0.9
コ．無回答	ＮＡ	1.6	> 1.0	< 1.6

外国との交流

第48問　外国や外国人について、あなたはどのようにお感じになりますか。リストのＡからＣまでの、１つ１つについて「そう思う」か「そうは思わない」かをお答えください。

Ａ．いろいろな国の人と友達になりたい	'03年 3,319人
１．そう思う	65.4
２．そうは思わない	29.1
３．わからない、無回答	5.5

Ｂ．貧しい国の人たちへの支援活動に協力したい

１．そう思う	75.6
２．そうは思わない	16.8
３．わからない、無回答	7.6

Ｃ．機会があれば、海外で仕事や勉強をしてみたい

１．そう思う	43.0
２．そうは思わない	51.5
３．わからない、無回答	5.6

結婚観（結婚は当然）

第49問　リストには、結婚についての考え方がのせてありますが、あなたのお考えは、甲と乙のどちらに近いでしょうか。

甲：人は結婚するのが当たり前だ
乙：必ずしも結婚する必要はない

	（略称）	'93年 3,814人		'98年 3,622人	'03年 3,319人
1．甲に近い	するのが当然	44.6	>	38.0	35.9>
2．乙に近い	しなくてよい	50.5	<	57.9	59.4<
3．どちらともいえない、わからない、無回答	ＤＫ，ＮＡ	4.9		4.1	4.8

結婚観（子どもをもつのは当然）

第50問　では、リストの甲と乙では、あなたのお考えはどちらに近いでしょうか。

甲：結婚しても、必ずしも子どもをもたなくてよい
乙：結婚したら、子どもをもつのが当たり前だ

	（略称）					
1．甲に近い	もたなくてよい	40.2	<	47.3	<	49.8<
2．乙に近い	もつのが当然	53.5	>	47.8	>	43.9>
3．どちらともいえない、わからない、無回答	ＤＫ，ＮＡ	6.2	>	5.0	<	6.3

人間関係（親しい友人）

第51問　ところで、リストには、親しい友人とのつきあい方がのせてありますが、あなたは甲と乙のどちらが望ましいと思いますか。

甲：お互いのことに深入りしないで気楽につきあう
乙：どんなことでも話したり助け合ったりする

	（略称）	'03年 3,319人
1．甲が望ましい	部分的つき合い	47.0
2．乙が望ましい	全面的つき合い	49.7
3．どちらともいえない、わからない、無回答	ＤＫ，ＮＡ	3.3

第52問　ライフステージ（省略）

第53問　学歴 ｝サンプル構成参照

第54問　本人職業 ｝サンプル構成参照

第55問　家庭婦人の生計維持者の職業（省略）

香取淳子（かとり あつこ） 6章
1946年生まれ。現在，県立長崎シーボルト大学国際情報学部教授。統合により，2008年４月から長崎県立大学国際情報学部・大学院国際情報学研究科教授。
専門：メディア論，映像研究。
著書：『若者とメディア』（リベルタ出版），『メディアの逆襲』（芸文社），『老いとメディア』（北樹出版），『情報メディア論』（北樹出版）など。

遠藤　薫（えんどう かおる） 7章
現在，学習院大学法学部教授。博士（学術）。
専門：理論社会学，社会情報学，文化論，社会シミュレーション。
著書：『ネットメディアと〈コミュニティ〉形成』（東京電機大学出版局），『間メディア社会と〈世論〉形成』（東京電機大学出版局）など。

佐藤俊樹（さとう としき） 8章
1963年生まれ。現在，東京大学総合文化研究科准教授。博士（社会学）。
専門：比較社会学，相関社会科学。
著書：『ノイマンの夢・近代の欲望』（講談社），『不平等社会日本』（中公新書），『00年代の格差ゲーム』（中央公論新社）など。

＊

井上輝子（いのうえ てるこ） 9章
1942年生まれ。現在，和光大学教授。
専門：女性学・ジェンダー研究，「ジェンダーとメディア」研究。
著書：『女性学への招待』（有斐閣），『女性雑誌を解読する』（編著，垣内出版），『ビデオで女性学』（共著，有斐閣）など。

阿部　潔（あべ きよし） 10章
1964年生まれ。現在，関西学院大学社会学部教授。博士（社会学）。
専門：社会学，メディア／コミュニケーション論。
著書：『公共圏とコミュニケーション』（ミネルヴァ書房），『彷徨えるナショナリズム』（世界思想社），『空間管理社会』（新曜社）など。

佐藤卓己（さとう たくみ） 11章
1960年生まれ。現在，京都大学大学院教育学研究科准教授。博士（文学）。
専門：メディア史，大衆文化論。
著書：『「キング」の時代』（岩波書店），『言論統制』（中公新書），『８月15日の神話』（ちくま新書）など。

見田宗介（みた むねすけ） 12章
1937年生まれ。東京大学名誉教授。
専門：文化社会学，現代社会論，比較社会学。
著書：『社会学事典』（共編著，弘文堂），『現代社会の理論』（岩波新書），『社会学入門』（岩波新書）など。

＊

飽戸　弘（あくと ひろし）
1935年生まれ。現在，東洋英和女学院大学学長，日本行動計量学会理事長ほか。
専門：社会心理学（政治心理学・経済心理学・マスコミ論）。
著書：『社会調査ハンドブック』（日本経済新聞社），『メディア政治時代の選挙』（筑摩書房），『コミュニケーションの社会心理学』（筑摩書房）など。

執筆者紹介（掲載順）

児島和人（こじま かずと） 序章・4章

1933年生まれ。元ＮＨＫ放送文化研究所主任研究員，東京大学教授ほか。
専門：メディア・コミュニケーション研究，世論研究。
著訳書：『マス・コミュニケーション受容理論の展開』（東京大学出版会），『メディアオーディエンスとは何か』（K. ロスほか，共訳，新曜社）など。

河野 啓（こうの けい） 1章

1973年，ＮＨＫ入局。現在，ＮＨＫ放送文化研究所主任研究員。
専門：投票行動研究，社会意識研究。
著書：『現代日本人の意識構造（第六版）』（共著，ＮＨＫブックス），「市民意識・社会参加・政治への信頼」（『ＮＨＫ放送研究と調査』第53巻）など。

落合恵美子（おちあい えみこ） 2章

1958年生まれ。現在，京都大学大学院文学研究科教授。
専門：家族社会学，ジェンダーの社会学。
著書：『21世紀家族へ（第３版）』（有斐閣），『近代家族の曲がり角』（角川書店），『アジアの家族とジェンダー』（共編，勁草書房）など。

中瀬剛丸（なかせ たけまる） 3章

1980年，ＮＨＫ入局。2007年４月より，日本大学文理学部社会学科教授。
専門：メディア社会研究，社会意識研究，社会調査。
著書：『現代日本人の意識構造（第六版）』（共著，ＮＨＫブックス），『日本人の好きなもの』（共著，日本放送出版協会）など。

＊

牧田徹雄（まきた てつお） 5章

1943年生まれ。現在，尚美学園大学教授。
専門：マス・コミュニケーション論。
論文：「テレビとメディア・コミュニケーションの変化」『マス・コミュニケーション研究』（No.63），「テレビ視聴者調査の半世紀」『思想』（No.956）など。

新曜社

現代社会とメディア・家族・世代

初版第１刷発行　2008年３月31日©

編　者　NHK 放送文化研究所
発行者　塩浦　暲
発行所　株式会社 新曜社
〒101-0051 東京都千代田区神田神保町 2-10
電 話（03）3264-4973・FAX（03）3239-2958
e-mail　info@shin-yo-sha.co.jp
URL　http://www.shin-yo-sha.co.jp/

印刷　星野精版印刷　　Printed in Japan
製本　イマヰ製本所
ISBN978-4-7885-1101-9 C1036